개정판
정보 윤리 교육론
추 병 완
건전한 통신 언어 사용
게임 중독증 예방
엽기 사이트의 문제
채팅
게시판 이용 예절
허위 정보 유통
인터넷 실명제
불법 복제
인터넷 중독
자살 사이트
정보 사회
컴퓨터 범죄
지적 재산권
해킹
음란물
네티켓
사이버 공간
인공 지능
인터페이스
올력

울력에서 펴낸 지은이의 책
정보사회와 윤리
과학기술시대의 삶의 양식과 윤리(공저)

ⓒ copyright 추병완, 2001, 2005

정보 윤리 교육론(개정판)

지은이 | 추병완

펴낸이 | 강동호

펴낸곳 | 도서출판 울력

1판 1쇄 | 2001년 8월 1일

2판 1쇄 | 2005년 9월 1일

2판 2쇄 | 2008년 10월 20일

등록번호 | 제10-1949호(2000. 4. 10)

주소 | 152-889 서울시 구로구 오류1동 11-30

전화 | (02) 2614-4054

FAX | (02) 2614-4055

E-mail | ulyuck@hanmail.net

값 | 17,000원

ISBN 89-89485-37-1 93370

· 저작권법에 의해 보호를 받는 책입니다. 무단 전재와 복제를 금합니다.

· 잘못된 책은 바꾸어 드립니다.

· 지은이와 협의하여 인지는 생략합니다

개정판 머리말

이 책은 2001년에 출판된 『정보 윤리 교육론』의 개정 증보판이다. 당시에 나는 정보 윤리 및 정보 윤리 교육에 대한 사회적 관심을 불러일으키는 데 도움을 주고자 하는 성마름에서 용기 있게 원고를 출판사에 넘겼다. 그런데 운 좋게도 이 책은 문화관광부의 추천 도서로 선정되었으며, 일부 대학에서 교재로 채택되기도 하였다. 당시에는 정보 사회의 윤리적 문제를 다룬 학술 서적이 매우 부족했기에 그런 영예를 누릴 수 있었다. 그사이 우리 사회에서 정보 윤리 문제를 다룬 많은 연구들이 축적되어 초판에 대한 수정이 불가피하게 되었다. 그러나 초판을 낼 때의 생각과 크게 달라진 것은 없다.

오늘날 우리는 새로운 문화 형성의 주체로서 정보 통신 기술이 우리들의 삶에 미치는 영향들을 윤리적 차원에서 다각적으로 예측하고 평가하는 작업에 많은 관심을 두어야 하는 그런 사회 속에 살고 있다. 동시에, 우리는 정보 사회가 인간 중심의 바람직한 사회가 될 수 있도록 만들어 나가야 할 중차대한 책임을 지니고 있다. 이것은 결국 우리가 어떠한 가치를 선택하는가에 의해 좌우되는 것이다. 우리는 정보 사회로 향하는 과정에서 발생하는 윤리적 문제점들을 해결하는 동시에 정보 사회가 인간의 모습을 지닌 바람직한 사회가 될 수 있도록 만들기 위하여 그 어느 때보다도 수준 높은 건전한 윤리 의식을 필요로 한다.

비록 시대가 바뀐다 해도 인간의 본질마저 바뀔 수는 없다. 정보 사회의 도래를 촉진한 컴퓨터 및 통신 기술은 일정한 '논리'에 따라서 작동하지만, 우리 인간은 선과 악, 옳고 그름을 구별하는 '윤리'에 따라 행동하는 존재라고 할 수 있다. 인간의 존엄성은 어느 시대에서나 존중 받을 수 있어야 한다. 이제 우리는 정보 통신 기술 자체의 발전에 못지않게 정보 시대, 정보 사회의 내면세계에 대한 더욱 깊고 넓은 감지력과 해석력을 지녀야만 한다.

이러한 생각을 담고 있는 이 책은 크게 세 부분으로 이루어져 있다. 1부는 정보 사회에 대한 이해를 다루고 있다. 여기서는 정보 사회의 개념, 정보 사회를 보는 시각, 정보 사회의 빛과 그림자, 정보 사회에서 바람직한 인간상을 다루고 있다. 2부는 정보 윤리에 관한 이해를 다루고 있다. 여기서는 정보 윤리학의 개념과 성격, 정보 윤리의 중요성, 정보 윤리학의 발전 과정 및 최근 동향, 정보 윤리학의 범위와 내용, 정보 사회에서의 네티켓을 다루고 있다. 그리고 3부에서는 정보 윤리 의식 함양을 위한 교육 방법론을 다루고 있다. 여기서는 정보 윤리 교육의 기본 원칙, 정보 윤리 교육의 목표와 내용, 정보 윤리 교육 프로그램, 미국의 정보 윤리 교육, 인터넷 중독 예방 교육을 다루고 있다.

필자는 이 책을 통해 독자들에게 정보 사회가 무엇이고, 그 사회는 왜 정보 윤리를 필요로 하는지, 그리고 그러한 정보 윤리를 학교에서 어떻게 가르쳐야 하는지를 포괄적으로 다루고자 하였다. 그리고 이번 개정 증보판은 2부에서 정보 윤리 관련 내용을 부분적으로 추가하였으며, 그리고 3부에서는 초판에서는 전혀 다루지 않았던 미국의 정보 윤리 교육과 인터넷 중독 예방 교육을 첨가하였다.

이 책이 나오기까지 많은 분들의 도움을 받았다. 필자가 이 분야에 지속적인 관심을 갖도록 재정적 지원을 해준 춘천교육대학교, 정보통신윤리위원회, 한국학술진흥재단, 한국학중앙연구원, 한국교육학술정보원의 관계자 여러분께 깊은 감사를 드린다. 그리고 서울과 춘천을 오가며 자기 생활에만 탐닉해 있는 부족한 남편과 아버지를 믿고 따라준 가족들에게 고마움을 느낀다. 나의 강의를 열심히 수강해 준 춘천교육대학교 학생들에게도 고마움을 표하고 싶다. 그들이 없었다면 이 책은 나에게 아무런 의미도 주지 못했을 것이다. 끝으로, 이렇게 한 권의 책으로 묶어 주신 울력 출판사의 강동호 사장님께 깊이 감사드린다.

초판 머리말

오늘날 인류는 정보 통신 기술이 선도하는 문명사적 대변혁의 시대로 돌입하고 있다. 물질 중심의 산업 사회는 이제 정보 사회라는 무형의 지식과 정보가 중심이 되는 새로운 형태의 시대로 이행되고 있다. 정보 사회가 이제 우리에게도 하나의 가능성 있는 현실로 다가오고 있는 것이다. 정보 사회란 컴퓨터와 통신 기술이 결합하여 정보의 수집 · 가공 · 유통 능력이 획기적으로 증대되면서, 정보의 가치가 산업 사회에서의 물질이나 에너지 못지않게 중요해지는 사회를 의미한다. 정보 사회에서는 정보가 가장 중요한 사회적 재화로 인식되기 때문에, 정보 사회를 살아가는 사람들은 각자의 생활에 필요한 다양한 정보를 얼마나 효율적으로 습득해서 활용하느냐에 따라 삶의 질이 달라지게 된다. 오늘날 세계 각국은 정보 사회가 몰고 올 파장이 엄청날 것이라는 점을 인식하고 정보 사회에 대비하여 생존하기 위한 범국가적인 노력들을 기울이고 있다. 앞으로는 유용한 정보를 가장 많이 갖고 있고 가장 잘 활용하는 나라가 세계의 중심 국가로 부상할 수 있기 때문이다.

이렇듯 정보 시대, 정보 사회는 이제 거역할 수 없는 하나의 시대사적 조류가 되고 있으며, 우리도 국제 경쟁에서 뒤지지 않고 살아남기 위해서는 그러한 새로운 시대를 준비하기 위해 노력해야 한다는 것은 틀림없는 사실임에도 불구하고, 현실적으로 우리에게 커다란 부담이 되고 있다는 것 또한 무시할 수 없다. 왜냐하면 서구 사회에서 오랜 기간에 걸쳐 이룩해 놓은 산업 사회를 우리는 불과 20-30년 만에 달성하려 하였고, 아직 그러한 산업화가 채 완성되기도 전에 우리는 정보 사회를 준비해야 하는 어려움에 봉착해 있기 때문이다. 특히, 산업화의 부작용으로 인한 앙금이 채 가시기도 전에 정보 사회의 부정적 요소들이 판을 치고 있는 가운데 다양한 사회적 문제들이 급격하게 증가하고 있다. 이렇듯 본래 비동시적인 것의 동시적 공존은 온라인과 오프라인을 가릴 것 없이 도덕적 황무지를 초래하고 있다. 따라서 우리에게 필요한 것은 정보 사회가 제공하는 새로운 기회를 최대한 이용할 수 있는 체계적인 준비와 정보 사회를 인간의 존엄성이 고양되는 바람직한 방향으로 이끌어 가는 일이라고 할 수 있다.

한편, 정보 사회는 그 어느 사회보다 정보를 운영하는 인간의 창의성과 건전한 윤리 의식이 요구되는 사회임에도 불구하고, 오늘날 우리는 정보 사회가 가져다주는 온갖 혜택에만 골몰해 있을 뿐, 그러한 시대를 이끌어 갈 수 있는 건전한 정보 문화의 창조에는 매우 소홀하다고 해도 과언이 아니다. 정보 통신 기술이 바람직하게 사용될 경우 이제까지 우리가 상상하지 못했던 많은 편익을 우리에게 가져다주겠지만, 그것이 극악무도한 인간의 손에 쥐어지는 경우에는 마찬가지로 상상할 수 없는 엄청난 해악을 우리에게 가져다줄 것이다.

일례로, 정보 통신 기술의 오용은 컴퓨터 범죄, 사생활 침해, 저작권 침해, 음란물의 범람 등과 같은 다양한 사회적·윤리적 문제들을 야기하고 있다. 그러므로 우리는 새로운 문화 형성의 주체로서 정보 통신 기술이 우리들의 삶에 미치는 영향들을 윤리적 차원에서 다각적으로 예측하고 평가하는 작업에도 많은 관심을 두어야만 한다. 동시에, 우리는 정보 사회가 인간 중심의 바람직한 사회가 될 수 있도록 만들어 나가야 한다. 이것은 결국 우리가 어떠한 가치를 선택하는가에 의해 좌우되는 것이다. 우리는 정보 사회로 향하는 과정에서 발생하는 윤리적 문제점들을 해결하는 동시에 정보 사회가 인간의 모습을 지닌 바람직한 사회가 될 수 있도록 만들기 위하여 그 어느 때보다도 수준 높은 건전한 윤리 의식을 필요로 하고 있는 것이다.

비록 시대가 바뀐다 해도 인간의 본질마저 바뀔 수는 없다. 정보 사회의 도래를 촉진한 컴퓨터 및 통신 기술은 일정한 '논리'에 따라서 작동하지만, 우리 인간은 선과 악, 옳고 그름을 구별하는 '윤리'에 따라 행동하는 존재라고 할 수 있다. 인간의 존엄성은 그 어느 시대에서나 존중 받을 수 있어야 한다. 이제 우리는 정보 통신 기술 자체의 발전에 못지않게 정보 시대, 정보 사회의 내면세계에 대한 더욱 깊고 넓은 감지력과 해석력을 지녀야만 한다.

그럼에도 불구하고, 우리 사회에서는 정보 윤리가 무엇이고, 그러한 정보 윤리를 학교에서 어떻게 가르칠 것인가에 대해 진지하게 고민하는 학문적 노력이 너무나 부족했다. 이 책은 바로 그러한 고민에 대한 나의 대답을 담고 있다. 모쪼록 이 책이 혁명적 전환기 속에서 윤리적·도덕적 존재로서의 인간의 존엄성을 추구하고 건전한 정보 문화를 창출하는 데 도움이 되기를 바란다.

이 책은 크게 세 부분으로 이루어져 있다. 1부는 정보 사회에 대한 이해를 다루고 있다. 여기서는 정보 사회의 개념, 정보 사회를 보는 시각, 정보 사회의 빛과 그림자, 정보 사회에서 바람직한 인간상을 다루고 있다. 2부는 정보 윤리에 관한 이해를 다루고 있다. 여기서는 정보 윤리학의 개념과 성격, 정보 윤리의 중요성, 정보 윤리학의 발전 과정 및 최근 동향, 정보 윤리학의 범위와 내용, 정보 사회에서의 네티켓을 다루고 있다. 그리고 3부에서는 정보 윤리 의식 함양을 위한 교육 방법론을 다루고 있다. 여기서는 정보 윤리 교육의 기본 원칙, 정보 윤리 교육의 목표와 내용, 정보 윤리 방법론을 다루고 있다.

필자는 이 책을 통해 독자들에게 정보 사회가 무엇이고, 그 사회는 왜 정보 윤리를 필요로 하는지, 그리고 그러한 정보 윤리를 학교에서 어떻게 가르쳐야 하는지를 포괄적으로 다루고자 하였다. 그러나 필자의 미천한 학문적 역량으로 말미암아, 지금까지 필자에 의해 산발적으로 수행된 연구 결과들을 한곳에 묶는 수준에 그치고 말았다. 그럼에도 불구하고, 필자가 이 책의 출판을 결심한 데에는 학교에서의 정보 윤리 교육을 위한 최소한의 지침서를 빨리 제공해 주어야겠다는 욕심이 앞섰기 때문이다. 따라서 이 책에서 미처 다루지 못한 주제들은 시간적 여유를 갖고 계속 보완해 갈 생각이다.

이 책이 나오기까지 많은 분들의 도움을 받았다. 필자가 이 분야에 지속적인 관심을 갖도록 재정적 지원을 해준 정보통신윤리위원회, 한국학술진흥재단, 한국정신문화연구원, 한국교육학술정보원의 관계자 여러분께 깊은 감사를 드린다. 그리고 서울과 춘천을 오가며 자기 생활에만 탐닉해 있는 부족한 남편과 아버지를 믿고 따라준 가족들에게 고마움을 느낀다. 그러기에 나는 늘 헌신적인 뒷바라지를 해주고 있는 나의 아내 혜성과, 두 자녀 가람과 예슬이에게 이 책을 바친다. 그들이 없었다면 이 책은 나에게 아무런 의미도 주지 못했을 것이다.

끝으로, 이렇게 한 권의 책으로 묶어 주신 울력 출판사의 강동호 사장님께 깊이 감사드린다.

차 례

개정판 머리말 · 3
초판 머리말 · 7

1부 정보 사회에 관한 이해 · 13

1. 정보 사회의 개념 · 15
2. 정보 사회를 보는 시각 · 37
3. 정보 사회의 빛과 그림자 · 45
4. 정보 사회에서의 바람직한 인간상 · 65

2부 정보 윤리에 관한 이해 · 73

5. 정보 윤리학의 개념과 성격 · 75
6. 정보 윤리의 의의 · 111
7. 정보 윤리학의 발전 과정 및 최근 동향 · 135
8. 정보 윤리학의 범위와 내용 · 147
9. 정보 사회에서의 네티켓 · 201

3부 정보 윤리 의식 함양을 위한 교육 · 215

10. 정보 윤리 교육의 기본 원칙 · 217
11. 정보 윤리 교육의 목표 및 내용 · 221
12. 정보 윤리 교육 방법론 · 227
13. 미국의 정보 윤리 교육 · 383
14. 인터넷 중독 예방 교육 · 409

참고 문헌 · 457

부록 · 467

부록 1 '정보통신윤리위원회'의 정보 통신 윤리 강령 · 469
부록 2 정보 통신 사업자 윤리 실천 강령 · 471
부록 3 한국정보처리전문가협회 윤리 강령 · 472
부록 4 가정에서 자녀에게 말해 주어야 할 인터넷 수칙 10가지 · 475
부록 5 건전한 인터넷 사용을 위한 가정 서약 · 477
부록 6 네티즌 윤리 강령 · 479
부록 7 정보 윤리의 자율 규제를 위한 열린 가정의 이미지 · 481
부록 8 정보 통신 관련 주요 용어 해설 · 483

1부
정보 사회에 관한 이해

1. 정보 사회의 개념

지난 1968년 일본에서 열렸던 미국과 일본의 미래학자 심포지엄에서 일본 측 학자의 제안에 의해 사용되기 시작한 '정보 사회 information society' 라는 개념은 이제 하나의 상식적인 용어가 되어 버렸다. 최근에 이르러 컴퓨터와 통신 기술을 포함한 정보 통신 기기의 급속한 발달, 각종 뉴미디어의 등장 그리고 소프트웨어 과학의 발전에 따라 정보 사회라는 개념은 새로운 사회 형성의 목표 이념인 동시에 새로운 패러다임이 되고 있는 것이다(원우현, 1995; 최진석, 1997).

그러나 대부분의 사람들은 "정보 사회란 무엇인가?" 혹은 "정보 시대란 무엇인가?"라는 질문을 받게 되면, 제대로 된 답변을 내놓지 못하는 경우가 허다하다. 세상이 엄청나게 달라지고 있다고 느끼고는 있지만, 그 실체를 이거다 하고 자신 있게 말할 수 있는 사람은 별로 많지 않다. 정보 분야에 종사하고 있는 사람이라 하더라도 현대의 정보 사회가 너무나도 다원적으로 구성되어 있으며, 정보 분야의 과학이 새로운 지식 체계로서 컴퓨터 이론, 정보 이론, 인공 지능, 지식 공학, 통신 공학, 인지 과학, 사이버네틱스 등 광범한 이론적 체계들을 갖고 있을 뿐만 아니라 급속도로 변화하고 있기 때문에 더욱이 그 이해가 어려운 실정이다(김용정, 1995). 최정호는 이러한 현상을 조선 시대의 소설 〈유우춘柳遇春〉의 거문고에 비유하여 "지금 유우춘의 거문고는 온 나라가 다 알고 있지만 이름만 듣고 알고 있을 뿐, 정작 거문고 소리를 듣고 아는 사람이 몇이나 되겠는지… 기술이 더욱 발전할수록 사람들은 알지 못하는 것이다"라고 설명한 바 있다(최정호, 1995, p. 9).

원래 정보 사회라는 말은 일본의 고야마 겐이치가 1968년에 발표한 「정보 사회에 관하여」라는 논문 속에서 본격적으로 사용되기 시작하였다고 한다. 이 논문에서 그는 "나는 미래 사회를 보다 정밀하게 '정보 사회'라고 부르고 쓴다"라고 밝힌 바 있다(신윤식 외, 1992). 비슷한 시기에 미국의 학자들은 '후기 산업 사회' 혹은 '지식 사회'라는 개념을 사용하고 있었다. 그러나 학술적인 차원에서 정보 사회에 대한 논의 못지않게 정보 사회가 하나의 시사적인 용어로서 일반화되기 시작한 것은 지난 1970년대 초부터 컴퓨터 및 정보 통신 기술의 대중화가 점차 가시화되기 시작하고, 이러한 현상을 간파한 일부 미래학자들의 저술을 통해서이다(전석호, 1993; Martin, 1988).

일례로, 우리에게 잘 알려진 토플러Alvin Toffler는 인류의 역사는 10,000년 전 농업의 시작으로 출발한 '제1의 물결'과 산업 혁명으로 시작된 '제2의 물결'을 거쳐, 이제 '제3의 물결'과 마주하고 있다고 내다보았다. 그는 컴퓨터와 전자 공학 분야가 핵심적인 위치를 차지하게 되는 '제3의 물결' 시대에서는 규격화·전문화·동시화·집중화·극대화·분권화 등의 산업 사회의 특징에서 탈피하여 탈규격화·다양화·탈전문화·탈동시화·탈집중화·탈극대화·분권화 등의 특성을 지닌 정보 사회가 도래하게 된다고 예견하였다. 이러한 정보 사회에서의 부富는 고품질 권력인 지식의 적용에서 창출되므로 정보의 양과 질이 급격하게 증대하고, 경제·사회·문화 전반에 걸쳐 다양성이 형성되며, 정보의 수용과 유통이 개별적으로 이루어지는 사회가 형성된다는 것이다(신윤식 외, 1992).

한편, 네이스비트(John Naisbitt, 1982)는 과학 기술의 발전에 따른 사회 체계의 이행을 대변혁megatrends이라고 규정하면서, 앞으로 인류는 사회 구성원 개개인의 의식 발달에 보다 강조점이 주어지는 탈공업 사회에서 살게 될 것이라고 예측한 바 있다. 그가 말하는 구체적인 대변혁의 내용들은 다음과 같다: ① 산업 사회에서 정보 사회로, ② 강제적 기술에서 하이테크 및 하이터치로, ③ 국가 경제에서 세계 경제로, ④ 단기 계획에서 장기 계획으로, ⑤ 중앙 집권화에서 분권화로, ⑥ 제도적 복지 사회에서 자조 사회로, ⑦ 대의 민주주의에서 참여 민주주의로, ⑧ 수직 사회에서 네트워크 형태의 수평 사회로, ⑨ 북北의 시대에서 남南의 시대로, ⑩ 양자택일 사회에서 다원 선택 사회로.

또 벨Daniel Bell은 정보 사회를 탈산업 사회라고 명명하면서, 그러한 사회에서는 정보와 지식이 사회적·경제적 교환 수단으로서 중요한 역할을 하게 된다고 내다보았다. 그는 현대 사회의 두 가지 주요 특징으로서 '변화 속도의 가속화'와 '스케일의 변화'를 들고 있다. 이러한 특징들로 말미암아 현대 사회에서는 구조상의 변화가 일어나서 탈산업 사회가 도래하게 된다는 것이다. 벨은 그러한 구조상의 변화 후에 나타나는 새로운 사회의 특징으로 서비스업 사회, 전문 기술직 종사자의 증가, 지식 사회의 대두, 기술의 자기 유지적 경향, 이론적 집중화 현상 등을 지적한 바 있다.

그리고 일본의 우메사오 타다오는 1963년에 발표한 한 논문을 통하여 정보 사회를 '정신 산업의 시대'라고 표현하면서, 인류의 산업 발달사를 농업 시대, 공업 시대, 그리고 정신 산업의 시대로 구분하였다. 그는 정보 산업은 정신의 산업화를 통해서 발전되는 시대이므로 정신 산업 시대라고 표현할 수 있으며, 정신 산업 비중이 큰 사회일수록 발달한 사회이고, 현대는 물질 산업 중심의 사회에서 정신 산업 중심의 사회로 이행되는 과정에 있다고 예견하였다(한복희 · 기민호, 1993).

미래학자들을 중심으로 사용되기 시작한 정보 사회라는 용어는 이제 우리나라에서도 상식적인 용어가 되었다. 그러나 사람들마다 정보 사회에 대하여 상이한 개념을 지니고 있기에 정보 사회가 바로 이런 것이다 하고 한마디로 정의하는 것 자체가 매우 어려운 실정이다. 정보 사회에 관한 우리나라 전문가들의 견해는 크게 보아 다음의 세 가지 차원으로 분류할 수 있다(공성진 · 김왕배, 1996).

① 사회 차원적 측면의 정의
 - 정보가 핵심적인 사회 · 문화 · 경제적 자원으로 생산 · 소비 · 유통되는 사회
 - 정보와 관련된 기술과 기계가 사회의 보편적 가치인 민주화에 적극적으로 기여하는 사회
② 사회관계론적 측면의 정의
 - 사회적 행위가 정보망을 통해 주로 이루어짐에 따라 사회적 상호 작용의 시공간적 제약이 약해지는 사회
 - 정보 매체를 장악한 자와 그렇지 못한 자의 간격이 확대되는 사회
 - 정부나 기업의 정보 독점과 통제가 약화되어 일반인들의 정보에 대한 접근과 소유가 계층적 · 지리적으로 평준화된 사회
③ 사회 기술적 측면의 정의
 - 통신 매체와 컴퓨터 기술의 융합으로 쌍방향적 커뮤니케이션

네트워크가 가능해지는 사회
- 다양한 정보들을 생산하고 전달하는 일에 종사하는 사람들의 지적 창조력을 정당하게 평가하는 사회
- 기계를 생산 수단으로 하는 공업 사회에서 벗어나 정보 산업이 주가 되는 사회

이렇듯 정보 사회의 개념에 관한 다양한 논의들이 전개되고 있지만, 공통적으로 강조되고 있는 특성들을 중심으로 하여 살펴보면, 정보 사회는 인간의 주요 활동이 정보 및 통신 기술이 제공하는 서비스의 지원을 받아 이루어지는 사회라고 할 수 있으며, 구체적으로는 다음과 같은 특성을 지니고 있다. 첫째, 정보 사회는 정보의 사회적 중요성이 증대되는 사회이다. 둘째, 정보 사회는 컴퓨터 및 전자 통신 기술의 결합인 정보 통신 기술의 발전에 의해 가능해지는 사회이다. 셋째, 정보 사회는 경제 활동의 중심이 재화의 생산에서 정보나 서비스, 지식의 생산으로 옮겨지는 사회이다. 넷째, 정보 사회는 물질이나 에너지 이상으로 정보 자체가 유력한 자원이 되고, 정보의 가치 창출, 가치 생산을 중심으로 사회 전체가 움직이는 사회, 즉 인간의 지적 창조력이 전면적으로 개화하는 고도의 지식 창출 사회이다.

이러한 정보 사회의 본질과 특성을 보다 상세하게 이해하기 위하여 우리는 먼저 정보 사회와 관련된 몇 가지 기본 개념들을 이해할 필요가 있다.

1. 정보란 무엇인가?

정보라는 개념은 현대 사회를 파악하는 데 있어서 필수 불가결한 용어임에도 불구하고, 정보란 바로 이런 것이다 하고 한마디로 정의하는 것은 매우 어려운 일이다. 왜냐하면 정보라는 말이 사용하는 사람에 따라서 혹은 사용되는 맥락에 따라서 서로 다른 의미로 해석될 수 있기 때문이다(서정욱, 1996). 특히, 우리나라에서는 얼마 전까지만 해도 정보라는 말이 첩보나 기밀을 뜻하는 군사 용어의 하나로서 인식되어 왔으며, 그 함축적 의미도 매우 위압적이고 부정적인 것이었다(이어령, 1996). 정보 정치, 정보 조작, 정보 사찰 등과 같은 말에서 잘 나타나고 있듯이, 우리들 마음속에는 정보에 대한 어두운 그림자가 짙게 드리워져 있어 왔다(최진석, 1997). 그러나 컴퓨터와 통신 기술의 급격한 발달과 미래학자나 문명론자들에 의해 '정보 시대'나 '정보 혁명'이라는 말이 본격적으로 논의되기 시작하면서부터 정보라는 의미도 더욱 복잡해지고 다양해졌다.

원래 정보라는 말은 중세 라틴어인 *informatio*라는 말에서 유래한 것으로서, 당시의 의미는 어떤 '형상'이나 '구성' 혹은 '교시' 등을 뜻하는 것이었다. 또한, 프랑스에서는 주로 법적인 차원에서 "어떤 진상에 대한 수집 및 처리"라는 의미로 사용되었다(전석호, 1993). 그러나 현대 사회에서의 정보 개념은 매우 복합적인 의미로 사용되고 있다.

일례로, 드본즈A. Debons는 정보를 주어진 환경 속에서 인간의 모든 지적 행위를 구조화해 주는 유형적 표상의 '결과' 또는 '상태'이자 인간의 정신적 활동에 필요한 자료의 수집과 해석을 지속시켜 주는 '과정'으로 정의한 바 있다(전석호, 1993). 셰논C. E. Shannon과 위버W. Weaver는 정보를 불확실성의 감소에 필요한 어떤 사실들이라고 정의하고 있다(최진석, 1997). 로저스(Rogers, 1986)는 정보를 사람이 결정을 내릴 때 다양한 대안들이 존재하고 있기 때문에 발생하게 되는 불확실성을 감소시킬 수 있는 유형화된 물질 혹은 에너지라고 정의하고 있다. 웹스터(Frank Webster, 1995)는 "정보는 사물이나 사람에 대한 지침 또는 지시로서 의미가 있는 것이며, 주제를 가지고 있는 것"이라고 정의한 바 있다.

정보의 개념을 좀 더 자세하게 이해하기 위하여 우리는 정보와 유사한 몇 가지 개념들을 함께 살펴볼 필요가 있다. 먼저, 데이터 data는 외부 대상과 관련된 사실들을 나타내기 위하여 사용하고 있는 구체적인 숫자 혹은 상징적 표시물을 의미하는 것으로서, 정보를 구성하는 요소라고 할 수 있다. 즉, 데이터는 정보라는 완전한 실체로 구현되기까지 상징 혹은 신호의 형태로 수록되고 검색되는 대상을 의미한다. 그러므로 정보는 '아직 평가되지 않은 여러 가지 사실'인 데이터를 특정 목적을 달성하기 위해 처리·가공한 것이라고 볼 수 있다. 정보는 외부 대상과 관련된 사실들 간의 관계를 말한다는 의미에서 데이터의 구조적 특성이라고 할 수 있다. 또 정보는 데이터와는 달리 일정한 의미를 포함하고 있다.

이를 보다 알기 쉽게 설명하면 다음과 같다. 예를 들어, 어떤 학급의 '홍길동'이라는 학생의 수학적 지식과 능력 수준을 알아보기 위하여 학생들에게 수학 시험을 치르게 하여 50명분의 답안지를 얻었다면, 그것은 데이터에 해당된다. 이 수학 답안지를 채점하고 문항별로 분석하여 석차를 부여하면, 우리는 '홍길동'이라는 학생의 수학 실력이 다른 학생들과 비교하여 어느 정도 수준에 있고, 수학의 여러 분야 중 어떤 분야의 학습에 중점을 두어야 하는지에 대한 의사 결정을 할 수 있는 정보를 얻게 되는 것이다.

그런데 정보는 아직 완전한 형태로 축적된 하나의 구성체가 아니라는 점에서 지식knowledge과 구별된다. 일상적으로 지식과 정보는 상호 교환적으로 사용되는 경향이 있으나, 지식은 '사고되는 것'인 반면에 정보는 '알려지는 것'이라고 할 수 있다. 즉, 지식이란 정보를 평가하거나 이해하는 작업을 포함하고 있다. 지식은 인간의 관심 및 목적과 관련하여 정보의 의미를 파악하는 작업인 것이다. 예를 들어, 백과사전 속에 수없이 많은 정보가 수록되어 있다고 할지라도, 그것이 우리의 상황에 어떤 의미를 지니며, 우리가 그것들을 어떻게 이용할 수 있을 것인가를 이해할 때에만 그러한 정보들이 지식이 될 수 있는 것이다(김영석, 1995). 또한 지식은 중장기적으로 영향을 미치며 항상적인 의미를 지니고 있는데 반하여, 정보는 지식보다 용이하게 항상 새로운 정보에 의해 대체될 수 있는 가능성을 지니고 있는 것이다.

개념의 명확성을 기하기 위하여 데이터, 정보, 지식 간의 차이점을 살펴보았지만 일상적으로는 데이터와 지식을 모두 묶어 넓은 의미의 '정보' 개념 속에 포함시키고 있다(김영석, 1995). 다만 정보 개념에는 단순한 데이터를 의미하는 것에서부터 '정보에 대한 정보'를 의미하는 것에 이르기까지 그 추상성에 따라 정보의 위계가 존재하고 있음에 주목할 필요가 있다. 이런 맥락에서, 1996년부터 시행되고 있는 우리나라의 '정보화 촉진 기본법'에서는 정보를 "자연인 또는 법인이 특정 목적을 위하여 광 또는 전자적 방식으로 처리하여 부호, 문자, 음성, 음향 및 영상 등으로 표현한 모든 종류의 자료 또는 지식"이라고 정의하고 있다.

한편, 커뮤니케이션communication은 참여자들이 상호 이해에 도달하기 위하여 정보를 창안하고 교환하는 상호 작용 과정이다. 즉, 커뮤니케이션은 둘 혹은 그 이상의 사람들이 정보를 공유하는 상호 과정이며 공동 행위인 것이다. 따라서 정보가 우리의 불확실성을 제거해 주는 그 무엇이라면, 커뮤니케이션은 그러한 정보를 상호 교환하는 일종의 특별한 정보 처리 과정이라고 할 수 있는 것이다. 이러한 의미에서 볼 때, 정보와 커뮤니케이션은 별도로 양립할 수 없는 불가분의 관계에 있는 것이다(김영석, 1995).

한편, 일반적으로 하나의 상품으로서 정보는 일반 제조업 생산품과는 달리 다음과 같은 속성을 지니고 있다(신윤식 외, 1992; 이무웅·우영제, 1994; 전석호, 1993; 권태환·조형제, 1997).

① 신용 가치성: 구입시 정보원의 신용이 중요한 판단 기준이 된다.

② 시한성: 정보는 시효가 지나면 그 가치가 떨어지므로 전달, 획득 속도, 획득 시점이 중요하다.

③ 비소모성: 정보는 아무리 이용해도 그 자체는 소모되지 않는다.

④ 비이전성: 타인에게 양도되어도 소유주에게는 그 정보가 그대로 남아 있다.

⑤ 누적 효과성: 이미 보유한 정보에 새로운 정보가 얼마든지 추가될 수 있으며, 정보는 생산·축적될수록 가치가 커진다.

⑥ 가공의 용이성: 정보는 다른 정보와 합하거나, 일부를 빼거나, 조합의 형태를 바꿈으로써 새로운 정보로 바뀔 수 있다.

⑦ 개별성: 특정 생산자 또는 사용자에게 효용을 줄 수 있으나, 제3자에게는 효용을 주지 못하는 경우가 있다. 특정한 사람들에게 가치 있는 정보가 다른 개인들에게는 무가치한 정보로 여겨질 수도 있다.

⑧ 불확실성: 정보 자체가 확실성을 가지고 효용성을 결정하는 것이 아니라, 사용자의 정보 이용 목적에 따라 그 사용 가치가 결정된다. 즉, 정보는 그것을 수용하는 개인의 주관적 관점에 따라서 그 가치가 결정되는 것이다.

⑨ 상징성: 정보는 주로 외형적인 상징으로 구성된다. 정보의 형

태를 일컬어 '상징의 집합'으로 정의하는 것도 이 때문이다.
⑩ 탈대량화: 정보는 대량 생산이 필요하지 않다. 하나의 정보로서 모든 수요를 충족시킬 수 있다.

이러한 특성을 지니고 있는 정보가 정보로서의 기능을 다하고 가치를 갖기 위해서는 다음과 같은 조건을 갖추어야 한다. 첫째, 정보의 이용자가 원하는 시기와 장소에 정보가 적절하게 제공될 수 있어야 한다(적시성). 둘째, 정보의 이용자가 원하는 형태로 가공 처리된 진실한 내용의 정보여야 한다(적합성 및 정확성). 셋째, 정보의 내용이 새롭고 최신의 것이며, 독점적·배타적으로 이용할 수 있을 때, 그 정보는 더 가치 있는 것이다(독점성).

그런데 이러한 정보의 가치는 그 이용 목적에 따라 상업적 가치, 개인적 가치, 공공적 가치로 구분할 수 있다(전석호, 1993; 최진석, 1997). 첫째, 정보의 상업적 가치란 정보가 상업적 재화의 가치로 간주되는 것을 의미한다. 다시 말해서, 정보가 상품화된다는 것이다. 지난 수세기 동안 정보의 상품화는 서적이나 신문, 방송 사업으로 연장되는 미디어 산업의 전개 과정에서 잘 나타나고 있다. 미디어 기술의 발전과 함께 사회 체제의 미디어 의존도가 높아질수록 정보의 상업적 가치는 더욱 증가된다.

둘째, 정보의 개인적 가치는 특별히 개인적으로 국한시켜 이용할 목적으로 정보의 기밀성을 포함한다. 개인이나 조직은 사생활 보호권, 특허권, 저작권 같은 형식을 통하여 자신들과 관련된 정보가 외부의 남용에 의하여 초래될 수 있는 불이익으로부터 법적인 보호를 받게 된다. 이런 경우에 정보는 개인적 가치를 지니게 된다.

셋째, 정보의 공공적 가치란 정보가 공공복리에 영향을 미친다는 것을 의미한다. 일례로, 도서관, 학교, 박물관 등 누구나 정보를 접할 수 있는 공공시설이 요구되며, 자유로운 정보 유통 체제가 확립될 수 있도록 제도상으로 장려되기도 한다. 이는 곧 정보의 공공적 가치를 실현하는 일환이다. 언론의 자유나 의사 표현의 자유, 정보 접촉과 정보 이용의 자유 등은 정보의 공공적 가치를 인정하여 보호하려는 것이라고 볼 수 있다.

이렇듯 정보는 기본적으로 수용자에게 의미와 가치를 제공할 목적으로 가공 처리된 데이터 혹은 객관적 사실이나 그 집합이라는 정적인 의미를 가지고 있다. 그러나 정보는 그것을 수용하는 개인의 주관적인 관점에 따라서 그 가치가 결정되는 특성을 지니고 있으며, 인간의 커뮤니케이션 과정에서 역동적 매개체로서의 작용도 수행하고 있다. 그러한 경우에 있어서, 정보는 윤리적으로 결코 중립적일 수만은 없게 된다(박윤주, 1997). 그리고 정보가 가지고 있는 이러한 윤리적 성격이야말로 '정보의 홍수 시대'로 일컬어질 만큼 다양하고 방대한 정보가 계속 수집·저장·검색되고 있는 현 상황에서 우리가 정보와 정보 통신 기술, 정보 산업 등에 보다 많은 윤리적 관심을 기울여야 할 근본적인 이유 중의 하나인 것이다.

2. 정보 통신 기술의 개념

우리는 흔히 정보 통신 기술information and communication technology의 발전이 정보 사회를 낳는 중추적인 추진 수단이 된다고 말하고 있다. 그렇다면, '정보 통신 기술'이란 어떤 것인가? 일반적으로 정보 통신 기술이란 정보의 수집, 가공, 저장, 검색, 송신, 수신 등 정보 유통의 모든 과정에 사용되는 기술 수단을 총체적으로 표현하는 광의의 개념이다. 이전에는 정보 통신이라고 하면 흔히 방송 및 그와 관련된 전자 기기를 연상하곤 했으나, 오늘날에 와서는 방송 기술은 전체 정보 통신 기술에서 비교적 작은 영역을 차지하고 있으며, 오히려 그 밖의 통신 기술 서비스(인터넷, 위성 통신 및 방송)가 더욱 부각되고 있다. 그러므로 오늘날의 정보 통신 기술은 반도체로 대표되는 소자 기술, 컴퓨터로 대표되는 정보 처리 기술, 위성 통신과 광통신으로 대표되는 통신 기술의 복합체이며, 하드웨어라 불리는 물리적 실체와 소프트웨어라 불리는 정보적 실체의 결합체이다. 이러한 정보 통신 기술은 정보 유통량의 증가가 불가피했었던 사회 구조적 배경을 원인으로 하여 태동된 기술적 '결과'인 동시에, 다시 새로운 차원의 정보 환경과 정보 가치를 창출하는 기술적 '원인'으로 작용하는 독특한 순환적 역사성을 내포하고 있으며, 우리 사회 제반 분야에서 가히 혁명적인 변화를 일으키고 있다(박진우, 1997).

이렇듯 정보 통신 기술은 컴퓨터 및 통신 분야의 기술 혁신이 가능해짐에 따라서 생겨난 새로운 용어라고 할 수 있다. 그러나 엄밀하게 말하면 정보 통신 기술의 역사는 인간의 커뮤니케이션 행위가 매개체를 통하여 이루어지는 시점으로부터 비롯되었다고 할 수 있다. 다만 그러한 매개체 기술이 과학 기술 발전의 산물인 전자 미디어와 각종 통신 기술, 그리고 컴퓨터 기술과 상호 융합하여 급속하게 확산되면서 정보 통신 기술이라는 포괄적 개념으로 통용되고 있다(전석호, 1993). 여기서는 이러한 정보 통신 기술의 본질을 이해하는 데 도움을 줄 수 있는 몇 가지 핵심 개념들에 대하여 간략하게 알아보고자 한다.

디지털 기술

정보 통신 서비스를 구현하는 방법으로서의 통신 기술은 기술적인 측면에서 아날로그analog 방식과 디지털digital 방식으로 구분된다. 아날로그 신호는 길이, 압력 등과 같은 연속적인 물리량을 전기 신호로 변화시킨 것이다. 예를 들어, 전류, 전압 등과 같이 연속적으로 변화하는 물리량을 수치의 크기로 표시하는 방식이다. 연속적이고 가변적인 아날로그 방식과는 달리 디지털 방식은 모든 신호와 정보를 불연속적인 수치, 이를테면 0과 1이라는 두 가지 숫자의 조합으로 표현하는 것이다(김성기, 1996). 그러므로 디지털 신호란 정보를 전기 펄스의 유무(on과 off)와 그 조합 형태로 표현한 것을 의미한다. 즉, 0과 1의 2진법 조합 형태로 정보를 표현하는 것이다.

신호가 어떤 통신 채널을 통하여 전송될 때 정도의 차이는 있지만 반드시 잡음과 왜곡을 경험하게 된다. 이때 아날로그 신호는 신호 파형의 크기, 위상, 또는 주파수의 시간에 따른 변화로서 전송 정보를 나타내기 때문에 잡음이 혼입되는 경우 즉시 원래 정보의 훼손으로 나타나게 되고, 수신기에서 원래의 파형 정보와 혼입된 잡음의 구분이 불가능하다. 한 가지 예로서, 방송 수신용 AM 또는 FM 라디오의 음질을 주의 깊게 들으면 어느 정도의 잡음이 원래의 방송 정보에 실려 있음을 알 수 있는데, 아무리 성능이 좋은 라디오라고 하더라도 수신된 잡음의 정도 차이가 있을 뿐 완전한 잡음의 제거는 불가능하다.

이와는 달리 디지털화된 정보는 특정 시점에서 신호 수준, 즉 0과 1을 나타내는 심벌의 크기로서 나타나므로, 어느 정도의 잡음이 혼입된다고 하더라도 0과 1을 나타내는 크기의 구분만 가능하면 원래의 정보를 복구해 낼 수 있다. 디지털 신호에서도 오류가 발생하지만, 아날로그 통신에 비하여 훨씬 잡음이 적은 장점을 지니고 있다.

일반적으로, 디지털 기술은 다음과 같은 특성을 지니고 있는 것으로 알려져 있다(박진우, 1997). 첫째, 높은 신뢰성을 지니고 있다. 디지털 방식은 잡음과 왜곡 현상에 덜 민감하다. 둘째, 높은 유연성과 연동성을 지니고 있다. 디지털 방식에서는 단순히 신호의 전압 또는 전류의 크기와 시간 정보만이 필요하므로 아날로그 방식에 비하여 훨씬 간단한 신호 규정이 요구된다. 셋째, 높은 통용성을 지니고 있다. 현대 사회의 주된 정보원은 컴퓨터를 포함한 디지털 정보 기기이므로, 같은 신호 형태를 갖는 장치끼리의 호환성을 이용해 훨씬 넓은 활용성을 보장할 수 있고, 응용 범위도 훨씬 넓어질 수 있다. 요컨대 디지털 방식은 문자, 음성, 영상, 데이터의 통합적 처리를 가능하게 함으로써, 방송·통신·컴퓨터 간의 자유로운 소통과 매체 융합을 가능하게 해준다(권태환·조형제, 1997).

초고속 정보 통신망

우리는 요즈음 '정보 초고속도로information super highway'라는 말을 자주 들을 수 있다. 그러나 대부분의 사람들은 정보 초고속도로라는 말을 들어 보기는 했어도 그 실체를 정확히 모르고 있는 경우가 많다. 이것을 쉽게 이해하기 위하여 우리는 자동차의 경우를 생각해 볼 수 있다. 많은 자동차가 일시에 도로에 나오게 되면 차량의 적체가 생기게 마련이다. 정보의 경우도 자동차와 마찬가지라고 할 수 있다. 어떤 정보가 흘러서 목적지까지 도달할 수 있게 해주는 매체가 바로 통신 선로이다. 많은 정보가 짧은 시간에 정확하게 보내고자 하는 목적지에 도달하였을 때, 우리는 비로소 정보 전달이 이루어졌다고 말할 수 있는데, 지금의 정보 도로로는 정보 전달을 제대로 이룰 수 없다는 것이다. 정보가 국가의 경쟁력을 좌우하는 현시점에서 볼 때, 지금 수준의 정보 고속도로로는 정보의 흐름이 원활하지 못하므로 초고속의 정보 통신 도로가 필요하게 되는 것이다. 그러므로 고속도로가 산업 사회의 근간이었다면, 정보 초고속도로는 정보 사회의 뼈대를 이루는 것이라고 볼 수 있다.

초고속 정보 통신망은 정보 사회를 지탱해 주는 사회 기반 시설이기 때문에 오늘날 세계 각국은 국가적 차원에서 이를 적극 추진하고 있다. 우리나라도 1990년대 들어 국가 정보 기반 구축이 국가 경쟁력을 좌우한다는 인식하에 정보통신부를 주관으로 초고속 통신망 구축 기획단을 구성하여 초고속 정보 통신망을 구축하고 있다. 정부는 초고속 정보 통신망의 구축을 통해 공공 부문의 정보화, 산업 정보화, 개인 생활의 정보화를 추진하고, 각급 행정 기관, 학교, 도서관, 연구소, 기업, 병원과 가정을 상호 연결하여 국내외 정보를 용이하게 이용할 수 있는 체제를 구축하고자 시도하고 있다. 이러한 초고속 정보 통신망이 이루어지면 국가 기관이나 회사 및 가정이 매우 밀접하게 연결되며, 홈쇼핑, 홈뱅킹, 재택근무가 아주 자연스럽게 이루어지게 된다.

뉴미디어

본래 미디어media란 정보 전달을 통하여 인간의 커뮤니케이션을 가능케 하는 모든 수단을 의미한다. 따라서 뉴미디어는 기존의 미디어에 새로운 컴퓨터 및 통신 기술이 결합됨으로써 과거와는 전혀 다른 형태의 정보 수집 · 처리 · 가공 · 전송 · 분배와 이용을 가능케 하는 미디어를 의미한다(김영석, 1995). 로저스(Rogers, 1986)에 의하면, 1946년에 진공관으로 된 최초의 컴퓨터가 발명된 이후 '뉴미디어 시대'가 도래했다고 한다. 그러나 오늘날 뉴미디어는 디지털화 추세에 따라 기존의 미디어가 각기 별개로 수행하던 기능을 복합적으로 수행하는 것도 가능해지고 있다. 그러한 다기능 매체로서의 뉴미디어를 우리는 멀티미디어multimedia라고 부르고 있다. 얼마 전부터 컴퓨터뿐만 아니라 가정의 가전제품인 오디오, TV나 게임기, 전화 등의 통신 기기, 방송, 케이블 TV 등을 한데 묶는 것이 붐을 이루고 있는데, 이것은 멀티미디어 기술의 단적인 사례라고 할 수 있다.

　뉴미디어의 범위가 매우 포괄적이기는 하지만, 기존에 우리에게 익숙한 올드미디어와 비교해 보면 그 특징을 이해하기가 한결 쉽다. 우선 문자 시대의 대표적 미디어였던 편지가 뉴미디어 시대에서는 이메일로 대치된다. 그리고 인쇄 시대의 대표적 미디어인 신문이나 잡지는 팩시밀리를 이용하여 가정에 직접 보내지는 전송 신문이나 인터넷상에서 직접 볼 수 있는 인터넷 신문으로 변하게 된다. 그리고 텔레커뮤니케이션 시대의 대표적 미디어인 전신, 전화, 텔렉스도 팩시밀리, 화상 전화, 화상 회의, 문서 및 음성 메일, 비디오텍스, 화상 응답, 쌍방형 케이블 TV 등으로 변하고 있다. 또 그 동안 공중파 방송의 대표적 미디어인 라디오나 TV 방송은 AM 스테레오 방송, TV 음성 다중 방송, 위성 방송, 케이블 TV 등으로 변하고 있다.

컴퓨터의 정보 처리 및 전달 양식이 디지털화된 신호로 통일됨으로써 나타나는 뉴미디어의 가장 큰 특성은 미디어의 종합화와 융합화, 영상화, 네트워크화 및 광역화 현상이다. 하나의 미디어가 여러 가지 내용의 서비스 기능을 동시에 수행함으로써 나타나는 미디어 종합화의 가장 대표적인 예는 '꿈의 통신망'이라고도 불리는 종합 정보 통신망(ISDN: Integrated Service Digital Network)이다. 대부분의 국가들이 21세기 초반까지 그 완성을 목표로 하고 있는 종합 정보 통신망은 말 그대로 기존의 개별적인 통신망을 하나의 물리적인 디지털망으로 통합시켜서 모든 정보 통신 서비스가 그 안에서 종합적으로 이루어질 수 있게 하는 것을 의미한다.

뉴미디어의 두 번째 특성은 이른바 미디어 융합화 현상이다. 우편이나 전신·전화 같은 1대 1의 개별적 통신 수단과 신문, 라디오, 텔레비전 같은 대중 미디어와의 구별이 모호해지고 있는 것이다. 유선계와 무선계를 통틀어서 일방향적인 정보 전달이 대중 미디어의 가장 큰 특성이었고, 한편 통신은 쌍방향적인 정보 전달 수단으로 인식되어 왔다. 그러던 것이 새로운 정보 기술의 발달과 함께 양쪽 모두에 속하는 이른바 경계형 미디어·통신 서비스가 점차 늘어나는 추세에 있다. 정보 통신 기술의 진전에 따라 통신 위성(CS) 방송이나 오프 토크off-talk 통신 등 통신 측에서의 매스미디어가 진전되는 한편, 방송 측에서도 데이터 방송이나 케이블 TV의 쌍방향화에 따른 개별화 등 미디어와 통신이 융합되어 가고 있다. 소위 '전자 신문'은 기존의 인쇄 미디어의 속성과는 판이하게 다른 것으로, 방송과 신문을 결합하여 놓은 것과 같다고 볼 수 있다.

뉴미디어의 세 번째 특성은 영상화 추세이다. 지각적 소구력이 각기 다른 문자, 음성, 영상, 기호 등의 이질적인 정보 형태들이 TV 스크린을 통하여 영상화된 정보 전달 형태로 변모되는 것을 의미한다. 영상화로의 대표적인 전환으로는 전자 신문 형태인 텔레텍스트나 비디오텍스의 개발과 같은 기존 활자 미디어의 변모를 손꼽을 수 있다. 기존의 음성 미디어나 청각 위주의 음향 미디어도 뉴미디어의 도래와 함께 영상을 수반하는 시각 중심적인 형태로 바뀌어 가고 있다.

뉴미디어의 또 다른 특성은 상호 연관성에 기초하여 네트워크화와 광역화가 이루어진다는 점이다. 모든 정보가 디지털 통신 기술에 의하여 전달될 경우 각종 기계 시스템 사이에 적당한 변환 장치를 하면 상호 호환성을 높일 수 있다. 이럴 경우 미디어 간의 상호 정보 전달 능력이 엄청나게 향상됨으로써 궁극적으로 네트워크화 및 광역화가 형성될 수밖에 없다(김영석, 1995).

이러한 뉴미디어는 기존의 미디어와는 달리 인간의 커뮤니케이션을 변모시키고 있다. 첫째, 뉴미디어에 의해 인간의 커뮤니케이션 체계가 상호 작용성에 의거한 쌍방향적 커뮤니케이션 과정으로 바뀌고 있다. 뉴미디어를 이용한 커뮤니케이션 체계는 마치 두 사람이 얼굴을 마주 보며 대화를 할 때처럼 상호 작용을 가능케 한다는 뜻이다. 따라서 지금까지 일방적인 정보의 수신자였던 사람들이 정보 발신자의 입장에서 커뮤니케이션을 할 수 있게 된 것이다. 둘째로, 기존의 매스 미디어가 이질적이고 익명인 다수의 대중을 상대로 하는데 비해서 뉴미디어는 특정 계층을 목표 수용자로 하기 때문에 탈대중화의 효과가 있다는 것이다. 대규모 수용자 집단 내의 각 수용자들은 획일적인 메시지가 아닌 특정 메시지를 상호 교환할 수 있기 때문에 미디어 이용의 개별화가 이루어진다는 뜻이다. 셋째는 비동시성의 효과이다. 기존의 대중 미디어 시대에서는 커뮤니케이션이 성립하려면 송신자와 수용자가 반드시 동시에 참여해야 한다는 시간적 제약이 있었다. 그러나 VCR이나 이메일, 전자 게시판 등의 뉴미디어는 수용자로 하여금 시간의 한계를 초월하여 송신자의 정보를 수용할 수 있게 만들어 주고 있다. 결국 뉴미디어 시대에는 커뮤니케이션 과정에서 시간이라는 변인에 큰 구애를 받지 않게 된다.

인터넷

세계 최대의 컴퓨터 통신망인 인터넷internet은 상호 작용적 커뮤니케이션과 정보의 디지털화를 극명하게 보여 주는 대표적인 예라고 할 수 있다. 인터넷은 세계 각 지역의 크고 작은 네트워크들이 서로 연결된 '네트워크의 네트워크'이다. 즉, 인터넷은 전 세계의 주요 데이터 네트워크를 하나로 엮은 거대한 네트워크로서 기술적인 면에서 혁신의 연속이며, 지구 사회 각 부문의 연구와 기업 활동 방식을 바꾸어 놓았다는 데 더 큰 의미가 있다(박성규, 1995). 또한 이용자 수가 급격하게 늘어나고 초고속 정보 통신망과 연결되면서 인터넷은 사회 모든 분야의 정보화를 급격히 촉진하는 역할을 할 것으로 기대되고 있다.

인터넷의 기원은 1969년까지 거슬러 올라간다. 미국 국방부 고등기술연구소(ARPA: Advanced Research Projects Agency)는 핵공격에도 견딜 수 있는 정보 교류망을 만들기 위한 실험에 착수하여 관련 기술의 연구 및 개발에 돌입하였다. 서로 멀리 떨어져 있는 다른 기종의 컴퓨터를 연결하여 이들 컴퓨터 자원을 많은 사람들이 공유하게 하는 것이 이 연구의 초점이었다. 냉전 체제가 지속되었던 당시의 미 국방부는 컴퓨터를 한 곳에 집중시키면 핵공격을 받아 일시에 국방 기능이 마비될 수도 있음을 우려하여, 그러한 위험을 분산시키기 위한 시도를 하고 있었다. 1년여의 짧은 기간 안에 통신망을 연결하기 위한 기술의 정립, 통신망 디자인, 실제 통신망을 가동하기 위한 하드웨어와 소프트웨어의 개발이 이루어져 1969년 9월에 통신망으로 결실을 보게 된 것이다(전길남, 1996). 그 결과 탄생한 것이 알파넷ARPANET이고, 이것이 오늘날의 인터넷으로 성장하게 되는 계기가 되었다. 1980년대 말에 미국 국립과학재단은 미국 전역에 흩어져 있는 슈퍼컴퓨터들을 연결하는 광역망을 구성하고 그 이름을 'NSFNET'라고 하였다. 1990년대에 들어와 'NSFNET'는 통신망의 지주로 사용되기 시작했다.

1980년대까지는 인터넷의 주된 사용자가 연구 기관, 교육 기관들이었기 때문에 논문, 실험 결과, 실험에 필요한 데이터 등 대부분 학술적이거나 교육적인 성격의 데이터들이 인터넷을 통하여 전송되었다. 그러나 1990년대에 들어오면서 사용자의 수도 급격하게 늘고 사용자의 성격도 다양해지면서 인터넷을 통해 전송되는 데이터의 종류도 다양해졌다. 인터넷 사용에서의 개념 변화를 초래하고 인터넷의 사용을 기하급수적으로 성장시키는 데에는 월드와이드웹world wide web이 공헌한 바가 매우 크다(전길남, 1997). 월드와이드웹이 크게 영향을 끼칠 수 있었던 것은 1990년 유럽의 유럽공동원자핵연구소CERN에서 개발한 월드와이드웹과 1992년 미국 일리노이 대학교의 국가슈퍼컴퓨터응용센터NCSA에서 개발한 모자이크Mosaic 및 그 후에 발표된 넷스케이프Netscape, 익스플로러

Explorer 같은 웹브라우저web browser들 덕분이다. 이러한 브라우저들은 무료로 보급되었고 하이퍼텍스트hypertext라고 하는 구조화된 문서상에서 그림, 음성, 비디오 클립 등의 형식의 파일을 지원하여 선풍적인 인기를 얻을 수 있었다.

한편 기술적인 측면에서 볼 때, 인터넷은 TCP/IP라는 프로토콜과 클라이언트–서버 모델client-server model에 기반을 둔 컴퓨터 매개 커뮤니케이션이 이루어지는 전 세계적인 네트워크들의 네트워크이며, 인터넷 커뮤니케이션은 이를 통해 이루어지는 정보 교환이라 할 수 있다. 이를 자세히 살펴보면 다음과 같다(이재헌, 2000). 첫째, 인터넷은 TCP/IP라는 데이터 커뮤니케이션 프로토콜 체계에 의해 이루어진다. 프로토콜은 정보를 교환하는 데 필요한 일련의 규칙 체계로서, 컴퓨터들은 특정한 프로토콜을 이용해 네트워크에 접속하여 메시지를 교환한다. TCP/IP는 인터넷에서 정보를 교환하는 데 필요한 규칙을 규정해 준다. 이러한 TCP/IP 체계는 원래 1960년대 미국 국방부의 연구 프로젝트를 위해 개발된 것으로서, 네트워크를 구성하는 컴퓨터들 사이에 파일 전송, 이메일, 원격 로그인 같은 다양한 기능을 수행하도록 해준다.[1]

---

1) 인터넷에서 사용되는 주요 프로토콜은 다음과 같다.
① TCP/IP(Transmission Control Protocol/Internet Protocol): 인터넷 작동의 기본이 되는 100여 개 이상의 프로토콜의 대표 이름
② HTTP(HyperText Transfer Protocol): 웹에서 하이퍼텍스트 문서를 주고받기 위한 프로토콜
③ SMTP(Simple Mail Transfer Protocol): 이메일 전송 프로토콜
④ FTP(File Transfer Protocol): TCP/IP 중의 하나로, 다른 컴퓨터에 저장된 파일을 전송하기 위한 프로토콜
⑤ Telnet: TCP/IP 중의 하나로, 클라이언트를 호스트 컴퓨터의 단말기처럼 작동하게 하는 프로토콜
⑥ SLIP/PPP(Serial Line Protocol/Point-to-Point Protocol): 모뎀을 통해 인터넷 접속을 가능하게 하는 프로토콜

둘째, 인터넷은 클라이언트-서버 모델을 기반으로 한다. TCP/IP 프로토콜과 마찬가지로 이 모델은 인터넷 커뮤니케이션의 독특한 구성 요소이다. 서버는 하드웨어와 소프트웨어를 갖춘 네트워크의 중심 컴퓨터로서 네트워크를 통해 연결되어 있는 클라이언트의 요청에 따라 정보를 제공한다.

셋째, 인터넷 커뮤니케이션은 클라이언트/서버 모델과 TCP/IP 프로토콜의 규칙에 따라 정보를 인코딩, 저장, 송신하는 매개 과정을 갖는다.

이러한 인터넷은 다음과 같은 두 가지 중요한 특성을 지니고 있다. 첫째, 인터넷은 중앙 집중적 통제 기구가 없는 순수한 개인들과 소집단들로만 구성된 최초의 정보 유통 조직이다(최영준, 1996). 인터넷에는 인터넷을 전체적으로 총괄하고 관리하는 어떤 조직이나 기구가 존재하지 않는다. 인터넷에서는 아무도 독점적 권력을 행사할 수 없기에, 인터넷에는 주인이 없다. 어느 누구도 인터넷을 포괄하는 영향력을 행사할 수 없다는 점에서 인터넷은 대중 매체는 물론 다른 모든 컴퓨터 통신망과도 구별된다. 인터넷은 무수한 개인적인 정보의 생산자·소비자들이 모여 만든 하나의 자연 발생적인 장터와도 같은 곳이다.

둘째, 기존의 대중 매체가 일대다—對多의 커뮤니케이션이라면, 인터넷은 다대다多對多의 커뮤니케이션이다. 따라서 대중 매체가 생산하는 인간형과 인터넷이 생산하는 인간형은 상당히 다르다고 할 수 있다(권태환·조형제, 1997). 대중 매체 시대의 대중은 수동적일 수밖에 없었다. 그러나 인터넷의 청중은 스스로가 원하는 정보를 찾아 나서지 않을 수 없기 때문에 능동적일 것을 요구 받으며 획일적인 정보로부터도 상당히 자유롭다고 할 수 있다. 즉, 인터넷에서는 과거와 같은 소수의 생산자와 다수의 소비자로 구분되는 정보의 생산·소비 패턴이 존재하지 않는다. 인터넷에서는 정보 전달의 지리적·시간적 공간을 완전히 뛰어넘어 자신의 취향과 필요에 맞는 좀 더 개성적이고 선별된 정보를 얻는 것이 가능해졌다고 말할 수 있다.

2. 정보 사회를 보는 시각

오늘날 많은 사람들이 정보 사회라는 공통된 용어를 사용하고 있기는 하지만, 그러한 말을 사용하는 데 있어서의 기본 전제나 용법은 사뭇 다른 경향을 나타내고 있다. 어떤 사람들은 정보 사회를 새로운 유토피아utopia로 여기고 있고, 또 어떤 사람들은 정보 사회를 조지 오웰의 〈1984〉를 연상시키는 암울한 디스토피아dystopia로 생각하고 있다. 정보 사회라는 동일한 현상과 과정을 두고 서로 다른 진단이 난무하고 있는 것이다(권태환 · 조형제, 1997).

정보 사회와 관련된 논의들은 크게 두 가지로 분류할 수 있다. 하나는 새로운 정보 통신 기술의 힘과 영향력을 어떻게 바라보는가와 관련되어 있다. 이것은 기술의 발전이 사회 변동을 초래한다고 보는 입장과 사회 구조의 틀 속에서 기술의 발전을 설명하려는 두 가지 입장으로 다시 양분되고 있다. 다른 하나는 정보 사회가 과연 이전의 사회와 질적으로 다른 사회인지의 여부와 관련되어 있다. 여기에는 정보 사회가 이전 사회와는 완전히 다른 별개의 새로운 사회라고 주장하는 입장과 사회 체제 내지 사회 구조는 변화하지 않고 연속성을 유지하면서 그 틀 내에서 일정한 변화들이 진

행되고 있을 뿐이라고 주장하는 입장이 있다. 이러한 상이한 입장
들을 살펴보는 것은 정보 사회를 올바로 이해하는 데 많은 도움을
줄 수 있다.

1. 기술 결정론과 사회 구조론

정보 통신 기술과 사회의 관계를 어떻게 보느냐에 따라서 정보 사
회를 바라보는 시각이 다를 수 있다. 이러한 문제를 두고 기술 결
정론적 관점과 사회 구조론적 관점이 팽팽하게 대립되어 왔다(강상
현, 1996; 권태환 · 조형제, 1997).

　기술 결정론적 관점은 사회 변동의 추진력으로서의 정보 통신
기술의 눈부신 발전과 확산에 주목하고 있다. 이러한 관점을 옹호
하고 있는 사람들에 따르면, 정보 통신 기술의 눈부신 발전은 정보
경제라는 새로운 경제 부문을 급부상시키고 그에 따라 고용 구조
까지 변화시키며, 나아가 정부나 기업 조직의 작동 방식까지도 크
게 변화시킴으로써 사회 구조의 기본 원리 자체를 바꾸고 있다는
것이다. 이 관점은 사회 변동의 추진력을 기술의 발전에 두고 있다
는 점에서 기술 결정론적 관점이라고 불리고 있다. 이러한 기술 결
정론적인 관점은 사회 변동의 기본 동인을 정보 통신 기술로 간주
하면서, 기술이 사회 변동에 대해 자율적이고도 역동적인 힘을 행
사한다는 데 강조점을 두고 있다. 이 관점의 핵심 관념은, 정보 처
리 · 저장 · 전달에 있어서의 비약적인 발전으로 말미암아 사실상
사회의 모든 영역에서 정보 통신 기술이 적용되고 있다는 생각이
다. 그리고 이러한 정보 통신 기술의 확산은 생산성의 증대, 노동
시간의 감소, 여가 시간의 증대 등을 가져오며, 실업의 증대와 경제

적 곤궁은 정보 사회에서는 찾아볼 수 없게 될 것이라고 한다.

이 관점은 정보 통신 기술이 사회에 대해 갖는 잠재적인 이득들에 대한 주의를 효과적으로 환기시켜 주는 장점을 지니고 있다. 그러나 사회적·문화적·정치적 맥락이 제거된 기술 일반에 대한 지나친 강조 때문에 정보 사회의 속성들을 정의하기 위한 적절한 토대를 제공할 수 없다는 데 문제가 있다. 왜냐하면 기술의 획기적인 발전이 사회관계의 변화에 영향을 미치는 것은 사실이지만, 그것만이 유일한 결정 요인은 아니기 때문이다. 사실상, 모든 사회관계 변화의 중심에는 정치적·경제적 권력이 놓여 있으며, 기술은 그러한 권력이 동원하는 자원에 불과한 것이기 때문이다. 또 기술 결정론은 산업 사회에서 정보 사회로 언제 진입하게 되는지를 설명해 주지 못하는 단점을 지니고 있다. 나아가 기술 결정론이 갖고 있는 낙관적이고 유토피아적인 경향은 냉엄한 국제 관계 그리고 세계 경제의 무차별적인 경쟁을 제대로 고려하지 못하는 약점을 지니고 있다.

한편, 사회 구조론적 관점은 정보 통신 기술의 비약적 발전을 부인하는 것은 아니지만 그러한 기술이 독립 변수가 아니라 일종의 매개 변수라고 보는 관점이다. 기술 그 자체는 중립적일 수도 있지만, 기술의 이용 방식은 결코 중립적일 수 없다는 입장이다. 즉, 누가 무엇을 위해 그리고 어떤 방향으로 기술을 이용하느냐가 더 중요하다는 것이다. 근본적으로 중요한 것은 사회관계 혹은 사회 구조이지 기술 그 자체가 아니라는 관점이다. 따라서 이 관점에서는 정보 통신 기술을 독립 변수로 보는 것이 아니라, 자본의 논리를 독립 변수로 파악하고 있다. 즉, 자본주의 경제의 내적 변화 속에서 정보 통신 기술의 발전과 정보화의 진전을 바라보고 있는 것이다.

1970년대 미국을 위시한 선진 자본주의 경제가 겪은 오일 쇼크 등에 의한 자원 위기와 중화학 공업 등 제조업에서의 이윤율 하락과 생산성 저하 및 그에 따른 실업률 상승 등 전반적인 경기 침체는 일종의 체제 위기를 불러왔고, 각국은 이를 극복하기 위한 대안을 찾지 않으면 안 될 상황에 봉착하게 되었다. 그 대안으로 모색된 것이 바로 정보 통신 산업을 육성하는 것이었고, 이러한 산업의 기술적 토대가 바로 정보 통신 기술이라는 논리이다. 따라서 1980년대에 접어들면서 미국과 일본 그리고 유럽의 여러 나라들이 일제히 정보 통신 산업을 미래의 국운을 건 국책 사업으로 설정했던 것도 이러한 맥락을 반영하는 것에 불과하다는 것이다.

이러한 사회 구조론적 관점에 서게 되면, 정보 사회라는 이름으로 야기되고 있는 새로운 세계란 생산과 관리에 정보 통신 기술을 도입함으로써 자본 축적의 효율성과 안정성을 꾀하고, 정보와 관련된 하드웨어나 소프트웨어를 상품화함으로써 이윤 획득의 원천을 다양화한 것을 단지 이데올로기적으로 채색한 것에 불과하다는 결론에 이르게 된다. 그러므로 이러한 관점에서의 정보 사회는 경제적 불평등과 정보 불평등, 대중들의 실업, 노동자의 권력을 약화시키는 직무의 탈숙련화, 대규모 다국적 조직들에 대한 정부의 지배 등에 의해 특징지어지는 암울한 사회인 것이다.

자본주의 사회 구조에서 출발하여 정보 통신 기술의 발전을 설명하는 사회 구조론적 관점은 자본주의 사회의 기축 원리와 세력 관계를 통해 정보 통신 기술의 개발·이용 과정을 설득력 있게 묘사하는 장점을 지니고 있다. 그러나 이 관점은 현재적이든 잠재적이든 정보 통신 기술의 발전으로 인해 발생 가능한 이득과 혜택을 심각하게 고려하지 않고 있다는 데 문제가 있다. 현실을 설명하는 논리로서는 어느 정도 타당성을 지니고 있지만, 현실을 개정하고 교정할 수 있는 방법론은 별반 제공해 주지 못하고 있다.

2. 단절론과 연속론

정보 사회를 이전의 사회와 완전히 단절된 새로운 사회로 보아야 하는지, 아니면 이전 사회와 연속된 것으로 보아야 하는지의 문제도 정보 사회에 관한 뜨거운 논쟁거리 가운데 하나이다. 이 문제를 두고 두 가지 관점이 대립하고 있다. 즉, 정보 사회를 탈산업 사회로 보면서 완전히 새로운 사회로 보는 관점과 정보 사회를 수정되지 않은 자본주의로 보면서 자본주의와의 연속성 속에서 정보 사회를 파악하는 관점이 있다.

그런데 정보 사회가 이전의 사회와는 근본적으로 다른 사회라고 주장하는 사람들은 거대한 질적인 변동을 설명하기 위하여 정보에 대하여 주로 양적인 척도를 사용하고 있다. 이와는 달리, 정보 사회가 이전 사회와 근본적으로 다르지 않다고 주장하는 사람들은 정보를 질적인 근거에서 차별화시키려 하고 있다. 예를 들어, 그들은 시장이라는 기준을 적용해 정보의 가용성이 어떻게 영향 받는가를 검토하면서, 사회에서 보다 많은 부를 가진 집단이 그들의 특권과 권력을 공고화시켜 주는 양질의 정보에 더욱 쉽게 접근할 수 있다고 주장하고 있다(Webster, 1995).

지금까지 살펴본 바와 같이, 정보 사회에 관한 이론적 논의들은 크게 보아 두 가지로 분류할 수 있는 바, 그 가운데 하나는 테크놀로지의 힘과 영향력을 어떻게 보는가에 따라서 기술 결정론적 입장과 사회 구조론적 입장으로 양분되고 있다. 기술 결정론적 입장은 테크놀로지로부터 출발하여 사회 변동을 설명하려는 입장이고, 사회 구조론적 입장은 사회 구조의 틀 속에서 테크놀로지의 변동을 설명하려는 입장이다. 그리고 정보 사회에 대한 두 번째 이론적 논의는 정보 사회가 과연 이전 사회와 질적으로 다른 사회인지 여부와 관련된 것으로서, 이것은 다시 정보 사회를 탈산업 사회로 보면서 완전히 새로운 사회로 보는 단절론적 입장과 정보 사회를 수정되지 않은 자본주의로 보면서 자본주의와의 연속선상에서 정보 사회를 파악하는 연속론적 입장으로 구분되고 있다.

그러나 앞서 살펴본 바와 같이 팽팽하게 대립하고 있는 두 입장들은 모두 한쪽으로 경도되어 있다. 각기 상대방이 무시하고 있는 것에 대하여 이야기를 하고 있는 셈이다. 그러므로 이제 우리에게 중요한 것은 정보화 및 정보 사회와 관련된 논의를 우리 나름의 주체적인 시각으로 정리하고, 한국 사회의 구체적인 조건과 현황을 비판적으로 검토한 후에, 한국 사회가 지향해야 할 정보 사회의 모델을 구축해 나가는 것이라고 할 수 있다(권태환·조형제, 1997). 그런 모델을 기반으로 해서 정치·경제·사회·문화의 각 부문에 대한 구체적인 정책 방향을 사회적 합의를 통하여 도출해야 한다.

이러한 과정에서 우리는 적어도 다음 두 가지 사항들에 유념해야 한다. 첫째, 기술이 인간 사회의 모든 것을 결정하게 된다는 식의 기술 결정론적 관점만은 피해 나가야 할 것이다. 왜냐하면 그러한 식의 관점 자체는 우리 인간의 독자성을 무시함으로써 자칫 비인간화 경향을 더욱 가속화할 수 있기 때문이다. 기술이 사회를 일방적으로 결정하는 것이 아니라 기술 자체도 인간의 의지를 비롯하여 기존의 사회 세력 관계 및 조건들에 따라서 결정되는 것이라는 입장을 지니는 것이 중요하다. 따라서 사회 구조론적인 입장을 취하되, 거기에는 대항과 개선의 여지가 국가적 차원에서든 국제적 차원에서든 일정하게 존재한다는 열린 입장에 설 필요가 있다.

둘째, 정보 통신 기술의 눈부신 발전에도 불구하고 자본주의의 큰 틀 자체가 변했다고 속단할 수는 없다. 여러 측면에서 변화가 일고 있기는 하지만 기본 역학과 소유 관계마저 변한 것은 아니기 때문이다. 따라서 우리는 정보 사회를 자본주의 내의 한 단계를 지칭하는 개념으로 인식할 필요가 있다. 즉, 자본주의 체제 내에서 '산업 사회'로부터 '정보 사회'로 이행한다는 다소 느슨한 형태의 입장을 견지할 필요가 있다. 어쨌든 지금 우리에게 시급한 것은 정보 사회가 도래함으로써 무엇이 변화하고 무엇이 변화하지 않는가를 잘 식별해 낼 수 있는 혜안을 가지는 것과 정보 사회가 인간 중심의 사회가 될 수 있도록 구체적인 정책 수립과 더불어 인간 중심의 정보 사회에 필요한 건전한 가치 규범을 회복 · 확산시켜 나가는 일이다.

3. 정보 사회의 빛과 그림자

정보 사회는 우리에게 두 얼굴을 지닌 야누스적 얼굴로 다가오고 있다. 과연 정보 사회가 우리에게 제시하고 있는 청사진은 무엇인가? 정보 사회에 대한 미래학자들의 평가는 극단적으로 양분되어 있다. 긍정적인 평가에 따르면, ① 개인과 기업의 새로운 재산 형성, ② 일상생활의 편의성 향상, ③ 생산성의 제고, ④ 지식과 발견의 확대, ⑤ 인간 잠재력의 실현 증대와 생활의 의미 및 목적의식의 심화, ⑥ 가상 공동체에 의한 옛날 이웃이 지녔던 가치의 일부 회복, ⑦ 자기표현과 창의성의 부활, ⑧ 세계적인 인식과 상호 의존성의 제고, ⑨ 전자 방식의 마을 회관을 통한 고대 그리스 식 광장 민주주의로의 복귀, ⑩ 전자 게시판과 대화 도구에 의한 관료주의의 감퇴 가능성, ⑪ 소외감이 줄어든 작업 환경, ⑫ 지식과 정보에 의존하는 새로운 경제 모델, ⑬ 높고 깨끗하고 지속적인 성장을 계속적으로 가져오는 창의성이 정보 사회에서 실현될 것이라고 한다.

　　다른 한편으로 부정적 평가에 따르면, ① 지나치게 기술에 의존하게 되는 것에서 비롯되는 비인간화, ② 해커와 테러리스트의 공격, ③ 언제 발생할지 모르는 소프트웨어의 결함, ④ 단전 및 쥐들에 의해 쉽게 파손될 수 있는 취약한 광섬유 시스템과 네트워크에 대한 지나친 의존, ⑤ 정부와 대기업들이 가정 활동을 감시하는 독재자로 군림할 수 있는 가능성, ⑥ 지적 재산권을 존중하지 않고 쓸 수 있는 비트로 인해 새로운 질서로서 야기될 경제적 무질서, ⑦ 영상과 소리의 바이트에 미쳐서 정신 못 차리는 사회의 비이성화와 문맹화, ⑧ 중우정치로 변할 원격 민주주의, ⑨ 정보 부자와 빈자 사이에 세계적으로 발생할 세대 · 계급 간의 싸움 등이 정보 사회에서 우려되는 현상들이다(김형철, 1996).

이렇듯 정보 사회는 긍정적인 측면과 부정적인 측면을 함께 수반하고 있다. 정보 사회는 우리에게 혜택과 이로움을 가져다줄 수 있는 반면, 갖가지 위험과 부작용을 가져다줄 수도 있는 것이다. 그러므로 우리는 정보 사회가 가져올 혜택과 손실을 더욱 냉정하게 잘 관찰하고 분석할 필요가 있다. 여기서는 이러한 정보 사회에 대한 평가들을 정치, 경제, 사회, 문화, 환경적 차원에서의 낙관론적 견해들과 비관론적 견해들을 중심으로 하여 상세하게 알아보고자 한다.

1. 정보 사회와 정치적 변화

정보 통신 기술의 발전이 정치에 미치는 영향력은 두 가지 측면에서 전망할 수 있다. 하나는 새로운 기술이 참여 민주주의와 인간 해방을 가져올 것이라는 낙관적 입장이고, 다른 하나는 새로운 기술이 관료제적 통치 기구에 이용되어 권력 집중화의 도구가 될 것이라는 비관적 입장이다.

낙관적 견해

정보 통신 기술이 정치에 미치는 영향에 대한 낙관적인 전망들은 주로 미래학자들에 의해 제기되어 왔다. 미래학자들은 앞으로 컴퓨터와 통신 기술이 광범위하게 활용되는 사회가 도래함에 따라 시민들의 직접 참여에 의한 원격 민주주의, 분산된 정치권력, 그리고 그에 따른 사회적 평등이 실현될 것이라고 예견한 바 있다. 즉, 정보 통신 기술의 발전으로 커뮤니케이션의 시공간적 제약이 극복됨으로써 대의제 민주주의를 불가피하게 했었던 기술적 문제들이 제거된다는 것이다(권태환 · 조형제, 1997).

일례로, 일본의 마스다 요네지는 정보 사회에서는 대의 민주주의 정치가 직접적인 참여 민주주의 형태로 바뀔 수밖에 없다고 주장하면서, 그 이유를 다음과 같이 설명한 바 있다(신윤식 외, 1992). 첫째, 정보 사회에서는 자기실현 욕구에 의해 행동하기 때문이다. 둘째, 국가나 기업 등 조직의 힘이 커져서 일반 국민들의 생활에 직접적이고 중대한 영향을 미치게 되는데, 이를 국민들이 좌시하지 않기 때문이다. 셋째, 국내 문제의 국제화와 국제 문제의 국내화 경향으로 특정 문제의 해결을 위해 시민들의 국제적 협력이 필요하기 때문이다. 넷째, 컴퓨터 통신 기술의 발달과 뉴미디어의 출현에 따라 정치 과정에 직접 참여함으로써 초래되는 시간과 비용의 문제를 기술적으로 극복할 수 있기 때문이다.

토플러는 『제3의 물결』을 통하여 대의제 민주주의가 근본적으로는 전문 지식과 능력을 갖춘 엘리트에 의한 지배 체제였으며, 그 경직성으로 말미암아 급변하고 다원화되는 사회에 대처하지 못함에 따라 위기에 처하게 되었다고 주장하면서, 그 징후로서 투표율의 저하, 무소속 의원의 증가, 정치적 무력증, 무관심 및 냉소주의의 증대를 지적한 바 있다. 또 이를 극복하기 위한 21세기 민주주의의 기본 원리로서 다양한 소수파의 의견을 존중하고 그 결합을 유도하는 소수파 권력의 인정, 반직접 민주주의semi-direct democracy, 결정권의 분산을 제안한 바 있다(강정인, 1995).

미래학자들이 예측한 것처럼 정보 통신 기술이 완전한 직접 민주주의를 가져다주지는 못한다 할지라도, 정보 통신 기술이 가진 기술적 특징들, 특히 신속한 대량 정보 전달 능력과 정보 교환의 상호 작용성은 민주주의를 효과적으로 운영하는 데 필요한 전제 조건들을 더욱 쉽게 충족시킴으로써 정치의 질을 제고하고 민주주의를 고양시킬 것이라는 기대를 낳게 하고 있으며, 실제로 많은 정치학자들이 이러한 사실에 주목하고 있다. 즉, 정보 통신 기술은 주고받을 수 있는 정보량과 정보 교환의 시공간적 제한을 철폐하고 시민들이 원하는 정보에 접근하고 이용할 기회를 널리 제공해 줌으로써 민주주의의 존속에 필수적인 교양 있는 시민의 존재를 보다 가능하게 해줄 수 있다는 것이다. 또한 정보 통신 기술의 쌍방향성은 좀 더 손쉬운 참여 방식을 제공해 줌으로써 시민들이 정치 과정에 적극적으로 참여할 수 있는 가능성을 확대시킬 수 있다는 것이다.

우리는 흔히 정보 통신 기술을 정치에 활용하려는 이러한 시도들을 일컬어 원격 민주주의teledemocracy 혹은 전자 민주주의electronic democracy라고 부른다. 정보 통신 기술을 이용하여 시민들의 정치 참여의 수준을 제고하고자 하는 대표적인 시도로서 원격 투표televote와 전자 주민 회의electronic town meeting를 들 수 있다. 원격 투표가 우편, 전화, 컴퓨터 등을 이용하여 국민 투표 형태의 직접 민주주의를 실험하는 것을 염두에 둔 것이라면, 전자 주민 회의는 쌍방향 미디어를 이용하여 시민의 토론, 숙의, 의사 결정을 통합하고자 하는 시도이다(안희원, 1997). 지금까지의 원격 투표 실험은 주로 우편이나 전화를 통하여 이루어졌으며, 그 절차는 다음과 같았다. 첫째, 임의 추출한 적당한 크기의 유권자들에게 원격 투표의 취지를 우편, 전화 등의 매체를 통해 설명한다. 둘째, 원격 투표의 취지에 동의하는 사람들에게 투표할 안건에 대한 정보와 자세한 투표 방법, 절차에 대한 설명이 게재된 소책자를 발송한다. 셋째, 정해진 기간을 두고 투표 결과를 취합한다.

전자 주민 회의의 모델을 간단히 일반화하면 전자 매체를 통해 시민들이 정보를 얻고 토론을 한 뒤, 쟁점에 관해 투표를 하는 두 가지 절차로 요약할 수 있다. 보다 복잡한 전자 주민 회의는 다음과 같이 일반화할 수 있다. 첫째, 공중파나 케이블 TV 스튜디오에서 적당한 수의 시민들과 패널들이 모여 쟁점이 되는 주제를 토론한다. 둘째, 시청자들은 전화나 컴퓨터 통신을 통해 이 토론에 참여한다. 셋째, 사전에 이 주제에 관하여 제작된 프로그램을 방영한다. 지역별로 주민 회의를 조직하여 위성을 통해 연결한다. 넷째, 각 지역에서 도달한 토론의 결과 또는 투표를 통해 내린 결정을 주 스튜디오에 전달한다. 다섯째, TV 방송국은 그날의 마감 뉴스에 토론 결과를 방송한다.

비관적 견해

앞서 언급한 바와 같이 정보 통신 기술의 민주적 잠재력에 대한 커다란 희망과 기대에도 불구하고 정보 사회는 정치적 측면에서 몇 가지 심각한 문제점을 안고 있다. 이러한 문제점으로는 정치의 대중 조작과 연예화의 강화, 정보 과부하에 따른 일반 시민들의 정치적 무력감과 방관자 의식의 강화, 정보의 독점과 집중에 따른 전제 정치의 위험성 등이 지적되고 있다(강정인, 1995).

첫째, 전자 매체에 의한 대규모 회의나 의회를 통해서는 직접 민주주의의 실현에 필수적인 면대면face-to-face 커뮤니케이션을 전제로 하는 친숙함이 사실상 불가능하다는 것이다. 이것은 직접 민주주의의 장점인 정치인과 일반 시민 간의 또는 일반 시민 상호 간의 솔직한 커뮤니케이션을 통한 정치적 의사 결정이 원격 민주주의 하에서는 실현되기 어렵다는 것을 시사해 주고 있다. 물론 일정한 한도에서 원격 정치가 정치인들이 과거에 유권자들과 거리에서 맺어 왔던 신비스러운 매력을 제거할 수 있다는 점은 사실이다. 그러나 원격 정치는 대중 매체를 통한 실체의 노출보다는 정치인으로 하여금 실체를 은폐한 채 외양의 조작을 통해서 사기와 기만 행위를 교묘하게 구사할 수 있는 능력을 제고시키는 데 기여할 가능성도 많다.

　　나아가 원격 정치는 진정한 정책적인 논쟁이나 사안을 무시하고 정치가들의 외양과 스타일의 중요성을 과장적으로 부각시킬 수도 있다. 즉, 정치인들의 리더십, 식견, 비전의 문제보다는 주변적인 문제들 — 그들이 재치 있고, 활기 있고, 기민한가? — 이 정치적 분위기를 압도하면서 일반 시민의 지지와 동의를 구하는 데 주된 수단으로 이용될 수도 있다. 이러한 식으로 외양에만 치우친 커뮤니케이션은 시민들의 경멸과 냉소를 초래하여 정치적 무관심을 조장할 수도 있고, 다른 한편으로는 대중 가수나 영화배우 같은 인기 연예인들에게 붙어 다니는 우상 숭배를 조장하면서 정치의 연예화를 유발하거나 증폭시킬 수도 있다.

　　둘째, 첨단 통신 기술의 발전으로 인한 정보 과부하 현상은 결정이 수반되지 않는 방관자적 참여 혹은 소극적 참여를 가져오는 데 그치고 만다는 것이다. 즉, 정보 과부하 현상은 일반 시민들의 정치적 무력감과 방관자 의식을 증대시킬 수 있다는 것이다. 새로운 통신 기술의 발전과 보급은 개인과 사회에 이용 가능한 정보의 양을 급속히 증가시키게 된다. 그런데 개인에 따라 편차가 있기는 하지만 일반적으로 개인이 저장·활용할 수 있는 정보의 양에는 근본적으로 한계가 있을 수밖에 없다. 따라서 양적으로 엄청난 양의 정보와 질적으로 복잡 다양하고 상호 모순되는 정치적 정보를 접하게 되는 일반 시민들은 이에 압도되어 정치적 무력감과 방관자 의식에 빠질 수 있다.

한편, 정치적 지식과 정보는 늘었음에도 불구하고 일반 시민들이 이를 행동이나 의사 결정으로 옮길 정치적 능력이나 수단은 제한되어 있기 때문에 나타나는 정치적 좌절감의 증대와 그로 인해 귀결되는 정치적 냉소주의, 무력감, 무관심의 팽배도 무시할 수 없다. 정치적 정보와 지식을 접할 수는 있으나 이를 적절한 정치적 행위로 전환시킬 수 없는 경우, 시민들은 그러한 정보를 외면하거나, 정보 불감증의 상태에서 그 중요성을 부인하거나, 다른 사람이 해결할 것이라고 체념하고 스스로 대응을 포기하게 되는 경향이 생기기 쉽다. 따라서 새로운 통신 기술의 진보에 따라 이성적 인간에 의한 참여적 민주주의의 형성에 유리한 정보 환경이 조성되기보다는 오히려 정치적 무관심을 조장하는 정보 환경이 조성될 수도 있다는 것이다.

셋째, 정보 사회에서 첨단 통신 전자 장치를 소수의 엘리트가 장악하는 경우 역사상 유례없는 정보 정치나 전제 정치가 출현할 위험성이 제기된다는 것이다. 정보 사회에서는 정치 세력들이 정보의 수집 · 분배 · 통제에 깊숙이 개입함으로써 여론을 통제하고, 국민 대다수의 의견을 왜곡 · 조작할 가능성이 높아지게 된다.

넷째, 많은 정보를 소유하면서 정보 처리 능력이 뛰어난 정보 전문가들이 여론 형성을 주도할 가능성이 더욱 커지게 된다는 것이다(이근무, 1996). 현대 사회가 점차 전자 정보 시스템에 의존하게 되면서 사회는 점점 더 정보 전문가들의 안내와 지도에 의존하게 된다. 결국, 정보가 늘어남에 따라서 우리들이 주목해야 할 것, 읽어야 할 것, 참고해야 할 것 등에 대해서도 이들 정보 전문가들이 사실상 결정을 하게 되고, 급기야는 우리가 필요로 하는 것에 대해서도 이들의 영향을 받게 된다. 이렇게 되면 정보 전문가들은 지식과 정보의 전파에 있어서 막강한 권력을 행사하는 집단으로 변모하게 된다.

2. 정보 사회와 경제적 변화

정보 사회를 이끌어 가는 실질적인 주체는 바로 경제 구조라고 할 수 있다. 정보 사회에서의 경제적 변화 역시 낙관론과 비관론이 엇갈리고 있다. 낙관론자들은 자본주의의 심각한 폐해였던 자본의 집중화 · 표준화 · 획일화 · 거대화 등의 현상을 극복하는 가운데 경제의 소프트화가 이루어질 것이라고 보고 있다. 한편, 비관론자들은 정보 접근 능력의 편중과 격차 심화로 인해 부익부 빈익빈 현상이 가중될 것이라고 보고 있다.

낙관적 견해

정보 사회를 산업 사회와 비교할 때 정보 사회의 가장 두드러진 경제적 특징은 노동력 구조에 있다. 앞서 살펴본 바와 같이 벨Bell에 의하면, 산업 사회 이전의 노동력은 대부분 수출 산업에 종사하고, 산업 사회에서는 상품 산업에 종사하였으나, 탈산업 사회에서는 주로 서비스업에 종사하게 되며, 에너지보다 정보가 더욱 중요시된다고 한다. 즉, 정보 사회에서의 주요 경제 활동 무대는 정보 상품과 서비스 생산업체, 공적 · 사적 관료 조직이며, 노동력의 대부분은 정보 상품과 서비스를 생산 · 처리 · 분배 · 전달하는 데 종사하게 된다는 것이다.

　따라서 정보 사회에서의 경제 성장은 공업이 아닌 서비스업에 의해 이루어지고, 서비스업의 비중은 계속 증가하게 된다. 이렇게 되는 것을 '경제의 서비스화'라고 하며, 이때 경제는 여러 면에서 소프트화된다. 여기서 경제가 소프트화된다는 것은 경제의 서비스화, 생산물 자체의 소프트화가 이루어진다는 것을 의미하고, 이렇게 소프트화된 경제 혹은 소프트노믹스softnomics는 다음과 같은 현상을 발생시키게 된다(신윤식 외, 1992).

첫째, 소프트화된 경제에서는 성장과 변동이 서비스 부문을 중심으로 발생한다. 둘째, 소프트화된 경제에서는 소비자의 욕구가 다양해지므로 생산도 소품종 대량 생산에서 다품종 소량 생산 형태로 이행하게 된다. 이에 따라 규모의 장점을 이용하는 시스템의 중요성은 감퇴한다. 따라서 대기업에게 일방적으로 유리하던 시대는 지나가고, 소수의 신상품을 기동성 있게 생산·공급할 수 있는 중소기업이 유리한 기업 조직 형태가 될 가능성이 높아지게 된다. 셋째, 정보 사회에서의 투자는 반도체, 생명 공학 등 R&D와 관련된 투자가 주종을 이루는 투자의 소프트화 현상이 일어나게 된다. 이러한 변화와 더불어 정보 사회에서는 물질의 풍요에 따라 소비자의 제품과 서비스에 대한 수요도 개성화·다양화된다. 따라서 개인의 다양한 욕구를 충족시키기 위해 생산 방식도 다품종 소량 생산으로 변하고, 소비자의 소비 양식도 탈획일화·탈규격화 된다.

비관적 견해

정보 사회에서의 경제적 변화에 대하여 비관론적 견해를 펼치고 있는 사람들은 정보 접근 능력의 편중과 격차의 심화에 초점을 맞추고 있다. 또한, 산업체의 생산 과정 전체가 전자화되고 고도화됨에 따라서 숙련 노동자의 숫자가 과거에 비해 훨씬 더 줄어들게 되고 필요한 노동력 규모 역시 소수의 전문가들만으로도 충분하기 때문에 오히려 실업이 가속화될 수 있다는 점이 지적되고 있다.

정보 사회에서 모든 정보들은 그것을 이용하기 위하여 그에 상응하는 금전적 혹은 비금전적 비용을 지불해야만 하기 때문에, 기존의 불평등 구조가 더욱 심화된다는 것이다. 정보의 이용은 비용을 전제로 하고 있다(김영석, 1995). 첫 번째 비용은 정보 기기의 구입을 위한 비용이다. 컴퓨터를 통해 정보를 이용하기 위해서는 우선적으로 정보 검색 단말기가 있어야 한다. 정보 검색 단말기는 공공장소에 설치되거나 혹은 일반 가정에 무료로 임대해 주기도 하지만 대부분의 경우는 정보 이용자가 개별적으로 구입해야 한다. 둘째, 정보 이용료의 문제이다. 정보 이용자는 자신이 이용하는 정보량에 따라 이용료를 지불해야 한다. 물론 이 경우에도 공공 자료인 경우에는 무료로 이용이 가능하지만 전문적인 정보는 대부분 유료로 제공된다. 세 번째 비용은 정보 활용 지식을 얻기 위한 비용이다. 정보 단말기나 정보 서비스를 운용하기 위해서는 사용 방법의 난해성으로 인해 그것을 어떻게 사용하는지 알아야 하며, 이러한 학습은 최소한의 지적 수준과 경제적 부담을 요구하고 있다.

따라서 정보 사회가 대두하면서 다양한 정보에 대한 균등한 접근 기회가 보장된다고 해도, 현재의 사회 경제적 불평등이 지속되는 한, 사회 경제적으로 유리한 지위에 있는 집단이나 개인이 경제적 부와 정치적 권력을 배경으로 보다 비싸고 성능이 좋은 정보 통신 장비를 이용하거나 자신의 조직을 동원하여 보다 많은 정보를 수집·활용함으로써 정보의 부익부 빈익빈 현상이 일어나고, 이에 따라 기존의 사회적·경제적·정치적 불평등이 심화될 수 있는 가능성은 상존하게 된다(강정인, 1995). 이러한 이유로 해서 일부 학자들은 산업 사회에서 가진 자와 못 가진 자 사이의 격차가 계급 사회를 반영하듯이, 정보 사회에서도 정보를 가진 자와 못 가진 자 사이의 정보 격차가 더욱 심화될 것이라고 예견하고 있다(김영석, 1995).

3. 정보 사회와 사회적 변화

정보 사회는 우리 사회에 어떠한 변화를 가져올 것인가? 낙관론자들은 정보 사회에서는 사회 조직의 원리가 위계적인 피라미드형 구조에서 네트워크형으로 전환될 것이며, 산업 사회의 주요한 사회 문제였던 비인간화 및 소외 문제를 해결하는 데에도 크게 도움이 될 것이라고 보고 있다. 이에 반하여 비관론자들은 정보 사회의 사회적 문제로서 정보의 노출에 의한 프라이버시 침해 문제, 정보의 접근 가능성에 대한 불평등 문제 등이 새로운 사회 문제로 대두함으로써 인간 소외 및 비인간화 경향이 더욱 가중될 것이라고 보고 있다(임희섭, 1995).

낙관적 견해

정보 사회에서의 사회적 변화에 대하여 낙관적 입장을 견지하고 있는 사람들은 사회 조직의 원리가 네트워크형으로 전환될 것이라고 보고 있다. 산업 사회의 전형적인 조직 원리가 관료주의적·중앙 집권적·권위주의적 획일성이었다고 한다면, 정보 사회에서는 분권적·평등주의적이며, 다양화와 소규모화 등의 원리가 지배하게 됨으로써 모든 부문 간의 연결이 정보 네트워크에 의해 이루어진다는 것이다. 즉, 정보 사회에서는 변화가 빠르고 현장 적응 능력이 높은 조직 형태가 보다 효율적이고, 한 사람 한 사람의 지식 근로자들은 전문성을 지닌 평등한 구성원들이기에 점과 점으로 이어지는 네트워크형 조직이 더욱 바람직하다는 논리이다. 여기서 네트워크network란 사회의 각 구성 요소들 간의 연결을 의미하는 것이므로, 네트워크 사회에서는 사람들 사이의 의존 관계가 더욱 심화된다.

이러한 변화 속에서 두드러지게 나타나는 특징으로는 우선 자동화 사회로의 진행을 들 수 있다. 자동화라는 말은 종래에 인간의 노동에 의존하던 일들을 각종 정보 시스템으로 대체함으로써 단순 반복적인 일이 줄어들게 되고, 그에 따라서 사람들이 보다 창조적인 업무에 종사할 수 있게 되는 것을 뜻한다. 정보 사회에서는 이러한 자동화 현상이 두드러지게 나타날 것으로 예측되는데, 그 가운데 대표적인 것으로는 공장 자동화, 사무 자동화, 가사 자동화 등을 들 수 있다. 이러한 자동화 사회로의 진행은 그 자체로서의 중요성은 말할 것도 없거니와, 사회 각 부문에 커다란 영향을 초래하게 된다는 점에서도 중요하다(김왕수, 1992).

먼저 사무 자동화와 공장 자동화는 작업장에서 육체노동의 필요성을 감소시켜 준다. 또한 이는 여성의 취업을 촉진시키는 계기가 될 수 있다. 이와 더불어 가사 자동화는 여성을 가사 노동으로부터 해방시켜 줌으로써 여성의 사회 참여 및 취업을 촉진하게 된다. 이러한 모든 자동화 과정은 노동 시간을 필연적으로 감소시킬 것이며, 그 결과 노동자들의 삶에서 노동의 중요성을 감소시키는 반면, 비노동적 행위 혹은 여가 생활의 중요성을 증대시킬 것이다. 그리고 여가 시간의 양적 증대는 개별 노동자의 삶을 다양화할 수 있는 시간적 여유를 제공해 주기 때문에 노동자는 작업장 밖에서 혹은 노동 이외의 사회 활동에서 삶의 본질적인 의미를 깨달을 수 있게 되고, 비인간화 경향 및 인간 소외 현상을 극복할 수 있게 된다.

비관적 견해

정보 사회에서의 사회적 변화에 대하여 비관적 견해를 나타내고 있는 사람들은 정보 격차에 따른 컴퓨터 범죄를 비롯한 신종 범죄의 증대, 프라이버시 침해, 인간 소외의 심화 등의 문제에 관심을 집중하고 있다. 정보 사회에서는 컴퓨터 및 컴퓨터 기술의 발달로 인하여 온갖 유형의 신종 범죄를 만들어낼 수 있는 가능성이 증가하고 있다(추병완, 1997). 컴퓨터를 다룰 줄 아는 사람들의 숫자가 늘어나고 있다는 것은 달리 말하면 잠재적인 컴퓨터 범죄의 숫자가 늘고 있다는 것을 의미한다고 해도 과언이 아니다. 특히, 컴퓨터를 이용한 범죄는 한 건만으로도 수백억의 금전적 손실을 가져올 수 있기 때문에 이전의 범죄 유형에 비하여 사회에 미치는 파장이 크다고 할 수 있다.

한편, 정보 사회에서는 개인 정보를 컴퓨터로 처리·전송·이용함에 따라 사생활의 비밀 침해 문제가 매우 심각하게 대두될 수 있다. 물론 프라이버시에 대한 침해 문제는 과거에도 존재했던 것이기에 엄격히 말해 정보 사회에만 해당되는 문제는 아니다. 그러나 정보 사회에서는 컴퓨터 사용이 광범위해지고 공공 기관이나 은행, 백화점, 신용 회사 등 민간 기관들에 의한 개인 정보의 수집 및 보존 영역이 확대됨에 따라 개인의 프라이버시에 대한 침해 가능성도 그 어느 때보다 더 높아지고 있다.

정보 사회에서의 사회적 변화에 대한 이러한 비관론적 견해는 인간 소외와 인간성 상실에서 극명하게 나타나고 있다. 비관론자들은, 정보 기술의 네트워크 속에 갇혀 살고 있는 사람들은 주체성을 잃고 자기가 만든 기계가 명하는 대로 움직이는 꼭두각시 역할을 하면서 살아가는 것에 불과하다는 인상을 지울 수 없다는 점을 강조하고 있다(진교훈, 1996). 사람들은 컴퓨터를 통하여 되도록 빨리 정보를 입수하기를 원하고 진행 과정보다는 결과에만 주목하게 된다. 그렇게 되면 인간적인 만남이 생략되고 자연히 비인간화가 초래되기 쉽다. 초고속망에 의한 원격 통신의 발전은 인간이 서로 가까이 접근하고 대면적으로 접촉하는 것을 막고 있다. 재택근무, 재택 교육, 원격 진료 등에 의한 편의성에 안주하는 것 못지않게 우리는 인간 접촉의 필요성과 기회 자체를 상실하고 있음에 유념해야 한다. 접촉이 필요 없는 사회는 인간으로 하여금 더욱 소외감을 느끼게 만들 것이 분명하기 때문이다.

또한, 정보 사회에서 사이버 공간이라는 제2의 생활공간이 등장하면서 생활의 이중성이 심화되어 정체성의 위기를 심화시키고, 결국은 자기로부터의 소외를 더욱 가속화한다는 우려의 목소리도 높아지고 있다(권기헌, 1997). 즉, 사이버 공간과 현실의 실제 생활이 공존하면서 사람들은 현실과 가상을 혼동하거나 현실 세계와 사이버 세계 간의 운영 법칙이 모순됨으로써 가치의 혼란을 느낄 가능성이 다분히 존재하고 있다는 것이다. 사이버 세계는 현실 세계와는 달리 신체적 접촉이 배제되는 환경이 조성되고, 익명성이 커지며, 보다 자유로운 표현과 활동이 가능해진다. 일례로, 컴퓨터 통신을 통해 사이버 공간으로 들어가는 순간부터 우리들의 사고는 확장되고 재구성된다. 이로 인해 사이버 공간 안에서는 또 다른 자아, 즉 사이버 자아가 형성될 가능성이 있으며, 이로 인해 자아의 분열 현상이 초래될 위험성이 커지게 된다는 것이다.

4. 정보 사회와 문화적 변화

정보 사회에서의 문화적 변화에 대하여 낙관론자들은 문화의 전파 범위가 확대되고, 자신의 기호나 취미에 맞는 다양한 문화 향유의 기회가 확대되며, 새로운 유형의 공동체 문화가 생성될 수 있다는 점에 초점을 맞추고 있다. 반면에 비관론자들은 문화적 정체성의 상실 및 전자 식민주의의 위험성, 해체적 개인주의의 확산, 저질 문화의 범람 등에 대하여 우려하고 있다.

낙관적 견해

낙관론자들은 정보 사회에서는 뉴미디어가 발전하면서 정보와 문화의 소외 지역을 없앨 수 있다는 점을 강조하고 있다. 케이블 TV 기술이 원래 난시청 지역의 해소를 위하여 발전되었듯이, 뉴미디어는 대중 매체의 혜택을 제대로 누릴 수 없었던 정보 및 문화 소외 지역의 사람들에게 고품질의 정보와 문화 생산물을 즐길 수 있도록 해줄 수 있다. 동시에, 뉴미디어 기술을 통하여 다양한 개인의 문화적 기호를 만족시켜 줄 수 있는 개인의 문화가 등장하게 된다. 뉴미디어의 등장과 더불어 다매체, 다채널 시대로 접어들고 있으며, 그만큼 개인의 선택 폭도 넓어지게 되었다. 이렇듯 정보 사회에서는 과거 동질적인 대중을 전제로 하여 만들어지던 대중문화 생산물들이 비교적 소수의 수용자들에게 개별적으로 제공되는 매체로 변화되고 있다. 또한 첨단의 멀티미디어 기술이 문화 및 예술 부문에 활용되면서 이제는 누구나 문화의 창조자가 될 수 있는 가능성이 더욱 커지고 있다.

한편, 정보 사회에서는 컴퓨터 네트워크에 의해 장소에 구애받지 않고 특정 가치와 취미, 문제의식 등에 의해 연결되는 전자 공동체가 형성됨으로써 새로운 형태의 공동체 문화가 창출하게 된다고 낙관론자들은 주장하고 있다. 즉, 인터넷에 의한 복합적이고 다층적인 공동체 문화의 형성이 가능해진다는 것이다. 일례로, 이메일이나 메신저를 이용하는 사람들은 매일 일상적으로 통신 교환을 함으로써 원초 집단의 상호 작용에 근접할 수 있는 새로운 공동체 문화를 형성하고 있다는 것이다.

비관적 견해

정보 사회와 문화적 변화에 관한 논의에 있어서 우리는 약소국가의 정체성, 특히 문화적 정체성 문제에 대하여 우려하지 않을 수 없다. 위성 방송과 인터넷이 가능해지면서 한 국가의 방송과 인터넷이 국경을 넘어 남의 나라에 침투하는 일이 이제는 아주 간단하고도 용이한 것이 되어 버렸다. 일본과 홍콩의 텔레비전 방송이 우리의 안방을 침투한 것은 이미 오래 전의 일이며, 머지않아 미국과 유럽의 방송들도 우리의 안방을 파고들 것이 분명하다. 외국의 방송 침투로 인한 상업주의와 저질 문화의 확산은 이미 우리의 문화적 정체성에 심각한 위협 요인이 되고 있다. 이렇듯 정보 사회에서는 문화적 정체성의 유지가 한층 더 복잡하게 되고, 그에 따라 국민 국가로서의 정체성 유지 문제에도 일대 위협을 받게 될 것이 분명하다.

낙관론자들이 정보 사회에서의 새로운 공동체 문화의 출현에 대하여 커다란 기대를 갖고 있는 데 반하여, 비관론자들은 전자 공동체는 단명의 일시적 공동체 성격이 강하고, 스위치를 켜고 끄는 데 따라 생겨났다 없어질 수 있는 것에 불과하다고 보고 있다(이근무, 1995). 따라서 전자 공동체는 영속성이 없고 굳은 약속이 없는 일시적인 전자 만남이나 임시 조직에 불과하다는 것이다. 이러한 특성은 그나마 명맥을 유지해 왔던 기존의 공동체 문화를 오히려 해체하는 부정적 결과를 초래함으로써 인간관계의 파편화 · 단편화 혹은 해체적 개인주의를 더욱 심화시키는 요인으로 작용하게 된다는 것이다(박형준, 1997). 또한 면대면 접촉이 결여된 전자 공간에서는 익명성이 유지되기 때문에, 개인들은 실제 생활에서 자신의 활동을 제약하는 성별이나 지위, 사회적 정체성이나 신체적 또는 심리적 정체를 직접적으로 드러낼 필요가 없다. 이러한 익명성은 개인들에게 책임지지 않는 의견을 제시하게 함으로써 문제 해결을 오히려 지연시킬 수 있으며, 인간관계의 기초가 되는 깊은 친밀성과 상호 개방성을 피상적인 것으로 만들어 버리게 된다(권기헌, 1997).

한편, 정보 사회에서는 정보로 만들어지거나 전달되지 말아야 할 것들이 목전의 이익만을 추구하는 사람들에 의해 얼마든지 확산될 수 있다(진교훈, 1996). 특히 음란물·폭력물로 대변되는 저질 문화의 범람은 우리 삶의 질 자체를 위협하고 있다. 더구나 비윤리적인 언어폭력이나 음란물 배포 등은 성장기에 있는 아동의 정서 발달에 영향을 미쳐 건전한 인성 발달에 커다란 장애 요인이 될 수 있다.

5. 정보 사회와 환경 문제

정보 통신 기술의 발전은 생태계에 어떠한 영향을 미치고 있는가? 이에 대해서는 정보화가 직접적인 인적·물적 교류의 필요성을 완화시키고 환경 보전 기술의 발전에 기여함으로써 환경 파괴의 진전을 제어할 것이라는 낙관적인 견해가 있는가 하면, 정보 기술이 신종 오염 물질을 배출하고 소비를 조장하여 환경 파괴를 오히려 가속화할 것이라는 비관적 전망도 나오고 있다(김종길, 1998).

낙관적 견해

정보 사회와 환경 문제에 대한 낙관적 견해는 다음과 같은 세 가지 주장으로 이루어져 있다. 첫째, 정보 통신 기술은 자원 절약형 기술이다. 일례로, 고속 네트워크의 확대와 멀티미디어는 신문, 서적, 사진 등 종이 미디어의 변화를 가져와서 종이를 안 쓰는 전자 신문과 전자 출판, 나아가 디스크 한 장에 건물 10층 높이에 달하는 책 내용을 실을 수 있는 시디롬 잡지를 등장시키고 있다. 둘째, 정보 통신 기술은 공유와 확산, 그리고 환경 감시에 유용한 기술이다. 환

	자연 재해	에너지 고갈 자원 낭비	수질 오염 대기 오염	생활 환경의 악화 지역 환경 문제	지구 온난화 오존층 파괴
정책적 대응 방향	· 재난 발생 시 긴급 구 난 체계 확 립	· 에너지 절 약 및 자원 재활용 방 안 마련 · 대체 에너 지 개발	· 공해의 사전 방지 및 사 후 처벌 강 화	· 지역 환경의 효 율적 관리 · 쾌적성 창출	· 국제 협력 을 통한 지 구 환경 문 제의 대응 · 환경 종합 계획의 수립
기술적 대응 방향	· 재해 발생 긴급 통보 시스템 · 지리 정보 시스템 · 지역 기상 정보 시스 템	· 화상 회의 시스템 · 도로 교통 시스템 · 컴퓨터 발 신형 우편 서비스 · 전자 결재 시스템	· 환경오염 모 델링 · 원격 자동 감지 체계 · 대기 오염 상시 감시 시스템 · 상수도 온라 인 시스템 · 적조 화상 정보 시스템	· 대형 범용 컴퓨 터 및 PC에 의 한 지역 환경 해석 · 위성 영상 해석 · 환경 영향 평가 및 환경 계획 수립 지원	· 슈퍼컴퓨터 를 이용한 광역 환경 시뮬레이션 · 경관 화상 해석 · 환경 관련 DB 통합 · 제공

표 1. 환경 문제의 유형과 대응 방향

경 친화적인 글로벌 네트워크의 구축 및 확산은 환경 문제와 관련한 공론 과정에서 일반인의 참여 확대, 생산·소비 과정에서 정보권과 비토권 확대를 통해 환경 문제의 민주적 해결에 의미 있는 기여를 할 수 있다. 셋째, 정보 통신 기술은 환경오염을 예방하고 환경을 개선시키는 기술이다. 정보 산업은 환경 보전 사업과 정보화를 연계하는 응용 프로그램의 개발, 지리 정보 시스템, 대기 정보 시스템, 수질 정보 시스템, 원격 탐사, 모델링 등을 활용한 고도 정보 생산을 주도함으로써 환경 문제 해결에 크게 기여할 수 있다.

이렇듯 낙관론자들의 견해를 종합해 보면, 정보 통신 기술은 자원 절감형 기술이라고 할 수 있다. 다른 기술들과 비교해 볼 때, 정보 통신 기술 자체가 원료와 에너지를 절약하는 효과를 낼 수 있을 뿐만 아니라 기존 산업 시설과 작업 과정의 정보화를 통해 자원 낭비를 현저하게 줄일 수 있다. 둘째, 정보 통신 기술을 이용하면 전 세계적인 수준에서 환경오염 행위를 감시하거나 환경 관련 정보를 교환·공유할 수 있으며, 나아가 문제 해결을 위한 협력 방안을 모색할 수 있다. 셋째, 정보 통신 기술은 환경을 개선하는 청정 기술이다. 생산 과정에서 유해 물질의 배출을 저지하거나 배출된 오염 물질을 제거하는 기술, 오염된 자연 환경을 복원하는 기술과 같이 대부분의 청정 기술은 정보 통신 기술의 응용을 통해서 발전이 가능하다.

비관적 견해

정보 사회와 환경 문제에 대한 비관적 견해는 다음과 같은 세 가지 주장으로 이루어져 있다. 첫째, 정보 통신 기기들의 생산 및 유통 과정은 필연적으로 환경오염을 수반한다. 정보 통신 제품을 구성하는 부품은 그 종류가 다양한 만큼 사용되는 화학 물질 또한 다양하게 걸쳐 있다. 예를 들어, 반도체 하나를 제조하기 위해 약 2,000여 종의 화학 물질이 사용되고 있는데, 그중 대부분이 유해 물질이다. 이것들의 상당 부분은 제품에 직접 사용되지 않고 최종적으로는 공장 밖으로 배출되기 때문에 적절히 관리하지 않으면 폐수나 폐가스 등의 형태로 심각한 환경오염을 유발한다. 또한, 폐컴퓨터에서 나오는 유해 물질과 컴퓨터의 증가로 인한 과다한 전력 소비도 자연 환경에 심각한 압력을 가하고 있다.

둘째, 정보 통신 기기들은 인간의 작업 및 생활환경에 새로운 유형의 공해를 유발한다. 전자 제품에서 발생하는 전자파는 심각한 피해를 주고 있다. 전자파 피해는 작게는 수면 장애에서 크게는 암이나 백혈병 같은 불치병에 이르기까지 광범위한 것으로 보고되고 있다. 정보 기기의 보급과 확산에 따른 사무실 공간 내에서의

웨이퍼 제조 공정	· 실리콘, 인, 비소 등의 원재료 · 탄화규소, 산화알루미늄 등의 연마제
웨이퍼 가공 처리 과정	· 실란, 디보란, 아루신, 포시핀 등의 특수 가스 · 합성고무 등의 절연체 · 포스핀, 삼불화인, 아루신, 삼불화붕소 등의 특수 가스
조립 검사 공정	· 불산, 질소 등의 산류 · 아세콘, Isopropyl Alcohol 등의 유기용제 · 탄화규소 등의 연마제, 애폭시수지 등의 접착제
에칭	· 불산, 질산, 암모니아수, 불화밤모늄 등 산 및 알칼리 · Isopropyl Alcohol 등의 유기용제 · CFC-113 등의 CFC류표

표 2. 반도체 제조 공정에 사용되는 주요 화학 물질

피해 또한 심각하다. 정보화 시대의 필수품으로 꼽히는 VDT (Visual Display Terminals)의 경우, 시각 장애, 피부 반점, 신경통 등 다양한 신체적 부작용의 주범으로 알려져 있다.

셋째, 정보 통신 기술은 인간의 내부 환경에도 심각한 장애로 작용한다. 정보 과부하 및 그로 인한 쓰레기 정보의 범람도 자연 환경의 오염 못지않게 문제가 되고 있다. 많은 사람들이 무수한 정보를 가지고 무엇을 해야 할지 모르며, 일부는 정보라는 늪에 빠져 전혀 통제하지 못하는 이른바 인터넷 중독 증상에 시달리고 있다. 이러한 정보 과부하는 정신 질환을 일으킬 수도 있다. 또한, 산림 보전과 자원 절약 효과를 갖는 것으로 알려진 전자 신문, 전자 출판, 시디롬 잡지 등은 저가 판매를 유도하여 소비 풍조를 더욱 조장할 수 있다.

4. 정보 사회에서의 바람직한 인간상

지금까지 살펴본 바와 같이, 정보 사회에 대한 궁극적인 화두는 결국 '어떠한 모습을 지닌 정보 사회인가?' 의 문제로 귀결된다고 볼 수 있다. 이것은 정보 통신 기술 자체의 문제가 아니라 정보 통신 기술의 발전과 확산을 둘러싼 사회적 관계를 우리가 어떻게 구성해 나갈 것인가의 문제라고 할 수 있다. 결국 우리가 어떤 모습을 지닌 정보 사회로 나갈 것인가를 결정하는 것은 기술적·제도적 차원의 문제가 아니라 정치적·윤리적 차원의 문제라고 할 수 있다. 그리고 그러한 결정은 올바르고 건전한 윤리적 가치관을 지닌 인간에 의해 이루어지게 된다. 그러므로 우리는 정보 사회와 관련된 논의에 있어서 바람직한 인간상의 문제를 짚고 넘어가지 않을 수 없게 된다. 정보 사회에서 요구되는 바람직한 인간의 모습은 크게 보아 두 가지 차원에서 생각해 볼 수 있다. 그 하나는 지적인 측면과 관련된 것이고, 다른 하나는 윤리적 측면과 관련된 것이라고 할 수 있다.

효율적인 정보 통신 소양을 지닌 사람

정보 사회에서 요구되는 바람직한 인간은 우선 효율적인 정보 통신 소양literacy을 지닌 사람이라고 말할 수 있다. 여기서 말하는 정보 통신 소양이란 개개인에게 직·간접적으로 주어진 사회적 역할 내에서 정보 통신 기기들의 역량을 효과적으로 발휘하게 하는 데 필요한 기본적인 지식·기능 및 태도를 갖추는 것을 의미하며, 구체적으로 정보 통신 기기의 이용 능력, 정보 통신 기기의 응용 능력, 정보를 평가·선택할 수 있는 능력, 정보를 선용할 수 있는 능력과 태도, 정보를 창조할 수 있는 능력, 창의적인 문제 해결 능력과 태도 등을 포함하고 있다.

정보 사회에서는 정보 통신 기기의 활용이 보편화되므로 그것들을 원활하게 사용하는 데 필요한 기초적인 지식·기능·태도를 갖추는 것이 우선적으로 필요하게 된다. 왜냐하면 정보 통신 기기의 사용 능력을 갖추지 못하면, 정보 사회를 살아가는 데 있어서 많은 불편을 겪을 수 있기 때문이다. 따라서 정보 통신 기기의 이용 능력(정보의 검색, 계산, 도표 작성, 문서 작성 등)이나 정보 통신 기기의 응용 능력(컴퓨터 프로그램을 사용하거나 프로그램을 작성하여 정보를 처리할 수 있는 능력)을 갖추는 것이 매우 중요하다.

정보 사회를 살아가는 사람들은 정보를 평가·선택할 수 있는 능력을 지녀야 한다. 정보의 범람과 홍수 속에서 어떤 정보가 유용한 것인지 평가·선택할 수 있는 능력이 요청되기 때문이다. 즉, 정보의 질을 평가할 수 있는 능력, 정보의 우선순위를 결정할 수 있는 능력, 정보에 관한 결정을 내릴 수 있는 능력, 영상을 분석할 수 있는 능력들을 지녀야 한다. 정보 사회에서 정보의 창조 능력을 지니는 것도 매우 중요하다. 정보 사회를 살아가는 사람은 단순히 정보를 전달받거나 접하면서 살 뿐만 아니라 정보를 만들어 가면서 살 수 있어야 하기 때문이다.

한편, 정보를 올바른 목적을 위해 사용하는 능력과 태도를 지니고 있어야 한다. 정보나 정보 통신 기기를 그릇된 목적에 사용해서는 안 되기 때문이다. 또 정보 사회에서 인간은 창의적인 문제 해결 능력과 태도를 지니고 있어야 한다. 창의적인 문제 해결 능력과 태도가 필요한 이유는 정보 통신 기기를 효과적으로 활용하여 인간의 지적 기능을 더욱 확대하기 위해서이다. 동시에 창의적인 문제 해결 능력을 통해 정보 통신 기기의 노예가 아닌 주인으로서 살아갈 수 있도록 하기 위해서이다.

정보 사회에서 시민의 덕

정보 통신 기술을 어떻게 활용하느냐 하는 것은 결국 윤리적 선택의 문제로 환원될 수 있기 때문에, 정보 사회에서는 정보 윤리 의식이 투철한 사람이 더욱 요청되고 있다. 정보화를 겪고 있는 우리 사회에서도 이미 경험한 바와 같이, 정보화가 개인의 프라이버시 및 인권 침해 문제와 각종 컴퓨터 범죄 문제 등 비인간적이고 비윤리적인 문제들을 수반하고 있기 때문이다. 또한, 우리는 불건전한 정보의 홍수 속에서 그리고 인간의 컴퓨터화 속에서 우리의 자아와 정체성을 지키는 것이 더욱 어려워지고 있기 때문에 그 어느 때보다 확고한 윤리 의식을 지니는 것이 요청된다. 그렇다면 정보 윤리 의식이 투철한 사람이란 구체적으로 어떤 유형의 사람을 의미하는가? 정보 사회에서 우리가 중시해야 할 도덕적(윤리적) 규범들은 어떤 것이고, 그러한 규범들은 각기 어떠한 사회적 기능을 수행하는가?

우리가 미래 사회의 모습을 정확하게 예측할 수 없는 것과 마찬가지로, 정보 사회에서의 윤리 규범과 그 사회적 기능을 기하학자와 같은 엄밀성을 가지고 제시하는 것은 원천적으로 불가능해 보인다. 그러나 한 가지 분명한 것은 농경 사회에서나 산업 사회에서, 그리고 정보 사회에서 인간이 추구해야 할 궁극 목적에는 큰 변화가 없을 것이라는 점이다. 그리고 그러한 궁극 목적은 아마도 오래 전에 희랍의 철학자 아리스토텔레스가 갈파했었던 바와 같이 '인간으로서 잘 사는 삶eudaimonia' 일 것이다. 당시 아리스토텔레스의 '인간으로서 잘 사는 삶' 에 대한 논증은 세 가지 상호 관련된 명제들로 이루어져 있었다: ① 인간 행위의 궁극적인 목적은 '잘 사는 삶' 이다. ② '잘 사는 삶' 은 이성에 따라 행위함으로써 성취된다. ③ 이성에 따라 행위하는 것은 모든 전통적인 덕목의 가장 두드러진 특성이다(추병완, 1999).

이러한 아리스토텔레스의 논리를 따라서 정보 사회에서 살고 있는 시민들이 지녀야 할 도덕적 덕moral virtues에 대하여 탐구해 보고자 한다. 여기서 '덕' 에 초점을 맞추는 이유는 공리주의, 칸트의 정언 명법 같은 전통적인 윤리 이론들이 정보 사회에서도 타당성을 지니기 위해서는 재해석을 필요로 하며, 그러한 재해석은 사실상 도덕적 덕을 지닌 도덕 행위자에 의해 가능하기 때문이다. 그리고 여기에서 제시하고자 하는 네 가지 덕들은 사실 엄격하게 상호 분리된 것이라기보다는 상호 관련된 것임을 미리 밝혀 두고자 한다.

① 자율성

정보 사회에서 시민은 무엇보다 자율적이어야 한다. 즉, 주어진 상황에서 주체적인 입장에서의 '옳음' 과 '좋음' 의 판단 기준에 따라서 행동하는 사람이 되어야 한다. 정보의 과잉과 홍수 속에서 좋은 것과 나쁜 것을 식별할 수 있는 것, 참과 거짓을 구별할 수 있는 것, 집단에 의한 질식suffocation에 대처해 나가는 것, 자신의 고유한 자아 정체성을 유지해 나가는 것 등은 모두 자율적인 인간을 통해서 가능한 것이다. 일찍이 하버마스Habermas는 근대성modernity이 혈족, 공동체적, 종교적, 인종적 관계에 파괴적 영향을 초래한 것을 일컬어 '생활 세계의 내적 식민지화'라고 표현한 바 있다. 정보 사회에서는 정보 기술의 발달로 말미암아 '생활 세계의 내적 기계화'가 더욱 거세어질 것이며, 이것은 인간의 자율성에 엄청난 해악을 줄 것이 분명하다. 자율적인 인간은 생각 없이 행동하지 않는다. 자율적인 인간은 자기 행위에 대하여 책임을 질 줄 안다. 자율성을 지닌 사람은 자기 선택과 판단을 소중히 여긴다. 자율적인 인간은 무비판적 · 무반성적으로 행동하지 않는다. 이러한 자율성은 정보 사회 속에서 인간의 기계화, 노예화를 방지해 줄 수 있는 일차적인 도덕적 덕성인 것이다.

② 연관성

정보 기술은 새로운 공동체를 만들어 주는 장점이 있는가 하면, 전통적인 공동체 생활을 파괴하면서 자기 탐닉적 개인주의를 조장하는 단점도 있다. 인간은 자신과의 관계를 통해서가 아니라 타인들과의 관계를 통해서 보다 완전해질 수 있는 존재이다. 사실상 개인으로서의 우리의 정체성은 어떤 특정한 문화적 · 도덕적 공동체의 역사, 전통, 신화, 관습을 통해서 형성되는 것이다. 연관성을 지니고 있는 사람은 타인을 잘 배려할 줄 안다. 연관성을 지니고 있는 사람은 역할 채택role-taking이나 공감empathy을 통하여 자신의 행동이 타인들에게 어떠한 영향을 미칠 것인지를 상상적으로 시연해 본다. 연관성을 지니고 있는 사람은 '나와 그것'의 관계가 아닌 '나와 너'의 관계 형성을 위하여 힘쓴다. 그러므로 타인과의 올바른 관계 형성, 자연 환경과의 올바른 관계 형성을 통해 연관성을 키우는 것은 파편화된 인간의 삶에 근원성을 제공해 준다. 왜냐하면 우리가 지닌 자율성은 바로 문화적 존재로서의 자율성이기 때문이다.

③ 초월성

우리는 흔히 초월성하면 플라톤처럼 선에 대한 형상을 아는 것 혹은 인간의 능력을 넘어선 어떤 고차적이고 신비스러운 정신적 체험을 하는 것을 연상하기 쉽다. 여기서 염두에 두고 있는 초월성 개념은 일상적인 것을 넘어서는 것, 즉 인간으로서의 탁월성을 추구하는 것 그리고 편협한 자기 탐닉을 극복하는 것을 뜻한다. 인간은 단순히 기계 문명의 노예로 전락하지 않을 그 무언가의 잠재성을 지니고 있다. 우리는 이것을 인간의 '도덕감moral sense'에서 찾을 수 있다. 적어도 인간은 내가 누구인지 물을 뿐만 아니라 내가 얼마나 착한 사람인지 물을 수 있는 존재이다. 물론, 이러한 인간의 도덕감은 예기치 않은 내·외적 요인들에 의해 쉽게 굴복해 버리는 경향이 있다. 아마도 정보 기술은 인간의 도덕감을 더욱 약화시킬 것이 분명하다. 그러한 위협 속에서도 우리는 인간으로서의 잠재력을 실현하고자 하는 경향성을 절대 포기해서는 안 될 것이다.

초월성이 지니고 있는 두 번째 의미는 사사로운 자기 이익에서 벗어나 더 큰 공동체의 이익을 위하여 행동하려는 경향성이다. 물론 이때의 더 큰 공동체는 현실 세계의 모든 인간 공동체뿐만 아니라 자연 환경 나아가 아직 태어나지 않은 미래 세대들도 포함하는 것이다. 따라서 초월성을 지닌 사람은 자신의 도덕적 완성을 위해 끊임없이 노력하는 동시에 자신의 에너지를 자신보다 더 큰 공동체를 위해 헌신적으로 증여하고자 한다. 또한 자기 자신보다 더 큰 공동체의 일원이 됨으로써 자신의 근원성과 정체성을 확인하는 사람이다. 이제 우리는 정보 기술이 인간의 파편화와 자기 탐닉화를 초래함으로써 일상적인 것을 넘어선 어떤 초월적인 것에 대한 우리들의 동경과 욕구를 원천적으로 막아 버릴 수 있다는 것을 깨달아야만 한다.

④ 책임성

인간은 자기 행위에 대해 책임을 질 줄 아는 존재이다. 정보 사회에서는 그 무엇보다 인간의 책임성이 중시된다고 볼 수 있다. 하지만 정보 사회는 이전과는 다른 책임성을 요구하고 있다. 철학자들에 의해 행해져 온 기존의 책임에 대한 논의는 주로 '책임 없음 nonresponsiblity' 혹은 면책의 조건을 밝히는 데에만 집중되어 왔었다. 적극적인 도덕적 의미에서의 책임에 대한 설명은 늘 뒷전에 머물러 있었던 것이다. 이것은 법학자들에게 있어서도 예외가 아니었다. 그러나 정보 사회에서 책임을 이런 식으로 설명할 수는 없다. 우리가 일상적으로 '책임이 있다'는 말을 사용할 때, 그 말은 첫째, 피해자에게 바람직하지 않은 결과가 발생했고, 둘째, 어떤 행위자의 어떤 행위가 있었으며, 셋째, 행위자의 그 행위와 피해자의 그 결과 사이에 어떤 종류의 인과적 관련성이 있다는 식으로 쓰이고 있다. 전통적인 책임 개념은 사실상 이러한 인과적 책임이나 면책의 조건들을 중심으로 전개되어 왔던 것이다.

하지만 정보 사회에서는 보다 포괄적이고 적극적인 의미에서의 책임 개념이 요청된다. 일례로, 컴퓨터 프로그램 오작동으로 마주 오던 두 기차가 충돌하여 엄청난 사상자를 낸 사고가 발생하였을 때, 우리는 그 사고의 책임을 단순히 컴퓨터의 오작동으로만 여길 수는 없다. 그러므로 이제 우리는 보다 확대되고 보다 포괄적인 책임 개념을 필요로 하고 있다. 아마도 그것은 도덕적 주체로서의 인격적 혹은 존재적 책임 개념이 될 것이다. 앞서 언급한 자율성을 지닌 인간은 바로 인격적 주체로서 그리고 책임의 주체로서 행동한다는 것을 함축하고 있는 것이다. 우리가 인격을 지니고 있다는 말은 우리의 행동에 대하여 자발적인 책임을 진다는 것을 함축하고 있는 것이다.

이러한 확대된 책임 개념은 정보 기술자나 컴퓨터 프로그래머들에게 새로운 유형의 책임성을 지닐 것을 요구하고 있다. 이제 그들은 자신들이 만든 정보 기술이나 프로그램에 대해 소급적retrospective 책임과 함께 예상적prospective 책임을 져야만 한다. 즉, 그들은 자신들의 이전 행위뿐만 아니라 미래에 예견되는 결과에 대해서도 책임을 져야만 한다. 물론, 이것은 정보 기술 관련자들에게 엄청난 심적 부담을 줄 수도 있다. 그러나 이러한 유형의 책임성이 수반되지 않는다면, 불분명한 책임 소재로 말미암아 정보 사회의 윤리적 문제들은 더욱 가중될 수밖에 없다. 동시에 사회 윤리학자들이 주장하고 있는 바와 같이, 정보 기술에 대한 도덕적 책임이 제도나 집단의 차원으로까지 확대되어야 한다. 왜냐하면 개별적인 책임만을 가지고 도덕적으로 문제가 있는 정보 기술을 저지할 수는 없기 때문이다.

2부
정보 윤리에 관한 이해

5. 정보 윤리학의 개념과 성격

앞에서 정보 사회는 마땅히 인간 중심의 사회가 되어야 한다는 당위성에도 불구하고, 정보 사회로의 이행 과정에 있어서 나타날 수 있는 여러 가지 문제점들은 인간의 존엄성을 위협하고 인간의 본래적 가치를 침해함으로써 상당한 윤리적 혼란을 초래할 수 있음을 살펴보았다. 그리고 이러한 혼란을 극복하기 위해서는 최소한의 윤리적 기준에 바탕을 둔 건전한 정보 문화를 창출해 갈 수 있는 국민들의 정보 윤리 의식을 함양하는 것이 매우 시급한 과제임을 알 수 있었다. 여기서는 정보 윤리란 구체적으로 어떤 것인지를 보다 상세하게 살펴보고자 한다.

정보 윤리에 관한 이론적 논의들을 이해하기에 앞서 우리는 먼저 '윤리'란 무엇인지, 그리고 그러한 윤리를 학문적으로 다루는 '윤리학'이란 어떤 것인지를 먼저 이해할 필요가 있다.

윤리의 개념과 필요성

인간의 삶에 있어서 윤리는 필수 불가결한 것이다. 본래 윤리倫理

라고 할 때의 '윤倫' 자는 무리, 또래, 혹은 질서 등을 뜻하고, '리理' 자는 '옥을 다듬다'에서 유래되어 이치, 이법, 도리를 의미한다. 따라서 윤리란 사람과 사람 사이의 관계, 즉 인간관계의 이법이라고 할 수 있다. 한편, 서양에서의 윤리ethics는 희랍어의 *ethos*라는 말에서 유래하였는데, 희랍어의 *ethos*는 사회의 풍속·습관 등의 의미를 지니고 있었다. 그리고 이 말은 후에 인간 사회 안에서 반드시 실천되어야 할 인간의 행위라는 말로 쓰이게 되었다.

동물이나 기계로부터는 윤리적 현상을 찾아보기 어려우나, 인간 세계에서는 윤리가 언제나 중요한 자리를 차지하고 있다. 이러한 사실은 인간에게만 윤리 현상이 가능하고 또 필요하게 만드는 어떤 특성이 있음을 암시해 준다. 따라서 우리는 인간의 어떠한 특성들이 윤리 현상을 가능하게 하고, 동시에 윤리에 따르는 생활을 불가피하게 하는 것인가에 대하여 생각해 볼 필요가 있다.

그렇다면 우리는 왜 윤리적으로 살아야 하는가? 윤리적으로 산다는 것은 삶에서 옳고 그른 것을 분명히 구분하여 옳다고 판단한 것에 따라서 사는 것을 의미한다. 윤리적이지 못한 사람은 옳고 그른 것에 대해서 분명한 생각을 갖지 못하고 기분 내키는 대로 행동하거나 그에 대한 생각을 갖고 있다 하더라도 그에 따라 살지 않는 사람들이다(설헌영 외, 2003).

그런데 종종 다음과 같은 문제가 제기되곤 한다. 어떤 행위는 옳고 그와 다른 행위는 그르다고 할 때, 나는 왜 옳은 행위를 해야 하고 그른 행위를 해서는 안 되는 것일까? 신문을 파는 장님에게 1,000원만 주고도 10,000원을 주었다고 속이는 일은 실제로 누구나 나쁜 짓이라고 생각한다. 이같이 행동하는 사람들조차도 이러한 행위가 그른 것임을 인정한다. 멀쩡한 사람을 속이는 것만으로도 나쁜 일인데, 겨우 살아가는 불쌍한 장님을 속이는 것은 더욱 못된 짓이라고 할 수 있다. 그렇지만 "도대체 왜 그렇게 해서는 안 된다는 겁니까? 그렇게 하면 어떻다는 겁니까?" 라고 묻는 사람이 있다면 우리는 어떻게 대답해야 하는가?

우리가 윤리적으로 살아야 하는 이유는 그것이 개인의 행복과 사회의 질서 유지를 위한 하나의 필수적 조건이기 때문이다. 윤리는 우리의 삶을 지도해 줄 규칙의 집합으로 구성된다. 그 규칙들은 거의 모든 사람이 그것을 준수하는 경우에 거의 모든 사람이 행복하게 되는 그런 규칙들이다. 이 규칙들은 우리의 자유를 제한하지만, 그것은 오로지 더 큰 자유와 복지를 증진하기 위해서이다. 좀 더 구체적으로 말해, 윤리는 다음의 다섯 가지 목적을 가지고 있다. ① 사회의 분열을 방지한다, ② 인간의 고통을 완화시킨다, ③ 인간의 행복을 증진한다, ④ 이익 갈등을 정의롭고 질서 있게 해결한다, ⑤ 칭찬과 비난, 보상과 처벌, 죄책감을 부과한다.

인간은 집단생활을 하는 까닭에 아무 행동이나 마음대로 할 수 있는 것이 아니고, 거기에는 사회적으로 승인된 행동을 할 것을 기대하는 집단 성원들의 암묵적인 믿음과 약속, 즉 규범 체계가 필요하게 된다. 윤리는 한 사람 혹은 사회 집단이 다른 사람이나 집단에 대하여 직·간접적으로 해를 끼치지 않도록 스스로 행동을 규제하는 데 필요한 것이다. 인간은 옳지 못한 행동을 분별할 수 있는 능력을 가지고 있고, 의식적으로 그러한 행동을 자제할 수 있는 능력을 지니고 있는 존재이다. 그러나 이러한 인간의 능력은 예기치 않은 충동과 환경적 변화에 의해 쉽게 허물어질 수 있는 아주 연약한 것이다. 인간은 선한 본성과 함께 악한 본성도 함께 지니고 있기 때문이다. 인간은 이타성과 함께 이기심도 지니고 있기 때문이다. 이러한 인간의 이중적 본성으로 말미암아 윤리는 인간의 삶에 절대적으로 필요한 것이다.

그런데 인간의 행동을 규제하는 것에는 윤리 이외에도 관습과 법이 있다. 관습은 규제력이 약하고 문화나 지역에 따라 다르기 때문에, 개인의 권리를 보호하고 사회 질서를 유지하는 데 충분하지 못하다. 법은 질서 유지의 효과가 크지만, 자율성을 핵심으로 하는 인간의 존엄성과 위신에 위배되는 강제적 성격을 띠고 있어 인간관계를 경직시킬 뿐만 아니라 그 실행에 있어서 많은 비용을 필요로 한다. 반면에 윤리는 자기 자신의 행동을 자율적으로 규제하도록 하면서도 관습에 비해 더욱 효과적이며, 법과는 달리 인간의 내면적 행위까지도 그 규제의 대상으로 삼고 있다. 법은 주로 외면적 행위를 타율적으로 규제하는 것임에 비하여 윤리는 인간의 내면적 행위까지도 자율적으로 규제하는 것이다. 따라서 사회의 구성원들이 윤리적 규범들을 공유하고, 그것을 실천하게 되면 그 사회는 더욱 살기 좋은 사회가 될 수 있다. 윤리적인 사람이 많으면 많을수록 그 사회는 더욱 질서가 확립되고 인간미 넘치는 사회가 될 수 있으며, 개인의 자유도 확대될 수 있는 것이다. 그러므로 윤리적으로 산다는 것은 선과 악에 대한 분명한 지식을 지니고 있으면서, 그것을 사회적 삶 속에서 실천한다는 것을 의미한다. 즉, 인간관계 속에 내재하는 규범적 질서를 존중하면서 스스로 행위 규범을 발견하여 실천한다는 것을 의미하는 것이다.

윤리적 인간의 모습

윤리적 인간이란 구체적으로 어떤 사람을 가리키는가? 한마디로 말해, 윤리적 인간은 도덕적 지식과 도덕적 감정을 가지고 있으며, 그러한 지식과 감정에 의거하여 도덕적 행동을 하는 사람이다. 미국의 리코나Lickona 교수는 훌륭한 인격의 구성 요소를 제시하면서 윤리적 인간이 갖추어야 할 사항들을 일목요연하게 제시한 바 있다. 그는 도덕적으로 아는 것(정신의 습관), 도덕적으로 느끼는 것(마음의 습관), 도덕적으로 행동하는 것(행동의 습관)이야말로 윤리적인 사람의 모습이라고 보고 있다. 리코나가 말하는 윤리적 인간의 구체적인 모습에 대해 살펴보면 다음과 같다(Lickona, 1991).

도덕적으로 아는 것

도덕적으로 아는 것은 다음과 같은 여섯 가지 하위 요소로 이루어져 있다.

① 도덕적 인식moral awareness: 도덕적 인식은 어떤 상황이 도덕적 쟁점과 관련이 있고 그래서 도덕적 판단을 요구하는 상황임을 잘 파악할 수 있는 능력을 의미한다. 도덕적 인식은 우리가 직면한 상황이 도덕적 판단을 요구하고 있다는 것을 파악하기 위하여 그리고 어떤 것이 올바른 행동 방향인가를 주의 깊게 생각하기 위하여 우리의 지성을 사용하는 것이다.

② 도덕적 가치들에 대한 지식knowledge of moral values: 책임, 정직, 정의, 배려 같은 도덕적 가치들은 세대를 통해서 전해져 온 도덕적 유산이다. 윤리적 인간은 이러한 도덕적 가치들에 대한 지식을 갖고 있어야 한다. 우리가 어떤 도덕적 가치를 알고 있다는 것은 다양한 삶의 상황 속에서 그러한 가치를 적용하는 방법을 알고 있다는 것을 뜻한다.

③ 관점 채택perspective taking: 관점 채택은 타인의 관점, 입장, 견해를 취해 보는 능력을 의미한다. 즉, 다른 사람의 입장에 서서 자기가 처한 상황을 바라보고, 다른 사람이 생각하고 느끼고 반응하는 것을 상상해 보는 것이다.

④ 도덕적 추론moral reasoning: 도덕적 추론은 도덕적이라는 것이 무엇을 의미하는지를 이해하는 것뿐만 아니라 왜 우리가 도덕적이어야만 하는지를 이해하는 것을 포함한다. 또한 도덕적 추론은 우리로 하여금 가치들의 위계를 설정하는 것을 도와주

고, 가치들이 갈등을 일으킬 때 무엇을 결정해야 하는지를 도와주는 도덕적 원리들을 형성하도록 도와준다.

⑤ 의사 결정decision-making: 의사 결정은 자율적인 도덕적 결정을 내리는 능력을 의미한다. 의사 결정은 외부의 강제 없이 자율적이며 사려 깊고 체계적인 방식 속에서 도덕적 결정을 내리는 것이다.

⑥ 자신에 대한 지식self-knowledge: 도덕적으로 산다는 것은 우리 자신의 행동을 돌이켜 평가해 보는 능력을 필요로 한다. 자기에 대한 지식은 자신의 성품의 장점과 단점을 아는 것, 그리고 그러한 단점을 보완할 수 있는 방법을 아는 것을 의미한다.

도덕적으로 느끼는 것

도덕적으로 느끼는 것은 다음과 같은 여섯 가지 하위 요소로 이루어져 있다.

① 양심conscience: 양심이란 옳다고 여기는 것을 행하려는 의무감을 느끼는 감정적인 측면이다. 성숙한 양심은 도덕적 의무감뿐만 아니라 건설적인 죄책감을 지니는 능력을 포함한다. 양심 속에서 어떤 것을 행하라는 의무감을 느꼈을 때 그것을 하지 않는다면 죄책감을 지니게 된다.

② 자기 존중self-respect: 자기 존중은 자신의 가치와 존엄성에 대한 적절한 존중감을 갖는 것을 의미한다. 자기 존중은 자존심self-esteem과는 다른 것이다. 자존심은 도덕과 무관할 수 있다. 즉, 우리는 도덕적인 선과는 무관하게 재산, 외모, 인기, 권력 등과 같은 속성을 바탕으로 자기 자신을 높이 평가할 수도 있다. 도덕적으로 무관한 자존심과는 달리 긍정적인 자기 존중감은 도덕적 선에 대한 자신의 능력을 신뢰하는 것이다.

③ 공감empathy: 공감은 다른 사람의 내적 상태와의 동일시 혹은 다른 사람의 내적 상태에 대한 대리적 경험을 의미한다. 공감은 자아와 타자의 경계를 제거하여 주기 때문에 우리는 공감을 통해 다른 사람이 느끼고 있는 것을 같이 느끼게 된다.

④ 선을 사랑하기loving the good: 윤리적 인간은 선을 사랑하고 악을 미워하는 사람이다. 선을 사랑하기란 우리가 선으로 순수하게 이끌리는 것을 의미한다. 선을 사랑하는 사람은 스스로 타인을 도와주는 데에서 즐거움과 보람을 얻는다. 의무감이 아닌 자발적 경향성에서 우러나오는 이러한 성향은 도덕적 감정의 필수적인 한 부분이다.

⑤ 겸양humility: 겸양은 진리에 대한 순수한 개방성과 우리의 실패를 교정하기 위하여 행동하려는 적극적인 의지를 포함하고 있다. 또한 겸양은 악을 행하는 것에 대한 최상의 보호막이다. 악을 행하고도 그것을 선이라 부르는 자기기만에 근거한 오만함을 피할 수 있게 해주기 때문이다. 오만은 거만함, 편견, 타인에 대한 무시 등의 원인이 되기에 우리가 피해야 할 것이다. 겸양은 바로 이런 병든 오만을 치유해 줄 수 있다.

⑥ 자기 통제self-control: 인간의 감정은 쉽게 이성을 압도하기 때문에 우리는 자기 자신을 통제할 수 있어야 한다. 자기 통제는 우리가 도덕적으로 행동하는 것을 원하지 않을 때에도 우리로 하여금 윤리적인 입장을 계속 유지하도록 만들어 준다. 그러므로 자기 통제는 자기 탐닉self-indulgence을 막아 주는 데 있어서 필수적이다.

도덕적으로 행동하는 것

도덕적으로 행동하는 것은 다음과 같은 세 가지 하위 요소로 이루어져 있다.

① 능력competence: 능력은 도덕적 판단과 감정을 효과적인 도덕적 행동으로 옮기는 능력을 뜻한다.

② 의지will: 도덕적 상황에서 올바른 선택은 매우 힘든 것이다. 의지는 우리의 도덕적 에너지를 동원시켜 준다. 또한 의지는 우리가 옳은 것이라고 알고 있으며 느끼고 있는 것을 행동으로 옮기는 것을 가능하게 해준다.

③ 습관habit: 습관은 우리의 사고, 감정, 행동에 있어서 일관된 유형을 제공해 준다. 도덕적 행동 가운데 상당수는 습관을 통하여 이루어지기 때문에, 우리는 윤리적 삶에 있어서 올바른 도덕적 습관을 중요하게 여겨야 한다.

지금까지 살펴본 바와 같이, 윤리적 인간은 도덕적 지식, 감정, 행동을 고루 갖춘 사람이라고 할 수 있다. 윤리적 인간은 사고할 수 있고 선택할 수 있는 지적 능력, 선을 추구하고 사랑하며 악을 멀리하려는 도덕적 감정을 지니고 있으며, 그러한 지식과 감정을 도덕적 행위로 옮길 수 있는 사람을 의미한다. 나아가 윤리적 인간은 자신의 행위에 대해 기꺼이 책임을 지는 사람을 의미한다.

윤리학의 개념과 유형

윤리학이란 어떤 행위가 좋은 행위인지, 어떤 삶이 좋은 삶인지, 어떤 사람이 좋은 사람인지에 관심을 기울이는 학문이라고 할 수 있다. 즉, 윤리학은 모든 윤리적 행위자들ethical agents에게 타당한 윤리적 규범의 일관된 체계를 구성하는 것이 어떻게 가능한지를 보여 주는 것이다(김영진 역, 1978). 이때의 윤리적 행위자란 윤리적 표준과 규칙에 따라 사고할 수 있고 결정할 수 있으며 행동할 수 있는 사람을 말한다. 윤리적 행위자라고 해서 항상 윤리적 표준이나 규칙에 따라 살 수 있는 것은 아니다. 즉, 윤리적으로 완벽할 수는 없는 것이다. 그러나 윤리적 행위자는 그러한 기준과 규칙을 근거로 해서 스스로 판단하고 또 그것을 자신의 선택과 행동에 대한 지침으로 사용할 수 있는 능력을 지녀야 한다.

윤리학은 보통 기술 윤리학descriptive ethics, 규범 윤리학normative ethics, 메타 윤리학meta-ethics의 세 분야로 구별된다. 기술 윤리학은 도덕에 관한 경험 과학적 탐구로서 도덕 현상을 관찰·서술·설명하는 것을 주된 과제로 한다. 엄밀한 의미에서 볼 때, 기술 윤리학은 전문 윤리학자가 아니더라도 연구가 가능하다. 이에 반해 규범 윤리학과 메타 윤리학 혹은 분석 윤리학analytic ethics은 도덕에 관한 철학적 탐구로서 철학적 윤리학 혹은 도덕 철학이라고 불린다. 규범 윤리학은 인생의 지침으로서의 보편적인 윤리적 규범 체계를 구축하고 그것을 정당화하는 데 관심을 둔다. 즉, 합리적인 사람이라면 누구든지 자신의 삶의 지침으로서 정당하게 채택할 수 있는 표준과 규칙을 제시하고 정당화하는 데 관심을 둔다. 반대로 분석 윤리학은 주로 윤리적 개념에 대한 분석이나 또는 도덕적 언어에 대한 논리적 분석에 깊은 관심을 기울인다. 즉, 분석 윤리학의 주요 과제는 선과 악, 옳음과 그름 같은 윤리적 용어의 의미를 밝히거나, 윤리적 판단의 체계와 판단을 위한 합리적 근거를 밝히는 것이다. 나아가 윤리적 판단을 위한 과정이 진실로 논리적이고 정당하게 이루어지고 있는지를 밝히는 데에도 관심을 둔다(김수철, 1987). 기술 윤리학과 메타 윤리학은 직접적인 규범적 평가를 삼가고, 도덕과 윤리학에 관한 사실적 정보의 전달을 목표로 한다. 그러나 규범 윤리학은 규범적 평가와 가치 판단을 통하여 행위 지침이나 선택을 지도하는 것을 목표로 한다. 이런 점에서 볼 때, 규범 윤리학은 윤리학의 중핵이라고 평가할 수 있다.

규범 윤리학은 다시 순수 규범 윤리학(이론 윤리학)과 응용 규범 윤리학(실천 윤리학)으로 구별된다. 순수 규범 윤리학은 공리주의, 칸트의 윤리설, 아리스토텔레스의 윤리설 등과 같이 윤리적 행위자에게 적용되는 윤리적 규범 체계를 정당화하기 위한 합리적 근거와 그러한 규범 체계를 합리적으로 구성하는 것에 관심을 가진다. 반면에 응용 규범 윤리학은 순수 규범 윤리학 이론을 실생활의 문제들에 적용하여 사회 문제를 해결하는 것에 관심을 둔다. 일반적으로 응용 규범 윤리학에는 생명 의료 윤리, 환경 윤리, 직업윤리, 정보 윤리 등이 속한다.

순수 규범 윤리학의 중심이 되는 물음에는 크게 보아 다음 세 가지가 있으며, 그러한 물음의 차이에 따라 상이한 입장을 취한다(유지한, 2004). 첫째, 규범 윤리학은 "나는 도덕적으로 어떤 삶을 살아야 하는가?"라는 물음을 묻고 그 대답을 추구한다. 이것은 이상적인 삶의 방식에 대한 물음으로서, 이 물음에 대한 형식적인 대답은 '좋은 삶' 혹은 '이상적 삶'을 사는 것이다. 그래서 이 물음을 묻고 대답을 추구하는 사람들은 좋은 삶이 무엇인지, 이상적 삶의 방식이 무엇인지에 대해 탐구한다. 이상적 삶의 방식에 대해 탐구하는 규범 윤리학을 가치론 혹은 인생론이라고 한다.

둘째, 규범 윤리학은 "나는 도덕적으로 어떤 인간이 되어야 하는가?"라는 물음을 묻고 대답을 추구한다. 이것은 도덕적 존재moral being에 대한 물음으로서, 이 물음에 대한 형식적 대답은 '선한 인간'이 되는 것이다. 따라서 이 물음을 묻고 대답을 추구하는 사람은 인간을 선하게 만드는 특징이나 성품 또는 덕에 대해 연구한다. 규범 윤리학의 이 부분을 덕 윤리학virtue ethics이라고 하는데, 아리스토텔레스의 윤리학이 대표적이라고 할 수 있다.

셋째, 규범 윤리학의 세 번째 물음은 "나는 도덕적으로 무엇을 해야 하는가?"이다. 이 물음은 도덕적 당위moral ought에 관한 물음으로서, 이 물음에 대한 형식적 대답은 '옳은 행위'를 하는 것이다. 따라서 이 물음을 묻고 대답을 추구하는 사람은 행위의 옳고 그름의 보편적 기준에 대하여 연구한다. 도덕적 당위에 관해 탐구하는 규범 윤리학을 의무 윤리학deontic ethics이라고 한다.

서양의 경우, 중세까지는 이상적 삶의 방식 내지 도덕적 존재에 대한 물음이 주류를 이루었다. 그러나 근대 이후부터는 도덕적 당위에 대한 물음이 윤리학의 중심을 차지하였다. 근대 이후 신의 영향력이 퇴조하고 과학 기술의 발달에 따른 인구 이동이 급격하게 늘어나면서 다원주의 경향이 강해지기 시작하였다. 다원주의 경향이 강해지면서 이상적인 삶의 방식과 도덕적 존재의 문제에 대해서는 보편적인 합의를 구하는 것이 어려워졌기 때문에 가치론이나 덕 윤리학이 퇴조하고, 비교적 합의가 쉬운 의무 윤리학이 성행하였던 것이다.

그런데 도덕적 당위의 문제에 대해서 탐구하는 의무 윤리학은 옳고 그름의 기준을 무엇으로 볼 것인가에 따라 다시 의무론deontology과 결과론consequentialism으로 구별된다. 의무론자들에게 있어서 어떤 행위를 도덕적으로 옳고 그르게 하는 것은 그 행위 내부의 원리이다. 만약 어떤 행위를 의무감에서 하고 그 행위의 원리가 보편화될 수 있다면, 그것은 옳은 행동이다. 예를 들어, 내가 진실을 말할 때 단지 나에게 편리하기 때문이 아니라 다른 사람을 존중해야 한다는 사실을 알기 때문에 한다면, 의무에서 한 것이고 이 행동은 옳다. 그러나 들통이 날까봐 무서워서 진실을 말하거나 그것을 통해 어떤 보상을 받을 것으로 믿고 한다면, 그것은 도덕적으로 가치가 없다(추병완 외, 1997).

칸트의 윤리설은 의무론의 전형적인 모습을 잘 보여 주고 있다. 칸트에 의하면, 의무로 말미암은 행위가 도덕적 가치를 갖는 것은, 그것이 성취하는 목적 때문이 아니라 행위를 결정하는 준칙maxim 때문이다. 그러므로 어떤 행위의 도덕적 가치는 그 행위가 성취하고자 하는 바에 근거하는 것이 아니라 행위자의 의도 그리고 기력을 다해 그 의도를 실행하려 한다는 사실에 근거한다(황경식·이창후, 2001). 칸트에 따르면, 어떤 행동이 도덕적 가치를 지니는 것은 오직 그것이 의무 수행을 위하여 행해지기 때문이다. 그렇다면 우리의 의무는 무엇이며, 우리는 그것을 어떻게 찾아낼 수 있는가? 칸트의 이론 체계 속에서 우리의 도덕적 의무는 매우 간단하다. 도덕적 준칙을 따르되 합리적이면 되는 것이다. 여기서 도덕적 준칙은 과학이나 물리학의 법칙과 비슷하다. 또한 모든 합리적 법칙들과 마찬가지로 도덕 준칙 역시 보편적이어야 하는데, 그것은 보편성이야말로 합리성과 법칙에 공통되는 성질이기 때문이다. 이 보편적인 도덕 준칙은 '자신의 행위 준칙이 곧 보편적 법칙으로 될 수 있는 그런 방식이 아니면 결코 행동하지 말라'는 정언 명법으로 표현된다. 이 명령은 절대적인데, 그것은 어떤 예외도 허용하지 않기 때문이다(이태건·노병철, 2001).

이와는 달리 결과론은 행동을 그 결과의 관점에서 평가한다. 공리주의는 대표적인 결과론적 윤리설이다. 공리주의는 영국의 벤담Bentham에 의해 발전된 것으로, 최대 다수의 최대 행복을 사회적 정책 결정의 핵심적 원리로 삼고 있는 이론이다. 공리주의에 따르면, 인간의 목적은 행복이며, 더 구체적으로 말해서 최대 다수의 최대 행복이다. 인간에게 좋은 것을 유용성 혹은 공리utility라고 하는데, 이 공리의 원칙은 도덕의 토대이고 옳고 그름을 가리는 궁극적인 기준이 되는 것이다. 따라서 우리가 무엇을 할 것인가라는 결단에 직면했을 때, 우리는 각 대안들의 결과를 평가하고 그중에서 가장 많은 행복을 산출하는 행동을 선택해야만 한다. 이렇듯 공리주의의 원칙은 우리에게 의사 결정의 절차를 제공해 준다. 우리가 무엇을 할 것인가를 결정하고자 할 때, 선택할 수 있는 대안들이 가져올 행복과 불행의 결과들을 고려할 것을 시사해 주고 있다. 가

장 많은 양의 행복(행복에서 불행을 뺀 총량)을 가져올 수 있는 대안
이 올바른 행동이다. 이렇게 본다면, 어떤 옳은 행동이 그 순간 불
행을 가져오는 것이라고 할지라도, 그 불행을 통해 보다 나은 행복
이 생기거나 모든 대안들 중에서 최소의 불행을 가져오는 것이라
면 도덕적으로 정당화될 수 있다.

의무론과 결과론의 차이점을 대비하기 위해 여러분이 관심 있
어 하는 컴퓨터와 관련된 사례를 생각해 보기로 하자. 어느 한 대
학의 사회학 전공 여교수가 고등학교 학생들의 성과 성행위에 관
한 조사 연구를 수행하고 있다고 가정해 보자. 그와 관련된 여러
일들 중에서 그녀는 수백 명의 고등학생들을 인터뷰해서 그들의
태도와 행동을 조사하고 있다. 그 교수는 학생들에게 비밀을 보장
하지 않으면 학생들이 정보를 주지 않을 것을 잘 알고 있기 때문에,
인터뷰를 시작하기 전에 자신 이외에는 누구도 이 정보를 얻을 수
없고 모든 연구 결과도 익명의 통계적 형태로 출판하겠다고 약속
한다. 그러므로 학생 개인의 정보를 확인하는 것은 불가능할 것이
다.

그런데 인터뷰 자료를 분석할 시간이 되자, 그 교수는 자료들
을 컴퓨터에 입력해서 분석하는 것이 훨씬 더 쉽게 일을 할 수 있
는 방법임을 알았다고 가정해 보자. 교수는 자료에서 각 학생들의
이름이 나타나지 않도록 목록화해서 저장함으로써 비밀을 유지하
려고 노력할 것이다. 그런데 그 교수는 자신의 연구를 도와줄 대학
원생을 고용했는데, 그에게 원 자료를 맡길 것인지를 놓고 고민하
고 있다.

우선 결과주의자의 관점에서 보면, 그 교수는 연구로부터 얻을
수 있는 좋은 결과에 비중을 두어야 하고, 그 정보가 늦어질 경우
자신과 자신의 전공에 미칠 수 있는 손해를 방지하기 위해서 컴퓨
터로 빨리 처리해야 할 것이다. 이 연구는 사람들에게 고교생의 성

행위에 대한 중요한 정보를 제공해 줄 것이고, 교수로서의 연구 경력을 쌓는 데에도 도움이 될 것이다. 그러나 여전히 그것을 빨리 처리하는 것에 따르는 장점이 그리 크지는 않다. 교수는 학생들에 대한 정보가 새나가는 것을 걱정해야 하고, 또한 자신이 공개적으로 비밀을 지키기로 약속했기 때문에 그러지 못했을 경우에 입을 수 있는 연구자로서의 신뢰성과 일반적인 사회학 연구 결과에 관한 신뢰성이 무너질 수 있음을 염려해야 한다. 즉, 약속을 지키지 않은 것이 밝혀졌을 경우, 자신과 다른 사회학자들의 연구가 미래에 많은 저항에 부딪힐 수 있는 것이다.

이와 같이 결과주의자의 관점에서 보면, 그 교수는 비밀 보호에 관한 자신의 약속을 어겨서는 안 된다. 다행스럽게도 자료를 컴퓨터에 입력시키거나 대학원생에게 넘기기 전에 목록화 할 수 있는 다른 방법이 있는데, 그것은 교수 자신이 목록화해서 그 이름들을 자신만이 알 수 있게 하는 것이다.

이것이 결과주의자들이 상황을 분석하는 방법이다. 의무론자들도 아마 크게 다르지 않은 결론을 내리겠지만, 그 추론 과정은 매우 다르다. 그 사회학자는 인간의 지식을 증진시키며, 두말할 것도 없이 자신의 경력을 쌓기 위해서 연구를 하고 있다. 이것이 정언 명법을 위반하지 않는 한, 잘못된 것은 없다. 여기서 문제는 교수가 자신의 연구 대상 학생들을 단지 지식과 경력을 위한 수단으로만 다루는지 아니면 진심으로 목적 그 자체로 다루는지의 여부이다. 정언 명법에 따르면, 그 사회학자는 연구에 참여하는 학생들의 개별적인 허락을 얻어야 한다. 각 학생들의 허락을 얻는 과정에서 교수는 그들을 자신의 바람과 욕구, 계획, 그리고 스스로 선택할 수 있는 능력을 지닌 존재로 존중해야 한다. 그런데 만약 그 교수가 비밀 보호 약속을 무시한다면 연구 대상 학생들을 목적으로 대하지 않는 것이 된다. 무엇보다도 학생들은 그 교수의 비밀 보호

서약에 기초해서 인터뷰를 했고, 따라서 그 교수는 그 선택을 인정하고 존중해야 한다. 이와 같이 각 주체들을 존중하면서 그 사회학자는 자료를 다루고 비밀을 지켜야 한다. 이렇게 보면, 이 경우에 두 이론이 그다지 다르지 않은 결론에 도달함을 알 수 있다. 그런데 그 분석 과정은 매우 다르다. 즉, 결론에 이르는 과정에서 주어지는 근거가 매우 다르다. 이것이 바로 의무론과 결과론의 중요한 차이점이다.

기존 윤리학의 주요 특징과 정보 윤리학의 필요성

기존 윤리학 이론들의 공통점을 찾기란 매우 쉽지 않다. 그러나 기존 윤리학의 특징을 도덕 판단의 범위, 도덕 판단의 기준, 도덕적 주체와 객체의 차원에서 살펴보면 다음과 같다. 먼저 기존 윤리학에서 판단의 범위는 대체로 '여기'와 '지금'에 관련된 것이었다. 즉, 기존 윤리학은 도덕 판단의 범위가 시간적으로 현재, 공간적으로 근접 영역에 한정된 '지금-여기의 윤리학here and now ethics'이었다. 요나스Jonas의 표현을 빌면, 기존 윤리학에서의 윤리적 세계는 동시대인들로 구성되어 있으며, 이 세계의 미래의 지평은 예견할 수 있는 삶의 기간으로 제한되어 있었다(이진우, 1994). 행위의 결과에 주의를 기울이는 공리주의에서도 도덕 판단의 대상은 현재의 결과 또는 쉽게 예측할 수 있는 가까운 미래의 결과에 한정되었다.

그러나 컴퓨터 혁명은 세상을 바꾸어 놓고 있다. 사이버 공간에서 우리의 행동은 시간과 공간의 초월 및 확장이 가능하다. 따라서 나의 행위가 멀리 떨어진 곳에까지 영향을 미칠 수 있으며, 먼 미래에까지 영향을 미칠 수도 있다. 따라서 지금 여기에만 치중하였던 기존의 윤리학은 사이버 공간에서의 인간의 행위를 규제함에 있어서 한계가 있을 수밖에 없다.

둘째, 기존 윤리학은 도덕 판단의 기준으로서 행위의 결과보다는 동기를 중요하게 여겼다. 비교적 역사가 짧은 공리주의를 제외하고는 기존의 윤리학 이론은 행위자의 동기나 의도를 중시하였으며, 이는 특히 칸트주의자들에게서 극명하게 나타난다. 따라서 선한 의도에서 잘 숙고되고 잘 실행된 행동이 나중에 산출한 비고의적 결과에 대해서는 도덕적 책임을 묻지 않았다. 즉, 결과에 대한 엄밀한 책임을 묻기보다는 심정과 행위 자체의 도덕적 성격에 비추어 책임을 묻는 경향이 강하였다(유지한, 2004). 공리주의가 결과를 도덕적 판단의 기준으로 내세운 것은 과학 기술의 발달과 더불어 증가하는 인간의 행위 능력과 이로 인한 동기와 행위와 결과 사이의 함수 관계가 복잡해지는 상황 변화에 대한 윤리학적 반응이었다고 할 수 있다. 전 세계로 연결되어 있는 사이버 공간에서 우리는 행위자의 선한 의도가 의도하지 않은 결과를 가져올 경우 그 파장이 전 세계에 걸칠 수 있다는 점에서 볼 때, 새로운 윤리는 동기 못지않게 그 결과를 중시해야 한다는 것을 알 수 있다.

셋째, 기존 윤리학은 개별 인간 중심적이다. 기존 윤리학은 지나치게 인간 중심적이었다는 비판을 받고 있다. 특히 이러한 비판은 환경 윤리학자들의 견해 속에서 많이 나타난다. 사람은 사람에 대한 의무 이외에는 어떠한 의무도 갖지 않는다는 칸트의 말에서 잘 드러나듯이, 근세의 전통 윤리학에서는 도덕의 주체가 곧 도덕의 객체 및 의무의 대상으로 인정되었다. 기존 윤리학에서는 스스로를 도덕 법칙에 종속시킬 수 있는 자, 즉 의무를 다룰 수 있는 자만이 도덕적 권리의 주체이며 객체로 인정을 받았다. 도덕적 행위 관계란 본질적으로 도덕적 행위 능력을 가진 사람들 상호 간의 대칭적인 관계로 파악되었다. 그러므로 도덕적인 행위 능력을 소유하지 못한 동물, 식물, 그리고 자연물은 도덕적인 고려 대상에서 배제되어 왔던 것이다(추병완, 2004).

이에 따라 도덕적 주체와 도덕적 객체로 이루어지는 도덕적 공동체의 범위도 매우 협소하게 정의되었다. 기존 윤리학에서는 도덕 공동체를 동등한 의무와 권리를 갖는 동시대 사람들의 공동체로 협소하게 파악하는 경향이 강하였다. 즉, 기존 윤리학에서의 도덕 공동체는 최소한의 공통된 도덕 개념을 소유하고, 상호 간의 도덕 관계를 승인하는 사람들로 이루어진 사회를 의미하였다. 따라서 태아, 소아, 정신 장애인, 미래 세대, 그리고 사람 이외의 자연 존재들은 도덕 공동체의 범주에서 제외되었다. 태아, 소아, 장애인은 정상인에 비해 도덕적인 고려가 더욱 요청되는 존재임에 틀림없다. 하지만 그들은 자율적 · 합리적 존재가 아니라는 이유만으로 도덕 공동체의 구성원이 되지 못했다. 그들은 자기 자신의 삶을 자유 의지에 따라 능동적으로 펼쳐 나갈 수 없다는 이유로 도덕적 주체도, 도덕적 공동체의 성원도 되지 못했다. 또한 사람이 아니라는 이유로 자연 존재들도 도덕적 위상을 가지지 못했다.

이렇듯 기존 윤리학에서의 도덕적 주체와 도덕적 객체에 관한 논의들은 오늘날의 복잡하면서도 전 지구적인 윤리적 문제들을 해결해 나가는 데 있어서는 미흡한 측면을 보여 주고 있다. 즉, 도덕적 주체와 객체의 범위가 지나칠 정도로 인간에게만 국한되는 모습을 보여줌으로써, 날로 복잡한 양상을 띠고 있는 정보 사회에서의 윤리적 문제들을 해결함에 있어서 많은 한계점을 드러내고 있다. 하지만, 현실 공간을 염두에 둔 윤리 이론들이 정보 사회에 기계적으로 응용되기 어렵다는 것을 의미하는 것이지, 기존 윤리 이론이 전혀 무용하다는 것을 의미하는 것은 아니다. 따라서 우리는 기존 윤리 이론들을 인터넷의 특성을 고려하여 신중하게 적용할 줄 아는 지혜를 가져야만 한다.

정보 윤리의 개념

정보 윤리란 바로 이런 것이다 하고 한마디로 정의 내리는 것은 생각처럼 쉽지 않다. 그러나 정보 윤리라는 것이 정보 사회에서 특히 필요하고 요청되는 윤리라는 점에 대해서는 어느 정도 의견 일치를 볼 수 있다. 그리고 정보 통신 기술의 급속한 발전에 의해 야기되는 문제들 가운데 상당수는 우리의 윤리적 관심을 촉구하고 있다는 사실에 비추어 볼 때, 우리는 잠정적으로 다음과 같은 결론에 이를 수 있다. 즉, 정보 윤리란 정보 사회에서 야기되고 있는 윤리적 문제들을 해결하기 위한 규범 체계로서, 단순히 정보 통신 기기를 다루는 데 있어서 뿐만 아니라 정보 사회를 살아가는 데 있어서 옳음과 그름, 좋음과 나쁨, 윤리적인 것과 비윤리적인 것을 올바르게 판단하여 행위하는 데 필요한 규범적인 기준 체계이다.

이처럼 정보 윤리를 정의하는 것 자체가 어려운 이유 가운데 하나는 정보 윤리를 연구하는 것이 어느 한 분과 학문만의 노력으로는 불가능한 종합 학문적인 성격을 띠고 있기 때문이다. 정보 사회에 대한 연구가 종합 학문적으로 이루어지고 있듯이, 현재 정보 윤리에 대한 연구 역시 철학, 정치학, 사회학, 신문 방송학, 컴퓨터 공학, 문헌 정보학 등과 같은 여러 학문들의 종합적인 노력에 의해 이루어지고 있기 때문에 국내외적으로 명확한 개념상의 통일을 아직 이루지 못한 실정에 있다. 정보 윤리를 정의하는 데 있어서 부딪치게 되는 또 다른 어려움은 정보 윤리가 기존의 윤리 규범을 정보 사회의 상황에 적용하는 것인지 아니면 전혀 새로운 윤리 규범을 제시하는 것인지의 문제와 관련되어 있다. 즉, 정보 윤리의 형태와 본질이 전통적 윤리와 동일한 것인지 아니면 전통적 윤리와는 전혀 다른 새로운 형태의 윤리인지의 문제가 아직 불분명한 상태로 남아 있다고 할 수 있다.

정보 윤리의 성격

정보 사회라고 해서 우리의 윤리적 규범이나 기준이 달라질 것이 없다고 주장하는 사람들은 기존의 전통적 윤리 규범이 정보 사회에서의 윤리적 문제들을 해결하는 데에도 여전히 통용될 수 있다는 점을 강조하고 있다(김형철, 1996; 박정순, 1997; 진교훈, 1997). 이들은 기술의 발달에 따라서 가치 기준의 적용 방식과 수단만이 변화할 따름이지 윤리적 규범이나 기준 자체가 변화하는 것은 아니라는 입장을 나타내고 있다. 일례로 김형철은 다음과 같은 주장을 하고 있다(김형철, 1996).

> 인간은 자신의 무력함과 나약함을 극복하기 위한 방안으로 사회라는 공동체를 구성하면서 살아가고 있다. 이 사회구조 속에서 수많은 개인들은 공동체의 선을 증진시키는 범위 내에서 자신들의 행복을 추구하기 위하여 다양한 권리를 행사하면서 살아가고 있다. 이러한 삶은 인류가 사회공동체를 구성하고 살면서부터 시작된 오래된 삶의 존재 양식이다. 이 사회 속에서 개인들은 경쟁과 협동을 적절하게 배합하는 슬기와 지혜를 행사하는 방식을 터득하고 실천한다. 농경사회에서나 산업사회에서나 오늘날 정보사회라고 불리는 첨단사회에서나 인간들은 사회 공동의 목표를 가지고 삶을 영위하고 있다. 정보사회라고 해서 별다른 형태의 가치관과 가치 기준이 따로 있다는 것은 잘못된 생각이다. 인간이 삶을 영위하는 데 적용해야 할 가치 기준은 시간과 공간을 초월해서 동일한 것이다. 우리는 윤리의 기준에 대한 일관된 신념을 가지고 살아가야 한다. 그러나 가치 기준의 적용 방식과 수단만이 기술의 발달에 따라서 변화되어갈 따름이다(p. 86).

우리는 정보 사회가 인류에게 가져다줄 혜택과 부작용에 대한 미래학자와 사회과학자들의 예측이 반드시 장밋빛 일색만은 아니라는 사실을 확인하면서, 동시에 명심해야 할 것은 도덕 기준으로서의 개인의 자율성, 자유, 공동체의 집합적 복지 등에 대한 거부는 없다는 점이다. 즉 정보 사회에서 우리가 지켜야 할 윤리 규범은 이전 사회와 동일한 것이다. 정보 사회가 부정적 영향을 끼칠 것이라고 예측하는 사람들도 그 결과가 부정적인 이유는 개인의 존엄성, 자율성, 사회공리에 부정적 영향을 미친다는 것이고, 긍정적인 사람들도 마찬가지 가치 기준을 놓고 볼 때, 긍정적 영향을 미칠 것이라는 전망을 하는 것이다. 그들은 미래 상황에 대한 경험적 예측에 있어서 의견을 달리하는 것이지 도덕 기준에 대한 이견을 보이는 것은 아니다. 도덕언어 게임에서 그들은 내적인 합의를 가지고 있는 것이다(p. 90).

진교훈 역시 정보 사회에서도 전통적 윤리가 그대로 통용될 수 있다는 논리를 펼치고 있다(진교훈, 1987; 1996). 즉, 모든 전통적인 윤리 이론이 현대인의 삶에 부합하는 것은 아니지만, 적어도 인간의 존엄성과 인격 가치는 절대적 가치를 지니고 있다는 것이다. 따라서 정보 사회에서 우리에게 부여된 윤리적 과제는 윤리적 상대주의와 윤리적 회의주의를 극복하고 인격주의 윤리학에 의해 윤리를 새롭게 재건하는 것이라고 진교훈은 주장하고 있다.

정보 사회에서 사람들은 다른 사회의 다른 규범들과 빈번한 접촉을 하게 되고 따라서 많은 상이한 문화적 · 사회적 정보를 접하게 되면 당연하고 절대적인 것으로 받아들였던 가치관에 의문을 가지게 될 수 있고 경우에 따라 가치상대주의에 빠지게 될 수도 있다. 더욱이 정보가 급변하게 되면 가치판단이 혼란을 일으킬 수도 있게 된다. 특히, 가치상대주의가 쾌락주의와 접목하게 되면 사람들은 어려운 금욕 생활을 회피하려는 유혹도 강하게 받게 된다. 그러나 우리는 변하는 가치와 불변하는 절대가치를 엄격히 구분할 수 있어야 한다. 예컨대, 인간의 존엄성과 인격 가치는 절대 불변하는 가치이며 어떤 경우에도 상대적 가치로 전락할 수 없는 가치이다. 그러므로, 정보화사회에서도 모든 가치가 상대적인 것은 아니며 절대적인 가치가 있을 수밖에 없다. 모든 정보의 최종 결정은 인격적 주체가 절대적 가치에 근거하여 내려져야 한다. 정보화시대에서의 가장 중요한 과제는 바로 가치상대주의가 야기하는 윤리적 회의주의를 극복하는 것이다(1996, p. 340).

박정순은 정보 윤리의 발전 과정을 이론적으로 고찰하면서 전통적 윤리가 정보 사회에서도 여전히 유용할 수 있다는 결론을 내린 바 있다(박정순, 1997). 즉, 정보 통신 공동체에서 필요한 덕목으로 인간의 존엄성 존중, 창조성, 윤리 의식, 책임성, 자율성, 다양성, 공정한 경쟁, 감정적 유대, 참여 등이 거론되고 있는 것을 볼 때 전통적 윤리 개념들이 정보 사회에서도 여전히 중요하게 작용할 수 있다는 것이다. 특히 박정순은 정보 사회에서 가장 중요한 도덕의 정체성 문제는 정보 사회와 그 문화에 대한 다원론적 읽기의 윤리학이 필요함을 역설하였다.

아마도 정보통신사회에서는 사생활 보호, 자유로운 정보 유통과 정보권의 보장, 정보 분배 문제의 해결 가능성 때문에, 그리고 사이버스페이스는 사람들이 자기의 사회적 위치가 숨겨진 채로 혹은 알려진다고 해도 비교적 공정하게 토론에 참여할 수 있으므로 롤즈의 무지의 장막 아래의 원초적 입장과 같은 면도 있기 때문에, 여전히 자유주의적인 사회계약론적 정의론이 유효할 것이다. 그러나 권리들 간의 갈등과 그 해소 원칙으로서, 그리고 정보 복지의 증진과 공익을 위한 제약의 관점으로서 공리주의 원칙도 여전히 중요할 것이다. 또한 정보통신사회에서의 자기 충족성, 자기 발전성 혹은 자주성의 윤리를 위해서는 아리스토텔레스적인 윤리적 심미적 완전주의가 요구될 것이다. 그리고 그러한 개인들 간의 자발적인 정보 교환 및 공동체적 참여를 위해서 어떤 형태의(아마도 자유주의의 변형으로) 공동체주의가 필요할 것이다. 물론 이러한 규범 체계들은 구체적인 도덕적 문제들의 해결에 있어서 상충 가능하며, 각기 다른 해결책을 제시할 수도 있다. 아마도 우리는 영역과 주제에 따라 입장이 달라지는 상황주의적 다원주의자가 될 수 있을 것이다(p. 47).

또 정보 체계 이론가인 월샴G. Walsham도 윤리학설을 이용하는 것은 그것이 학문적 탐구 작업에 있어서 누적적 전통을 제공해 주기 때문이며, 컴퓨터에 기반을 둔 정보 체계와 관련된 윤리적 문제들을 다루기 위해서는 주류적 윤리학설과의 명백한 연계성을 가정해야만 한다고 주장하였다(Rogerson & Bynum, 1996; 박정순, 1997).

한편, 정보 사회가 산업 사회와는 획기적으로 다르다고 주장하는 사람들은 대체로 새로운 정보 윤리를 주장하고 있다. 이것은 산업 사회가 표준성, 동질성, 경쟁, 계층제, 자연 정복, 물질적 만족, 능률성, 범주 내에서의 사고를 기본적 논리로 하는 반면, 정보 사회는 탈표준화, 이질 혼합성, 공생과 상호 조화, 수평적 체제, 지속 가능한 성장, 문화적 만족, 윤리적 관심과 미학적 고양, 탈범주적 사고를 기본적 논리로 하고 있다는 것에 근거하고 있다(박정순, 1997). 즉, 정보 사회에서의 정보 통신 기술은 새로운 유형의 윤리적 문제를 야기하고 있으므로 우리는 반드시 전통적인 윤리적 범주를 재구성해야만 한다는 것이다(한세억 · 최두진, 1995).

　　산업 사회와 정보 사회의 불연속성을 강조하는 입장은 문화 지체 이론cultural lag theory에 의존하고 있다. 문화 지체 이론에 따르면, 한 사회의 가치와 규범적 변화는 그 사회의 기술적 변화보다 지체된다고 한다. 새로운 정보 윤리를 주장하고 있는 사람들은 이러한 문화 지체 이론을 바탕으로 하여 윤리적 지체 이론ethical lag theory을 이끌어내고 있다. 윤리적 지체 이론은 인간의 윤리 의식이 그 사회의 기술적 발전 속도에 비해 지체된다는 것을 의미한다. 윤리적 지체 이론의 밑바탕에는 사회 및 자기 통제의 원천으로서의 인간의 도덕적 힘이나 윤리 의식이 기술적 영역이 도달한 수준까지 단시일 내에 도달하지 못할 경우 사회 질서는 붕괴될 수 있다는 우려감이 깊게 깔려 있다.

　　따라서 그들은 정보 사회의 기술 발전에 따른 도덕적 혹은 정책적 진공 상태가 존재하고 있다는 점을 부각시키고 있다(Moor, 1985). 컴퓨터를 둘러싼 정책의 진공 상태가 존재한다는 것은, 컴퓨터가 상대적으로 새로운 것이었던 시절의 사례들로부터 잘 예증할 수 있다. 이러한 도덕적ㆍ정책적 진공 상태의 대표적 사례는, 컴퓨터가 도입되던 초기 단계에서 소프트웨어의 소유권에 대한 정책 부재로 말미암아 도덕적 혼란 상태를 야기한 것이 바로 그것이다.

　　예를 들어, 지금 우리가 컴퓨터 프로그램을 보호하기 위한 정책을 입안하고 있다고 가정해 보자. 우리는 지적 재산권을 보호하기 위한 정책을 입안하고 있기에 이 문제는 아주 간단한 것처럼 보일 수도 있다. 그러나 거기에는 우리가 즉각적으로 대답하기 어려운 질문들이 내재되어 있다. 컴퓨터 프로그램이란 무엇인가? 컴퓨터 프로그램은 소유할 수 있는 지적 재산임에 틀림없는가? 아니면, 연산법과 같이 어느 누구에 의해서도 소유될 수 없는 하나의 아이디어에 불과한 것인가? 만약 컴퓨터 프로그램이 지적 재산이라면, 그것은 전통적으로 저작권에 의하여 보호되는 어떤 아이디어의 표현인가? 아니면, 전통적으로 특허에 의해 보호되어 왔던 하나의 과정인가?

많은 법률과 정책들이 지난 20-30년 동안에 만들어졌지만, 여전히 진공 상태가 존재하고 있다. 우리가 더욱 새로워진 컴퓨터 응용물들을 보노라면 그러한 진공 상태가 있다는 사실이 아주 명백해진다. 예를 들어, 이메일이나 전자 게시판 같은 여러 가지 형태의 온라인 통신 수단들에 관한 규칙이나 약정은 극소수에 불과하다. 그러한 통신 수단들은 사적인 것인가? 전자 게시판에 게재된 부정확하고, 비방적이며, 불법적인 정보에 대한 책임은 누구에게 있는가? 컴퓨터 그래픽의 경우는 어떤가? 자동차 사고 같은 사건들을 컴퓨터 그래픽으로 재현한 것을 법정에서 사용할 수 있도록 해야 하는가? 어떤 사람이 독창적으로 창조한 예술적 이미지를 다른 사람이 컴퓨터 기술을 이용하여 동일하게 재현한 후 그것을 부분적으로 변형하여 자신의 작품이라고 하는 것은 옳은 일인가? 정책의 진공 상태가 여전히 컴퓨터를 둘러싸고 있으며, 새로운 컴퓨터 응용물들이 개발됨에 따라서 그러한 상태는 더욱 심해질 것 같다(Johnson, 1994).

새로운 정보 윤리를 주장하고 있는 사람들은 이러한 개념적 혼란 때문에 기존의 윤리적 개념들과 학설들을 기계적으로 적용할 수 없다고 주장한다. 그러므로 새로운 정보 윤리가 필요하다고 주장하는 사람들이 컴퓨터를 둘러싼 정책의 진공 상태를 발견하고, 기존의 윤리학 이론들을 단순하게 적용하는 것이 불가능하다고 지적한 것은 매우 타당해 보인다(박정순, 1997). 그러나 이들은 새로운 정보 윤리가 어떤 것인지에 대해서는 아직 제대로 이론적 틀을 갖춘 대답을 하고 있지 못하다. 새로운 정보 윤리의 필요성과 과제를 주장하고 있을 뿐, 그것이 구체적으로 어떤 것인지를 제시해 주지 못하고 있는 실정이다.

　　이러한 경향은 최근에 우리나라에서 발표된 한 연구 결과물(한세억 · 최두진, 1995)을 살펴보아도 아주 분명하게 나타나고 있다. 이 연구물은 정보 사회에서의 윤리 범주를 개인, 조직(가정), 사회, 국가로 범주화하여 고찰하면서, 정보 사회의 윤리는 산업 사회의 윤리보다 그 범주에 있어서 더 거시적이라고 주장하고 있다. 산업 사회에서는 개인적인 신뢰감을 강조하면서 집단의 통일성을 촉진한 반면, 정보 사회에서는 집단적 책임감을 강조하면서 개인적 특성을 개발하는 데 강조점이 주어진다는 것이다. 나아가 이 연구물은, 정보 사회의 윤리는 모든 사람의 문제이기는 하지만 그러한 윤리의 내용은 모든 사람에 대하여 획일적인 것은 아니며, 구성원의 처지에 따라 다소 다를 수 있다는 주장을 펼치고 있다. 또한, 이 연구물은 정보 사회에서의 윤리는 산업 사회에서의 윤리와는 다른 특징을 지니고 있다는 점을 [표 3]과 같이 거창하게 부각시키고는 있으나, 분류의 기준과 내용 자체의 타당성에 심각한 문제가 있을 뿐만 아니라 그러한 윤리의 내용이 구체적으로 무엇인지에 대해서는 시원스런 답을 내놓지 못하고 있음을 알 수 있다. 즉, 정보 사회의 윤리가 새로운 윤리여야 한다는 사실을 강조하다 보니 논리 전개에 있어서 비약을 범함과 동시에 산업 사회의 윤리가 지니고 있는 가치를 지나치게 평가 절하하는 잘못을 범하고 있는 것이다.

　　무릇 윤리는 절대적인 가치의 존재를 기반으로 하고 있으며, 행위자에 의한 자율적 실천을 그 특성으로 하고 있는 것임에도 불구하고 마치 산업 사회의 윤리가 타율적이고 외면적인 것처럼 묘사하고 있다. 또한 산업 사회에서도 사회의 구조와 제도, 정책이 지니고 있는 윤리적 문제를 탐구하는 사회 윤리학social ethics이 엄연히 존재했음에도 불구하고, 산업 사회의 윤리를 미시적 · 개인적이라고 몰아붙이고 있다. 정보 사회의 윤리가 새롭고 특수한 것임을 강조하다 보니, 기존의 윤리는 무조건 낡고 무용한 것이라는 성

구분	산업 사회	정보 사회
범주	미시적	거시적
	개인적	전체적
개인 윤리	일반인으로서의 윤리	보편적 일반인으로서의 윤리 전문 직업인으로서의 윤리
	협동성	창조성
	개별성	상호 의존성
	타율적	자율적
	외면적	내면적
조직(가정) 윤리	효율성	창의성
	집단주의	개성주의
	계층적	전체와 개인의 조화
	기계적 형태	유기체적 형태
	조직 위주의 사고	조직 구성원의 취급 방식 변화
	분리된 목적	연계된 목적
기업 윤리	경제적 가치 창출	사회적 가치 창출
국가 윤리	평등	형평성
	획일성	다양성
	강요된 동의	참여적 합의

표 3. 정보 사회와 산업 사회의 윤리 비교

급한 결론에 빠지면서도 정작 새로운 윤리의 모습은 제대로 제시하지 못하고 있는 것이다.

한편, 새로운 정보 윤리가 필요하다는 입장에 대하여 회의적인 반응을 보이고 있는 사람들은 컴퓨터를 둘러싼 정책 및 규칙들의 진공 상태가 존재하고 있음을 언급한 무어(Moor, 1985)의 주장이 옳은 것이긴 하지만, 컴퓨터를 비롯한 정보 통신 기술은 진공 상태에서 사용되는 것이 아니라는 사실을 지적하는 것 또한 매우 중요한 일이라고 주장하고 있다. 컴퓨터는 여러 가지 목적을 지닌 사람들에 의하여 기업, 가정, 사법 체계, 교육 제도, 의학, 과학, 정부 등 아주 광범위한 사회적 상황 속에서 사용되고 있다. 이러한 환경들 각각에는 인간의 목적과 흥미, 제도적 목표, 사회적 관계, 전통, 사회적 규칙, 규제 사항 등이 존재하고 있다(Johnson, 1994).

이러한 상황들이 컴퓨터가 사용되는 방식에 결정적인 영향을 미친다는 사실을 인식하는 것이 매우 중요하다. 컴퓨터와 관계되어 만들어진 인습, 규칙, 정책들은 우연히 만들어지는 것이 아니라 컴퓨터가 사용되는 환경으로부터 생겨나는 것이라고 할 수 있다. 사회적·정치적·문화적·경제적 요인들뿐만 아니라 활동의 유형, 제도상의 목표들은, 무엇이 지금 필요하고 어떤 규칙이나 정책이 궁극적으로 채택되는가에 대한 지각에 영향을 미치게 된다. 예를 들어, 어떤 절대적인 효율성이라는 척도에서 보면 개별 시민들에 대한 정보를 담은 하나의 거대한 데이터베이스를 만들어 사적·공적 기관들이 그 데이터베이스의 적절한 부분에 접근할 수 있도록 하는 것이 전체로서의 우리 사회를 위해서는 최상의 것이 될 수도 있다. 그러나 그러한 장치가 아직 도입되지 않았으며, 가까운 장래에도 도입될 것 같지 않은 데에는 다양한 이유들이 개재되어 있는 것이다. 그러한 요인들은 우리 국민들의 역사적 경험에 사무친, 아주 강력하게 중앙 집권화된 정부에 대한 사회적 두려움과 공포 그리고 개인의 인권 및 프라이버시 침해에 대한 염려 같은 것을 포함하고 있다. 게다가 정보를 수집 및 판매하는 것에 이미 투자하고 있는 강력한 사적 이해관계들이 그러한 대안에 저항할 것이다. 그러므로 사회적 상황이나 맥락이 기술 발달의 성격과 방향을 조정해 준다고 보는 것이 옳다.

정보 윤리는 기존 윤리 이론의 단순한 적용으로 해결할 수 있는 것인가? 아니면, 우리는 새로운 형태의 정보 윤리를 필요로 하는가? 앞서 살펴본 바와 같이, 이러한 논쟁에 있어서 양측의 주장들은 어떤 진실성의 요소를 가진 것처럼 보인다. 그러므로 우리는 어느 한쪽의 견해를 일방적으로 취하는 것보다는 양측의 견해를 모두 비판적으로 수용하는 것이 더 나을 것이다. 이러한 맥락에서 존슨은 컴퓨터를 둘러싼 윤리적 이슈들을 오래된 도덕적 이슈들의 새로운 종으로 생각할 것을 제안하고 있다. 그녀가 사용하고 있는 종species과 속genus이라는 은유는, 하나의 새로운 종은 다른 종들로부터 그 자신을 구별시켜 주는 어떤 독특한 특성을 지니고 있지만, 동시에 종은 속의 모든 성원들에게 공통적인 발생론적 혹은 근본적인 특성을 지니고 있다는 점에 비추어 볼 때, 앞의 논쟁에서 각각의 측면이 갖고 있는 진실성의 요소들을 사실상 모두 포괄하고 있는 것이다. 정보 사회에서의 윤리적 문제는 이전의 것과는 다른 어떤 독특한 특색을 지니고 있으나, 그것들이 전혀 새로운 범주의 이슈를 만들어 내는 것은 아니다. 예를 들어, 프라이버시에 대한 위협은 컴퓨터의 경우와 같은 형태로는 전혀 존재하지 않았지만, 개인의 프라이버시에 대한 위협들은 오랜 기간 동안 우리 주변에서 있어 왔던 것들이다. 소프트웨어가 소유권에 대한 우리의 개념에 도전을 가하고 있는 것과 마찬가지로, 다른 새로운 발명품들도 마찬가지였다. 유전 공학에 의해 만들어진 생명 형태, 화학 과정, 전자기 이론의 경우를 생각해 보라.

그러므로 우리는 컴퓨터를 둘러싼 윤리적 이슈들이 전적으로 새로운 것은 아니라는 것을 알 수 있다. 따라서 우리가 새로운 윤리 이론이나 체계를 만들어야 할 것처럼 보이지는 않는다. 우리는 어떤 독특한 특성을 지니고 있는 새로운 종과 씨름해야만 한다. 그러나 우리는 이러한 새로운 종의 문제를 다루는 데 있어서 전통적인 도덕적 원리들과 이론들에 여전히 의존할 수 있다. 정보 사회에서의 윤리적 이슈들은 여전히 전통적인 윤리적 개념들을 사용하여 범주화할 수 있다. 그러므로 개인의 존엄성, 자율성, 권리, 책임, 자유와 평등, 사회 복지 등의 전통적인 윤리 개념들은 정보 사회에서도 여전히 유용하다고 평가할 수 있다. 이제 우리는 정보 사회에서의 윤리적 문제들이 지니고 있는 복잡다단한 성격을 해결하기 위하여 이러한 개념들에 대한 주의 깊은 재해석과 재평가를 필요로 하고 있는 것이다.

그런데 전통적으로 윤리는 앞으로 일어날 일을 예방하는 기능보다는 이미 일어난 일에 대한 도덕적 평가에 초점을 맞추어 왔으며, 그 결과 늘 시대 변화를 제대로 따라가지 못하는 심각한 윤리적 지체 현상을 겪어 왔다. 또한 윤리 규범의 절대성과 보편성을 강조하면서도 실제로는 국지적 성격의 윤리로 기능하여 왔다. 이러한 현실을 고려하여 볼 때, 향후 정보 윤리는 다음과 같은 기능을 수행하는 윤리가 되어야만 한다.

첫째, 정보 윤리는 처방 윤리*prescriptive ethics*이다. 정보 윤리는 정보 사회에서 우리가 해야 할 것과 해서는 안 되는 것을 분명하게 규정해 주어야만 한다.

둘째, 정보 윤리는 예방 윤리*preventive ethics*이다. 정보 윤리는 향후 정보 통신 기술의 발전이 수반하게 될 제반 윤리적 문제들에 대해 우리가 사전에 숙고하고 예방하도록 도와주어야만 한다.

셋째, 정보 윤리는 변혁 윤리*transformative ethics*이다. 정보 윤리는 정보화의 역기능, 특히 사이버 공간의 무질서와 혼돈에 대한 하나의 반응으로서 출현한 것이기에, 인간의 경험이나 제도 · 정책의 변혁 필요성을 강조해야만 한다.

넷째, 정보 윤리는 세계 윤리*global ethics*이다. 정보 윤리는 국지적 윤리가 아닌 세계 보편 윤리가 되어야만 한다.

정보 윤리의 기본 원칙

정보 통신 기술이 만들어낸 사이버 공간은 현실 세계와는 매우 다른 복잡한 특성을 가진 새로운 공간이기에, 이 추상적이고 복잡한 현상 속에서 우리가 규범적 판단을 내리는 데 도움이 되는 하나의 도덕적 척도나 나침반으로서의 역할을 수행할 수 있는 기본 원칙이 필요하다. 사이버 공간이 참된 삶의 터전과 생활 세계가 되려면, 그리고 그 안에서 자신의 삶을 보다 풍요롭게 가꾸어 나가려고 한다면, 서로의 신뢰와 존중에 바탕을 둔 상호 교감의 공간으로 자리 매김해야 하며, 이를 위해서는 도덕적 원칙이 사이버 공간의 실질적 규제자가 되어야 하기 때문이다. 물론 현실 윤리가 사이버 공간의 특성에 기계적으로 적용될 수 있는 것은 아니지만, 그렇다고 해서 사이버 공간 자체가 도덕적 무중력 상태임을 의미하는 것이 아님은 분명하다. 그렇다면 정보 사회에서 우리가 판단을 내리는 데 있어서 고려해야 할 정보 윤리의 기본 원칙은 무엇인가?

최근 일부 외국 학자들은 원칙론적인 입장에 근거하여 정보 윤리의 기본 원칙을 제시하고 있다. 일례로, 세버슨(Severson, 1997)은 정보 윤리학의 네 가지 원리로서 지적 재산권 존중, 프라이버시 존중, 공정한 표현, 해악 금지를 제시하고 있다. 스피넬로(Spinello, 2000)는 사이버 윤리학의 네 가지 규범적인 원칙으로서 자율성, 해악 금지, 선행, 정의를 제시하고 있다.

우리의 선택은 언제나 인간 완성*human fulfilling* 혹은 인간다움*humanity*을 향해 열려 있어야 한다는 도덕의 최고 원리는 정보 사회에서도 그대로 존중되어야 한다. 그러므로 인간 완성에 필수적이며 영원히 존속될 도덕적 가치들이 정보 통신 기술이 만들어 낸 사이버 공간에 대한 규제에 있어서도 하나의 장치로서 직접적인 역할을 수행해야 한다. 내가 보기에, 정보 사회에서 인간 완성에

기여할 수 있는 네 가지 도덕적 원칙은 존중respect, 책임respon-
sibility, 정의justice, 해악 금지non-maleficence이다. 나는 이것을
'RRJN' 원칙이라고 부르고자 한다. 우리가 지향해야 할 궁극적 선
으로서의 인간 완성과 네 가지 원칙들의 관계를 구조화하면 다음
과 같다.

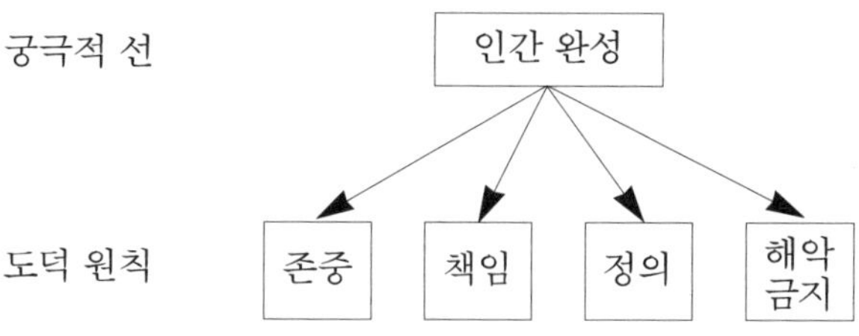

　이제 왜 이러한 네 가지 원칙이 정보 윤리의 기본 원칙이 되어
야 하는지에 대해 살펴보기로 하자.

① 존중

본래 존중은 사람이나 사물이 지닌 고귀한 가치에 대해서 경의를
표하는 것을 의미한다. 사이버 공간은 익명적 의사소통과 타자의
상실로 인해 상대방에 대한 존중심이 쉽게 약해질 수 있으므로, 비
록 눈에 보이지는 않더라도 상대방의 실체나 견해를 적극적으로
존중하는 자세가 더욱 필요한 공간이다. 정보 윤리의 원칙으로서
의 존중은 먼저 자신에 대한 존중을 의미하는 것이며, 자신에 대한
존중은 우리 자신의 생명과 몸을 본래적 가치를 지닌 것으로 대우
할 것을 요구하는 것이다. 따라서 사이버 공간에 탐닉하여 자신의
몸을 돌보지 않는 것은 바로 육체와 정신의 합체로서의 자기 자신
에 대한 존중에 위배되는 것이라고 할 수 있다.
　또한 존중은 타인에 대한 존중을 의미하며, 특히 타인에 대한

존중은 타인의 지적 재산권, 프라이버시, 다양성을 인정하고 존중하는 것을 의미한다. 타인에 대한 존중은 다른 모든 사람들을 우리 자신과 똑같은 존엄성과 권리를 가진 사람으로 대우할 것을 요구하는 것이다. 사이버 공간에서는 상대방이 눈에 보이지 않는 '타자의 상실' 속에서 모든 행동이 일어나므로, 상대방의 존재를 인정하는 존중의 원칙이 절대적으로 필요하다. 만약 존중의 원칙이 중시되지 않는다면, 사이버 공간은 평등한 개인들끼리 자기의 이익을 극대화하기 위한 '만인 대 만인의 투쟁' 장소가 될 수 있기 때문이다.

② 책임

책임의 사전적 의미는 '반응할 수 있는 능력'을 의미하는 것으로서, 다른 사람을 회피하지 않고 향하는 것, 그들에게 관심을 기울이는 것, 그들의 필요에 적극적으로 응하는 것을 뜻한다. 그러므로 책임은 서로를 보살피고 배려해야 할 우리의 적극적인 책무를 강조하는 것이다. 사이버 공간에서는 통일적 정체감의 상실, 역할의 상실에 따른 책임 회피가 쉽게 일어날 수 있으므로, 현실 세계보다 더 수준 높은 책임 의식이 요구된다.

그런데 정보 윤리의 기본 원칙으로서의 도덕적 책임은 예상적 prospective 책임과 소급적retrospective 책임으로 구분할 수 있다. 예상적 책임이란 내가 어떤 사건 전에, 내가 주의를 기울여야 할 혹은 관심을 가져야 할 문제들과 관계가 있으며, 우리는 누구나 예외 없이 사이버 공간에서 예상적 책임을 지니고 있다고 할 수 있다. 예를 들어, 수영장에 근무하는 구조원은 그 안에 있는 사람들의 안전에 대해 책임이 있으며, 이때 구조원은 미래에 일어날 일에 대해 책임을 진다는 것을 의미하는 것이다.

한편, 소급적 책임이란 내가 그 사건 후에, 한 행위자로서 나에게 원인이 있다고 돌려질 수 있는 사건이나 결과들에 대해 지는 책임을 의미한다. 우리가 의도적으로 한 행위의 결과들에 대해서는 대부분 분명하게 소급적 책임이 있다. 소급적 책임은 통상 책무liability를 수반하게 된다. 만약 누군가가 나에게 고통을 당한 것에 대해 책임이 있다면, 나는 그 고통이나 해로움을 야기한 것에 대한 비난 혹은 벌을 감수하거나 그것에 대해 보상을 해야 하거나 혹은 그것에 대해 사과를 해야 할 의무가 있는 것이다. 내가 어떤 예견된 결과에 대해 책임이 있다고 말하는 것, 혹은 내가 막지 못한 것에 대해 책임이 있다고 말하는 것은 내가 행동해야 할 방법을 결정함에 있어서 그 결과 혹은 그 해로움에 대해 주의를 기울여야만 한다는 것을 뜻하며, 이러한 책임의 원칙은 존중의 원칙을 구체적으로 실현하는 방법이기도 하다.

따라서 우리는 정보 이용자 및 정보 제공자로서 예상적 책임과 함께 소급적 책임을 갖고 있으며, 특히 사이버 공간에서는 자신의 행동이 어떤 결과를 가져오게 될 것인지에 대해 미리 심사숙고해야 할 필요가 있다. 또한 네티즌은 사이버 공간에서의 예절과 윤리 규범을 자율적으로 준수하는 책임 의식을 지닌 사람들에게만 타당한 용어이지, 사이버 공간에 접속하는 모든 사람들에게 획일적으로 적용되는 용어는 아니라고 할 수 있다.

특히 사이버 공간에서 책임의 원칙에 입각하여 행동하는 것은 '사회적 자본'으로서의 신뢰trust 문화 형성에 기여할 수 있다. 후쿠야마Fukuyama에 의하면, 사회적 자본은 종교, 전통 또는 역사적 관습 같은 문화적 메커니즘을 통해서 전수되는 것으로서, 사회 전체 또는 그 일부분(가족 등)에서 신뢰가 일반화되어 생기는 능력을 의미한다. 정보 사회는 지식과 신뢰 관계를 중심으로 한 네트워크가 새로운 조직틀로 부상되고 있는 바, 사실상 지식이 꽃필 수 있는 체계와 네트워크는 신뢰의 기초 위에서 발전해 나가는 것이다.

그러므로 사이버 공간은 인류에게 새로운 책임 문화culture of responsibility의 정립을 위한 실험대가 되고 있다. 모두를 위한 기회opportunities for all가 가능한 사이버 공간은 모두로부터의 책임 responsibilities from all 및 모두를 위한 책임responsibilities for all 을 요구하는 사회적 공간이기 때문이다.

③ 정의

선善의 절대적 개념으로서의 '공정'과 '옳음'을 뜻하는 정의는 구체적으로 두 가지 형태로 나타난다. 먼저 보편적 덕목으로서의 정의는 세 가지 측면에서 도덕적 의미를 지니고 있다. 첫째, 한 개인의 내면과 관련하여, 정의는 옳음 그 자체를 추구하는 사람의 태도를 뜻한다. 둘째, 함께 살아가는 다른 사람과의 관계와 관련하여 정의는 이타적인 삶의 태도를 뜻한다. 셋째, 공동체의 법(제도)과 관련하여 정의는 법을 준수하고, 그러면서도 때로는 법을 초월하는 삶의 태도를 뜻한다.

한편, 권리의 규범으로서의 정의는 도덕적인 관점에서 공동 생활의 규칙을 절대적으로 정당화하거나 비판할 수 있게 하는 기준이 되고 있다. 현대 정의 이론의 상징처럼 여겨지고 있는 롤즈John Rawls의 '공정으로서의 정의' 이론에 의하면, 정의란 모든 인간이 자율적 의지로써 공정하다고 인정할 수 있는 기준이어야 한다. 이것을 사이버 공간에 적용하면, 모든 인간은 각 개인의 기본적 자유를 최대한으로 펼칠 동등한 권리를 갖고 있으며, 공평하고 동등한 기회와 자유로운 분위기의 보장에도 불구하고 능력의 차이 때문에 결과에 대해서는 오히려 차등의 원리에 따라 능력과 결과에 적합한 보상을 하여야 한다는 것으로 해석할 수 있다. 그러므로 사이버 공간에서 각자는 자신이 제공하는 정보의 진실성truthfulness, 비편향성unbiasedness, 완전성fullness, 공정한 표현fair representation

을 추구해야 하며, 타인의 기본적 자유와 권리를 침해하지 않아야
한다.

④ 해악 금지

해악 금지란 남에게 피해를 주지 않으며, 타인의 복지에 대해 배려
하는 것을 뜻한다. '남에게 해로움을 주지 말라' 는 소극적 의미에
서의 해악 금지는 흔히 '최소한의 도덕' 으로 통하고 있다. 한편, 적
극적 개념으로서의 해악 금지란 우리가 다른 사람의 복지를 증진
시키는 방식으로 행동해야 하는 것을 뜻한다.

　따라서 사이버 성폭력, 크래킹, 바이러스 유포 등과 같은 행위
들은 타인에게 명백하게 해로움을 주는 것이므로 마땅히 지양해야
할 행동이다. 정보 기술의 특성상, 사이버 공간에서의 비도덕적 행
동은 헤아릴 수 없는 불특정 다수에게 엄청난 피해를 줄 수 있기
때문이다. 따라서 사이버 공간이 인간의 모습을 한 따뜻하고 정감
있는 공간이 되기 위해서는 각자가 나르시시즘에서 탈피하여 타인
의 복지를 증진시키는 방향으로 행동해야 한다.

　정보 사회에서 우리는 적어도 이 네 가지 원칙에 입각하여 도
덕적 판단을 내리고, 그 판단에 따라 행동함으로써 인간의 고결함
과 존엄성을 유지하고 동시에 인간 완성을 지향해야 한다. 다시 말
해, 우리는 네 가지 기본 원칙을 정보 사회에서 발생하는 구체적인
문제들에 적용하여 도덕적인 답을 찾아 나가는 적극적이고 자기
성찰적인 삶의 태도를 지녀야 한다.

6. 정보 윤리의 의의

흔히 정보 문화란 "정보 통신 기술 및 서비스의 발달과 새로운 정보 통신 기기의 보급이 인간의 생활양식과 행동 전반에 영향을 미침에 따라 정보에 대한 중요성의 인식과 활용 의지를 나타내는 가치관과 규범 그리고 행동 등 제요소가 작용하는 문화적 체계"라고 정의되고 있다(박정순, 1997, p. 43). 이러한 정보 문화가 국민 개개인의 가치관과 윤리 의식에 바탕을 두고 있음은 두말할 나위가 없다. 반대로 한 사회의 정보 문화는 그 사회 구성원들의 정보에 관한 윤리 의식에 영향을 미치게 된다. 왜냐하면 인간의 가치 체계는 인간과 환경 간의 상호 작용에 의하여 형성되기 때문이다. 그러나 현재 우리나라 사람들의 정보 윤리 의식은 매우 낮은 수준에 머무르고 있다. 여기서는 정보 윤리가 왜 필요하고, 또 그것이 왜 중요한가를 살펴보고자 한다. 이를 위해 정보 사회의 윤리적 파장, 사이버 공간의 도덕적 의미, 컴퓨터 매개 커뮤니케이션의 특징, 정보 통신 기술의 유혹에 대해 자세히 알아보도록 하자.

정보 사회의 윤리적 파장

정보 통신 혁명은 우리들의 윤리 의식에 많은 파장을 불러일으키고 있다. 이러한 윤리적 파장은 우리로 하여금 정보 윤리 의식의 확립을 촉구하고 있다. 권기헌(1997)은 정보 사회가 초래하고 있는 윤리적 파장을 공간 축소의 파장, 시간 축소의 파장, 가치 역할 축소의 파장으로 설명하고 있다. 이를 상세히 살펴보면 다음과 같다.

공간 축소의 파장: 정보 범람과 방향 감각의 상실

정보 통신 혁명은 공간의 축소를 가져오고 있다. 세계 정보 통신 기반의 구축으로 지구촌이 하나의 포괄적인 실시간 정보 네트워크로 변화되었다. 위성 방송의 도움으로 지구의 오지였던 곳의 소식도 매일 접하게 되었으며, 인터넷의 도움으로 엄청난 양의 익명성 정보가 범람하고 있다. 한마디로 우리는 정보 홍수로 인해 방향 감각을 상실한 시대에 살고 있는 것이다. 정보의 범람과 홍수 속에서 우리는 어떤 것이 의미 있고 유용한 정보인지 판단하는 기준을 잘 모르고 있다. 자연히 사람들은 창의성과 주체성을 상실하게 되고, 그에 따라 무력감이 확산되고 있다. 이제 개인들은 네트워크 속에 편재되어 있는 하나의 결절점으로 전락하고 있고, 점점 더 옛날의 연대 의식을 잃어버린 채 아직 새로운 형태의 연대 의식을 획득하지 못하고 있다. 우리는 어디에서 와서 어디로 가고 있는지를 모른 채 그저 무의미하게 살아가고 있다.

시간 축소의 파장: 신세대와 방향 감각의 상실

첨단 과학 기술의 발달로 우리는 압축된 시간의 세계에 살고 있다. 변화가 가속화되면서 우리는 시간이 압축되고 있는 현상 속에 살고 있다. 불연속적이고 끊어진 삶 속에서 우리는 문제를 규정하고 해결로 이끄는 일관된 틀을 잃어 가고 있다. 우리들 자신에 대해서나 우주와 자연에 대해서 그리고 다른 사람이나 세계와의 관계에 대해서 더 이상 고민하고 사색할 여유가 없어져 가고 있다. 이러한 현상은 젊은 세대로 갈수록 더욱 심각하게 나타나고 있다. 신세대들은 빠르고 단기적인 해결과 만족을 추구하고 있으며 모든 것을 현재의 의미로만 생각하고 있다. 신세대들의 신개성주의, 찰나주의, 감각적 성문화, 인터넷 중독증은 모두가 첨단 문명 이기의 산물들로서 기성세대의 윤리를 파괴하고 있다.

가치 역할 축소의 파장: 가족의 해체

현대 사회에서 핵가족화와 이에 따른 애정 결핍, 그리고 세대 간 단절의 문화는 윤리 의식의 굴절을 초래하고 있다. 사실상 오늘날 우리의 가족 관계 유형은 핵가족의 단계를 지나 분열 가족의 양상을 띠고 있으며, '나홀로 열쇠족'은 또래 아이들의 유행어가 되었다. 이러한 성장 환경이 컴퓨터 · 전자오락 · 비디오 · 만화 등과 같은 새로운 문명 현상과 결합하면서, 과거와는 전혀 다른 의식 · 정서 · 행동 방식을 공유하고 있는 신세대가 탄생하고 있는 것이다. 부모에게 애정을 못 느끼게 되고 가족 간의 인간관계도 냉랭해져 가정을 사랑하는 마음도 점차 식어 가고 있다. 우리는 하나의 도덕적 공동체로서의 가족이 점차 소멸해 가고 있으며, 그에 따라 윤리의 해체 현상이 가속화되고 있는 것을 목도하고 있다.

이러한 세 가지 윤리적 파장은 우리의 전통적인 윤리 의식을 크게 훼손하고 있으며, 그에 따라 윤리적 방향 감각의 상실을 초래하고 있다. 정보화가 진전되면서 인간 소외의 심화, 음란물의 온상이 되고 있는 인터넷과 컴퓨터 통신망, 컴퓨터 기술을 이용한 각종 컴퓨터 범죄의 증대, 개인주의의 첨예화에 따른 공동체 의식의 상실, 공동선의 문제에 관심을 두지 않는 책임 의식의 실종 등은 정보 사회에서 윤리의 회복이 얼마나 중요한 것인가를 우리에게 잘 일깨워주고 있다.

사이버 공간의 도덕적 의미

오늘날 우리가 통상적으로 쓰고 있는 사이버 공간이라는 말은 1984년 윌리엄 깁슨William Gibbson의 소설 『뉴로맨서 *Neuromancer*』에서 '사이버스페이스'라는 용어로서 처음 사용되었으며, 그 의미는 '가상현실 기반 컴퓨터 네트워크'였다. 오늘날 사이버 공간은 컴퓨터 네트워크가 창출하는 공간적 은유를 의미하며, 구체적으로는 다른 사람들과 공유하는, 집단적으로 구성되는, 네트워크상의 가상 세계로서 일종의 물리적 공간인 동시에 사회적 공간이다. 이러한 사이버 공간의 발전 과정은 통신을 하고 정보에 접근하게 해주는 진보적인 **경제적 도구**(데이터베이스 및 미디어)에서 채팅룸이나 가상 공동체 같은 하나의 **장소**(네트워크) 개념으로, 그리고 구체적인 사회적 관계가 이루어지고 실제 생활의 대안이 되는 존재 양식(생활 세계)으로 3단계를 통해 발전하여 왔다.

그런데 이 사이버 공간은 영토도, 권력도, 구조도 존재하지 않는 탈영토화, 탈구조화, 탈물질화, 탈육체화된 공간으로 구성되어 있으며, 이른바 특별한 중심점이 없는 탈중심적·개방적이고 상호 의존적인 네트워크에 의해 이루어져 있다. 현실 공간은 나무처럼 견고한 뿌리(본질)에 기초를 두고 가지(현상)를 치는 수목적인 모델이 특징인 반면, 가상공간은 '뿌리 없는 식물'처럼 특정한 영토(대지) 위에 뿌리를 내리지 않은 채 여기저기 떠돌아다니는 스텝의 식물과 같은 특성을 지니고 있다. 즉, 개방형으로 구성된 그물형의 네트워크에는 어떠한 중심도 없는 특성을 지니고 있다(라도삼,

1999). 그러다 보니 상당수의 사람들이 그러한 사실을 인식하지 못한 채 사이버 공간에 대한 환상적인 견해를 갖고 있음을 볼 수 있다. 그러한 환상적인 견해는 다음과 같은 세 가지 오해로 표명되고 있다.

첫째, 사이버 공간은 현실의 문제를 잊게 해주는 일종의 탈출구라고 생각하는 오해. 사이버 공간은 개인의 욕구 충족을 위한 단순한 도구나 도피처가 아니라, 사람들 사이의 양방향적 의사소통을 위한 사회적 공간이다.[1] 그러므로 사이버 공간을 통해 현실 문제로부터 탈출하더라도 그것이 일시적인 것에 불과하다는 것을 올바르게 인식해야 한다. 컴퓨터를 끄고 나면, 환상적인 세계가 펼쳐졌던 화면은 까만 플라스틱 상자의 한 면에 불과하게 된다. 그 결과, 현실 세계의 문제가 되살아나고, 우울함이 깊어지고, 외로움이 심해지며, 가족이나 배우자를 소홀히 했다는 죄책감이 생기게 된다. 이의 극복을 위해 더 오랜 시간 온라인에 머물고자 하며, 이러한 순환 과정은 결국 중독 상태를 초래하므로 사이버 공간은 현실 세계에서 받는 스트레스의 해독제가 결코 아니다.

둘째, 사이버 공간은 현실 세계의 모든 규제로부터 자유롭다고 생각하는 오해. 사이버 공간은 모든 인류의 행복과 자유, 평등이 실현되는 새로운 전자 공간이다. 사이버 공간은 한 개인이 마구 남용하거나 오용할 수 있는 사적 자산이 아니라 모든 인류가 사용하고 보호해야 할 '공적 자산'이다. 이 공간의 주체는 바로 우리 인간이기에, 인간관계의 이치로부터 자유롭지 못하며, 결코 '도덕적 진공' 상태가 아니다. 사이버 공간은 인간의 완성을 위한 공간이지 인간을 파멸시키는 공간이 아니므로, 이 공간에서의 인간관계 역

---

1) 이러한 맥락에서 박찬구(2001)는 인간 욕망의 분출구에도 지켜야 할 법과 질서가 있다고 말한 바 있다.

시 '나와 너'의 대등한 인격의 만남이지 '나와 그것'의 도구적 만남이 아니다. 따라서 사이버 공간에서도 공동생활의 유지를 위한 최소한의 규범, 즉 이 공간의 무질서와 혼돈을 예방하기 위한 참여자들의 합의와 약속이 필요하게 된다. 사이버 공간은 누구에게나 평등하게 열린 공간이며, 모든 사람은 사이버 공간에서 표현의 자유와 권리를 가지고 있고 동시에 그에 수반하는 의무와 책임을 가지고 있다.

그러므로 '네티즌' 혹은 '인터넷 시민'에 걸맞게 타인을 존중하고 품위를 인정하며, 개성과 다양성을 인정해 주는 자세가 필요하다. 사이버 공간은 참여자(제공자/이용자)인 네티즌의 성숙된 자율적 도덕의식에 의해 건전하고 바르게 운영되어야 한다. 다시 말해, 네티즌 각자가 올바른 인터넷 서핑을 위한 '조타수'가 되어야 한다. 그러므로 사이버 공간은 현실 세계의 모든 규제로부터 자유로운 공간이 아니라, 오히려 더욱 성숙된 도덕의식이 요구되는 공간이라고 할 수 있다.

셋째, 사이버 공간에 대한 규제는 인간의 자유에 대한 심각한 위협이라고 생각하는 오해. 자유는 자유를 올바르게 향유할 줄 아는 사람만이 누릴 수 있는 권리이지, 누구에게나 무조건 부여되는 것은 아니다. 즉, 자유는 자유를 보장해 줄 수 있는 안전장치가 있을 때에만 가능한 것이다. 따라서 사이버 공간에 대한 최소한의 윤리적 규제는 현실의 권력 구조로 사이버 공간을 식민지화하려는 것이 아니라, 오히려 건전한 사이버 문화를 형성·유지해 나가기 위한 최소한의 안전장치를 마련하기 위한 것이라고 할 수 있다. 특히 아직 가치관이 제대로 형성되어 있지 않은 청소년을 사이버 문화의 유해 요소로부터 보호하는 것은 모든 사회의 기본 의무라고 할 수 있다. 따라서 사이버 공간은 도덕규범에 의해 지배되는 물리적·사회적 공간이지, 결코 도덕적 진공 상태가 아니다.

사이버 공간에서의 청소년 일탈 행동

일반적으로 일탈이란 정상적인 사회적 혹은 집단적 규범으로부터 벗어난 행위를 뜻한다(김미숙 외 6인, 1992). 사이버 공간에서 청소년의 일탈 행동 유형은 기존 사고의 틀을 깨는 가벼운 명랑 엽기로부터 명백한 범죄 행위에 이르기까지 다양한 형태를 띠고 있다. 최근의 보도에 의하면(연합뉴스, 2003. 4. 26), 세계의 전체 유해 사이트는 66만 8천 개이고, 한글 유해 정보는 영어에 이어 두 번째로 많은 6만 4천 개라고 한다. 이러한 유해 사이트의 범람 속에서 우리 청소년들은 단순 피해자가 아니라, 의도성을 지닌 가해자가 되고 있다는 사실에 우리는 주목해야 한다. 사이버 공간에서 벌어지고 있는 대표적인 청소년의 일탈 행동 유형을 정리하면 다음과 같다.

첫째, 음란물 유통 행위이다. 일부 청소년들은 직접 음란 사이트를 개설하여 유료 회원들을 모집하고 음란물을 유통시키는 행위를 서슴지 않고 있다. 이를테면 2002년 2월에는 고교 2학년생이 자신의 집에서 특정 사이트를 통해 음란 동영상을 다수 게시하다가 입건된 적이 있었다(사이버테러대응센터, 2003).

둘째, 해킹과 바이러스 유포이다. 해킹을 하여 상대방의 게임 아이템을 훔치는 행위가 청소년들 사이에서는 비윤리적인 행위나 범죄 행위로 여겨지지 않고, 오히려 영웅 취급을 받고 있다. 이를테면, 중학교 3학년생이 해킹 프로그램을 이용, 피해자의 온라인 게임 계정(ID)과 비밀 번호를 알아낸 다음 피해자의 아이템을 자신의 계정으로 옮겨 이용하다 입건된 적이 있었다(사이버테러대응센터, 2003).

셋째, 개인 정보 침해 행위이다. 중학교 3학년생이 인터넷 해킹 프로그램을 이용, 다른 학생의 ID와 비밀 번호를 알아낸 다음 유명 포털 사이트의 유료 서비스를 받다가 검거된 적이 있다. 그런가 하면, 고교 1학년생이 다른 사람의 이메일 주소와 비밀 번호를 알아내어 '상황에 따라 남자 또는 여자라고 하면서 사기치고 다닌다'는 등 메일 소유자의 명예를 훼손하는 메일을 다수인에게 발송하다가 발각되어 경찰에 붙잡혔다(사이버테러대응센터, 2003).

넷째, 언어폭력 및 파괴 행위이다. 대화방에서 성적 수치심을 유발하는 내용의 대화를 유도하거나 이메일, 게시글 등으로 음란한 글이나 영상물을 전송하여 성적 모멸감을 느끼게 하는 사이버 성폭력, 그리고 이메일이나 쪽지, 문자 메시지 등을 상대방의 의사와 관계없이 지속적으로 보내어 괴롭히는 사이버 스토킹이 있다. 최근에는 일부 청소년들이 자기와 생각이 맞지 않거나 싫다는 이유로, 또는 단순 장난으로 대화창이나 쪽지, 귓속말 등을 통해 상스러운 욕설, 음담패설을 하는 등 인터넷 언어폭력이 심각한 문제가 되고 있다. 그런가 하면, 축약어나 기호를 사용하는 언어 파괴 현상도 날로 심각해지고 있다.

다섯째, 불법 복제 행위이다. 청소년들 사이에서는 친구들끼리 프로그램을 돌려 쓸 수 있다는 인식이 팽배해 있다. 최근에는 P2P 방식을 이용하여 음악 파일이나 음란물을 공유하는 행위가 일반화되어 있다. 우리나라에서 소프트웨어 불법 복제율을 10% 줄이면 4조 원의 경제 효과를 거둘 수 있다고 한다(파이낸셜 뉴스, 2003. 4. 7).

여섯째, 유해 사이트 개설 행위이다. 자살, 해결사, 도박, 자퇴 조장, 도둑, 변태, 가출 조장 등의 유해 사이트를 개설하여 운영하거나, 이에 가입하여 활동하는 경우이다.

일곱째, 사이버 섹스이다. 화상 채팅이 보편화되면서 청소년들 사이에서는 자신들의 은밀한 부분까지 노출시키며 사이버 섹스를 하는 음란 화상 채팅이 증가하고 있다. 최근에는 초등학생들마저 음란 채팅에 뛰어들고 있어 심각한 사회 문제가 되고 있다.

여덟째, 메일 폭탄 발송 행위이다. 메일 폭탄이란 상대방에게 엄청난 메시지를 한꺼번에 보내 상대방의 시스템을 마비시키는 행위이다. 여중생 압사 사건에 대한 네티즌의 분노가 백악관 홈페이지를 겨냥한 메일 폭탄으로 이어진 것은 주지의 사실이다. 문제는 청소년들이 메일 폭탄을 이용하여 학교나 국가의 중요 컴퓨터망을 마비시키는 바람직하지 못한 일을 할 수 있는 가능성이 언제든지 열려져 있다는 사실이다.

이제 왜 정보 사회에서는 그리고 특히 사이버 공간에서는 다양한 범죄 및 비도덕적 행동들이 쉽게 일어나게 되는지의 문제에 대해서 살펴보기로 하자. 이를 위해 여기서는 컴퓨터 매개 커뮤니케이션 자체의 특징, 그리고 정보 기술의 유혹, 그리고 사이버 공간에서의 탈억제에 대해 살펴보고자 한다.

컴퓨터 매개 커뮤니케이션의 특징

컴퓨터 매개 커뮤니케이션computer mediated communication은 한마디로 같은 공간에서 상대방과 공존함이 없이 서로의 의사를 주고받는 커뮤니케이션 형태이다. 즉, 물리적인 공간에서 상대방과 접촉 없이 컴퓨터가 서로를 연결하여 커뮤니케이션 상황을 형성하기 때문에 커뮤니케이션 상황에서의 가장 기본적인 조건인 '사람과의 만남'이 배제되어 있다. 이러한 컴퓨터 매개 커뮤니케이션은 몇 가지 중요한 특징을 지니고 있다(김유정, 1998).

첫째, 쌍방향성이다. 쌍방향은 커뮤니케이션 상황에 송신자와 수신자의 능동적인 참여가 어느 정도 허용되는가를 의미한다. 특히 컴퓨터 매개 커뮤니케이션에서는 송신자와 수신자가 동시에 참여할 수 있기 때문에 면대면 상황 못지않은 쌍방향 기능이 부여되며, 다른 매개 커뮤니케이션 유형에 비해 쌍방향의 정도가 매우 높다. 그러나 면대면 상황에서의 쌍방향과는 달리, 직접적인 메시지 교류에 의한 쌍방향이 진행되는 것이 아니라 컴퓨터라는 기기에 의해 쌍방향이 이루어진다는 점에서 차이가 있다.

둘째, 비동시성이다. 비동시성이란 송신자와 수신자 간에 이루어지는 메시지의 공유가 시간적 공유라는 조건 없이도 가능할 수 있느냐의 문제와 직결되어 있다. 그러므로 송신자와 수신자 간에 시간상의 공유 없이 메시지 공유가 가능하다면 비동시적인 커뮤니케이션 상황이 형성된 것이다. 반면에 송신자와 수신자 간의 시간적인 공유 없이는 메시지의 공유 또한 불가능해질 경우에는 비동시적인 커뮤니케이션 상황이 형성될 수 없다. 비동시적인 커뮤니케이션은 컴퓨터의 기술적인 특성인 메시지 저장 능력으로 인해 가능하다. 그러므로 송신자는 상대방, 즉 수신자를 의식하지 않고 편리한 시간대를 선택하여 어느 때라도 메시지를 발송할 수 있으며, 반면에 수신자들은 저장된 메시지를 언제라도 검토한 후 반응을 나타낼 수 있다. 동시적인 시간대의 제한성에서 탈피한 컴퓨터 매개 커뮤니케이션의 융통성 있는 시간대 활용은 의사 전달에 있어 시간적 여유를 갖게 하므로 보다 진지하고 체계적인 의사 교환을 가능하게 해준다.

셋째, 공간적 거리감 극복이다. 전화보다 한층 더 진보된 컴퓨터 매개 커뮤니케이션은 물리적 공간에서의 이동 없이도 가능한 커뮤니케이션 상황을 만들어 내었다. 컴퓨터 매개 커뮤니케이션에서의 물리적 공간은 면대면 커뮤니케이션과는 달리 공유되는 공간이다. 왜냐하면 참여자들이 각기 다른 물리적 공간에서 메시지를 송신하고 수신하기 때문이다. 예를 들어, 사장은 사장실에서 직원은 자기 부서에서, 즉 서로 다른 장소 혹은 공유될 수 없는 공간에서 메시지를 전달하지만, 컴퓨터라는 매체를 통해서는 서로 연결되기 때문이다.

넷째, 비언어적 요소의 부재이다. 비언어적 요소에는 두 가지 유형이 있다. 첫째는 화자가 말하면서 자신의 몸을 이용해 신호를 전달하는 행위적인 신호가 있으며, 둘째는 커뮤니케이션 상황이나 화자의 실재함에서 전달되는 상황적 신호가 있다. 컴퓨터 매개 커뮤니케이션에서는 이러한 비언어적 요소가 모두 부재하고 있다. 의사 표현 시 언어적 표현에 부수적으로 비언어적 행위를 병행할 수 없다. 컴퓨터 매개 커뮤니케이션에서는 비언어적 요소의 부재로 인해 송신자들 간의 심리적 상태와 상호 간의 관계에 대한 정보를 제공해 주지 못한다. 따라서 비언어적 요소의 전달이 약화된 컴퓨터 매개 커뮤니케이션에서는 여건 상황에 대한 설명을 결여하고 있고, 특정한 사회적 환경에 대한 암시력을 크게 약화시킨다. 또한 컴퓨터 매개 커뮤니케이션에서는 집단 규범이 갖고 있는 준거틀로서의 함축적 의미 혹은 사회 집단 구성원 상호 간에 형성된 사회적 승인에 의한 영향력을 감소시킨다.

다섯째, 익명성이다. 컴퓨터 매개 커뮤니케이션에 참여하는 사람들은 상대방의 신원과 자신의 신분이 노출되는 면대면 상황과는 달리 자신의 신분을 노출하려고 하지 않을 뿐만 아니라 상대방의 신분을 알려고 하지도 않는다. 전형적인 컴퓨터 매개 커뮤니케이션의 메시지는 별명 혹은 가명이나 이메일 주소를 통해 송신자와 수신자의 신원을 확인하게 된다. 이처럼 컴퓨터 매개 커뮤니케이션 이용자들은 자신들의 실명을 제시하지 않고 익명을 사용하기 때문에 신분이 노출되지 않아 서로의 신분을 확인할 수 없으므로 직업, 사회적 지위나 직책, 근무 부서, 인종, 나이, 외모, 성씨, 성별과 신체적인 외양을 평가할 방법이 없다. 이렇듯 신분이 노출되거나 확인되지 않는 익명에 의한 커뮤니케이션 상황은 참여자들에게 심리적으로 편안한 상태를 유도하며, 참여자 모두의 신분을 평등하게 만들어 주기도 하지만, 서로의 존재에 대해 확인할 수 없는 비인격적인 커뮤니케이션 상황이 유발되기도 한다. 익명성이 보장되기 때문에 컴퓨터 매개 커뮤니케이션의 메시지들은 간혹 왜곡되고 과장된 표현과 상스러운 표현을 담고 있을 수 있다.

여섯째, 문서화된 메시지 교류이다. 컴퓨터 매개 커뮤니케이션의 표현 방식은 글에 의한 텍스트이다. 그러므로 글로 표현되는 커뮤니케이션에 재생 능력과 편집 능력이 덧붙여진 컴퓨터 매개 커뮤니케이션은 말을 매개체로 하는 인간 커뮤니케이션의 약점을 보완해 준다. 그러나 컴퓨터 매개 커뮤니케이션에서 통용되는 텍스트는 영구적인 보존성이 없는 일시적인 것이다. 수신된 메시지를 읽은 뒤 시간이 경과하면 자동적으로 지워지거나 수신자에 의해 지워지기 때문이다. 또한 텍스트화된 메시지가 통용되는 컴퓨터 매개 커뮤니케이션에서의 감정적인 표현은 한계가 있다.

일곱째, 지배 효과의 약화이다. 개인들 간의 관계 내에서 형성된 커뮤니케이션이 교류되는 대인적 커뮤니케이션 상황에서는 개인들의 신분과 사회적 지위가 중요하며, 이로 인해 커뮤니케이션 상황이 영향을 받게 된다. 그러나 컴퓨터 매개 커뮤니케이션에서는 직접적인 대인 간의 연결이나 접촉이 필요하지 않고, 단순히 메시지 교류를 중요시하기 때문에 참여자들의 개인적인 신분이나 지위는 중요하지 않다. 흔히 특정인의 지위와 신분이 표출되는 커뮤니케이션 상황에서는 사회 규범적 요인과 관련된 지배 효과가 나타나기 마련이다. 그러나 사회 규범적인 요소가 배제된 컴퓨터 매개 커뮤니케이션에서는 특정 개인에 의한 영향력이 없기 때문에 지배 효과가 나타날 수 없다. 컴퓨터 매개 커뮤니케이션에서는 참여자 간에 지배 혹은 피지배 관계가 형성되지 않는다.

끝으로, 사회적 실재감의 결여에 따른 사회 규범적 요소의 상실이다. 사회적 실재감은 매체가 커뮤니케이션 행위 시에 참여자들에 대한 신체적인 존재, 비언어적 혹은 사회 규범적인 상징물들을 어느 정도로 반영해 주느냐에 달려 있다. 따라서 면대면의 만남은 사회적 실재감이 높은 반면, 익명을 사용하여 상대방의 존재를 인식하지 못하고 기계를 통한 커뮤니케이션을 해야 하는 컴퓨터 매개 커뮤니케이션은 상대적으로 사회적 실재감이 낮다.

이처럼 컴퓨터 매개 커뮤니케이션은 자유롭고 평등한 커뮤니케이션을 보장해 주는 반면, 익명성과 사회적 실재감의 결여로 말미암아 일탈적인 행동이나 비도덕적인 행동을 유발하기 쉬운 속성을 갖고 있다.

정보 통신 기술의 유혹

왜 정보 사회에서는 이전 사회에 비하여 더 많은 윤리적 문제들을 야기하고 있을까? 학자들에 의하면, 정보 통신 기술은 우리들을 윤리적 관심으로부터 멀어지게 만드는 어떤 유혹들을 지니고 있다고 한다. 일례로, 리처드 루빈Richard Rubin은 정보 통신 기술이 지니고 있는 일곱 가지 유혹들이 우리의 도덕적 나침반을 크게 훼손시키고 있다고 주장한 바 있다.

유혹 1: 속도

정보를 수집하고 전달하는 속도는 컴퓨터 기술에 의해 엄청나게 증가되었다. 간단히 말해 비윤리적 행동들이 눈 깜짝할 사이에 일어날 수 있게 된 것이다. 비록 허가를 받지 않고 정보를 구하는 방법을 결정하는 데 있어서 어느 정도의 준비 시간이 소요된다고는 할지라도, 그러한 정보를 몰래 빼내는 행위 자체는 아주 짧은 시간에 이루어질 수 있다. 우리가 어떤 것을 아주 빠르게 해낼 수 있다면, 많은 경우 우리들은 붙잡힐 가능성이 아주 적을 것이라고 생각하지 않겠는가? 우리가 어떤 것을 아주 빠르게 해낼 때, 그 행동을 하다가 체포될 것에 대해 염려하는 시간이 적지 않을까? 컴퓨터 통신 기술의 발달로 인하여 정보를 훔치거나 전달하는 일이 아주 빠르게 일어날 수 있으며, 적어도 행위 그 자체의 순간에는 탐지가 거의 불가능하게 되어 버렸다. 더구나 속도는 우리의 도덕적 감각을 무디게 만드는 그 나름의 유혹이 되고 있다. 우리는 속도감에 매료되기 쉽다. 일례로 자동차의 제한 속도를 어겨가면서 아주 빠르게 달리는 것이 나 자신 및 다른 사람들에게 피해를 가져다줄 수 있다는 것을 잘 알고 있음에도 불구하고, 그러한 행위 자체에서 일종의 쾌감을 얻고 있다. 컴퓨터의 속도감 또한 우리들에게 그러한 쾌감을 가져다주고 있는 것이다.

유혹 2: 프라이버시와 익명성

가정이나 사무실에서 사용되는 컴퓨터 관련 기기의 발달로 비윤리적인 행동들을 거의 절대적인 프라이버시 보호 아래, 즉 다른 사람에게 전혀 들키지 않고도 행할 수 있게 되었다. 거기에는 아무도 보지 않는 데서 어떤 일을 해낼 수 있다는 일종의 흥분감마저 작용하고 있다. 자신의 가정이나 사무실 같은 일종의 보호된 환경 속에서 다른 사람들의 눈에 띄지 않게 그런 행동들을 해낼 수 있기 때문에 발각될 확률이 그만큼 적어지게 되는 것이다. 이러한 프라이버시와 익명성이 비윤리적 행동을 더욱 부채질하고 있는 것이다.

프라이버시와 익명성으로 인한 도덕적 관심의 결여는 그러한 비도덕적 행위가 범행 장소로부터 멀리 떨어져 있다고 여겨질 때 더욱 심해지는 경향이 있다. 비도덕적인 행위를 하는 사람들이 상당히 멀리 떨어져 있는 장소에서 정보를 훔칠 때, 그들은 다른 사람의 집이나 사무실을 침입할 때 느끼는 것과 동일한 수준의 위험 부담을 지니지 않게 된다. 수천 킬로미터 떨어진 곳에서, 피해자에게 들키지 않고 정보를 몰래 빼낼 수 있다는 생각이 사람들로 하여금 비도덕적 행동들을 하도록 유혹하고 있는 것이다.

한편, 프라이버시라는 개념은 또 다른 형태의 도덕적 무감각을 초래하고 있다. 컴퓨터 기술을 통하여 우리는 아주 개인적인 정보들을 얼마든지 구할 수 있다. 의료 기록, 교육 기록, 신용 기록 등과 같은 극히 사적인 정보들을 몰래 빼내 보는 것이 위반자들에게는 색다른 흥미를 줄 수 있다. 정보 통신 기술의 발달로 들키지 않고도 다른 사람의 전화 내용을 몰래 엿듣는다든지, 다른 사람의 침실이나 화장실에서의 행동을 엿보는 것이 얼마든지 가능해졌다. 이렇듯 다른 사람의 프라이버시나 사생활을 몰래 엿보는 행위 그 자체가 위반자들에게는 기묘한 쾌감을 가져다주고 있는 것이다.

유혹 3: 매체의 본질

오늘날 전자 매체의 본질은 원래의 정보를 제거하거나 훼손시키지 않으면서도 그러한 정보를 훔칠 수 있는 것을 가능하게 해주고 있다. 비록 우리가 다른 사람의 파일을 몰래 훔쳐보거나 전용한다고 할지라도, 그 파일은 전혀 손상되지 않은 채 원래의 소유자에게 그대로 남아 있다. 이러한 매체의 본질은 우리로 하여금 위반자는 실제로 훔친 것이 아무것도 없으며, 피해자의 경우도 도난당한 것이 아무것도 없다는 생각을 갖도록 만들고 있다. 타인의 중요한 지적 재산들을 훼손시키지 않으면서도 얼마든지 그것을 전용할 수 있다는 생각과 그러한 것이 가능하도록 해준 매체 자체의 특성이 우리들을 비도덕적 행위로 유혹하고 있는 것이다.

유혹 4: 심미적 매료

일반적으로 사람들은 자신의 기술이나 기능을 이용하여 어려운 문제들을 해결해 내었을 때 모종의 성취감을 느끼게 된다. 더구나 다른 지적인 사람들에 의해 만들어진 보안 장치들을 무력하게 만들면서 다른 컴퓨터 체계에 자신이 처음으로 침투해 들어갔을 때 많은 사람들은 자신이 드디어 큰일을 해냈다는 그릇된 성취감을 갖기가 쉽다. 해커들이 바로 이 경우에 해당된다고 할 수 있다. 자신의 컴퓨터 기술을 활용하여 다른 사람들이 만들어 놓은 보안 장치들을 무색케 하며 침투해 들어가고자 하는 잘못된 도전 욕구와 그에 따른 잘못된 성취감 등의 심미적 매료가 우리로 하여금 비도덕적 행동을 하도록 유혹하고 있다.

유혹 5: 최소 투자에 의한 최대 효과

상대적으로 적은 노력으로도 많은 사람들에게 접근하여 최대의 효과를 낼 수 있다는 생각이 비도덕적 행동을 유발시키는 하나의 유혹이 될 수 있다. 컴퓨터를 이용한 신종 사기 행위들이 급증하고 있는 것은 바로 이 때문이다. 감언이설에 의한 사기 행위를 시도하는 경우 예전처럼 수백 통의 전화를 걸거나 우편물을 발송할 필요가 없어졌다. 이제는 간단히 인터넷에 사기 정보를 올려 두는 것만으로도 가능해졌기 때문이다. 아주 적은 노력으로 수많은 사람들에게 접근하여 단기간에 최대의 효과나 이익을 얻을 수 있다는 생각이 바로 비도덕적 행위를 유발시키고 있는 것이다.

유혹 6: 국제적 범위

새로운 정보 통신 기술이 발달하면서 전 세계에 접근하는 것이 가능하게 되었다. 정보를 훔치기 위해 그리고 이윤을 얻기 위해 이제는 전 세계적으로 활동하는 것이 가능해졌다. 이렇듯 단기간에 전 세계적으로 영향을 미칠 수 있다는 것도 비도덕적 행동을 유발하는 유혹 요인이 되고 있는 것이다.

유혹 7: 파괴력

정보 통신 기술이 오용될 경우 그것이 수반하는 파괴력은 엄청나다. 가장 대표적인 경우가 바로 컴퓨터 바이러스이다. 컴퓨터 바이러스를 유포시키는 사람들은 그러한 파괴적 행위로부터 모종의 쾌감을 얻고 있다. 그러한 사람들은 더욱 영리한 자신의 기술로 더욱 치유가 곤란한 바이러스를 유포시키는 것에서 만족감과 보람을 찾고자 한다. 이렇듯 정보 통신 기술이 갖고 있는 엄청난 파괴력 자체가 비도덕적 행동을 유발하는 유혹이 되고 있는 것이다.

사이버 공간에서의 탈억제

왜 청소년들은 사이버 공간에서 쉽게 범죄를 저지르거나 도덕적 일탈 행동을 하게 되는 것일까? 물론 여러 가지 요인들이 얽혀 있음을 쉽게 짐작할 수 있지만, 대부분의 학자들은 사이버 공간의 생태학적 특성과 그곳에서의 인간 심리적 특성의 상호 작용으로 설명하고 있다. 대부분의 사람들은 대면적인 현실 세계에서 일상적으로 말하거나 행동하지 않는 것을 사이버 공간에서는 서슴지 않고 말하거나 행동하게 된다. 그들은 사이버 공간에서 긴장이 풀어짐을 느끼고, 무언가에 얽매여 있다는 느낌을 훨씬 적게 가지며, 보다 개방적으로 그들 자신을 표현하게 된다. 이러한 현상을 일컬어 탈억제 효과disinhibition effect라고 부른다(Suler, 2002). 때때로 사람들은 그들 자신에 관한 아주 개인적인 것들을 다른 사람들과 공유한다. 사이버 공간에서 사람들은 비밀스런 감정, 두려움, 소망을 토로하기도 한다. 때때로 사람들은 이례적으로 타인에게 친절함과 관대함을 보여 주기도 한다.

　　그러나 탈억제 효과가 반드시 긍정적인 것만은 아니다. 탈억제 효과는 사이버 공간에서 타인에게 무례한 언어를 거침없이 사용하거나 가혹한 비판 · 노여움 · 증오 · 위협을 가하도록 만들기도 한다. 그런가 하면, 탈억제 효과는 현실 세계에서는 결코 잘 찾아가지 않는 음란물 사이트나 폭력 사이트 같은 인터넷의 어두운 뒷골목을 배회하도록 만들기도 한다.

내적인 감정과 욕구의 방출을 차단하는 심리적 경계가 느슨해지도록 만드는 탈억제 효과는 도대체 어떻게 해서 가능한 것일까? 온라인 탈억제에 대한 기존의 논의들은 주로 익명성, 몰개성화,[1] 낮은 사회적 실재감 등에 국한되었다. 최근에 조인슨(Joinson, 1999)은 온라인에서의 탈억제 행동의 원인은 자기 관심과 인간이 행동하는 맥락 간의 공동 산물이라고 규정한 바 있다. 한편, 슐러(Suler, 2002)에 의하면, 탈억제 효과를 불러일으키는 데에는 사실 여러 가지 요인들이 작용하고 있다고 한다. 어떤 사람에게는 한두 가지 요인이 지배적일 수 있으나, 대부분의 경우 여러 가지 요인들의 상호작용을 통하여 탈억제 효과가 생기게 된다.

첫째, '너는 나를 알지 못한다'는 식의 익명성이다. 인터넷 서핑을 하면서 우리가 만나는 대부분의 사람들은 우리가 누구인지에 대해 말하지 않는다. 시스템 관리자나 기술적 지식이 해박하거나 혹은 우리에 대해 알고 싶어 하는 동기가 강한 사람들은 우리의 이메일 주소나 인터넷 주소를 알 수도 있다. 그러나 대부분의 사람들은 우리가 우리 자신에 대해 그들에게 말한 것만을 안다. 그러므로 우리가 원한다면 우리의 정체성을 숨길 수도 있다. 익명성이라는 말이 암시하듯이, 우리는 사이버 공간에서 이름을 갖지 않거나 숨긴 채 행동할 수 있다. 그러한 익명성은 탈억제 효과를 위해 효과적으로 작용한다. 월러스(Wallace, 1999)에 의하면, 익명성의 정도는 우리의 행동에 아주 중요한 방식으로 영향을 미치며, 탈억제 성향,

---

1) 몰개성화deindividuation는 행위자가 상황의 규범이나 역할 또는 사회적 금기, 제약으로부터 해방되는 상태이다. 따라서 집단 행위에서 이탈하거나 역할 관계를 무시하거나 금기시되는 행위를 서슴없이 보일 가능성이 높다.

즉 행동에 대한 정상적인 사회적 제한을 낮추는 상황을 만들어 낸다고 한다. 사람들이 현실 세계와 자신의 정체성으로부터 그들의 행동을 분리할 수 있는 기회를 갖게 될 때, 그들은 자신의 속내를 털어놓는 것에 대해 덜 위협을 느끼게 된다. 심지어 사이버 공간에서 적대적인 감정에 입각하여 행동했다고 하더라도, 그러한 행동에 대해 책임을 질 필요가 없다. '그것은 내가 아니다'라고 자신에게 항변하면 그만이기 때문이다.

둘째, '너는 나를 볼 수 없다'는 식의 불가시성invisibility이다. 많은 온라인 환경에서 타인은 우리를 볼 수가 없다. 우리가 사이트나 게시판을 검색할 때 혹은 대화방에서 채팅을 할 때, 사람들은 우리가 누구인지 전혀 모를 수도 있다. 이러한 불가시성은 우리의 모습이 타인의 눈에 띌 경우에는 감히 갈 수 없는 장소나 할 수 없는 행동을 할 수 있는 용기를 부여해 준다. 익명성은 정체성의 은닉이기에 불가시성은 익명성과 중복될 수 있다. 그러나 익명성과 비가시성은 중요한 차이점이 있다. 이메일이나 채팅 혹은 메신저 같은 텍스트 커뮤니케이션에서 상대방은 우리가 누구인지에 대해 상당히 많이 알 수도 있다. 그러나 그들은 여전히 우리를 볼 수가 없고, 우리의 목소리를 들을 수도 없다. 모든 사람의 정체성이 노출된 경우라고 할지라도, 육체적으로 보이지 않는 기회는 탈억제 효과를 증폭시킨다. 그러므로 우리가 어떤 행동을 했을 때 타인이 우리를 어떻게 보거나 무슨 말을 하는가에 대해 걱정할 필요가 없다.

셋째, '나중에 다시 보자'는 식의 비동시성asynchronicity이다. 이메일이나 게시판에서의 의사소통은 비동시적이다. 사람들은 다른 사람들과 실시간으로 상호 작용을 하지 않는다. 우리가 말한 것에 대해 상대방이 응답하는 데에는 몇 분에서부터 몇 달이 걸릴 수도 있다. 타인의 즉각적인 반응을 다룰 필요가 없다는 사실 자체가 탈억제의 이유가 될 수 있다. 타인으로부터의 즉각적인 실시간 피드백은 사람들이 자신에 대해 드러내 놓는 정도의 지속적인 흐름에 강력한 영향을 미친다. 이메일이나 게시판의 경우처럼 피드백에 있어서 시간적인 지연이 있을 경우에, 사람들의 사고의 사슬은 그들이 생각하거나 느끼는 것에 대한 보다 심층적인 표현을 향해 확고하면서도 신속하게 나아가게 된다. 어떤 사람들은 비동시적인 의사소통을 사적 · 감정적 · 적대적 메시지를 보낸 후에 도망가는 것으로서 경험할 수도 있다. 따라서 비동시성은 '치고 빠지는 식'의 일탈 행동에 관여하도록 만든다.

넷째, '그건 모두 내 머리 속에 있다'는 식의 유아적 투사 solipsistic introjection이다. 대면적인 단서가 결여된 상태에서의 텍스트 커뮤니케이션은 사람들에게 매우 흥미로운 영향을 미치고 있다. 사이버 공간에서 때때로 사람들은 그들의 정신이 마치 온라인 동료의 정신과 융합되고 있다는 것을 느낀다. 타인의 메시지를 읽는 것이 마치 자신에게서 나오는 목소리로서 경험된다. 즉, 마치 타인이 자신의 정신세계에 마법적으로 들어와 있는 것처럼 느끼게 된다. 사실 의식적이든 무의식적이든 우리는 상대방이 어떻게 생겼는지 혹은 어떻게 행동하는지에 대한 시각적인 이미지를 부여할 수 있다. 온라인 동료는 우리의 정신세계 안에서 하나의 인격체가 된다. 그리고 그러한 인격체는 텍스트 커뮤니케이션에서 그가 실제로 자신을 우리에게 어떻게 표현했는지 뿐만 아니라 우리의 기대 · 소망 · 욕구에 의하여 부분적으로 형성되기도 한다. 그는 우리가 알고 있는 사람을 생각나게 할 수도 있기 때문에, 우리는 아는 사람에 대한 기억을 그 인격체의 이미지 속에 채워 넣게 된다. 이렇듯 인격체가 우리의 정신 속에서 보다 정교하고 실제적인 것이 됨에 따라서, 우리는 타이핑에 의존한 대화가 우리의 머릿속에서 모두 일어나는 것으로 생각할 수도 있다. 즉, 우리는 그 대화가 우리 자신과 우리의 상상 속의 인격체와의 대화인 것처럼 생각할 수도 있다. 그러므로 안전한 곳이라 할 수 있는 우리의 상상 속에서 우리는 현실에서는 결코 하지 않는 모든 유형의 말과 행동을 전혀 거리낌 없이 하게 된다.

다섯째, '그것은 단지 게임이다'는 식의 분열dissociation 현상이다. 유아적 투사와 사이버 공간에서의 도피 가능성의 결합은 탈억제를 불러일으키는 새로운 힘을 만들어 낸다. 우리는 우리가 만들어 낸 상상적 인격체가 다른 공간에 존재하고 있다고 느낄 수도 있다. 즉, 우리는 우리의 온라인 인격persona과 온라인 타자들이 현실 세계의 요구와 책임과는 분리되어 있는 거짓 혹은 가장의 차원에 살고 있다고 느낄 수도 있다. 따라서 우리는 오프라인의 사실과 온라인의 허구를 분리시키거나 분열시킨다. 그러기에 많은 사람들이 온라인에서의 삶을 현실 공간에서의 삶에는 적용되지 않는 규칙과 규범을 가진 게임으로 여기고 있다. 그 결과, 그들은 컴퓨터의 전원을 끄고 일상으로 돌아오면, 이제 게임을 끝냈다고 생각한다. 그리고 그들의 온라인 정체성도 함께 사라지게 된다. 이것은 현실과 무관한 거짓 혹은 가장의 무대에서 일어난 일에 대해 왜 내가 책임을 져야 하는가와 같은 사고를 조장하게 된다.

그런데 이러한 분열 현상은 낮은 사회적 실재감sense of social presence과 밀접한 관계가 있다. 사회적 실재감이 낮을수록 의사소통의 내용이 사무적이며impersonal, 개인적 특성을 띠지 못하며 depersonalized, 과업 지향적인 특성을 지니게 된다. 대면적 교류 상황에서는 다양한 물리적 환경(서로간의 거리, 대화 장소 등), 서로가 지닌 상대적 지위(몸짓, 의상, 자세 등), 지배적 성향(위압적인 몸짓, 태도, 행동거지) 등이 의사소통 내용에 대한 적절한 해석의 틀을 제공하거나, 소통 행위의 정도에 영향을 미치는 여러 사회적 맥락 단서이다. 이러한 교류의 맥락 단서가 결여되었기 때문에, 사이버 공간에서는 흥분하기 쉽고, 규제되지 않은 언사, 타인 지향적이기보다는 자기도취적이며, 서로의 지위를 동등화시키는 표현들이 나타나기 쉽다.

여섯째, '우리는 동등하다' 는 식의 지위의 중립성neutralizing of status이다. 온라인에 있는 동안 현실 공간에서의 우리의 지위는 상대방에게 알려지지 않거나, 현실 공간에서와 같은 영향력을 발휘하지 못한다. 그러므로 사이버 공간에서는 지위·성별·부·인종에 상관없이 누구나 동등하게 참여할 수 있다(김경동, 2000). 현실 공간의 경우, 사람들은 권위 있는 사람들 앞에서는 자신이 실제로 생각하는 것을 말하길 주저하게 된다. 그러나 사이버 공간의 경우에는 누구나 동등하다고 느끼기 때문에 자기가 생각하고 느끼는 것을 불승인이나 처벌의 두려움 없이 쉽게 말할 수 있다.

일곱째, '피해자가 보이지 않는다' 는 식의 결과의 무시나 왜곡disregard or distortion of consequences 현상이다. 일반적으로 자기 제재의 약화는 행동의 결과에 대해 고려하지 않거나 행동의 결과를 잘못 해석하는 경우에 발생한다. 사회적 유인에 의해 혹은 자신의 이익을 위해 한 개인이 남에게 해로움을 입힐 행동을 선택할 때, 그 사람은 자기가 야기한 해로움의 결과를 회피하거나 축소해 버린다(Bandura, 1991). 그런 사람들은 자신들이 보게 될 이득만 생각할 뿐 그것의 해로운 결과에 대해서는 생각하지 않는다. 그들은 결과를 의도적으로 모른 체 하거나 결과를 왜곡함으로써 자신들이 야기한 해로움의 증거들을 불신하려고 적극적으로 시도한다. 특히, 다른 사람에게 해로움을 입힐 때 상대방이 보이지 않거나 행위자가 피해자로부터 시간적·공간적으로 멀리 떨어져 있을 때에는 그런 행동을 저지르기가 더 쉽다.

여덟째, '네가 잘못했기 때문이야!' 라는 식의 비난의 전가attribution of blame 현상이다. 자신이 혐오하는 사람이나 대상 혹은 상황에 대한 비난 또한 자기 제재를 약화시킨다. 이 과정에서 사람들은 자기 자신은 무고한 피해자라고 여기고, 그들의 해로운 행동은 자신들의 강력한 분노에 의해 어쩔 수 없이 강제된 것이라고 믿는다. 예를 들어, 사이버 공간에서 상대방에 대한 언어폭력이나 성폭력의 원인 가운데 일부는 피해자의 도발적인 행동에 의해 어쩔 수 없이 야기된 것이라고 믿는 것이 여기에 속한다. 네가 먼저 내 감정이나 기분을 상하게 만들었으므로, 나의 보복적 행동은 당연한 것이라고 치부하는 경우가 대표적인 사례에 속한다.

　논의의 편의를 위해 여기서는 온라인 탈억제 현상의 원인을 사이버 공간의 기술적·심리적 특성에 국한하여 살펴보았다. 그러나 온라인 탈억제에 있어서 개인의 인성 또한 중요한 영향을 미칠 수 있다. 또한, 행위자의 기저의 감정·욕구의 강도와 충동 수준[1] 또한 사이버 공간에서 행동하는 데 영향을 미칠 수 있다. 그러므로 이러한 제 변인들 사이의 상호 작용 또한 온라인 탈억제에 영향을 미칠 수 있음을 쉽게 추론할 수 있다.

---

1) 인터넷상에서는 모든 활동이 즉각적인 반응을 보이며, 이런 반응의 즉각성에 익숙해지면 질수록 잘 기다리지 못하고 성급하고 충동적인 성격으로 변화할 가능성이 있다. 또한 사이버 공간에서의 활동은 익명이나 가명으로 할 수 있을 뿐만 아니라 잘못된 행동에 대한 물리적 보복의 가능성도 낮아서 현실 세계에서와는 달리 말과 행동에 대한 구속에서 벗어나 자신의 감정이나 표현을 무절제하게 행하는 탈억제 현상이 나타나며, 이런 경험 역시 충동성을 유발시킬 수 있다. 자신이 필요한 정보는 즉각적으로 얻을 수 있고, 자신이 원하지 않으면 사이버 공간상에서 대화하던 중이이라도 언제든 중단할 수 있는 자기 위주의 편이성은 욕구 만족을 지연하거나 자신의 욕구를 절제할 필요가 없는 상황을 만들고, 이런 상황에서의 오랜 경험 역시 충동성을 조장할 수가 있다.

7. 정보 윤리학의 발전 과정 및 최근 동향

엄격히 말해, 정보 윤리에 대한 학문적 관심은 컴퓨터 및 컴퓨터 기술의 윤리적 문제를 다루기 위해 새로이 태동한 컴퓨터 윤리학 computer ethics을 사실상 그 모체로 하고 있다. 정보 윤리는 20여 년 전 컴퓨터 윤리학에서 비롯되어 지금은 세계적 정보 윤리학 global information ethics의 수준으로까지 발전되어 왔다. 그러므로 우리는 컴퓨터 윤리학의 발전 과정을 자세하게 살펴볼 필요가 있다. 본래 컴퓨터 윤리학이라는 용어는 1976년에 월터 매너Walter Maner라는 사람이 처음으로 사용하기 시작하였다. 매너는 ACM (미국컴퓨터기기협회)의 윤리 강령을 만드는 데 주도적 역할을 담당했었던 파커Donn Parker를 비롯하여 웨어Willis Ware와 위너 Norbert Wiener 등 그 밖의 다른 학자들의 학문적 영향을 받아 컴퓨터 윤리학의 토대를 최초로 마련하였다(Fodor, 1996).

매너는 컴퓨터가 윤리적 문제들과 관련될 때에는 통상적으로 그러한 문제들을 더욱 악화시키는 경향이 있으며, 어떤 경우에는 컴퓨터 자체가 새로운 도덕적 문제들을 야기하고 있다고 생각하였다. 매너는 컴퓨터 및 컴퓨터 기술이 제기하는 문제들을 식별하고 해결하기 위해서는 컴퓨터 윤리학이라고 하는 새로운 학문이 필요함을 역설하였다. 동시에 그는 공리주의와 칸트주의 이론 같은 윤리학 이론들을 활용하여 프라이버시, 보안, 소프트웨어의 소유권 등과 같은 복잡한 문제들을 해결하고자 시도하였다(Fodor, 1996).

매너는 컴퓨터 윤리학의 독특성에 대한 정당화 과정을 여섯 가지 수준으로 나누어 분석하고 있다. 그가 말하는 여섯 가지 수준의 정당화 과정은 다음과 같다(Maner, 1996). 첫째, 컴퓨터 윤리학을 탐구하는 것은 책임 있는 전문가로서의 활동을 가능하게 해준다. 둘째, 컴퓨터 윤리학을 탐구하는 것은 컴퓨터의 오용과 그로 인한 피해를 줄일 수 있는 방법을 가르쳐 줄 것이다. 셋째, 컴퓨터 윤리학을 탐구하는 것은 기술의 진보가 정책적 공백 상태를 계속해서 만들 것이기 때문이다. 넷째, 컴퓨터 윤리학을 탐구하는 것은 컴퓨터의 사용이 어떤 윤리적 문제들을 영구적으로 변형시켜 독립적인 탐구를 요구하기 때문이다. 다섯째, 컴퓨터 윤리학을 탐구하는 것은 컴퓨터 기술에 의해서 새로운 윤리적 문제들이 산출되고 있고 앞으로도 계속 산출될 것이기 때문이다. 여섯째, 컴퓨터 윤리학을 탐구하는 것은 일련의 변형된 윤리적 문제들과 새로운 윤리적 문제들이 독특한 탐구 분야를 규정할 만큼 방대하고 일관된 것이기 때문이다.

매너는 컴퓨터 윤리학을 다섯 번째 수준에서 정당화하는 데 관심을 집중하고 있다. 매너는 컴퓨터 윤리학은 컴퓨터 기술이 아니었으면 결코 나타날 수 없는 윤리적 문제들을 다루는 분야라고 주장하면서, 컴퓨터가 사용되는 상황과 컴퓨터가 사용되지 않는 상황 사이에는 어떠한 유추도 불가능하다는 것을 여덟 가지 독특성uniqueness 사례를 통하여 입증하였다. 즉, 저장의 특이성, 다목적의 변용성, 기술의 복잡성, 처리의 신속성, 간편성, 복제의 용이성, 디지털 체제의 불연속성과 예측 불가능성, 코드화의 독특성 등이 바로 그것이다.

첫째, 컴퓨터의 독특한 특성 가운데 하나는 바로 컴퓨터는 한정된 크기의 정수로서 저장된다는 점이다. 이러한 제한 때문에 16비트 컴퓨터 단어 속에 저장될 수 있는 가장 큰 정수는 32,767이다. 우리가 이 숫자보다 많은 숫자를 나타내고자 한다면, 컴퓨터는 과부하를 일으켜 저장된 자료들이 손상을 입게 된다. 일례로, 자동차의 주행 거리 기록계는 한계를 지니고 있다. 미국의 경우 99,999.9마일까지만 기록되고, 그 숫자를 초과하여 주행하면 다시 0으로 되돌아가게 되어 있다. 그러므로 중고차 판매업자들은 15만 마일을 주행한 차를 5만 마일만 주행한 차량인 것처럼 속여서 판매할 수도 있는 것이다.

둘째, 컴퓨터는 입력과 출력 그리고 관련된 논리적 연산으로 이루어진 어떠한 활동이나 시스템에도 활용할 수 있는 논리적 조작의 용이성을 지니고 있다. 컴퓨터는 사용자의 요구 조건에 맞게 얼마든지 개조할 수 있는 특성을 지니고 있다. 이처럼 컴퓨터는 아주 보편적인 목적을 가진 기계이기에 중요한 도덕적 의미를 함축하고 있을 수 있다.

셋째, 컴퓨터는 극도의 복잡성을 지니고 있다. 인간이 컴퓨터 기기를 프로그램 했다는 의미에서 우리가 그러한 기계의 주인이라고 말할 수 있으나, 정작 우리는 컴퓨터 프로그램들이 어떻게 실행되는지를 정확하게 이해하지 못하고 있다. 컴퓨터가 실행하는 계산은 너무나 어마어마한 것이기에 우리가 그 모든 것을 이해한다는 것은 불가능하다. 그러므로 이것은 프로그램 개발자들의 책임 문제를 제기하게 된다.

넷째, 컴퓨터의 계산 능력은 우리의 상상을 초월할 정도로 빠르다. 일례로, 주식 시장에서 사용되는 컴퓨터 프로그램은 우리에게 주식의 매매 포인트를 거의 정확하게 알려줄 수 있다. 전산화된 거래는 시장이 상대적으로 평온할 때에만 안정적인 영향력을 지닐 수 있다. 만약 시장이 불안해지면, 프로그램화된 거래는 이미 진행되고 있는 변화들을 더욱 확대하고 가속화시키기에 엄청난 변화를 가져올 수 있다. 컴퓨터가 없었다면 이러한 비안정적 영향력을 행사할 수는 없었을 것이다.

다섯째, 컴퓨터는 초당 수백만 가지의 계산을 하지만, 우리가 그러한 계산에 개별적으로 소모하는 비용은 거의 0에 가까울 정도로 싼 것이다. 모든 것은 컴퓨터가 알아서 자동적으로 실행하게 된다. 그러기에 남의 예금 구좌에서 이자를 이용해 "티끌 모아 태산"을 만드는 살라미 수법Salami method이 컴퓨터 시대에서는 아주 쉽게 행해질 수 있다. 캐나다 온타리오 지점의 한 은행원은 이러한 수법을 이용하여 고객의 구좌로부터 7만 달러를 훔친 사례가 있었다.

여섯째, 컴퓨터는 정확하게 복제해 낼 수 있는 능력을 지니고 있기 때문에, 우리는 어느 것이 원본인지 구별할 수가 없다. 이것은 우리가 원래의 소유자에게 아무런 피해도 주지 않으면서 그가 소유하고 있는 소프트웨어를 복제하는 것을 가능케 하고 있다. 그러므로 소프트웨어 복제는 가게에서 물건을 훔치는 것이나 단순한 절도와는 다른 성격의 문제인 것이다.

일곱째, 대부분의 사물에 있어서 미세한 변화는 미세한 영향을 수반하고, 커다란 변화는 커다란 영향을 수반하지만, 이러한 것이 컴퓨터에는 해당되지 않는다. 아주 작은 미세한 변화로도 커다란 영향력을 수반하는 것이 바로 컴퓨터의 특성이다. 비연속적이고 예측 불가능한 컴퓨터의 속성은 공리주의 이론의 무용성을 잘 나타내 준다. 원인과 결과 사이의 비연속적이고 적절하지 않은 연관성은 결과주의적 윤리 이론의 적용을 어렵게 만들고 있다.

끝으로, 컴퓨터는 어떤 코드 위에 다른 코드를 그 위에 또 다른 코드를 부가하는 방식으로 작동하고 있다. 그렇기 때문에 컴퓨터는 중요한 문화나 정보가 정상적으로 세대 간에 이어지는 것을 방해하는 요인이 될 수도 있다. 필요 없는 정보는 곧 지워져 버릴 수도 있기 때문에 문화의 보존과 전수에 있어서 상당한 위협 요인으로 작용할 수도 있다는 것이다(Maner, 1996).

이러한 독특성이야말로 컴퓨터 윤리학을 독자적인 학문 분야로 만드는 주요 요인이기에, 우리는 컴퓨터 윤리학을 통하여 새로운 도덕적 가치들을 발견하고, 새로운 도덕적 원리들을 형성하며, 새로운 정책들을 발전시키고, 우리에게 닥친 이슈들을 생각하기 위한 새로운 방식을 발견해야만 한다고 매너는 주장한 바 있다(Maner, 1996; Rogerson, 1996).

매너에 의해 제기된 컴퓨터 윤리학에 대한 관심은 1970년대 후반과 1980년대 초반에 존슨(Deborah Johnson, 1984), 무어James Moor, 스내퍼John Snapper, 호프만Lance Hoffman 등으로 이어지게 되었다. 이들은 새로운 학문 분야로서의 컴퓨터 윤리학에 대하여 깊은 관심을 가지고 여러 논문들을 발표하였다. 그 가운데 존슨은 컴퓨터 윤리학이 완전히 새롭고 독특한 것이 아니라, 기존의 윤리학설을 상황에 따라 적절히 사용하거나 재해석함으로써 가능한 것이라고 주장하였다. 이에 대하여 존슨은 다음과 같이 말한 바 있다.

컴퓨터 사용이 갈수록 증가하면서 많은 윤리적 문제들을 불러일으키는데, 비록 그것들이 근본적으로 특별한 것은 아니라 할지라도 이전의 것과는 다른 형태를 띠고 있는 것이 사실이다. 예를 들어, 개인에 관한 정보가 한 컴퓨터에 저장될 수 있는가, 그리고 그것을 저장한 사람이 아닌 다른 사람이 볼 수 있다면 그것은 사생활 침해라고 할 수 있는가, 어떤 상황 속에서 이루어지는 프로그램 복제가 절도로 간주될 수 있는가 등이다. 첫 번째 질문은 프라이버시와 관련되고, 두 번째 질문은 소유권과 관련된다. 이러한 문제들은 새로운 분야의 윤리적 관심사는 아니다. 그보다는 컴퓨터라는 새로운 환경 때문에, 우리들의 일상적인 도덕 개념과 규칙들을 다시 해석해 보아야만 하도록 만드는 것들이다(추병완 외 공역, 1997, p. 13).

특히 존슨은 컴퓨터 시대에 발생하는 윤리적 문제들을 해결하는 데 있어서 컴퓨터 전문가들의 역할과 책임에 주목함으로써 컴퓨터 윤리학을 전문가(직업) 윤리의 한 영역으로 발전시키는 데 중요한 역할을 하였다. 존슨은 우리들의 일상적인 도덕 규칙들을 정보 사회에서 야기되는 새롭거나 모호한 영역에 적용시키는 데 초점을 맞추면서, 각각의 사례를 통하여 문제가 되는 것이 무엇이고, 그것들이 어떻게 다루어져야만 하는지 그리고 그러한 것들이 컴퓨터 전문가들에게 어떠한 의미를 갖는지를 상세하게 밝혀 주었다.

한편, 무어(Moor, 1985)는 컴퓨터 기술이 아주 새로운 형태의 특수한 윤리적 문제들을 야기하고 있다고 진단하면서, 컴퓨터 윤리학은 컴퓨터 기술의 사회적 본질과 사회적 영향력에 대하여 분석하고, 컴퓨터 기술의 윤리적 사용을 위한 정책의 입안과 정당화를 그 목표로 하는 학문이라고 정의한 바 있다(추병완, 1997). 무어에 의하면, 컴퓨터 기술이 어떻게 사용되어야 하는지에 대한 정책의 진공 상태가 존재하기 때문에 컴퓨터 윤리학이 등장하게 되었다고 한다. 컴퓨터는 우리에게 새로운 능력을 부여해 주었으며, 이것은 반대로 우리에게 행동을 위한 새로운 선택을 가져다주고 있다. 그래서 우리는 종종 어떤 상황에서 우리가 어떻게 행동해야 하는지에 대한 지침들이 존재하지 않거나 기존의 지침들이 아주 불충분하다는 것을 느끼게 된다. 무어에 의하면, 컴퓨터 윤리학의 과제는 바로 그러한 경우에 우리가 어떻게 해야 하는지를 결정하고, 우리의 행동을 이끌어 나갈 정책들을 수립하는 것이라고 한다. 컴퓨터가 야기하고 있는 새로운 윤리적 상황은 개인만이 아니라 사회 전체에 영향을 미치고 있기 때문에, 컴퓨터 윤리학은 컴퓨터 기술의 윤리적 사용을 위한 개인적·사회적 정책들을 고려하는 것이라고 무어는 주장한 바 있다(Moor, 1985).

그러나 무어는 컴퓨터가 야기하고 있는 윤리적 문제들이 기존의 오래된 윤리 이론의 기계적 적용에 의해 해결될 것이라고는 보지 않았다. 왜냐하면 거기에는 정책의 진공 상태와 함께 개념상의 진공 상태 혹은 개념상의 혼란이 존재하기 때문이라고 한다. 따라서 컴퓨터 윤리학은 컴퓨터 기술과 관련된 윤리적 문제들에 대한 이해를 돕기 위한 개념적 틀을 제안해 주어야 하며, 그러므로 마땅히 독립적인 별도의 연구 분야로 인식되어야만 한다고 무어는 주장한 바 있다. 여기서 무어는 컴퓨터가 지니고 있는 논리적 조작의 용이함logical malleability에 주목하고 있다. 이러한 논리적 조작의 용이함 때문에 컴퓨터는 입력·출력·논리적 연산의 운용으로 이루어질 수 있는 어떠한 시스템이나 활동에도 쉽게 활용할 수 있는 것이다. 컴퓨터가 지니고 있는 이러한 논리적 조작의 용이함으로 인해 정보 시대의 윤리적 문제들은 이전 시대의 윤리적 문제들과는 전혀 차원이 다른 아주 독특하고 새로운 것이라는 점을 무어는 강조하고 있다. 무어는 컴퓨터를 마치 숫자를 처리하는 기계로서 이해하려는 통속적인 견해에 대하여 이의를 제기하면서 다음과 같이 말하고 있다.

산술적 해석은 확실히 옳은 해석이다. 그러나 그것은 수많은 해석들 가운데 단지 하나에 불과한 것이다. 논리적 조작의 용이함은 구문론적인 차원과 어의론적인 차원 모두를 지니고 있다… 컴퓨터는 상징들을 처리하지만 그 상징들이 무엇을 나타내는 것인지에 대해서는 관심을 기울이지 않는다. 그러므로 거기에는 '숫자가 아닌 것의 적용' 보다는 '숫자의 적용' 에 우선성을 부여해야 하는 아무런 존재론적인 근거가 존재하지 않는 것이다(p. 270).

또한, 컴퓨터 윤리학은 지속적으로 변화하고 있는 컴퓨터 기술과 관련된 사실 · 개념 · 정책 · 가치들을 고려하는 역동적이고 복합적인 연구 분야이다. 그러므로 무어에게 있어서의 컴퓨터 윤리학은 어느 사람이 몇 가지 규칙들이나 정책들을 만들어서 벽에 부착하여 둘 수 있는 것과 같이 하나의 고정된 규칙들이나 정책들이 아니다. 그렇다고 해서, 컴퓨터 윤리학은 가치중립적인 컴퓨터 기술에 윤리적 원리들을 기계적으로 적용하는 것을 의미하는 것도 아니다. 컴퓨터 윤리학은 컴퓨터 기술의 본질과 우리 인간의 가치들에 대하여 새롭게 생각할 것을 요구하고 있는 새로운 연구 분야이다.

1990년대 중반에 이르러 컴퓨터 윤리학의 제2세대가 등장하게 된다. 사실상 2세대의 컴퓨터 윤리학은 정보 윤리학information ethics이라고 부르는 것이 더욱 정확하다는 의견이 있을 정도로(Rogerson, 1996), 2세대의 컴퓨터 윤리학은 개념적 기초를 형성하고 더욱 정교하게 만드는 가운데 실천적 행동을 이끌어낼 수 있는 준거틀을 개발함으로써 정보 통신 기술의 적용에 있어서 예측하지 못한 영향들의 가능성을 감소시키는 데 관심을 두고 있다. 로저슨과 바이넘(Rogerson & Bynum, 1996)은 2세대 컴퓨터 윤리학의 특성을 개념적 차원과 적용적 차원에서 상세하게 요약하고 있다.

먼저 개념적 기초와 관련하여 가장 주목할 만한 연구를 하고 있는 사람은 바로 크리스티나 고니액Krystyna Gorniak이다. 고니액은 컴퓨터 윤리학이야말로 2백 년 전의 계몽주의 이래로 윤리학에서 거둔 가장 중요한 이론적 발전이라고 주장하고 있다. 새로운 윤리로서의 컴퓨터 윤리학을 주장했던 무어의 논지에 동의하면서, 고니액 역시 새로운 윤리 그리고 새로운 연구 분야로서의 컴퓨터 윤리학을 강하게 제기하고 있다. 고니액에 의하면, 칸트와 벤담은 인쇄 및 산업 기술에 의해 혁명적으로 변화하는 세계에 대한 반응으로서 그들의 윤리학을 발전시키게 되었다고 한다. 그들의 새롭고 강력한 윤리 체계는 이전의 기술적 혁명으로부터 나온 것이었으며, 당시의 세계에 아주 적합한 것이었다고 한다. 그러나 재택근무와 가상현실, 원격 진료와 사이버 섹스 등으로 표현되는 지금의 상황에서는 빠르게 다가오고 있는 이른바 사이버 사회를 위한 의사 결정 도구들과 지침들을 제공해 줄 수 있는 새롭고 강력한 윤리 이론을 필요로 하고 있다는 것이다. 그러므로 고니액은 컴퓨터 윤리학이야말로 앞으로 윤리 이론에 있어서의 중요한 발전을 위한 산실이 될 것이라고 전망하고 있다(Rogerson & Bynum, 1996). 현재 우리가 경험하고 있는 것은 단지 빙산의 일각에 불과한 것이며, 컴퓨터 기술은 앞으로도 계속하여 새로운 상황들과 새로운 문제들을 만들어 내게 될 것이라고 보고 있다. 그런데 이러한 문제들을 우리가 기존의 윤리적 규칙들이나 해법으로 풀어갈 수 있을지에 대하여 고니액은 다분히 회의적인 입장을 취한다. 컴퓨터가 세계를 계속해서 더욱 많이 변화시킬수록 기존의 윤리적 규칙들은 더욱 적절하지 못한 것이 될 것이고, 그래서 우리는 새로운 윤리학을 더욱 필요로 하게 될 것이다. 이러한 새로운 문제들을 다룰 수 있는 것이 바로 새로운 윤리학으로서의 컴퓨터 윤리학이다(Gorniak, 1996).

따라서 컴퓨터 윤리학에 대한 개념 정의는 확대되어야 하고, 컴퓨터 윤리학은 또 하나의 직업윤리 그 이상의 것을 담고 있는 것으로 여겨져야 한다고 고니액은 주장한다. 사이버스페이스의 세계적 성격 때문에 컴퓨터 기술에 의하여 야기되거나 컴퓨터 기술과 관련된 문제들은 실제적으로 혹은 가상적으로 세계적인 성격을 띠고 있다. 그리고 그것은 윤리적 문제들을 포함하고 있으므로, 컴퓨터 윤리학은 세계적 윤리로서 여겨져야만 한다는 것이다. 컴퓨터 혁명 그 자체가 앞으로의 윤리학은 세계적 성격을 지녀야 함을 지적해 주고 있는데, 컴퓨터 혁명은 전 세계를 포괄하고 있으므로 공간적 의미에서 세계적이다. 따라서 앞으로의 세계적 윤리학은 컴퓨터 윤리학이 되어야만 한다. 그리고 그 이유는 컴퓨터 윤리학이 컴퓨터 혁명에 의하여 태동한 것이며, 컴퓨터 시대의 인류를 위하여 봉사할 것이기 때문이다(Gorniak, 1996). 이 점에서 고니액은 컴퓨터 윤리학에 대한 무어의 정의가 너무 국지적이고 단기적인 시각에 머물러 있는 한계를 지닐 수밖에 없다고 보고 있다.

한편, 고니액은 컴퓨터 윤리학이 직업윤리가 될 수 있다는 존슨의 견해에 이의를 제기하고 있다. 첫째, 외과 의사나 변호사들과는 달리 컴퓨터 전문가들은 그들 자신의 업무와 유사하지만 비전문가들에 의해 행해진 활동들로부터 자신들을 보호할 수가 없다는 것이다. 그러므로 외과 의사 혹은 변호사들을 위한 많은 규칙들은 그러한 직업에 종사하지 않는 사람들에게는 적용되지 않지만, 아무리 잘 생각해서 만든 것이라고 할지라도 컴퓨터 윤리는 다수의 사람들 혹은 모든 컴퓨터 사용자들에 의하여 존중받는 것이 아니라면 효과가 없다는 것이다. 이것은 컴퓨터 윤리학에서의 규칙들이 지구상의 모든 인류들에 의하여 존중 받는 것이어야 한다는 것을 의미하고 있다. 달리 말해, 컴퓨터 윤리학은 보편적인 것, 즉 세계적인 윤리가 되어야 한다는 것이다.

둘째, 비록 컴퓨터 윤리학이 전문가들에게만 적용된다고 할지라도, 하나의 집단으로서의 전문가들은 그들이 살며 기능하는 사회로부터 전적으로 고립될 수는 없다는 점이다. 그들의 전문 직종이 행하는 기능들은 그들이 일부를 이루고 있는 사회의 일반적인 구조에 의해 상당 부분 결정되는 것이다. 현재 지구상에는 다양한 사회와 문화들이 공존하고 있다. 그것들은 상이한 윤리적 체계 안에서 기능하고 있다. 그러므로 컴퓨터 전문가들을 위한 윤리 강령을 포함한 직업윤리는 문화에 따라 차이가 있으며 때로는 갈등을 일으키는 부분들도 있다. 또한 사이버스페이스에서의 행동들은 국지적인 것이 될 수 없으므로, 그러한 행동들을 위한 규칙들은 특정의 국지적 문화에 기반을 두어서는 안 된다.

한편, 적용의 차원을 고려해 볼 때, 좋은 실천을 증진시킬 수 있는 포괄적인 윤리적 수단들을 확인하고 개발할 필요가 있다는 점이 강조되고 있다(Rogerson, 1996). 어떤 활동이나 프로젝트를 실행함에 있어서 매 순간마다 이슈들을 깊이 있게 고려하면서 전체적인 목적을 잘 성취할 수 있기를 기대하는 것은 사실상 가능하지 않기 때문에, 보다 커다란 맥락에서 윤리적 민감성을 고양해 줄 뿐만 아니라 특정한 활동이나 프로젝트의 성공에 영향을 줄 수 있는 핵심적인 이슈들에 초점을 맞추는 것이 더욱 바람직하다는 것이다. 특히 정보 시스템의 개발 과정에 있어서 윤리적 차원이 충분하게 고려되고 있지 않으므로 의사 결정 과정에서 윤리적 고려를 위한 모델을 개발할 필요가 있다는 것이다(Rogerson & Bynum, 1996).

로저슨과 바이넘(Rogerson & Bynum, 1996)은 2세대의 컴퓨터 윤리학은 반드시 세계적 정보 윤리학이 되어야 한다고 주장하고 있다. 동시에 그러한 세계적 정보 윤리학은 반드시 다학문적multi-disciplinary이고 다국적인multinational 접근에 근거하여 이루어져야만 한다고 주장하고 있다. 최근에 많은 학자들은 정보 초고속도로의 성공을 위해서는 일종의 세계적 윤리가 시급하다는 데 동의하고 있다. 국가별·지역별로 법률이 상당히 상이할 뿐만 아니라, 법률은 행동을 위한 최소한의 기준만을 제공해 주고 있기 때문에 정보 초고속도로의 사용자들은 모든 사용자들의 행동을 규제하기 위하여 단지 법률에만 의존할 수 없다는 것이다(Connolly, 1996). 따라서 세계적 차원에서 윤리 규칙을 채택하여 활용하는 것이 정보 초고속도로의 성공을 위해서 필수적으로 요청된다는 것이다.

8. 정보 윤리학의 범위와 내용

이렇듯 컴퓨터 윤리학의 학문적 발전에 그 기반을 두고 있는 정보 윤리학은 새로운 종species으로 등장하고 있는 정보 사회에서의 윤리적 문제들에 그 초점을 맞추고 있다. 그리고 아직 이론적으로 많은 논쟁거리들을 담고 있다. 이러한 현상은 정보 윤리학의 범위와 내용 체계에서도 그대로 나타나고 있다. 즉, 학자들에 따라서 정보 윤리학의 범위와 내용을 분류하는 방식에 있어서 다소의 차이가 있다. 그러므로 정보 윤리학의 범위와 체계에 관련된 국내외 학자들의 연구 결과들을 살펴보면서, 정보 윤리학의 범위와 체계에 대한 윤곽을 그려보고자 한다.

정보 윤리에 대하여 생각해 볼 때, 우리는 먼저 그것이 누구를 위한 윤리인지의 문제를 먼저 생각해 볼 수 있다. 정보 사회에서 살고 있는 모든 사람들에게 해당되는 일반적인 성격을 지닌 윤리인가? 아니면 정보 통신 분야와 관련된 특수한 사람들을 위한 윤리인가? 사실상 광의의 정보 윤리는 두 가지 측면을 모두 지니고 있다고 보아야 한다. 그러므로 우리는 정보 윤리가 그 적용 범위에 있어서 일반적 차원과 특수한 차원을 지니고 있다고 보아야 한다.

일반적 차원에서의 정보 윤리는 정보 사회를 살아가는 사람이라면 누구든지 지녀야 할 행위의 규범이라고 할 수 있다. 반면에 특수한 차원에서의 정보 윤리는 정보 통신 분야와 밀접한 관련을 맺고 있는 사람들에게 특별히 요청되는 행위 규범이라고 할 수 있다. 따라서 특수한 차원에서의 정보 윤리는 구체적인 적용 대상에 따라서 정보 통신 이용자를 위한 윤리, 정보 통신 전문가의 윤리, 정보 통신 사업자의 윤리로 구분해 볼 수 있다.

한편, 우리는 정보 윤리를 규범 자체의 위계에 의해서도 구분하여 생각해 볼 수 있다. 즉, 거기에는 가장 기초적인 사용 지침에서부터 통신 예절 혹은 네티켓, 윤리 강령, 윤리적 덕목과 원리, 의무론과 결과론, 덕의 윤리 등이 포괄적으로 담겨져 있다고 보아야 한다(박정순, 1997).

그러나 정보 윤리에 대한 지금까지의 연구들은 대부분 정보 윤리가 다루어야 할 주제 혹은 문제들에 집중되어 왔다. 정보 윤리가 다루는 주제들에 대해서는 국내외 학자들마다 의견을 조금씩 달리하고 있기에, 여기서는 이 문제를 좀 더 자세하게 살펴보고자 한다. 메이슨(Mason, 1986)은 정보 사회의 윤리적 문제를 프라이버시privacy, 정확성accuracy, 재산권property, 접근 가능성accessibility 등 네 가지로 분류하면서, 이들의 머리글자를 따서 PAPA라고 불렀다. 메이슨에 의하면, 정보 사회에서 우리들에게 부여된 도덕적 명령은 아주 분명한 것이며, 그것은 바로 정보 통신 기술 및 그것이 다루고 있는 정보들이 인간의 존엄성을 고양해 주는 데 사용되어야만 한다는 것이다. 이를 위해 정보 시스템들은 인간의 프라이버시를 보호하고, 정확성을 기하며, 지적 재산권을 보호해 주고, 모든 사람들이 공평하게 접근할 수 있어야만 한다는 것이다.

로우돈Laudon은 정보 사회의 윤리적인 측면을 정보에 대한 권리와 의무, 소유권, 책무와 통제, 시스템의 품질, 삶의 질 등 다섯 가지로 분류하고 있다(정경수, 1995). 포리스터와 모리슨(Forester & Morrison, 1992)은 정보 통신 기술이 수반하고 있는 윤리적 문제로서 컴퓨터 범죄, 프라이버시 침해, 소프트웨어 절도, 해킹과 바이러스, 신뢰할 수 없는 컴퓨터, 인공 지능과 전문가 시스템의 의미 등의 여섯 가지를 제시하면서, 정보 사회에 있어서 정보 통신 기기의 사용자 및 전문가들이 거의 공통적으로 겪게 되는 윤리적 갈등들의 사례를 다음과 같이 제시한 바 있다.

- 소프트웨어를 복제하는 것은 정말로 도둑질의 일종인가? 소프트웨어 개발자들은 어떠한 형태의 지적 소유권을 가져야만 하는가?
- 은행을 상대로 하는 범죄에서 볼 수 있는 바와 같이 소위 피해자가 없는 범죄는 인간에게 피해를 주는 범죄에 비하여 더 수용적인 것인가? 컴퓨터 전문가들은 느슨한 컴퓨터 보안 정책에 대하여 소송을 제기해야만 하는가?
- 해킹은 단순히 악의 없는 장난인가 혹은 도둑질이나 사기 등에 상응하는 범죄 행위인가? 해커는 우리가 지니고 있는 시민적 자유의 수호자로서 여겨질 수 있는가?
- 바이러스를 만들어 내는 것은 의도적인 태업으로 여겨져서 그에 따른 처벌을 받아야만 하는가?
- 컴퓨터 속에 저장된 개인에 대한 정보는 프라이버시에 대한 참을 수 없는 침해를 일으키고 있는가? 어느 정도까지 개인은 프라이버시를 보호받을 자격이 있는가?
- 컴퓨터 프로그램에 있어서의 오류나 기능 불량에 대한 책임을 지고 있는 사람은 누구인가? 컴퓨터 회사들은 소프트웨어에 대한 품질 보증 기간을 소비자들에게 제공해 주어야만 하는가?

- 인공 지능은 컴퓨터 과학을 위한 현실적이고도 적절한 하나의 목표인가? 우리는 명백한 인공 지능 전문가 시스템을 믿고 우리의 삶을 전적으로 내맡겨야만 하는가?
- 만약 작업장을 컴퓨터화 하는 것이 노동력을 탈기능화 하거나 비인간화, 피로, 권태감을 증가시키는 것이라고 한다면, 우리는 작업장의 컴퓨터화를 허용해야만 하는가?
- 컴퓨터를 비롯한 정보 통신 기기 전문가들이 일반 대중들에게 시스템을 팔거나 소개하고자 할 때 그러한 기기의 성능에 대하여 거짓 주장을 하는 것은 괜찮은 것인가? 정보 통신 기기 회사들이 자신들의 상품에 대하여 고객들이 알지 못하도록 하는 것은 윤리적인 것인가?
- 정보 통신 전문가들은 행동 강령에 의해 구속을 받아야만 하는가? 만약 그렇다면, 그러한 행동 강령은 어떠한 내용들을 포함해야만 하는가?

한편, 존슨(Johnson, 1984; 추병완 외 공역, 1997)은 프라이버시 문제, 소유권, 권력 문제, 전문가 문제, 컴퓨터 시스템의 신뢰성에 대한 책임 문제, 컴퓨터 시스템의 취약성을 남용하고 착취하는 문제 등 여섯 가지 문제들이 정보 사회의 대표적인 윤리적 문제라고 지적한 바 있다. 존슨은 1994년에 재출간된 『컴퓨터 윤리학』이라는 책을 통하여 정보 사회의 윤리적 과제로서 전문가의 직업윤리, 소프트웨어의 소유권, 프라이버시, 범죄 · 남용 · 해킹, 책임과 책무, 컴퓨터의 사회적 영향으로서의 자율성과 접근 등을 거론하고 있다. 또 존슨과 니센바움(Johnson & Nissenbaum, 1995)은 정보 사회의 윤리적 문제로서 범죄, 남용, 해킹, 프로그램 소유권, 프라이버시 침해, 컴퓨터 및 정보 통신 전문가의 책임, 컴퓨터 및 정보 통신 기기의 신뢰성 등을 제시하고 있다. 한편, 보우여(Bowyer, 1996)는 정

학자	학문 명칭	연도	연구 주제
Mason	컴퓨터 윤리학	1986	프라이버시, 정확성, 소유권, 접근 가능성
Forester & Morrison	컴퓨터 윤리학	1992	컴퓨터 범죄, 프라이버시 침해, 소프트웨어 복제, 해킹과 바이러스, 신뢰할 수 없는 컴퓨터, 인공 지능과 전문가 시스템의 의미
Johnson	컴퓨터 윤리학	1994	전문가의 직업윤리, 소프트웨어의 소유권, 프라이버시, 범죄 · 남용 · 해킹, 책임과 책무, 컴퓨터의 사회적 영향으로서의 자율성과 접근
Johnson & Nissenbaum	컴퓨터 윤리학	1995	범죄, 남용, 해킹, 프로그램 소유권, 프라이버시 침해, 컴퓨터 및 정보 통신 전문가의 책임, 컴퓨터 및 정보 통신 기기의 신뢰성
Spinello	정보 윤리학	1995	정보 기술과 반경쟁적 관행들, 판매자–구매자와의 관계, 프라이버시, 지적 재산권, 정보 보안
Bowyer	컴퓨터 윤리학	1996	전문가의 윤리 강령, 해킹, 컴퓨터 시스템 보안, 암호화, 프라이버시, 컴퓨터 시스템의 안전성, 내부 고발, 지적 재산권, 환경 및 건강에 대한 염려, 공정성의 추구, 경력의 관리
Spinello	사이버 윤리학	2000	인터넷의 관리와 규제, 표현의 자유와 게시물 통제, 지적 재산권, 프라이버시 규제, 전자 국경의 보호
Baird, Ramsower, & Rosenbaum	사이버 윤리학	2000	익명성, 프라이버시, 지적 재산권, 커뮤니티 · 시민성 · 민주주의
Halbert & Ingulli	사이버 윤리학	2002	지적 재산권, 프라이버시, 사이버 언론, 전자 상거래, e-learning과 교육 사업, 기업 · 민주주의

표 4. 정보 윤리학의 연구 주제

보 사회의 윤리적 문제로서 전문가의 윤리 강령, 해킹, 컴퓨터 시스템 보안, 암호화, 프라이버시, 컴퓨터 시스템의 안전성, 내부 고발, 지적 재산권, 환경 및 건강에 대한 염려, 공정성의 추구, 경력의 관리 등을 거론하고 있다.

정보 사회의 윤리적 문제들에 대한 국내 학자들의 논의 또한 위에 언급한 내용들과 큰 차이가 없다. 정보 윤리가 다루어야 할 주제 혹은 문제와 관련하여 김형철(1996)은 정보의 독점과 공유, 정보 공개와 보호의 한계, 좋은 정보와 나쁜 정보의 문제를 강조하고 있다. 박정순(1997)은 사생활 침해, 소프트웨어 복제와 지적 재산권 문제, 해커의 문제, 정보 빈부의 문제를 특히 강조하고 있다. 진교훈(1997)은 책임, 윤리적 회의주의, 정보의 조작과 날조, 정보의 상업화와 부작용 해소, 사생활 보호, 불건전한 정보 유통, 정보 분배의 불평등 해소 문제를 강조하고 있다. 추병완(1997)은 프라이버시 침해, 소유권, 컴퓨터 범죄, 정확성과 건전성, 접근, 해킹과 바이러스를 강조하고 있다. 한편, 정보통신윤리위원회에서는 정보 심의 기준을 설정하고 있는데, 이것은 정보 윤리의 범위와 체계를 이해하는 데 많은 도움을 준다. 심의 기준의 내용을 자세히 살펴보면 다음과 같다(정보통신윤리위원회, 1997b).

제17조(국가의 질서 유지) 누구든지 국가 이념과 국가의 존엄성을 훼손할 우려가 있는 내용이나 반국가적인 행위의 수행을 목적으로 하는 내용의 정보를 유통하여서는 안 된다.

제18조(인권과 명예의 존중) 누구든지 헌법상 보장된 국민의 기본권을 존중하고 인간의 존엄성을 훼손하거나 특정인 또는 단체를 비방 모략 혹은 명예를 훼손하는 내용의 정보를 유통하여서는 안 된다.

제19조(인명 존중) 누구든지 살인, 자살, 고문, 폭력, 학대, 인신매매

등 인명 경시 내용을 미화하거나 혹은 육체적, 정신적 고통을 상세하고 자극적으로 묘사하는 내용의 정보를 유통하여서는 안 된다.

제20조(법과 질서의 존엄성 유지) 누구든지 대한민국의 헌법 및 기타 법령을 준수하여야 하며 범죄 행위를 미화하거나 교사하는 내용의 정보 혹은 범죄 행위의 모방이나 동기를 유발할 수 있는 내용의 정보를 유통하여서는 안 된다.

제21조(사생활의 보호) 누구든지 개인의 사생활이나 초상권을 부당하게 침해할 수 있는 개인의 이름, 주소 등을 사용할 수 없다.

제22조(바른 언어의 사용) 누구든지 국민의 바른 언어생활을 해치는 표현을 하여서는 안 된다.

제23조(음란 · 퇴폐 · 폭력의 배제) 누구든지 성적 호기심을 자극하는 음란한 표현, 퇴폐 행위의 적나라한 묘사 및 잔인한 폭력 내용 등을 긍정적으로 다루거나 문제의 해결 방법으로 제시하는 내용의 정보를 유통하여서는 안 된다.

제24조(위화감 조성 내용 배제) 누구든지 지역 간 혹은 계층 간의 위화감을 조성하거나 국민 상호 간의 불신을 조장하는 내용의 정보를 유통하여서는 안 된다.

제25조(공중도덕과 사회 윤리) 누구든지 공공의 안녕질서 및 미풍양속을 해치거나 청소년의 가치관 형성에 악영향을 미칠 수 있는 가정생활, 결혼 문제, 종교, 도덕, 건전한 사회질서 등을 부정하거나 비판하는 내용의 정보를 유통하여서는 안 된다.

제26조(비과학적인 생활 태도 조장) 누구든지 미신 또는 비과학적 생활태도를 조장하는 내용의 정보를 유통하여서는 안 된다.

제27조(신앙의 자유) 누구든지 신앙의 자유를 존중하여야 하며, 특정 종교 및 종파를 비방하거나 종교 의식을 조롱 또는 모독하는 내용의 정보를 유통하여서는 안 된다.

제28조(의료 행위 및 의약품) 누구든지 과학적 근거가 없는 의료 행위나 약품 내용 혹은 설문을 통한 진단, 처방 등의 내용을 제공하여 이용자가 흥미, 불안, 초조, 공포 등을 일으키어 증상에 대한 오해를 할 수 있는 정보를 유통하여서는 안 된다.

제29조(광고) 누구든지 특정인 혹은 특정 단체의 홍보를 목적으로 하는 내용 혹은 간접 광고의 효과가 있는 내용의 정보를 유통하여서는 안 된다. 단, 위원회가 인정하는 경우에는 예외로 한다.

제30조(정보에 대한 책임) 누구든지 제공하고자 하는 정보의 출처를 명시하여 제공되는 정보에 대한 신뢰를 주고 그에 대한 책임을 질 수 있어야 한다.

제31조(청소년 보호) 누구든지 청소년의 품성과 정서, 가치관을 해치는 내용의 정보를 유통하여서는 안 된다.

제32조(타인의 권리 보호) 누구든지 타인의 권리 범위에 속하는 정보의 이용 시 정당한 관리자의 허가를 받아야 하며, 타인의 권리에 속하는 저작권, 상표권, 의장권 등을 무단으로 침해해서는 안 된다(pp. 26-27).

이제 국내외 정보 윤리학자들이 공통적으로 강조하고 있는 정보 사회에서의 윤리적 문제들을 중심으로 하여, 정보 윤리학의 범위와 내용에 대하여 상세하게 살펴보기로 하자. 여기서는 우리나라에서 가장 심각하다고 여겨지는 지적 재산권, 프라이버시, 음란물, 컴퓨터 범죄 · 오용 · 해킹의 문제에 초점을 맞추고자 한다.

1. 지적 재산권[1]

자신의 취향에 따라 가구를 갖춘 집을 소유하는 것은 우리의 문화적 재산 가운데 하나이다. 우리는 그러한 소유를 통해 인생의 행복을 느낄 수 있는 기회가 더 많아진다고 믿고 있다. 우리는 또한 소유가 우리의 노동과 관련되어 있다고 믿고 있다: 우리가 열심히 일을 할수록, 우리는 더 많은 돈을 벌 수 있고, 더 많은 재산을 갖게 된다. 만약 노력과 소유 간의 연관성이 전도된다면 공정함에 대한 우리의 도덕적 감각은 커다란 혼란을 초래하게 된다. 우리는 재산 소유권을 도덕적 양심과 법률에 의하여 완전하게 보호되는 하나의 자연적 권리로서 생각하고 있다.

컴퓨터도 일종의 기계라는 점을 반박할 사람은 없을 것이다. 흔히 이 기계로서의 컴퓨터에 해당되는 부분은 하드웨어이며, 이는 오디오나 텔레비전 같은 다른 전자 제품들과 기본적으로 상이하지 않다. 그러나 이 기계로서의 하드웨어를 통제하는 것이 바로 소프트웨어이다. 소프트웨어는 컴퓨터가 출현하기 전에는 존재하지도 않았고 존재할 수도 없었던 하나의 실체로서, 컴퓨터가 할 수 있는 일이 무엇인지를 결정하는 것이다. 그러므로 소프트웨어는 컴퓨터에 있어서 매우 중요한 요소라 할 수 있다. 그러나 이러한 소프트웨어는 그것이 갖는 본질적 특성 때문에 소유권에 있어서 몇 가지 문제점을 야기하고 있다.

소프트웨어 소유권에 관하여 제기되는 첫 번째 문제는 소프트웨어를 사적 재산으로 인정할 수 있는가 하는 것이다. 즉, 소프트웨

---

1) 이 부분은 Severson(1997), Johnson(1994), Spinello(1997)의 저술을 토대로 하여 재구성하였다.

어 개발자에게 소프트웨어를 소유할 수 있도록 법률적 권한을 부여하는 것이 옳은가 하는 점과 관련된다. 만약 소프트웨어 개발자에게 그러한 권한을 부여한다면, 그는 다른 사람들이 자신의 허락 없이 자신이 개발한 소프트웨어를 취득·매매·사용하지 못하도록 할 수 있을 것이다. 우리는 흔히 누군가가 자신의 땀과 노력을 투자하여 어떤 창작물을 개발했다면 그 창작물에 대한 개발자의 소유를 인정할 것이다. 그러한 점에서 볼 때, 소프트웨어 역시 그것의 개발자에게 소유권을 인정하는 것이 당연한 해결책인 것처럼 생각할 수 있다. 그러나 이러한 해결책에 즉각적으로 도달할 수 없는 이유가 적어도 두 가지 존재한다.

그 첫 번째 이유는 현실적인 문제로서, 다른 창작물에 적용되는 소유권이 컴퓨터 소프트웨어의 경우에는 용이하게 적용되지 않는다는 것이다. 두 번째 이유는 철학적인 문제로서, 소프트웨어에 있어서 소유권 — 혹은 소유권의 여러 형태 중 어떤 특정 형태 — 의 인정을 거부할 만한 철학적인 이유들이 있다는 것이다. 이 점은 다음에 논의될 재산권에 대한 전통적인 철학적 견해들을 고찰하는 과정에서 밝혀질 것이다.

소프트웨어 소유권에 대한 두 번째 문제점은 현재의 저작권이나 특허권, 상업 기밀 법률 같은 시스템이 과연 컴퓨터 소프트웨어에 적절한 보호를 제공하고 있으며, 그러한 시스템이 좋은 결과들을 산출하는가 하는 점과 관련된다.

이상과 같이 컴퓨터 소프트웨어 소유권에 대해서는 몇 가지 문제점이 제기되고 있으며, 우리는 이와 같은 문제점을 소유에 대한 여러 법률적 보호 형태들과 철학적 견해들을 통해 차례로 밝혀 나갈 것이다. 먼저 소유권의 법률적 형태들에 대해 알아보자.

저작권

일반적으로 저작권이란 다음과 같이 정의되고 있다.[1]

> 문학·음악·연극·미술 작품의 내용과 형식의 복제·출판·판매 등에 대하여 법적으로 보장된 배타적 권리. 넓은 뜻으로는 저작권법에 규정된 저작자의 권리 일반을 말하고, 저작자 인격권을 포함하나, 좁은 뜻으로는 저작 재산권만을 말한다. 저작권은 무체재산권無體財産權의 일종으로, 연혁적으로는 재산적 측면을 중심으로 발전해 왔으나, 오늘날에는 그 인격적 측면도 중시한다. 저작 재산권이란 저작자가 저작물에 대하여 배타적으로 지배하는 재산권이며, 저작물을 이용·양도, 기타의 처분을 할 수 있는 권능을 포함한다. 공공적 견지에서 타인의 이용이 상당히 대폭적으로 인정된다. 저작권의 내용인 복제·번역·편집·개작·흥행 등의 각 부분적 권능은 각각 분리하여 양도 및 기타의 처분을 할 수 있다.

그런데 이와 같은 저작권은 몇 가지 이유로 재산권의 연약한 보호 형태로 여겨질 수 있다. 그 첫 번째 이유는, 연산법이 보호를 받지 못하기 때문이다. 그러므로 어떤 사람이 저작권화 된 프로그램을 보고 그것에 함축되어 있는 아이디어를 파악한 후, 본질적으로 똑같은 연산법을 이용하여 상이한 원시 프로그램을 만든다 하더라도 이는 저작권 침해로서 인정되지 않는다. 두 번째 이유는, 저작권의 인정이 저작권 소유주에게 프로그램에 대한 독점을 부여하지는 않기 때문이다. 이러한 이유로, 만약 어떤 사람이 최초 개발자가 창조한 프로그램과 본질적으로 똑같은 프로그램을 독자적으로 개발했다면, 그는 자신의 프로그램을 사용하거나 파는 데 있어 어

---

1) encyclopedia@joongang.co.kr

떠한 제약도 받지 않을 권리를 갖게 되는 것이다. 세 번째 이유는, 저작권 침해에 대한 증거의 부담이 저작권 소유주에게 주어지기 때문이다. 저작권 소유주가 자신의 저작권이 피고에 의해 침해되었음을 증명할 수 있는 방법으로는 다음과 같이 세 가지가 있다. 첫째, '놀랄 만한 유사성'에 의존하는 것. 둘째, 놀랄 만한 정도는 아니더라도 유사성이 존재하며 피고의 독자적 공헌이 중요하지 않음을 밝히는 것. 셋째, 프로그램의 '구조, 계열, 조직' 혹은 사용자 공유 영역의 '외양과 느낌look and feel' 이라는 두 영역을 통해 피고가 저작권 소유자의 프로그램에 접근했었다는 사실을 입증하는 것이다. 그러나 이 세 가지 방법 모두 증명에 있어 용이한 방법들은 아니다. 그중에서도 세 번째 방법은 사용자 공유 영역에 대한 시각과 느낌이라는 것이 여전히 불명확하게 남아 있어 어떤 사례에 적용하기가 쉽지 않다. 이상에서 제시한 세 가지 이유로 인해 저작권이 소프트웨어에 대한 적절하고 충분한 보호 형태는 아닌 듯하다.

상업 기밀 법률

상업 기밀 법률은 일반적으로, 회사 같은 조직에 어떤 종류의 비밀 정보를 간직할 수 있도록 하는 권리를 부여하는 것이다. 이 법률이 목표로 하는 것은 어떤 회사나 기업이 경쟁 사회에서 자신들만의 경쟁 노하우를 상실하지 않도록 보호하는 것이다. 법정에서 상업 기밀 법률로서 보호받기 위해서는 특별히 ① 비밀 정보가 순수성을 지녀야 하고, ② 그러한 비밀(정보)을 개발하는 데 있어서 신청자가 경제적 투자를 했어야 하며, ③ 개발에 어느 정도의 노력이 포함되어야 한다. 그리고 ④ 그 회사는 정보의 비밀을 유지하기 위해 어느 정도 노력을 기울였음을 밝혀야 한다. 소프트웨어 역시 상업 기밀 법률의 보호를 받기 위해 이 네 가지 조건을 만족시킬 것이 요구된다. 즉, 소프트웨어가 새로운 것이어야 하고, 그것을 개발하는 데 적지않은 노력과 경제적 투자가 투입되었어야 하며, 비밀 유지를 위해 회사가 어느 정도 노력을 기울였어야 한다는 것이다. 비밀 유지를 위한 방법으로 회사들은 대개 고용 계약을 이용하고 있는데, 이는 피고용인들로 하여금 회사와의 고용 관계가 중단되는 때일지라도 회사의 프로그램을 복사 또는 공개하는 행위, 그리고 판매하는 행위를 하지 못하도록 약속을 받는 것이다. 그럼으로써 피고용인들은 자신이 그 회사에 근무하는 한 소프트웨어(혹은 프로그램)를 사용하긴 하되 그것을 양도하거나 판매하는 행위는 하지 않겠다는 데 동의를 한 것이다.

고용 계약 방법 외에도 프로그램 개발자들은 그들의 비밀을 보호하기 위해 다양한 기술적 방법들을 고안해 왔다. 그러한 방법들 중에는 소프트웨어 사용자의 행위를 제한하는 것 — 이를테면 사용자가 원천 프로그램에 접근하지 못하게 하는 것 — 또는 코드 확인을 통해 불법 복사의 근원지를 추적할 수 있도록 하는 프로그램을 설정하는 것과 같은 것들이 있다.

그러나 이러한 노력이 회사의 상업 기밀을 보호하는 데 충분한 역할을 하는 것은 아니다. 첫 번째 문제는 피고용인들이 회사를 옮길 경우 그들의 머릿속에 있는 지식까지 통제할 수는 없다는 것이다. 만약 누군가가 전에 있던 회사에서 프로그램 개발에 참여하면서 습득한 지식을 새로 옮긴 회사에서 사용하고자 한다면, 그러한 행위를 금지시킬 수 있는 방법은 아무것도 없는 것이다. 두 번째 문제는 어떤 소프트웨어의 경우는 '비밀' 을 밝혀야 판매할 수 있다는 것이다. 이를테면 고객의 욕구를 반영하기 위해 소프트웨어를 수정해야 하기도 하고, 사용자가 자신의 특수 상황에 맞게 소프트웨어를 변화시킬 수 있도록 하기 위해 부득이한 경우 사용자에게 원천 코드에 접근하는 것을 허용해야 하기도 한다. 그러므로 상업 기밀 법률이 저작권에 비해 더욱 강력한 보호 형태를 약속하고, 그에 따라 수많은 회사들이 소프트웨어 관련 비밀의 노출을 최소화하기 위해 노력한다 할지라도 비밀 정보 유출을 완전히 통제할 수 없기 때문에 소프트웨어 소유에 대한 완벽한 보호를 제공해 주지는 못하는 것이다.

특허

특허 보호는 어떤 발명품의 사용에 대한 독점권을 소유주에게 부여한다는 점에서 소프트웨어에 대한 가장 강력한 보호 형태이다. 특허란 어떤 사람의 발명품을 다른 사람이 만들거나 이용하는 행위를 배제할 수 있는 권리를 인정하는 것이며, 그것을 다른 사람이 만들고 이용하고 판매하도록 할 수 있는 인가권을 포함하는 것이다. 그러므로 특허는 정당한 독점이다. 이러한 특허 시스템을 인정하는 목적이 단순히 개인으로 하여금 그의 발명품에 대한 보상을 획득할 수 있도록 하는 데 있는 것은 아니다. 특허 시스템 이면의 지배 원칙은 예술을 유용하게 하고 과학을 진보시키는 데 있다. 즉, 발명품을 육성하고 그것의 탄생을 촉진시키며 공적 영역에서 아이디어들이 자유롭게 이용되도록 함으로써 경제 발전과 고용 증대를 이룩하여 시민들의 삶을 향상시키는 데 그 목적이 있다.

특허가 갖는 장점으로는 크게 두 가지가 있다. 첫 번째는 발명 의욕을 촉진할 수 있는 보상을 준다는 점이다. 물론 특허가 곧 발명품을 만들어낸 사람에 대한 직접적인 보상을 제공하는 것은 아니다. 그러나 보상의 전제 조건이 되는 보호를 제공한다는 점에서, 즉 보상을 획득할 수 있는 가능성을 확신시켜 줌으로써 개혁과 발명을 고취시킨다는 의의가 있는 것이다. 두 번째 장점은 발명품이 공개적으로(공적으로) 제시됨으로써 또 다른 발명을 촉진한다는 것이다. 만약 새로운 아이디어들을 비밀로만 간직한다면 다른 사람들이 이 아이디어를 통해 얻을 수 있는 배움을 제거하는 것이며, 이는 곧 예술과 과학의 진보에 방해가 되는 것이다. 그러므로 특허는 발명을 고무하고, 발명가 그 자신은 물론 사회 전체적으로도 이득을 제공한다는 점에서 커다란 장점을 지니고 있다.

그러나 특허는 이러한 장점과 더불어 중요한 제한점을 가지고 있다. 그 제한점이란 아이디어나 수학적 연산, 과학적 원리, 자연법칙 그리고 정신적 과정들은 특허화해서는 안 된다는 것이다. 만약 이러한 것들도 모두 특허화한다면 이는 발명을 촉진시키기보다는 더 많은 발명을 방해할 것이기 때문이다. 그런데 문제는, 이와 같은 제한으로 인해 소프트웨어를 특허화하는 데도 어려움이 있다는 것이다. 1970년대와 1980년대에는 소프트웨어의 소유권을 인정하기 꺼려하는 경향이 있었는데, 그 이유는 바로 소프트웨어 소유권을 인정함으로써 정신적 과정에 대한 소유도 인정하게 된다는 두려움 때문이었다. 만약 정신적 과정에 대한 소유를 인정한다면 우리는 무제한적인 사상의 자유마저 허용해야 할 것이기 때문이다.

최근의 관심은 정신적 과정이 아니라 컴퓨터의 수학적 연산에 초점이 맞춰지고 있다. 즉, 소프트웨어 발명에 대한 특허를 인정하는 데 있어서 수학적 연산의 사용에 대한 독점을 인정할 수 있는가 하는 점이다. 그러나 이와 같이 소프트웨어에 대한 특허를 인정하는 데 여러 가지 어려움이 있었지만, 현재까지는 많은 것들이 특허화 되어 왔고, 이제는 너무 많은 특허를 인정하여 소프트웨어 개발에 장애 요인으로 작용하고 있다는 주장까지 등장했다. 이를테면 새로운 소프트웨어를 개발해서 시장에 내놓기까지는 개발과 특허 탐색에 값비싼 이중 비용을 치러야 하고, 특허 직전에 등장할지 모를 갖가지 변수들을 고려해야 함으로써 소프트웨어 개발은 위험한 사업으로 간주되고, 발명가들은 소프트웨어 개발에 대해 주저하게 된다는 것이다. 이는 결국 발명을 고취시키고자 했던 특허의 취지와는 달리 발명을 저해하는 결과를 빚은 셈이다. 그러므로 특허는 다른 보호 형태들보다 소유에 대해 더 강력한 보호를 제공하나 장기적이고 고비용과 불확실성이 존재하는 특허 획득 과정 때문에 소프트웨어 개발에 장점보다는 단점으로 작용하고 있다.

이제 재산권에 대한 철학적 견해를 살펴보기로 하자. 위에서 살펴본 소유권의 여러 법률적 형태들이 소프트웨어 소유에 대한 적절한 보호를 제공하지 못하고 불만족스런 상황을 야기하고 있는 것은 컴퓨터 소프트웨어가 재산권에 적용되는 전통적 범주들과 적절하게 일치하지 않기 때문인 것으로 보인다. 그러므로 우리는 앞으로의 논의를 통해 컴퓨터 소프트웨어가 재산권에 대한 전통적 범주들과 어떤 점에서 일치하지 않는지를 살펴볼 필요가 있다.

자연권 논의

재산의 사적 소유에 대한 정당화 논거로서의 자연권은 한 사람이 그 또는 그녀에 의해 생산된 것들에 대해서 자연적 권리를 가지며, 이 자연적 권리는 법률에 의해 보호될 수 있어야 한다는 것이다. 이와 같은 자연권 논의를 로크의 재산에 대한 노동 이론을 통해 살펴보기로 하자. 로크의 이론에 따르면, 한 사람은 그의 노동을 생산품에 혼합시킴으로써 그것에 대한 소유 권리를 획득한다고 한다. 로크는 노동을 신체의 확장으로 보아 어떤 사람이 다른 어떤 사람의 신체를 소유할 수 없듯이 신체의 확장인 노동 역시 다른 사람에 의해 소유될 수 없는 것이라고 보았기 때문이다. 그리고 만약 누군가가 자신의 노동을 투입한 어떤 사물을 다른 사람에 의해 소유되도록 허용한다면 그는 노예로 여겨질 것이라고 하였다. 그러므로 로크의 재산권 이론을 소프트웨어 소유권에 적용하자면, 소프트웨어 개발자는 자신이 개발한 프로그램에 자신의 노동을 첨가하였으므로 그 소프트웨어는 온당하게 그 개발자의 것이라고 할 수 있을 것이다. 그런데 이러한 논의가 그럴듯하게 보이지만 여기에 대한 몇 가지 반론도 제기되고 있다. 그 첫 번째는 우리가 창출한 것에 대한 권리를 획득하는 것이 항상 정의로운 세계를 창출하는 데 이바지하는 것은 아니라는 점이다. 물론 우리가 개발한 것에 대한 소유 권리를 다른 사람에게 부여한다면, 그것은 정의롭지 못할 것이다. 그러나 만약 어떠한 것에 대해서도 재산권이 존재하지 않는다면, 거기에는 정의롭지 못함도 존재하지 않을 것이라는 말이다. 두 번째 반론은 컴퓨터 소프트웨어 같은 지적 또는 무형의 사물에만 적용되는 것이다. 소프트웨어는 그것의 설계자에 의해 개발되고 그것을 통해 컴퓨터의 기능이 결정되지만 그것 자체는 분명 무형의 실체이다. 그러므로 소프트웨어는 그것을 개발하는 데 노력과 비용을 투자한 사람의 지속적인 소유를 가능하게 하면서도 동시에 다른 사람들의 소유와 사용도 가능하게 하는 특성을 지니고 있다. 즉, 소프트웨어는 어떤 사람이 그것을 소유하고 사용하고 있다고 해서 다른 사람들은 그것을 소유하거나 사용하는 것이 불가능해지는 구체적 사물이 아니라는 것이다. 이렇듯 지적 사물과 구체적 사물들 사이의 차이가 인식될 경우에는 소유에 대한 정당화 논거로서 자연권 논의를 적용하기가 용이하지 않다. 왜냐하면 로크의 이론에서 재산권을 부여하는 것이 정당화되는 사물은 만약 한 사람이 그것을 소유할 경우 다른 사람들은 그것을 소유할 수 없거나 최소한 소유의 가능성을 지니고 있던 사물의 몫이 줄어드는 종류의 것이어야 하기 때문이다.

그러므로 여러 사람이 동시에 소유하고 사용할 수 있는 무형의 실체로서의 소프트웨어에 로크의 이론을 적용하는 데에는 한계가 있는 것이다. 그리하여 사실상, 소프트웨어 개발자들도 소프트웨어의 이러한 특성을 잘 알고 있어 로크의 이론에서와 같이 자신의 창작물 자체에 대한 소유를 주장하는 것이 아니라 그들의 창작물로부터 얻을 수 있는 이익에 대한 권리의 소유를 요구하고 있다.

결과주의적 논의

소유가 좋은 결과를 낳기 때문에 소유를 인정해야 한다는 것이 결과주의적 논의이다. 결과주의적 논의에서는 만약 개인이나 회사가 그들이 창조하는 것에 대한 타당한 권리를 가지지 못한다면 누구도 소프트웨어를 개발하는 데 필요한 시간과 비용을 투자하려 들지 않을 것이라는 점에 초점을 맞춘다. 그러므로 새로운 소프트웨어가 개발되어 사회 전체적으로 유익한 결과를 초래하기 위해서는 소프트웨어 개발을 고무시킬 유인책으로서 소유권의 인정이 필요하다는 것이다. 그러나 이와 같은 논의가 소프트웨어 소유권을 둘러싼 다른 모든 문제점들에 대한 고려를 무시할 수 있을 만큼 강력한 것은 아닌 듯하다.

첫 번째는 소프트웨어의 소유를 인정하지 않는다고 해서 소프트웨어 개발이 완벽한 정지 상태에 이를 것 같지는 않기 때문이다. 즉, 소프트웨어 개발에 주력하는 이들이 모두 소프트웨어 개발에 따른 경제적 이익 추구만을 목적으로 삼고 있는 것은 아니므로 소유권을 인정해야 소프트웨어 개발이 이루어질 것이라는 결과주의적 논의가 어느 때나 통용 가능한 것은 아니라는 말이다.

두 번째는 소유를 인정하는 것이 곧 사회 전체적으로 유익한 결과를 낳는 것은 아니기 때문이다. 저작권이나 특허에 대한 논의에서 이미 언급되었지만, 소유를 무제한적으로 인정하는 것은 자칫 예술의 유용화나 과학의 진보에 오히려 방해가 될 수도 있다. 이와 같은 이유로 인해 우리는 결과주의적 논의도 소유를 정당화하는 논거로서 충분한 것은 아니라는 점을 파악할 수 있었다.

소프트웨어 복제와 도덕성

우리는 지금까지 소유권의 여러 법률적 형태들과 재산권의 철학적 기초를 살펴봄으로써 소프트웨어 소유권이 충분히 보호되고 있으며, 또 그것을 전통적인 재산권의 범주에 포함시키는 것이 적정한가 하는 점을 고찰하였다. 이제부터는 우리의 관심을 돌려 구체적인 도덕 문제, 즉 소프트웨어를 복제하는 행위가 잘못된 것인가 하는 점을 여러 측면에서 조명해 볼 것이다.

이 문제에 접근하는 첫 번째 방법으로서 우리는 직관으로부터 출발할 수 있다. 이러한 직관은 우리가 하나의 소프트웨어를 복제하는 것이 도덕적으로 용인될 수 있다고 하는 것이다. 소프트웨어 복제가 잘못된 것이 아니라고 생각하는 우리의 직관은 사실 소프트웨어 복제 행위가 매우 쉽고, 겉으로는 해가 없는 것처럼 보이는 데에서 기인한다. 그러나 이러한 직관을 지지하기 위해 주장된 어떤 논의도 비합법적 복제가 도덕적으로 옳지 못하다고 하는 점을 성공적으로 반박하지는 못했다.

두 번째 접근 방법은 소프트웨어 복제에 대한 다양한 관점들의 전제를 살펴봄으로써 소프트웨어 복제 행위의 도덕성 여부를 판단하는 것이다. 소프트웨어 복제에 대한 가장 강력한 논의들은 다음과 같다. ① 컴퓨터 소프트웨어를 보호하는 법률은 나쁘다. ② 소프트웨어를 복제하는 것은 해가 되지 않는다. 또는 ③ 소프트웨어를 복제하지 않는 것은 어느 정도 해가 된다. 전제 ①은 대부분의 사람들이, 컴퓨터 소프트웨어를 보호하고자 하는 법률들이 개선의 여지는 있으나 그렇다고 지나치게 부정의하고 적절치 못한 것은 아니므로 그것을 법률로서 인정하고 지켜야 한다는 데 동의함으로써 쉽게 거부된다.

전제 ②는 어떤 소프트웨어를 개인적인 사용을 위해 복제한 경우는 누구에게도 해를 끼치지 않으므로 복제가 정당화될 수 있다는 주장에 도달한다. 그러나 우리가, 법률에 의해 합법적 권리가 창출되는 법률 사회에서 살고 있는 한, 누군가 다른 사람으로부터 그의 합법적 권리를 빼앗는다면 그 자체가 곧 해를 끼치는 것으로 보인다. 즉, 소프트웨어를 무단으로 복사하는 것은 그 소프트웨어의 소유자로부터 소프트웨어 사용을 통제하거나 소프트웨어 사용에 따른 지불을 요구할 수 있는 합법적 권리를 빼앗는 것이고 이것이 바로 하나의 해라는 것이다. 따라서 전제 ②는 잘못된 것이다.

전제 ③은 만약 누군가가 법률에 복종함으로써 오히려 해를 끼칠 수 있는 상황이 생긴다면 법률을 무효화시킬 도덕적 이유를 갖게 된다고 하는 것이다. 이를테면 소프트웨어의 비합법적 복제를 통해 친구를 도울 수 있다면 법률을 지키지 않아도 된다는 것이다. 그러나 이러한 논의는 저작권 소유자나 특허 소유자들이 입는 해는 무시하는 처사이다. 그러므로 전제 ③도 복제를 지지할 만한 충분한 근거를 제공하지는 못한다.

결국 지금까지 논의된 내용들을 정리하자면, 설사 복제를 정당화할 수 있는 상황 — 이를테면, 소프트웨어에 대한 비합법적인 복제가 그렇지 않을 경우에 초래되는 상당히 심각한 해악을 제거할 수 있는 경우 — 이 존재한다 할지라도, 소프트웨어에 대한 불법 복제는 소프트웨어의 소유자로부터 그의 합법적 권리를 빼앗는 해를 끼치는 것이므로 명백히 잘못된 것이다.

2. 프라이버시

컴퓨터 사용에 따른 사회적 · 윤리적 관심사 가운데 대중적 관심을 불러일으킨 최초의 문제는 개인의 프라이버시 침해에 관한 것이었다. 우리나라에서도 몇 해 전 O양과 B양의 비디오 사건을 통해 프라이버시 침해 문제가 사회 문제로 대두된 적이 있었다.

컴퓨터와 프라이버시에 관한 대중적 관심은 이전에는 불가능했던 행태와 활동이 컴퓨터로 인해 가능해졌기 때문에 생겨난 것이다. 개인의 범죄 행위, 소득세, 신용도, 구매 성향 등 상세하고도 방대한 개인 정보들은 이제 사법 기관은 물론 사적인 조직이나 기관들에 의해서도 데이터베이스화되어 관리될 수 있다. 물론 이와 같은 기록 관리 현상이 전혀 새로운 현상은 아니다. 이전에도 문서 기록을 통한 정보 관리 활동이 있었으며, 이를 통해 수집된 정보들이 다양하게 이용된 것도 사실이다.

그럼에도 불구하고 컴퓨터의 전자 기록이 오늘날 프라이버시에 관한 관심을 불러일으키는 이유는 그것이 이전의 문서 기록에 비해 정보 관리 활동을 크게 변화시켰기 때문이다. 우선, 문서 기록은 정보가 종이에 씌어져 서류철 보관함 안에 보관되기 때문에 수집되는 자료의 양과 기록 보존 기간 그리고 그것에 접근할 수 있는 사람에 있어서 일정한 한계를 지니고 있었다. 그러나 컴퓨터의 전자 기록은 무한한 양의 자료나 정보를 수집, 저장, 보관할 수 있기 때문에 정보 수집의 규모에 있어서 변화를 가져왔다.

또한 컴퓨터의 등장으로 이전에는 기록될 수도 없고 중요한 것으로 여겨지지도 않던 다양한 정보들이 생산, 관리, 조합될 수 있게 됨으로써 수집되는 정보의 종류에도 변화가 일어났다. 정보의 조합을 예로 들자면, 컴퓨터가 등장하기 이전에는 한 종류의 정보가 다른 종류의 정보와는 별도로 수집되고 저장되는 것이 보통이었다. 이를테면 마케팅 회사는 소비자의 구매 습관에 관한 정보를 수집, 저장하고 사법 기관은 범법자의 범죄 활동을 기록, 보관함으로써 정보의 교환이 거의 이루어지지 않았다고 할 수 있다. 그러나 이제 컴퓨터는 모든 종류의 정보들을 조합하여 개인에 대한 신상

명세서를 작성하는 일이 가능하도록 함으로써 새로운 종류의 정보를 생산하는 것이다.

세 번째 변화로는 컴퓨터의 등장으로 정보의 복사와 배포가 용이해졌다는 점을 지적할 수 있다. 즉, 컴퓨터화된 정보는 전자 정보이므로 쉽게 복사되고, 전화선이 연결된 곳이라면 전 세계 어디든지 정보가 쉽게 전달될 수 있게 된 것이다. 그 결과 오늘날에는 무한대의 정보 교환이 가능하게 되었으며, 정보 배포의 규모가 전례 없이 확장되었다(Johnson, 1994).

그러나 이와 같이 확장된 규모의 정보 배포가 반드시 긍정적 효과를 가져 오는 것은 아니라는 점에 유의해야 한다. 컴퓨터 안에 저장된 정보가 잘못된 것일 경우, 잘못된 정보가 교정 기회를 거치지 않은 채 순식간에 배포될 수 있고, 작은 오류가 증폭되어 엄청난 결과를 초래할 수도 있는 것이다. 또 누군가가 상대 경쟁자에게 피해를 주기 위해서 혹은 자신의 기록을 좋게 만들기 위해서 고의로 정보를 변질시켜 잘못된 정보를 배포시킬 수 있고, 컴퓨터가 통신망과 연결되어 있을 경우에는 자료가 훼손되거나 도난당할 가능성이 더욱 커진다는 점에서도 정보의 데이터베이스가 항상 안전하다고는 볼 수 없다.[1]

컴퓨터의 발달에 따른 또 하나의 문제점은 정보의 보관이 너무 쉬워져 개인들이 인생의 초기 단계부터 범주화되고 낙인찍힐 위험성이 더 커진다는 것이다. 대개 의사 결정자들은 자료가 부족하거

---

1) 데이터 뱅크에는 개인에 대한 식별용의 통일된 부호, 즉 표준 통일 식별 번호가 설정되어 있다. 따라서 주민등록번호만 알고 있으면 개인의 재산 소유 관계, 가족 관계, 병역 관계, 전과 관계 등을 자세히 파악할 수 있다. 이러한 표준 통일 식별 번호와 데이터 뱅크의 형성을 통한 개인 정보의 대량적 축적 처리는 치안, 사회 보장, 세무 행정, 교육 등 각 분야에서 비약적인 능률의 향상을 가져오는 것이 틀림없으나, 개인의 프라이버시 침해라는 위험성을 배제할 수 없다(방석현, 1989).

나 전혀 없는 상황 하에서의 의사 결정보다는 부정확하더라도 다량의 자료에 근거한 의사 결정을 선호한다. 그러므로 정보는 비록 그것이 적절하지 못하거나 믿을 만한 것이 아니라 하더라도 수집과 사용이 가능하면 이용되는 경향이 있기 때문에 어떤 사람의 생활사에 관한 정보는 기록으로 남겨져 일생 동안 그 사람을 따라다니게 되는 것이다.

각종 조직이나 기관들이 개인 정보의 사용에 관심을 가지지 않는다면 개인에 관한 정보는 존재할 필요가 없을 것이다. 정보의 창출·수집·교환이 일어나는 이유는 어떤 사람이나 조직이 그들의 이익과 활동을 증진시키기 위해 정보의 사용을 필요로 하기 때문이다. 어쨌든 개인에 관한 정보는 영향력 있는 결정을 내리는 데 이용되며, 그러한 결정 가운데 어떤 것들은 종종 정보의 대상이 되고 있는 개인에게 중대한 영향을 주기도 한다. 데이터베이스 안에 저장된 개인 정보는 어떤 회사가 피고용인의 고용 여부를 결정할 때나 은행에서 고객의 대출 여부를 결정할 때, 그리고 사법 기관에서 체포, 기소, 소환 여부를 결정할 때 등등 여러 상황에서 의사 결정을 위해 사용되고 있다.

그러나 이와 같은 개인 정보 수집이 커다란 대세를 이루고 있다 하여 무제한적인 개인 정보 수집 활동을 지지해야 하는가에 대해서는 신중을 기해야 할 것이다. 우리들 대부분은 우리 개인에 관한 정보의 양이 어느 정도이며 우리에 관한 정보를 누가 가지고 있는지 그리고 그 정보가 어떻게 사용되고 있는지에 대해 모르고 있다. 그리고 그러한 이유로 인해 불안해하고 있다. 반면에 은행이나 사법 기관, 마케팅 회사 등 개인 정보를 원하는 쪽에서는 보다 나은 결정을 내리는 데 도움이 된다는 이유로 더 많은 개인 정보를 원하고 있다. 결국 컴퓨터와 프라이버시의 문제는 공공 기관이나 개인 기관처럼 개인에 관한 정보를 원하는 쪽과 정보의 대상이 되는 개인이라는 두 당사자 간의 문제로 생각할 수 있다. 그렇다면 바람직한 정보의 사용은 어떻게 이루어질 수 있는가? 이제 정보 사회에서의 프라이버시 보호 문제에 대해 자세하게 살펴보기로 하자.

프라이버시의 가치

프라이버시라는 용어는 역사적 · 문화적 · 정치 사회적 차이에 따라 그 의미가 가변적으로 해석되고 있다. 프라이버시라는 말은 원래 '공직에서 벗어난 상태'를 의미하는 부정적이고 소극적인 측면으로 이해되었다. 따라서 초창기에는 반사회적이고 멸시적인 의미로 해석되었으나 근대 자유 민주주의 사상의 등장과 함께 정치적 의미를 가지게 되었다(최진석, 1997).[1]

그런데 도구적 가치로서의 프라이버시를 주장하는 이들에 의하면, 프라이버시는 주로 친분 관계나 신뢰 관계를 발달시키고 민주주의를 실현하기 위해서 필요하다고 한다. 인간은 우정, 친분, 신뢰의 관계를 원하는데, 그러기 위해서는 개인이 자신의 프라이버시를 가지고 있어야 하며 상대의 프라이버시 또한 지켜줘야 한다는 것이다. 또 프라이버시가 보장되지 않는다면 각 개인들은 자신이 생각하는 것을 말하거나 자신이 믿는 바에 따라 투표하려고 하지 않을 것이므로 진정한 민주주의를 이룩하기가 어렵다는 것이다.

---

1) 프라이버시 개념의 변천

시대	강조된 측면	의미
고대	공직 생활	공직으로부터의 제거 · 은퇴
중세	종교 생활	세속으로부터의 은둔, 격리, 고답적 생활
근대	정치 생활	공적 권위로부터의 자유권
현대	경제 생활	개인적 행복 추구(재산권 불가침)
미래	정보 생활	개인적 정보 관리/통제

이와는 달리 프라이버시를 본래적 선 또는 본질적 가치로 보는 견해는 주로 칸트주의적 이론에 따른 것인데, 이것은 프라이버시가 인간 존재로서의 우리 자신에게 근본적인 가치, 즉 인간을 인간이게 하는 본질적 가치라고 하는 것이다. 본질적 가치로서의 프라이버시는 자율, 존경, 민주주의와 좀 더 긴밀하게 관련되는데, 이는 프라이버시가 이러한 개념들이 지니는 의미의 일부를 구성한다는 것이다. 예컨대 자율을 확보하기 위해서 프라이버시가 요구되는 것이 아니라 프라이버시 없는 자율이 존재할 수 없기 때문에 프라이버시가 자율의 본질적 구성 요소라는 것이다.

프라이버시와 자율, 인격에 관한 논의는 새뮤얼 워렌Samuel D. Warren과 루이스 브랜다이스Louis D. Brandeis의 「프라이버시에 대한 권리」라는 논문에서도 다루어졌다(Johnson, 1994). 그들은 자신들의 논문에서 어떤 사람에 관한 정보와 그 사람의 불가침의 인격 간의 관련성을 주장하였는데, 이는 개인의 불가침의 인격에 대한 권리를 인정하는 것은 관습법(불문율)이며, 이 인격에 대한 권리가 개인 생활에 관한 사실들, 즉 프라이버시에 대한 인정을 포괄한다는 것이다.

그리고 비니Beanney는 프라이버시 권리란 개인(단체)이 타자(개인 · 단체 또는 정부)에 의하여 ① 자기의 사상 · 문서 · 성명 · 초상 기타 본인임을 증명하는 여러 가지 징표를 취득 · 이용당하는 정도를, ② 자기 또는 자기의 책임 하에 있는 자에 대한 정보를 취득 · 게시하는 정도를, ③ 물리적 또는 보다 교묘한 방법으로 자기의 생활 범위 및 자기가 선택한 활동 영역에 침입당하는 정도를 결정할 수 있는 자유 혹은 힘이라고 정의하였다. 즉, 프라이버시 권리란 자기 정보의 게시가 자기에게 이유 없이 불리하게 이용당하지 않는다는 안도감을 가지고 표시하는 권리라고 할 수 있다(변재옥, 1999).

한편, 조동기(1996)는 인간관계의 중요성 때문에도 프라이버시는 반드시 보호되어야 한다고 주장하였다. 여러 가지 형태의 인간관계는 사람들의 삶에서 매우 중요하다. 신뢰와 친밀감의 정도는 대개 상대방과 공유할 수 있는 개인 정보의 질과 양에 의해 결정된다고 할 때, 사적인 정보가 당사자의 통제 없이 유통되는 프라이버시의 침해는 인간관계에 대한 통제권을 빼앗아 버리는 결과를 초래할 수 있기 때문에 프라이버시는 보호되어야 한다는 것이다. 또한 프라이버시에 대한 보호는 개인의 인격에 대한 존중의 표시로서 의미를 가진다. 프라이버시의 침해는 개인의 존엄성에 손상을 줄 수 있기 때문에 개인이 자신의 삶을 설계하고 그것을 실현시킬 수 있는 능력을 존중받기 위해서라도 프라이버시의 보호가 필요하다.

그렇다면 자기 자신에 대한 정보, 즉 프라이버시가 어떠한 역할을 하는지 좀 더 구체적으로 살펴보기로 하자. 먼저, 레이첼스 James Rachels에 의하면, 프라이버시는 인간관계의 다양성을 유지할 수 있도록 해준다는 점에서 중요하다고 한다. 정보는 사회적 관계를 맺는 기초이자 관계의 성격을 결정하는 기초로서, 다양한 관계가 맺어지고 유지되는 것은 각각의 당사자들이 가지고 있는 정보가 서로 다르기 때문이라고 한다. 예를 들어, 당신의 가장 절친한 친구가 알고 있는 당신에 대한 정보는 당신의 선생님이나 고용주가 알고 있는 당신에 대한 정보와 서로 다를 것이라는 말이다. 그러나 만약 당신에 대한 모든 것이 모두에게 공개됨으로써 모든 사람이 당신에 관한 동일한 정보를 가지고 있다면, 관계의 다양성은 불가능해질 것이다. 그러므로 다양한 관계는 상이한 정보의 함수라고 할 수 있다.

레이첼스의 논의와 같이 프라이버시는 개인 대 개인의 관계를 규정하는 데에도 이용되나 개인 대 조직의 관계를 결정하는 데에도 중요한 역할을 한다. 사실 컴퓨터 안에 저장된 방대한 개인 정보는 주로 '개인과 공식 조직의 관계'에서 이용된다는 점에서 프라이버시가 개인 대 조직의 관계에서 어떤 역할을 하는가를 살펴보는 것이 우리의 목적에 더 합당하다고 할 수 있다. 우리가 어떤 조직과 관계를 맺도록 해주는 것이 우리에 관한 정보이고 그 관계에서 어떤 대우를 받을 수 있는가를 결정하는 것도 바로 우리에 관한 정보라는 점에서 프라이버시의 역할을 쉽게 짐작할 수 있을 것이다. 즉, 개인과 조직의 관계에 있어 관계의 성격을 규정하는 것이 바로 우리 자신에 대해 수집된 정보이다. 그러나 개인과 공식 조직 사이에 관계가 형성될 때 개인이 유념해야 할 점은 관계의 다양성을 유지하는 것이 아니라 관계를 정립하고 관계의 형태를 결정하는 데 개인이 일정한 영향력과 통제력을 가질 수 있어야 한다는 것이다.

개인은 컴퓨터에 저장된 자기 자신에 대한 정보에 접근하고 기록에 오류가 있을 경우 그것을 교정할 수 있는 수단만 제공받을 뿐 누가 자신에 대한 어떤 정보를 획득하여 사용할 수 있는지를 결정할 수 있는 권한은 갖고 있지 않다. 대면적 관계에서라면 개인은 자신에 관한 정보를 누설할 만한 상황인지 또 상대방이 자신에 대한 정보를 오해하거나 악용하지 않을 것인지 등을 고려하여 자신에 대한 정보의 범위와 정도를 제한할 수 있을 것이며, 상대방이 자신에 대해 갖고 있는 오해를 교정할 수 있는 기회도 가질 수 있을 것이다. 그러나 기록된 정보에만 의존하는 기록 관리 조직과 개인의 관계에 있어서 그 개인에 관한 정보의 종류와 정보 공개 여부를 결정할 수 있는 권한은 조직에게 있다.

이것은 조직들이 우리의 동의 없이 또는 우리가 모르는 사이에 우리에 관한 중요한 정보를 컴퓨터를 통해 수집 · 사용 · 교환할 수 있게 됨으로써 개인들의 일상생활에 강력한 영향력을 행사할 수 있게 된 데 원인이 있다. 반면에 우리 개인들은 조직과의 관계에서 아무런 영향력도 행사하지 못하는 나약한 존재로 전락하게 되는 것이다. 그러므로 개인들이 조직에 일정한 영향력을 행사하고 통제력을 갖기 위해서는 프라이버시에 대한 보호가 요청된다.

그러므로 정보 사회에서 법적으로 프라이버시 문제를 좀 더 바람직하게 다루기 위해서는 보다 포괄적인 새로운 법률을 제정할 필요가 있다. 이는 프라이버시 문제에 있어서 규제되어야 할 대상에 공공 조직과 개인 조직을 모두 포함시켜야 한다는 것이다. 그런데 만약 현실적으로 적용해야 할 법이 없거나 불명확한 경우에는 개인 조직과 공공 조직들이 프라이버시를 보호하기 위해서 개인 정보 처리에 관한 정책들을 내부적으로 채택해야 할 것이다. 이를테면 은행이나 보험 회사, 마케팅 조직들은 피고용인들이 이용할 수 있는 '개인 정보 처리 규칙'을 가지고 있어야 하며, 이 규칙을 지키지 않는 사람들에게는 제재를 가해야 할 것이다. 개인 기록을 처리하는 과정에서 알게 된 흥미 있는 개인 정보를 함부로 누설하거나 공개하는 일이 일어나지 않도록 조직은 내부적으로 정책을 지니고 있어야 할 것이다.

또한 개인 정보를 매매할 수 있는 상품이 아닌 공익의 일부로 간주하는 체계로 만들 필요가 있다(Johnson, 1994). 스웨덴에서는 자료검사위원회(DIB, Data Inspection Board)가 공공 부문과 개인 부문 모두에서 자동화된 모든 개인 정보 시스템을 관리하는 책임을 지고 있다고 한다. DIB는 개인 자료의 수집과 전파를 통제하는 권한을 가질 뿐만 아니라 불평을 조사하고 정보 시스템을 검사할 권한 및 조직에 정보를 요구할 권한도 갖고 있다. 또 정보의 수집과 사용 및 공개를 규제하는 상세한 규칙을 제정할 책임도 지니고 있어 개인 정보의 무분별한 노출을 통제하고 있다.

한편, 컴퓨터 전문가들도 프라이버시 보호와 관련하여 개인적으로나 집단적으로 중요한 역할을 할 수 있다. 우선 전문가들은 개인적으로 프라이버시 문제에 관심을 가져야 한다. 컴퓨터 전문가들이 개인적으로 어떤 행동을 취해야 하는가 하는 것은 각자의 하는 일과 상황에 달려 있다. 예를 들어, 민감한 정보를 포함하고 있는 데이터베이스를 구축할 때는 고객이나 고용주들에게 프라이버시 문제를 지적해 줄 수 있어야 할 것이다. 또 구축하는 시스템이 안전하지 않다고 판단될 때는 그것에 대해 직업인으로서 반드시 심사숙고하는 자세도 가져야 할 것이다. 이외에도 컴퓨터 전문가들이 할 수 있는 일로는, 개인적으로나 집단적으로 대중과 공공 정책 결정자들에게 프라이버시와 안전 문제에 대해 필요한 지식을 제공할 수 있을 것이며, 전자 기록과 관련된 프라이버시 법률에 대해 일정한 입장을 취할 수 있을 것이다. 이는 컴퓨터 전문가들이야말로 데이터베이스의 보안과 정보의 잠재적 이용 가능성 및 악용 가능성을 평가하는 데 최상의 위치를 점하고 있기 때문이다.

  마지막으로 프라이버시 보호를 위해 개인이 할 수 있는 일에는 어떤 것이 있을까? 사실 정보 사회에서 개인들이 자신들의 프라이버시를 지키는 일은 쉽지 않을 뿐 아니라 상당한 대가를 지불해야 하는 일이다. 막스(Gray Marx, 1991)는 정보 사회에서 개인의 프라이버시 보호를 위한 일곱 가지 행위 목록을 소개한 바 있다. 첫째, 필요 이상으로 정보를 누설하지 말아야 한다. 둘째, 타인이 도청할 우려가 있을 경우에는 무선 전화를 사용하지 말아야 한다. 셋째, 당신의 계좌에 관한 정보를 법적 인가 없이 타인에게 누설하지 말아야 하며, 법적 인가 하에 정보를 누설할 경우에는 은행이 이틀 내에 당신에게 연락해야 한다는 동의서에 서명하도록 요구해야 한다. 넷째, 당신의 신용과 건강 및 여타의 기록들에 관한 사본을 확보하여 그것의 정확성 여부를 검사하여야 한다. 다섯째, 만약 당신이 신용이나 구직, 대출이나 아파트 입주를 거부당하게 되면 그 이유를 물어보아야 한다(왜냐하면 당신에 관한 정보가 부정확하거나 불완전할 수 있고 또는 부적절한 것일 수도 있기 때문이다). 여섯째, 당신이 전화 조사나 방문 조사에 응답할 때 그 정보가 데이터 뱅크에 등록될 것이라는 사실을 명심해야 한다. 일곱째, 당신이 상품이나 서비스를 구입하고 신용 카드를 제출하거나 할인 프로그램에 참여할 때 당신의 이름이 우편물 수취인 명부 회사에 팔릴 수도 있다는 것을 깨달아야 한다.

한편, 한국정보보호센터(2000)에서는 개인 정보 보호를 위한 일반적 지침을 다음과 같이 제시한 바 있다.

- 자신의 이용자 계정(ID)을 타인에게 빌려 주거나 타인의 이용자 계정(ID)을 사용해서는 안 된다.
- 비밀 번호Password는 누구에게도 알려 주거나, 알 수 있게 관리하여서는 안 된다.
- 개인 정보는 개인의 매우 중요한 정보 재산이므로 소중하게 취급하여야 한다.
- 전자 상거래 정보 및 개인 정보를 제공할 때에는 상대 기업 및 상대 사이트의 이용 약관이나 개인 정보 보호 방침 등을 반드시 읽어 보고 개인 정보 관리 정책을 확인한다.
- 각종 인터넷 검색 정보 및 이메일 정보는 다른 사람에게 노출 또는 유출될 수 있음을 명심하여야 한다. 중요한 정보는 가급적 이메일로 전송하지 않도록 하고, 부득이 이메일로 전송할 경우에는 암호화하여 전송하도록 한다.
- 중요한 파일은 암호화하여 저장하고, 만일의 경우를 대비하여 백업을 받아 보관해 놓는다.
- LAN 이용자는 가능하면 디렉터리를 공유하지 않도록 하며, 불가피하게 공유할 경우에는 암호를 설정한다.

· 공공장소에서 컴퓨터를 사용하던 중에 자리를 일시적으로 비울 경우를 대비하여 암호화한 화면 보호기를 설정한다.
· 개인 정보 침해, 해킹, 컴퓨터 바이러스 감염 등 각종 침해 사고에 대비해 대처 방법을 미리 알아둔다.
· 청소년에게 유해한 음란 정보 및 사이버 폭력, 사이버 도박 등의 불건전 정보를 이용하거나 유통시키지 않아야 하며, 이를 발견했을 경우에는 즉시 관계 기관에 신고하도록 한다.
· 사이버 공간에서 정보 통신 윤리(네티켓)를 지킨다.

3. 음란물

인터넷이 등장하면서 컴퓨터는 사람들에게 가장 효과적으로 음란물을 전파할 수 있는 매체가 되고 있다. 그 이유는 대체로 세 가지로 요약할 수 있다. 첫째는 기술이 너무 급속히 발전하다 보니 법령과 제도의 정비가 기술의 발전 속도를 따라가지 못한다는 것이다. 때문에 엄연한 범죄 행위에 대해서도 단속할 근거가 없는 경우가 많다. 둘째로 속도가 빠르다는 것이다. 셋째로 아이나 어른이나 모두 아주 쉽게 접속할 수 있다는 것이다(Hughes, 1998).

일반적으로 음란물이란 독자나 청취자들에게 성적인 자극을 주기 위한 글, 사진, 음향 또는 영상 자료라고 할 수 있다. 인터넷을 통한 음란물들의 유형과 성격에 대해 알아보면 다음과 같다.

· 성인용 전자 게시판Adult Bulletin Board Service : BBS는 그 자체가 인터넷상에 존재하는 것은 아니다. 그러나 ISP를 통하면 BBS가 설치된 컴퓨터에 접속이 가능하다.

- 월드와이드웹: 일부 사이트들은 사용자의 나이를 확인하는 절차를 거친 후에야 홍보용 무료 사진을 보여 주기도 하지만, 이것은 극소수에 불과하다. 대부분의 음란 사이트들은 일단 접속하면 사용자가 성인인지를 형식적으로 확인하는 경우가 많다.

- 대화방chat room: 대화방에서는 사용자들이 인터넷을 통해서 다른 사람들과 직접 대화를 나눌 수 있다. 대화방도 이기적인 사람들에 의하여 악용되고 있으며, 자신의 성적 욕망을 채우려는 사람들이 대화방의 이곳저곳을 기웃거리며 희생양을 찾아 헤매고 있다.

- 비디오 컨퍼런스video conferences: 인터넷을 통한 화상 전달 기술이 발달하면서 인터넷을 통해 다른 곳에서 일어나는 상황을 실시간으로 관람하는 것이 가능해졌다. 이러한 기술의 발달로 자신의 컴퓨터에 설치된 동영상 카메라 앞에서 미성년자를 추행하면, 다른 사람들은 자신의 컴퓨터를 통해서 그 상황을 실시간으로 볼 수 있게 된다.

음란물에 대한 두 가지 입장

음란물에 대해서는 명백하게 상반된 태도가 대립하는 것을 어디서나 쉽게 볼 수 있다. 우리나라처럼 음란물이 불법화된 국가에서는 물론이고 심지어 음란물이 합법화된 미국에서도 이 같은 사정은 마찬가지이다. 한쪽은 음란물의 제작 및 유통을 반대하는 입장이고, 다른 한쪽은 찬성하는 입장이다(홍성태, 2000).

먼저 반대론에는 분명히 구분해야 할 두 가지 입장이 중첩되어 있다. 첫째, 윤리적 보수주의이다. 이 입장은 노골적인 성적 표현을 공중에게 노출시키는 것은 반윤리적 행위로서 사회적 제재를 받아 마땅하다는 견해를 주장한다. 둘째, 여성 보호주의이다. 이 입장은 음란물이 여성을 비하하고 억압하고 착취할 뿐만 아니라, 여성은 그런 식의 대접을 받아 마땅한 존재라는 편견을 사회적으로 유포하고 재생산하기 때문에 제재해야 한다고 주장한다. 이 양자는 음란물이라는 사회적 사실에 대한 태도에서는 결과적으로 일치단결하는 모습을 보이고 있지만, 사실 각기 가부장제와 여성주의라는 극히 대립적인 이데올로기에 기반을 두고 있다.

찬성론도 두 가지로 나눌 수 있다. 첫째, 포르노 텍스트론이다. 이 입장은 표현의 자유에 대한 강력한 옹호론과 직접적으로 연결되는 견해로서, 포르노를 터부시하고 반대하기보다는 성과 관련된 권력 관계가 드러나는 텍스트로서 보자는 것이다. 둘째, 포르노 법적 구성론이다. 이 입장은 음란물에 대한 윤리적 태도와 법적 제재를 명확히 구별하는 데에서 출발하며, 법적 기준을 충족시키는 한 음란물도 표현의 자유를 누릴 권리를 가지는 것으로 본다. 물론 이 경우의 음란물은 '자발적'으로 제작된 것에 국한된다. 폭력이나 납치 등을 통해 음란물을 제작할 경우, 그 제작자는 표현의 자유를 논하기 전에 당연히 형법에 의한 강력범으로 처벌을 받아 마땅하며, 그 제작물도 완전히 소각 처리되어야 마땅하다.

음란물을 옹호하는 그릇된 편견들

최근 우리 사회의 일부 사람들은 음란물을 옹호하는 그릇된 편견을 가지고 있다. 유감스럽게도 그 숫자는 날로 증가 추세에 있다. 그러한 편견들을 자세히 살펴보면 다음과 같다(Hughes, 1998).

첫째, 외설도 하나의 의사 표시이다. 그러나 건전한 양식을 가진 대부분의 사람들은 '외설도 하나의 의사 표시'라는 주장을 수용하지 않을 것이다.

둘째, 외설도 헌법에 의해 보호를 받아야 한다. 명예 훼손과 허위 광고, 위증, 아동 소재 음란물, 외설 등은 언론의 자유에 의하여 보호할 가치가 없다는 것이 진정한 헌법 정신이다.

셋째, 음란물은 해롭지 않은 전시물이다. 음란물이 우리 문화와 개인의 삶에 좋지 않은 영향을 미친다는 것은 이미 많은 연구를 통해서 증명된 바 있다.

넷째, 음란물이 오히려 성범죄를 예방하는 효과가 있다. 음란물을 반복해서 보게 되면 성범죄를 예방하는 효과가 있기는커녕, 오히려 음란물의 내용을 행동으로 옮기고 싶은 충동이 생긴다는 사실이 많은 연구 결과를 통해서 증명되고 있다. 음란물을 보게 되면 자기도 모르게 그것에 집착하고 탐닉하게 되는 경향이 있다. 일단 한 번 보게 되면 그것에 성이 차지 않게 되고, 자꾸 다른 유형의 좀 더 색다르고 자극적인 내용을 찾게 된다.

다섯째, 음란물을 합법화하면 오히려 수요도 줄어들고 성범죄도 줄어든다. 역사적으로도 술이나 마약을 합법화했을 때 그 수요나 행동이 줄어들었다고 주장하며, 같은 이치로 음란물을 합법화하면 오히려 그것을 찾는 사람들이 줄어들 것이라고 생각하는 사람들이 있다. 음란물의 생성과 배포가 양성화되면 오히려 다음과 같은 일이 일어날 수 있다. 첫째, 음란물과 섹스에 탐닉하고 그것에 중독되는 사람들이 생긴다. 그들은 좀 더 자극적이고 속된 말로 화끈한 것을 찾게 된다. 둘째, 아이들에 대한 추행과 강간 사고가 급증할 것이다. 셋째, 성범죄는 사회가 감당할 수 없을 정도로 만연할 것이다. 일례로, 음란물이 합법화되어 있는 덴마크에서는 강간 등의 성범죄 발생 건수가 증가 추세에 있다.

여섯째, 도덕성을 법으로 강요해서는 안 된다. 법은 우리의 도덕적 확신에 바탕을 두고 마련된 것이다. 그러므로 불법적인 음란물을 근절시키고, 아이들을 보호하기 위해서는 오히려 강력한 법률을 제정하여 집행해야 한다.

일곱째, 음란물을 보는 것은 개인의 선택이다. 음란물은 마치 독가스와도 같다. 독가스의 표적이 된 사람들만 피해를 보는 것이 아니다. 일단 독가스가 대기 중에 살포되면, 그것을 다시 주워 담는 것은 불가능하다. 음란물의 공해도 마찬가지이다. 아이들은 대부분의 경우 자신도 모르게 음란물에 노출되고 우연히 접하게 된다. 따라서 인터넷을 즐겁고 유익한 학습 공간이자 놀이 공간으로 만들 책임이 우리 성인들에게 있는 것이다.

여덟째, 정말 큰 문제는 음란물이 아니라 폭력이다. 어떤 사람은 음란물 자체가 심각한 문제는 아니며, 정말 문제가 되는 것은 그 속에 나타나는 폭력이라고 한다. 그렇다면 비폭력적인 음란물은 아이들에게 아무런 피해가 없는가? 아동 소재 음란물, 근친상간의 내용을 담은 음란물, 동물과 사람과의 성관계를 담은 음란물, 집단 성행위, 여성에게 모욕적이거나 여성을 비하하는 내용의 음란물, 성에 대한 건전한 인식과 개념을 심하게 왜곡시키거나 잘못된 성 지식을 전달할 위험이 있는 음란물 등은 비폭력적인 것이지만, 상당한 피해를 줄 수 있는 것들이다.

음란물은 특히 아이들에게 얼마나 나쁜 영향을 주는가?

음란물은 특히 아이들에게 좋지 않은 영향을 준다. 그러나 그 영향의 정도와 유형은 아이들마다 다를 수 있다. 음란물을 본 아이들 모두가 성도착증 환자가 되거나 변태 성욕자가 되는 것은 아니다. 그러나 인터넷이 등장하면서 음란물은 가정과 학교를 통해서 그리고 도서관을 통해서 아이들을 찾아오고 있다. 그렇기 때문에 아이들이 음란물을 접하고, 그로 인해서 좋지 않은 영향을 받을 가능성은 얼마든지 존재한다(Hughes, 1998).

- 음란물을 통해서 아이들이 성폭력의 피해자가 될 가능성: 인터넷은 음란물을 주고받고, 미성년자들과 외설적인 대화

를 나누고, 대화방을 통해서 자신의 그릇된 욕구를 채울 희생자들을 찾는 등 아동 성폭행범들의 매우 좋은 활동 무대가 되고 있다. 옳지 않은 목적으로 인터넷에 접속하는 사람들이 많으면 많을수록 자신들이 직접 눈으로 본 성희롱, 성폭력, 강간, 아동 추행 등의 사건을 흉내 내는 모방 범죄도 증가할 것이다. 한 연구 보고서에 의하면, 14세 이전에 음란물을 접한 사람들은 그렇지 않은 사람들과 비교할 때, 강간 등 불건전한 성범죄를 실제 행동으로 옮길 가능성이 훨씬 높다고 한다. 또한 아동 성추행범들을 대상으로 조사한 결과에 의하면, 소년을 성추행한 사람들의 77%와 소녀를 성추행한 사람들의 87%가 음란물을 상습적으로 보면서 성폭력의 유혹을 받았다고 한다.

• 음란물은 성병, 원하지 않는 임신, 성도착증으로 발전하기도 한다: 음란물은 절제가 없는 자유스러운 성적 표현을 은연중에 부추기기 때문에 미성년자들의 신체적 건강에도 매우 해로운 영향을 미친다. 음란물은 불안전한 섹스를 부추길 뿐 아니라, 자신의 충동을 스스로 부추기는 데 사용되기도 한다. 14세가 되기도 전에 많은 음란물을 접한 남성들은 그렇지 않는 사람들과 비교할 때, 훨씬 더 성에 민감하고 더 변태적이고 색다른 성적 체험을 하려는 경향이 강하다고 한다. 또한 비정상적인 성도착 증세를 보이고 있는 사람 932명을 대상으로 조사한 결과, 남성의 90%와 여성의 77%가 음란물의 영향을 강하게 받은 것으로 나타났다.

• 음란물은 불감증을 유발한다: 음란물에 빠지면 그것이 가져다주는 잠재적인 해독에 대해서 무감각해지게 된다. 인터넷이 급속하게 보급되고 대중화되면서 사람들은 변태적인 음란물과 폭력물을 쉽게 접하게 되었고, 사회는 강간 등의 비

도덕성과 해악에 대해서 점점 무감각해지고 있다.

- 음란물을 접한 아이들은 친구들도 성의 대상으로 바라본다: 음란물을 접한 아이들은 자신보다 어리고 작은 아이들을 상대로 자신들이 본 것을 그대로 해보고 싶어 하는 경향이 있다고 한다.

- 음란물은 가치관과 예절에도 영향을 준다: 사진, 비디오, 잡지, 게임, 그리고 인터넷을 통해 번지는 음란물은 강간 등의 불건전한 성관계를 묘사하고 있으며, 여성의 존엄성을 심각하게 위협하는 내용을 담고 있다. 그리고 이런 것들은 건전한 성교육을 방해하고 성에 대한 가치관을 크게 왜곡시키고 있다.[1]

- 음란물은 아이들의 성장과 정체성에 악영향을 준다: 음란물을 통해서 그릇된 성 지식과 가치관을 받아들이게 된다면, 어린 마음속에는 성에 대한 왜곡된 가치관이 자리 잡게 될 것이고, 이 가치관은 평생을 따라다니며 그들의 성생활과 사회생활에 좋지 않은 영향을 줄 것이다. 또한 음란물은 정서적 성장과 영적 성장에도 나쁜 영향을 준다. 음란물은 죄의식과 분노, 절망, 근심, 정신적 공황, 성에 대한 비정상적 몰입 등의 정서적 현상을 유발한다. 음란물을 찾는 사람들은 자신의 정신적인 공허감을 음란물이 채워줄 것이라고 생각하지만, 오히려 영혼과 정신을 황폐하고 공허하게 만든다.

---

1) 음란물을 장기간 보아 온 남자들에게는 다음과 같은 현상이 공통적으로 나타났다고 한다: ① 여성에 대한 성적 불감증이 나타난다. ② 강간이 그렇게 심각한 범죄는 아니라고 생각하거나 아예 범죄가 아니라고 생각한다. ③ 성에 대해 잘못 이해하고 있다. ④ 좀 더 색다르고 변태적인 성 체험을 갈구하는 경향이 나타나며, 일반적인 형태의 성관계로는 전혀 만족을 느끼지 못한다. ⑤ 일부일처제를 구태의연한 제도라고 생각하며, 결혼의 소중함과 가족 제도도 무시한다. ⑥ 일부일처제를 무시한 프리섹스 풍조를 지극히 정상적이고 당연한 것이라고 생각한다.

음란물 규제 방안

인터넷 규제는 인터넷상에 있는 유해 정보, 특히 음란물로부터 미성년자들을 보호하려는 노력에서 그 명분을 찾을 수 있다. 미성년자들을 보호하기 위해 유해한 정보를 차단하는 방안으로는 기술적인 대응과 법·제도적인 대응이 있다. 법·제도적인 대응은 인터넷상의 유해한 정보를 불법 정보로 규정하고 이를 규제할 수 있는 법을 제정한 뒤 유해한 정보를 검열하여 정보 유통 자체를 통제하는 것이다. 기술적 대응은 유해 정보의 유통 자체를 차단하기보다는 이용 차원에서의 자율적인 차단에 초점을 맞춘다. 인터넷상의 음란물을 통제하기 위한 기술적 대응은 자율적 규제인데 반하여, 법·제도적인 대응은 타율적인 규제의 성격이 강해 인터넷 특성 측면에서 논란이 되고 있다(김유정, 1999).

타율적 규제는 국가 권력의 적극적인 개입을 통하여 인터넷을 비롯한 컴퓨터 통신망의 이용을 규제하려는 방안이다. 이 방안의 대표적인 예로는 미국의 '통신 품위법'과 독일의 '멀티미디어법'이 있다(홍성태, 2000). 미국 의회는 1996년 2월에 원격통신법의 개정안을 통과시켰는데, 이 법의 제5장이 바로 통신 품위법Communication Decency Act이다. NBC의 시사 프로그램 〈데이트라인Dateline〉에서 방영된 포르노 범람 문제를 계기로 착안된 통신 품위법의 제정 취지는 인터넷상에서 유통되고 있는 정보들 중에서 품위에 어긋나는indecent 묘사를 하거나 그러한 내용을 전달하는 자와 그 점을 알면서도 통신 시설을 이용하게 한 자는 처벌한다고 규정하고 있다(김유정, 1999). 즉, 이 법은 인터넷이나 온라인 서비스 등 전기 통신 장치를 통해 18세 미만의 미성년자에게 고의로 음란하거나 품위에 어긋나는 정보를 제공하거나, 사회 통념에 비추어서 판단할 때 명백하게 불쾌한patently offensive 성행위나 성기를 묘사하는 행위를 행한 자에게 최고 25만 달러의 벌금형 또는 2년 이하의 징역에 처하거나 양자를 병과한다는 내용이었다(홍성태, 2000).

통신 품위법 제정 후에 실제로 인터넷상의 정보물 게재가 급격히 저하되자 ACLU를 필두로 한 시민 단체들은 청소년을 위한 유통 정보 차단이 결국 인터넷의 정보 유통을 통제했다면서 '표현의 자유'와 '통신상의 의사 교류의 자유'가 억압되고 있다고 주장했다. 이 법에서 규정하고 있는 '품위에 어긋난'의 기준이 애매모호하기 때문에 표면적으로는 '품위에 어긋난' 정보만을 단속한다고 하지만 궁극적으로는 인터넷상에서의 정보 교류를 통제하게 되어 결국 헌법에 보장된 통신을 통한 표현의 자유가 억압된다는 논리이다. 뿐만 아니라 미성년자들의 권리 못지않게 성인의 권리도 보장을 받아야 한다고 반박했다. 또한 인터넷 정보 내용이 18세 미만 청소년을 겨냥하게 되면, 정보의 질적인 하락을 초래하게 된다고 반박했다.

이에 따라 1997년 6월 26일 미국 대법원은 이 표현이 미국 수정 헌법 제1조 표현의 자유와 제5조 적법 절차 규정에 위배되는 것으로 최종 판결하였다. 그 이유는 통신 품위와 관련된 용어, 즉 '품위에 어긋나는'과 '명백하게 불쾌한'이라는 용어의 표현이 너무 애매모호하여 상황에 따라 달리 해석·적용될 수 있어 자칫 '표현의 자유'를 억압할 수 있다는 것이다. 또한 18세 미만의 미성년자들을 음란물로부터 보호하기 위한 기술적인 소프트웨어들이 개발되어 시판되고 있기 때문에 물리적인 규제 없이 자율적으로 차단할 수 있어 인터넷 발전과 관련하여 이를 제도적인 차원에서 규제하기보다는 관련 산업계와 가정 그리고 교육을 통한 자율적인 규제가 인터넷 발전에 도움이 될 것으로 판단된다는 것이다.

그러나 대법원의 위헌 판결은 통신 품위에 어긋난 내용을 규제하는 법에 대한 것이지 음란물에 대한 것은 아니다. 대법원도 음란물로부터 청소년을 보호하려는 통신 품위법의 의도에 대해서는 동의하여 음란물을 조사하고 기소할 권리는 남겨 두었다. 대법원은 '품위에 어긋나는'과 '명백하게 불쾌한'이라는 표현에 국한하여 위헌 판결을 내렸다. 따라서 이를 제외한 음란물은 규제 대상에서 제외된 것이 아니므로, 명백한 음란물을 18세 미만의 미성년자에게 전송 또는 전시하는 행위는 여전히 처벌의 대상이 될 수 있다.

그래서 미국 의회는 위헌 판결을 받은 통신 품위법을 수정·보완하여 새 법안의 제정을 추진하였다. 그 결과 CDAII라고 불리는 '어린이 온라인 보호법Child Online Protection Act'이 통과되었다.[1] 이 법에서는 기업들이 청소년들에게 유해한 정보를 제공하기 전에 신용카드 번호나 성인들에게만 부여하는 암호 번호를 묻는 등의 합법적인 방법으로 나이 확인을 의무화하였으며, 온라인 포르노의 무료 예고편들도 적용 대상이 된다고 명시하였다. 특히 이 법에서 규정하고 있는 '미성년자에게 해로운harmful to minors'은 '품위에 어긋나는'이라는 의미보다 더 명백할 뿐 아니라 이미 사례가 있기 때문에 적법성의 시비는 약화될 것으로 보였다.

그러나 전자개척자재단EFF은 1998년 6월 15일자로 블루리본 운동의 재개를 천명하였다.[2] 그 이유는 '미성년자에게 해로운'이라는 규정 또한 모호하다는 것이다. 최근에 미국 필라델피아 연방지법은 어린이 온라인 보호법에 대해서도 위헌 판정을 내렸다. 담당 판사는 이 법의 취지는 이해하지만, '보호'라는 명분으로 장차 어린이들이 온전히 물려받아야 할 표현의 자유를 침해한다면 그것

---

1) 이 법안의 내용은 '미성년자에게 해로운' 자료에 어린이들이 접근할 수 있도록 하는 것을 범죄로 규정하는 것, 그리고 연방 정부의 지원을 받는 학교와 공공 도서관에 차단 소프트웨어를 설치하도록 하는 것이다.
2) 인터넷의 검열에 반대한다는 의미에서 많은 홈페이지들이 이 블루리본을 초기 화면에 표시하였다.

은 궁극적으로 어린이들에게 해를 끼치게 될 것이라는 이유로 이 법에 대해 예비 금지 명령을 내렸다. 그러므로 이를 둘러싼 법적 논란은 앞으로도 계속될 것으로 보이지만, 미국의 경우 일단은 표현의 자유를 강조하는 측이 승리한 셈이다.

한편, 1997년 7월 4일 독일 상원에서 승인된 멀티미디어법은 인쇄 매체와 방송 매체의 내용에 관한 현재의 규제 시스템을 확대하여 인터넷에 대해서도 내용 규제를 적용할 뿐만 아니라, 온라인 컴퓨터 서비스를 제공해 주고 있는 컴퓨서브CompuServe 같은 인터넷 서비스 제공업자들의 법적 책임을 규정하고 있다.[1] 이 법의 목적은 인터넷의 상업화를 촉진하는 동시에 음란물의 무분별한 유통과 인터넷의 부작용을 차단하는 데 있다.

멀티미디어법에서는 그 동안 논란의 대상이 되어 왔던 개인들의 불법적인 내용 유통에 대한 인터넷 서비스 제공업자의 법적 책임과 의무를 명시하였는데, 그 구체적인 내용은 다음과 같다. 첫째, 인터넷 서비스 제공자(ISP: Internet Service Provider)가 제공한 내용에 대해서는 일반법에 의거한 책임을 묻는다. 둘째, ISP가 불법적이고 유해한 정보가 유통되고 있다는 것을 알고 있고, 그것을 차단할 수 있는 방법이 기술적으로 가능하고, 또 그러한 차단 조치를 합리적으로 기대할 수 있다면, 제3자가 올린 인터넷 정보 내용에 대해 ISP는 책임이 있다. 셋째, ISP는 제3자가 올린 정보를 이용자들이 단지 이용할 수 있도록 제공자 역할만을 수행했을 경우, 그 내용에 대해서는 책임을 지지 않는다. 넷째, 통신법 제85조의 통신 비밀 보호 규정을 준수하는 가운데 불법적인 내용의 유통을 인지했고 또 그 내용을 기술적으로 차단할 수 있고 아울러 그러한 차단

---

1) 이 법의 정식 명칭은 '정보 및 통신 서비스법'으로, 서비스 제공자의 책임 한계, 온라인 서비스 및 인터넷에서의 청소년 보호, 디지털 서명의 법적 타당성 등을 주요 내용으로 하고 있다.

을 합리적으로 기대할 수 있는 한 ISP는 일반법이 규정한 불법 내용 차단 의무를 지켜야 한다.

특히 이 법에서는 인터넷상의 불법 자료로부터 청소년들을 보호하기 위해 ISP의 사무실에 '청소년 보호관'을 파견하도록 규정하고 있다. ISP는 제공하는 정보 서비스에 대해 이들과 상의해야 하며, 청소년 보호관들은 불법 자료가 발견될 시에는 이를 전송한 서비스 제공업자에게 중단을 요청할 수 있으며, 이를 어길 시에는 법원에 기소할 수 있는 권한을 갖고 있다(김유정, 1999). 따라서 이 법은 인터넷을 포함한 컴퓨터 통신망을 규제할 수 있는 세계 최초의 법안이라고 볼 수 있다. 이 법은 온라인 사업자에게 통신망상의 음란물 및 불법적인 내용을 감시·감독할 책임을 부여하고 있다.

이와는 달리 자율적 기제의 기본 입장은 제도적인 규제보다는 인터넷 음란물과 관련하여 서비스 제공업자들의 자발적인 등급 표시를 권장하거나 불법 정보를 차단 또는 선별하기 위한 소프트웨어 개발에 주력하도록 인터넷 사용과 운영을 민간 사업자와 이용자에게 일임하는 것이다. 법을 통한 직접적인 검열 대신에 기술을 통해 사용자들이 스스로 정보를 차단할 수 있는 자율적 규제 방안에는 크게 보아 세 가지 방식이 있다(홍성태, 2000). 즉, 특정 사이트만을 접속할 수 있도록 하는 것(White list), 특정 사이트만을 차단하는 것(Black list), 일정 기준의 등급을 정해 차단하는 것(Neutral label filtering)의 세 가지 방식이 있다. 대부분의 차단 소프트웨어는 특정 사이트만을 차단하는 방식을 따르고 있다. 이것은 특정 정보의 주소 및 단어를 식별하여 접근하지 못하도록 한다. 특정한 사이트만을 접속하게 하는 방식은 사이트가 대단히 제한을 받게 되므로, 학교나 공공 도서관 같은 특수 환경에서 사용하기에 적합하다. 세 번째 방식은 소위 인터넷 등급제라고 불리는 것이다. 즉, 영화나 TV 프로그램에 적용하고 있는 등급을 인터넷 정보에 확대 적

용하는 방안이다. 등급제는 기술적으로 W3C에서 표준화된 PISC
(인터넷 내용 선별 기반)에 근거하여 추진되고 있는데, 이것은 내용 선
별 기능을 모든 인터넷 클라이언트 소프트웨어에 내장시킨다는 구
상이다. 이 기반 위에 제작된 클라이언트 소프트웨어는 사용자에
게 적합하지 않은 정보에 대해서는 접근을 차단한다. 부모는 자녀
의 나이에 따라 볼 수 있는 내용의 등급을 조절하여 적당하지 않은
정보는 볼 수 없도록 할 수 있다.

그러나 등급제 실시와 관련된 문제점들도 많이 있다. 첫째, 현
재 대부분의 사이트에 등급 표시가 되어 있지 않아 이들 정보물에
대한 등급을 표시해야만 PICS를 활용할 수 있다. 둘째, 등급을 매
기는 주체가 누구인가의 문제이다. 만약 정부 혹은 그 지정 단체가
등급을 정하는 주체가 될 경우에 등급제는 사실상 검열이 될 수 있
기 때문이다. 셋째, 등급제 실시는 비용이 많이 들고 번거롭기 때문
에 비효율적이라는 점이다. 넷째, 인터넷의 정보들은 대개 내용이
완벽하게 완료되어 있거나 영구적이지 않기 때문에 일시적인 정보
내용에 등급 표시를 강요하기가 어렵다는 점이다.

4. 컴퓨터 범죄, 오용, 해킹

사이버 공간은 전례 없는 새로운 영역이며, 우리가 거기에 정착하
고 거주하기 위해 제정하고자 하는 규칙들이 있다면, 그러한 규칙
들은 조심스럽고 주의 깊게 채택되어야 할 것이다. 그리하여 사이
버 공간이 인류 복지를 향상시키는 좋은 공간이 될 수 있도록 노력
해야 할 것이다. 여기서는 사이버 공간에서의 문제점과 해커 윤리
에 대해 살펴봄으로써 사이버 공간이 더 좋은 공간이 될 수 있도록

우리가 할 수 있는 일이 무엇인가를 살펴볼 것이다.

앞에서 말한 바와 같이, 사이버 공간이라는 용어는 세계의 모든 컴퓨터를 잠재적으로 서로 연결하고 있는 전화선들의 네트워크나 웹을 가리킨다. 사이버 공간에 대한 논쟁은 이미 오래 전부터 구체화되어 왔는데, 그러한 논쟁의 핵심적인 주제 중의 하나는 어떤 시스템이나 파일에 승인 없이 접근하는 행동과 관련된 것이다. 흔히 해커라고 불리는 컴퓨터 침입자들은 일단 어떤 시스템이나 파일에 접근하게 되면 그것들을 한 번 둘러본다거나 아예 바꿔 놓을 수 있고, 바이러스나 벌레를 풀어놓아 망가뜨릴 수도 있으며, 저장된 정보를 복사할 수도 있다. 그러나 이와 같은 행위에 대해 우리의 평가가 일치하지 않고 있다는 점에서 이 문제는 논쟁을 불러일으키는 것이다.

즉, 한쪽에서는 해커들의 행위가 컴퓨터 기술의 허점을 들추어냄으로써 중대한 문제에 대한 우리의 관심을 환기시켰다고 그들을 영웅시하는 반면, 또 다른 한쪽에서는 그들을 공공의 범죄자로 몰아감으로써 동일한 행위에 대해 서로 다른 가치관을 들이대고 있는 것이다. 또한 관심이 집중되고 있는 두 번째 논점은 법 집행 기관들이 사이버스페이스를 보호한다는 명분하에 온라인 행위를 감시하고, 해커들의 규약을 비밀리에 관찰하며, 그들이 이용한 설비를 수색하고 컴퓨터와 소프트웨어를 압수하는 것이 정당한가에 관한 것이다. 사실 그러한 행위는 온라인상의 자유로운 정보의 흐름을 간섭하고 규제한다는 점에서 정보의 자유로운 흐름을 주장하는 해커들의 신념과 정면으로 맞서는 것이다. 결국 문제는 온라인상의 표현의 자유를 통제하기 위해 정부나 기관에 얼마나 많은 권한을 줄 수 있는가 하는 것이다.

사이버 공간의 문제에 대한 또 다른 논쟁은 그것을 인간의 문제로 볼 것인가, 기술의 문제로 볼 것인가 하는 데에서 야기된다.

먼저 사이버 공간의 문제를 인간의 문제로 보는 시각에서는 기본적으로 해커나 바이러스 같은 문제들을 야기하는 것이 바로 인간이라는 점에 주목한다. 즉, 대부분의 사람들이 바이러스 감염에 대한 두려움 없이 자유로운 정보의 저장과 교환이 이루어지는 컴퓨터 시스템을 원하는데 비해 어떤 이들은 대다수가 원하지 않는 바로 그와 같은 행동을 함으로써 문제가 생긴다는 것이다. 어떤 사람들은 승인되지 않은 것들을 보기 위해 이리저리 사이버 공간을 기웃거리고 바이러스와 벌레를 이식시키며, 개인 소유의 정보를 복사하고 전파시켜 프라이버시를 침해함으로써 사이버 공간에서 문제를 빚어내고 있다는 것이다.

그러나 이와 같은 시각은 문제를 해결할 수 있는 주체로서 다시 한 번 인간에 주목한다. 사이버 공간은 그것이 아주 새로운 영역임에도 불구하고 기존의 권리와 법률에 기초한 규칙들로 채워져 있어 한계를 지닐 수밖에 없으므로 인간들 사이에 충분하고도 공적인 토론과 논의를 거쳐 사이버 공간을 좀 더 바람직한 공간으로 만들기 위한 법적 · 사회적 환경을 만들어야 한다는 것이다. 그러므로 사이버 공간의 문제를 인간의 문제로 보는 입장에서는 문제의 원인과 해결점을 모두 인간에게서 찾고 법률과 교육, 그리고 컴퓨터 사용을 둘러싼 사회적 협약의 창출을 요구한다는 특징을 지니고 있는 것이다.

이와는 달리 사이버 공간의 문제를 기술의 문제로 보는 시각에서는 우리에게 필요한 것은 규칙이나 정책이 아니라(혹은 규칙이나 정책을 포함한다 하더라도 더욱 중요한 것은) 더 나은 과학 기술이라고 주장한다. 문제는 과학 기술이 너무 취약하여 발생하는 것이므로 우리는 더 많은 기술을 첨가하거나 기술을 더욱 안전하게 하기 위해 현재의 과학 기술을 더 발전시켜야 한다는 것이 이들의 입장이다. 그리고 그 구체적인 분야로서 보안 분야가 우리에게 알려져 있다. 그러나 사이버 공간의 문제를 바라보는 두 입장의 차이가 엄격한 것은 아니다. 예를 들어, 보안 전문가들이 입법 과정과 교육에 관계할 수 있을 것이고, 인간적인 접근을 취하는 사람들은 보안 전문가들에게 도움을 줄 수도 있을 것이다. 그러므로 두 접근법은 상호 배타적인 것이 아니라 병행 가능한 것이고 또 현실적으로 그렇게 되고 있는 것도 사실이다.

우리는 먼저 컴퓨터 범죄와 관련된 몇 가지 용어들을 구별할 필요가 있다. 해커는 다양한 방식으로 사용된다. 처음 이 용어가 만들어졌을 때, 그것은 컴퓨터 열광자들을 지칭하는 것이었다. 해커들은 컴퓨터를 좋아하고 그것을 매우 현명하게 사용할 수 있는 전문 지식과 기술을 가지고 있으며, 그룹을 결성하여 소식지를 발행하기도 하고 새로운 프로그램이나 시스템 등의 시사회에 참석하며, 심지어는 자신들의 규약을 가지고 있기도 하다. 그러나 최근 들어 이 용어는 컴퓨터를 불법적인 행위 그리고 승인 받지 않았거나 파괴적인 행위에 사용하는 사람들을 일컫는 부정적인 의미를 내포하게 되었다. 이와 같은 차이를 강조하기 위해서 일부에서는 후자를 크래커cracker라는 용어로 지칭하고, 해커는 원래 의미로 사용하고 있다. 그러나 여기서는 해커를 불법적인 행위 그리고 승인 받지 않은 행위나 파괴적인 행위에 연루된 사람들로 보는 최근의 대중적인 의미로 사용하고자 한다.

소프트웨어 무단 복제자는 말 그대로 저작권이 있는 소프트웨어를 승인받지 않은 채 복사하는 사람을 일컬으며, 이와 같은 소프트웨어 무단 복제는 계속해서 더욱 기승을 부릴 것으로 예상된다. 한편, 바이러스라는 용어는 처음에는 원하지 않는 어떤 컴퓨터 코드를 지칭하기 위해서 사용되었다. 그러나 지금은 그것이 실행되었을 때 하나의 프로그램이나 그보다 더 큰 호스트 프로그램에 자신의 코드를 복제하는 기계적 코드의 칸살segment[1]을 지칭하는 것이 일반적이다. 이같이 감염된 프로그램이 실행되면 바이러스 코드가 실행되고 바이러스는 더욱 확산된다. 벌레들worms은 독립적으로 실행될 수 있으며, 네트워크 연계망을 가로질러 기계와 기계 사이를 자유롭게 돌아다니는 프로그램들이다. 벌레들은 서로 다른 많은 기계들 가운데서 움직이는 자신들만의 영역portions을 가질 수 있다.

고의적인 오용과 반대되는 비고의적인 오용은 컴퓨터 사용자들이 우연히 승인되지 않은 시스템이나 파일에 접근하는 것, 그리고 그렇게 해서 시스템이나 파일을 파괴하는 것을 가리킨다. 이렇듯 비고의적인 오용의 경우는 고의적인 경우에 비해서 비난이 덜한 것처럼 보이므로 컴퓨터 범죄를 다루는 데 있어 고의적인가 비고의적인가 하는 차이는 매우 중요하게 다루어진다. 그럼에도 불구하고 이러한 차이를 정하는 데 있어서는 매우 조심스러울 필요가 있다. 예를 들어, 어떤 이가 고의적으로 벌레를 이식한 사실은 인정하면서도 심각한 손상을 주려고 했던 것은 아니라고 주장한다고 하자. 물론 고의적으로 얼마만큼의 손상을 입히려고 하지는 않았다는 사실이 행위에 대한 책임을 경감시켜 줄 수는 있을 것이지만, 그렇다고 해서 책임을 완전히 면제해 줄 수는 없을 것이다. 그리고 이보다 더 복잡한 문제는 해커들의 행동 하나하나마다 그 고의성이나 부주의(무모함)의 정도가 다르므로 그러한 행동들을 단순히 고의적인가 비고의적인가로 나누는 이분법적 사고방식은 위험하다 하지 않을 수 없다.

컴퓨터 범죄를 다루는 데 있어 또 하나 고려해야 할 점은 그것이 재미를 위한 것인지, 아니면 범죄 목적을 가지고 행해진 것인지를 구별하는 것이다. 컴퓨터 범죄는 사기나 산업 스파이 활동, 경쟁

---

1) 칸살: 프로그램의 일부분으로 다른 부분과는 독립해 컴퓨터에 올려 실행하는 것

자에 대한 방해 수단 등으로 이용되는 경우도 있으나 개인의 사사로운 이익과는 무관하게 일어나는 경우도 있기 때문이다. 그러나 이러한 구별이 중요한 것이기는 하지만 거기에도 신중을 기할 필요는 있다. 즉, 개인적 이익을 위한 동기 없이 혹은 범죄의 의도 없이 순전히 재미를 위해서 한 행동들이면 모두 옳다고 가정하는 것은 매우 위험하다는 것이다. 사실 우리는 사람들의 진정한 동기가 무엇인지 확신할 수 없는 경우에 쉽게 부딪칠 수 있다. 더욱이 동기가 고상한 경우라 할지라도 부주의한 행위로 파괴적인 결과가 초래될 수 있는 상황을 우리는 쉽게 상상할 수 있을 것이다. 그러므로 우리는 행동을 항상 그 동기로만 평가할 수는 없다. 해킹의 문제에 직면하게 되는 경우, 우리는 승인 없이 접근하는 것에 대해서 또 다른 더 심각한 범죄를 저지를 의도가 있었는지 없었는지 하는 것에 따라서 상이한 처벌을 내리고 싶어 한다. 그러나 우리 중 어느 누구도 모든 인간의 의도를 알아낼 수 있을 만큼 전지전능하지 않다는 점에서, 그리고 모든 고상한 의도가 반드시 좋은 결과를 낳는 것은 아니라는 점에서 우리는 행위의 평가를 위한 잣대로서 쉽게 "동기"를 끌어오는 것에 대해 신중할 필요가 있다.

해커 윤리

이제 해커들이 자신들의 행위를 정당화하는 논거는 무엇이며, 그들의 논거는 정당하게 옹호될 수 있는 것인지에 대해 살펴보기로 하자. 해커들의 행위에 있어 중요하게 제기되는 문제들로는 그것이 좋은가 나쁜가, 정당화될 수 있는 것인가 비양심적이고 부당한 것인가, 금지되어야 하는가 허용되어야 하는가, 처벌해야 하는가 용서해야 하는가 등이다. 우리는 해킹이 윤리적으로 정당화될 수 있는가를 검토함으로써 이 문제에 답할 수 있을 것이다. 그렇다면 먼저 해커들의 행위를 옹호하는 주장에는 어떤 것들이 있는지 살펴보도록 하자(Johnson, 1994). 이러한 주장은 크게 네 가지로 분류되는데, 그것은 다음과 같다. ① 모든 정보는 자유로워야 하고, 만일 그것이 자유로운 것이라면 지적 소유권과 보안이 필요 없다. ② 침입은 관련 당사자들에게 보안상의 문제를 드러내 보여 주는 것이므로 이러한 행위는 컴퓨터화 되고 있는 사회에 일종의 서비스를 제공하는 것이다. ③ 해커들은 아무런 피해도 주지 않고 아무것도 변화시키지 않으며, 단지 컴퓨터 작동 방법을 배우고 있는 것이다. ④ 해커들은 데이터 남용의 사례들을 감시하고 빅 브라더Big Brother(회사, 정부나 조직체)를 견제하기 위해서 시스템에 침입하는 것이다. 과연 이와 같은 네 가지 주장들이 정당한 것인지를 알아보기 위해 하나씩 살펴보기로 하자.

① 모든 정보는 자유로워야 하고 그렇기에 지적 소유권과 보안이 필요 없다는 첫 번째 주장에 대한 정당화 논거는 의사 결정에서의 정보의 역할, 정보의 사적 소유에 따른 위험성 그리고 민주 사회에서의 정보의 중요성을 감안할 때 정보의 자유가 매우 바람직하다는 것이다. 즉, 지적 소유권과 보안은 사상의 자유를 침해하고 정보의 활용 가능성을 심각하게 제약할 가능성을 지니고 있으며 민주 사회에서 올바른 의사 결정을 위한 정확한 정보 접근을 방해할 수 있다는 점에서, 모든 정보의 자유로운 흐름을 보장해야 한다는 것이다. 그러나 이와 같은 논거가 강력한 직관적 호소력을 지니고 있음에도 불구하고 우려를 자아내고 있는 것은 모든 정보의 자유가 삶을 영위하는 데 요구되는 최상의 가치는 아니기 때문이다. 우리는 역사 속에서 특허권이나 업무상 비밀의 형태로 정보의 소유와 통제를 허용함으로써 자본주의 경제를 발전시켰고, 어떤 정보를 일급 비밀로 보호함으로써 국가 안보를 유지해 왔으며, 일정 정도 정보의 자유로운 흐름을 제한함으로써 개인의 프라이버시를 지켜왔다.

이와 같은 세 영역은 바로 우리가 더 가치 있다고 생각하는 목적을 위해 정보의 자유를 포기한 영역이며, 이 같은 사실은 정보의 자유가 다른 모든 가치들에 우선해서 추구되어야 할 최상의 가치는 아니라는 점을 보여 주고 있는 것이다. 보다 나은 삶을 영위하기 위해 정보의 자유로운 흐름이 중대한 역할을 하는 것은 사실이나, 그렇다고 해서 정보의 종류에 대한 차이를 인정하지 않은 채 모든 정보가 자유로워야 하며 정보의 자유라는 가치에 대응할 수 있는 다른 가치는 존재하지 않는다는 해커들의 주장은 옳지 않은 것이다. 우리는 정보를 광범위하게 분배하는 동시에 어떤 종류의 정보에 대해서는 사적인 소유를 인정하는 시스템을 필요로 하지, 모든 정보가 모든 사람에게 공개되는 시스템을 원하지는 않는다.

② 침입은 관련 당사자들에게 보안상의 문제를 드러내 줌으로써 사회적 서비스를 제공한다는 주장은 다음과 같은 몇 가지 이유에서 그 논거가 취약하다. 첫째, 만약 침입을 통해 컴퓨터 시스템에서 결함이나 취약점을 발견했다면 문제의 해결을 위해 시스템 자체나 그 시스템을 소유하고 있는 조직의 내부 채널을 먼저 이용하고자 시도해야 할 것인데, 해커들은 벌레나 바이러스를 침투시킴으로써 파괴적인 행위를 한다는 것이다. 둘째, 해킹 행위가 비록 보안상의 결함에 대해 주의를 환기시키기 위한 것이라 할지라도 그러한 침입은 개인이나 회사가 보안에 투자하도록 압력을 가함으로써 시간과 돈을 낭비시킨다는 것이다. 만약 누구도 승인 없이는 접근을 시도하지 않고 벌레와 바이러스를 이식시켜 시스템을 파괴하는 행위를 하지 않는다면 개인이나 조직은 시스템과 파일을 보호하는 데 낭비되는 시간과 돈을 새로운 응용 프로그램을 개발하거나 기술을 개선하는 데 사용함으로써 공동체 전체의 이익을 높일 수 있을 것이다. 그러므로 침입은 사회에 서비스를 제공한다기보다 파괴적인 결과를 가져오거나 공동체의 에너지와 자원을 낭비하

도록 강요하는 것이다.

③ 해커들은 아무런 피해도 주지 않고 아무것도 변화시키지 않으며 단지 컴퓨터가 어떻게 작동하는가를 배운다고 하는 주장은 매우 쉽게 반박될 수 있다. 그것은 사람들이 해킹에 의해 실제적으로 정신적·물리적 피해를 입어 왔기 때문이다. 또 해커들이 해킹을 통해 컴퓨터를 배운다고 하더라도 그것이 곧 컴퓨터를 배우는 유일하고도 최상의 방법이 해킹이라는 점을 증명하는 것은 아니기 때문이다. 한 걸음 더 양보해서 해킹이 컴퓨터 학습에서 가지는 좋은 점을 인정한다 하더라도 그것이 다른 사람들의 프라이버시와 재산권을 침해함으로써 가져오는 피해를 상쇄할 만큼 좋은 것이라고 할 수는 없을 것이다.

④ 해커들은 데이터 남용의 사례들을 감시하고 막강한 힘을 지닌 정부나 조직체를 감시하고 통제함으로써 이들을 견제하기 위해 시스템에 침입한다고 주장한다. 해커들은 자신들의 행위로 인해 데이터를 남용하여 강력한 통제적 권위를 행사하는 공적인 권위 당국으로부터 시민들을 보호한다고 한다. 그럼에도 불구하고 우리는 우리가 필요로 하는 그러한 보호를 해커들이 제공할 수 있는가를 검토해 보고, 해커들에게 관용을 베푸는 대가가 우리가 받는 보호만큼의 가치가 있는지를 물어야 한다. 즉, 해커들이 문제를 해결하고 있는지, 더 악화시키고 있는지를 따져 보아야 한다는 것이다. 사실 우리는 해커들의 힘을 빌리지 않고도 정부나 조직체의 데이터 남용과 감시를 모니터할 수 있는 몇 가지 선택 가능한 방법을 생각할 수 있다. 이를테면 데이터베이스를 모니터하고 위반자를 기소할 수 있는 권한을 지닌 국가 데이터 보호 위원회를 설립한다거나 컴퓨터 전문가들에게 데이터 남용이나 비밀 감시에 대한 증거를 제출하도록 하는 특별 의무를 부과할 수도 있을 것이며, 컴퓨터 사용자들이 시스템과 파일을 남용하지 않으면서 감시하도록 하

는 사회적 협약을 발전시킬 수도 있을 것이다.

그러나 이 같은 가능한 방법들에도 불구하고 해킹을 관용하거나 옹호함으로써 그들의 보호를 받는다고 하는 것은 비생산적이고도 위험하다. 그러한 행위는 하나의 문제를 해결하기 위해 또 하나의 문제를 만들어 내는 결과를 가져오기 때문이다. 해커들의 행위를 인정함으로써 정부나 상업적 이익 집단에 의한 비밀스런 감시와 데이터 남용에 대한 걱정은 덜 수 있을지 모르지만 또 다른 감시자, 즉 해커들을 두려워하게 될 것이다. 그들은 우리의 파일을 한 번씩 보려고 할 것이고, 보호라는 명분하에 시스템 사이를 거침없이 배회할 것이다. 그러므로 그것은 다른 방법으로 얼마든지 해결할 수 있는 문제를 세련되지 못한 방법으로 값비싸게 해결하려는 것이다.

결국 지금까지의 논의를 통해 우리는 해커들의 행위를 정당화하는 논거들이 얼마나 취약하고 위험한 것인가를 알 수 있었으며, 이제는 컴퓨터 범죄를 해결하기 위해 어떻게 해야 하는지 그 방법을 모색해야 할 것이다.

그렇다면 우리가 할 수 있는 일은 무엇일까? 온라인 범죄와 컴퓨터 오용을 최소화하고 사이버 공간을 네티즌에게 유익한 것으로 만들기 위해 우리가 할 수 있는 일은 무엇인가? 컴퓨터 범죄와 오용에 대한 접근법이 크게 두 가지 차원에서 이루어지고 있는 것처럼, 그 해결책에 있어서도 두 가지 접근법이 있다. 그 하나는 기술적인 접근으로, 범죄와 오용이 무엇보다도 기술이 취약하기 때문에 발생하는 것으로 간주되므로 문제 해결을 위해 기술의 개선을 강조한다. 다른 하나는 인간적인 접근으로, 범죄 행위를 하는 주체인 인간에게 문제의 원인이 있다고 보아 사이버스페이스에서의 인간의 행위를 바꾸는 데에서 그 해결책을 찾는다. 여기서는 인간적인 접근으로 해결 방안을 모색할 것이며, 인간적인 접근은 더 좋은 입법, 비공식적인 사회적 태도와 규약의 변경, 컴퓨터 기술을 책임지고 있는 전문직의 변화 및 교육 등을 포함하고 있다.

- **입법**: 지금까지 해킹에 따른 문제를 다루어 온 가장 기본적인 방법 가운데 하나로는 법이 있다. 컴퓨터 범죄에 관해서는 짧은 기간 동안 매우 많은 법률들이 제정되고 발달해 왔지만, 그러한 법률들은 여전히 복잡할 뿐만 아니라 그 범위가 좁고 내용도 모호하여 여기저기 빠져 나갈 구멍을 많이 가지고 있다. 그러므로 더 나은 법률을 만들기 위해 계속해서 수정·보완하고 생성하는 노력을 게을리 해서는 안 될 것이다.

- **선린협약**_good neighbor conventions_: 컴퓨터화와 관련된 우리의 자세나 사회적 협약은 사용자들에게 어떤 형태의 행위는 용인될 수 없다는 사실을 명백히 하는 것이다. 그 가운데 한 가지 방법은 컴퓨터화 되고 있는 우리 공동체 내에 "선린 정책"을 발전시키는 것이다. 사용자들은 의심스러운 행위를 보았을 때 이를 주시하고 그것을 관련된 개인들 — 개인 사용자들이나 시스템 운영자들 — 에게 알려 줄 수 있어야 할 것이다. 시스템 사용자들은 온라인상에서 일어나고 있는 일들과 시스템을 향상시키기 위한 방안에 대해서 주기적으로 토론할 수도 있을 것이다. 컴퓨터 사용자들이 그들 간의 비공식적인 합의들을 발전시키고, 자신들이 만든 공동체 내에서 필요한 시민 의식을 성숙시킨다면 계속되는 해킹 문제를 줄이는 데 효과가 있을 것이다. 결국 가장 필요한 것은 컴퓨터 사용자들이 스스로 책임 의식을 갖고 자신들이 만든 협약을 준수하는 것이다.

- **교육**: 컴퓨터 사용자들에게 가장 절실히 요청되는 것은 온라인상에서 그들이 한 행위와 그것이 다른 사용자들에게 미칠 영향 사이의 관계를 이해하는 것이다. 이러한 연계성이 분명

히 인식될 때 사용자는 승인받지 않은 접속, 벌레나 바이러스를 이식하는 것, 승인 없이 복제하는 것과 같은 행위가 그릇된 것이라는 점을 깨달을 수 있을 것이기 때문이다. 물론 이것만으로 모든 해커들의 활동을 중지시킬 수 있다고 생각되지는 않지만, 대다수의 사용자들에게 자극을 준다는 점에서는 커다란 효과가 있을 것이다. 사용자들은 초·중등학교뿐만 아니라 대학교의 공식적, 비공식적 프로그램들을 통해서 교육 받을 수 있을 것이다. 컴퓨터 전문가들은 학위 프로그램의 특별 과정을 통해, 그리고 지속적인 교육 프로그램을 통해 영향을 받을 수도 있다.

또한 컴퓨터의 남용 가능성을 잘 알아서 파괴적이고 위험한 행위를 막기 위해 효율적인 새 법안을 개발하고 현행법을 최대한 효과적으로 활용할 줄 아는 입법가와 변호사, 판사 등을 배출하기 위해 법률 공동체에 대한 교육도 실시해야 할 것이다. 그리고 무엇보다 컴퓨터의 선용 가능성과 남용 가능성의 폐해를 모두 잘 알고, 컴퓨터 기술을 올바로 사용하여 건전하고도 유익한 사이버스페이스를 만들도록 국민들에 대한 교육도 충실히 이루어져야 할 것이다.

그러므로 우리는 해커의 행위를 판단하는 데 있어 맹목적인 지지나 비난에 빠져서는 안 될 것이다. 해킹이 파괴적이고, 위험하며 정당화될 수 없는 것도 사실이지만, 그렇다고 현재의 사이버스페이스에 대해 무비판적인 태도를 갖는 것도 좋지 않다. 사이버스페이스는 앞으로도 더 발전되고 개선되어야 할 여지를 지니고 있으며, 그것이 지나친 간섭과 과도한 소유 의식으로 황폐화되지 않도록 우리 스스로도 관심을 가져야 할 것이다.

9. 정보 사회에서의 네티켓

네티켓netiquette이란 온라인 커뮤니케이션에서 '해야 할 것'과 '해서는 안 되는 것'을 담고 있는 네트워크 에티켓network etiquette을 의미한다. 네티켓은 온라인에서의 통상적인 예절과 사이버 공간에서의 비공식적인 규칙들을 포괄하고 있다. 원래 에티켓이란 말은 사회적·공식적 삶에 필수적인, 권위에 의하여 규정된 혹은 좋은 가문에 필수적으로 요구되는 예절을 의미한다. 어원상으로 볼 때, 에티켓이란 말은 티켓ticket에 해당하는 프랑스어에서 유래된 것이다. 그러기에 어떤 사람이 특정한 사회나 집단을 위한 에티켓을 알고 있다면, 그 사람은 그곳으로 들어갈 수 있는 티켓을 가지고 있다는 것을 의미한다. 그러므로 네티켓은 컴퓨터와 통신 기술이 만들어 낸 사이버 공간에서의 에티켓을 의미한다(추병완, 2000b).

이러한 네티켓의 필요성을 이해하기 위해서는 사이버 공간의 특징을 이해할 필요가 있다. 첫째, 사이버 공간은 익명성에 의해 지배되는 문화 공간이다. 사이버 공간에 참여하는 사람은 익명성을 유지할 수 있다. 즉, 자신의 정체(모습, 실명, 나이, 신분, 성별, 학력 등)의 일부 또는 전부를 상대방이 모르게 하거나 변조할 수 있다. 물론 이러한 익명성은 사이버 공간에서 솔직하게 의견을 개진하는 데 중요한 기능을 한다. 적어도 의사소통에 있어서 익명성은 자유로운 대화를 촉진하고 평등한 분위기를 조성하는 데 기여할 수 있는 장점이 있다. 또한 사이버 공간에서의 익명성은 개인들에게 대안적 자아를 창출하고 그 가능성을 시험하며, 자신의 새로운 면모를 발견하게 하는 긍정적 효과를 지니고 있다(한규석, 1999).

그러나 익명성은 행동의 탈억제를 수반하기도 한다.[1] 상대를 알지 못하지만 상대에게 알려지지도 않은 사람들 간의 만남은 사회적 관습과 자신의 정체성이라는 중력에서 벗어나 일탈 행동을 하기 쉽게 만든다(홍성태, 2000). 얼굴과 얼굴을 마주하는 사회에서는 결코 상대방을 함부로 대할 수 없다. 그러나 나의 정체가 드러나지 않는 비대면적 만남 속에서의 익명성은 상대방을 공격하는 무기로 쉽게 변할 수 있는 약점이 있다. 더구나 사이버 공간에서는 자신의 행동에 대한 물리적 보복이 쉽게 이루어질 수 없기 때문에, 자신의 모습을 숨긴 채 마음 놓고 상대방을 공격하는 것이 가능하다.[2]

둘째, 사이버 공간은 개방성과 평등성이 보장되는 공간이다. 사이버 공간의 시공간적 초월성으로 인해 공간에 존재하는 거의

---

1) 사이버 공간에서는 사회적 맥락이 드러나지 않기 때문에 사람들은 자신의 행위를 덜 절제하게 된다. 또한 문자를 이용하여 자신의 의사를 전달하기 때문에 표현의 기제가 부족하여 자칫 서로의 감정을 상하게 하기 쉽다. 따라서 사이버 공간에서 사람들은 감정의 절제가 약해지고, 언어가 거칠어지며, 상대방에 대한 비판이 심해지고, 적대적이 되는 경향이 있다.

2) 사이버 공간의 이용자들은 언제 어디서든지 관계의 고리를 끊고 사라질 수 있으며, 언제든지 리셋reset하여 다시 시작할 수 있다. 개인의 필요에 따라서 관계를 좌우할 수 있기 때문에, 사회적 유대를 형성하기 어렵고 공동체적 연대감이 결여되기 쉽다. 그리고 이러한 공동체적 연대감의 결여는 가상공간에서 일탈을 통제하는 사회적 힘의 약화를 초래하게 된다(류승호, 1998).

모든 정보와 그것의 교류가 누구에게나 허용되는 개방성을 지니게 된다. 사이버 공간에서는 정보의 공유 및 개방이 손쉬우며, 정보의 유통을 당연한 원칙으로 여긴다. 사이버 공간에서는 이러한 개방성이 원칙이지만, 개방될 수 없는 정보들이 존재하기 때문에 사이버 공간에서는 이를 폐쇄적으로 유지하기 위한 노력과 이를 부수려는 해커들의 대결이 치열해질 수밖에 없다.

또한 사이버 공간에서는 구성원들 사이에 수평적인 관계가 존재한다. 사이버 공간에서는 각 개인의 사회적 지위, 권력, 권위 등을 나타내는 사회적 맥락이 제공되지 않기 때문에 지위가 높은 권위자의 영향력이 상대적으로 줄어들 수밖에 없다. 전자 민주주의가 진정한 민주주의의 형태라고 각광을 받는 이유는 바로 가상공간이 이 같은 정보의 개방성과 참여자의 인격적 평등성을 구현시켜 주고 있기 때문이다. 이처럼 사이버 공간에서는 사회 맥락적 단서의 부족으로 인해 메시지를 보낸 사람에 대해서는 별다른 주의를 기울이지 않고 주로 메시지 자체에 많은 주의를 기울이고 의미를 부여하게 된다. 사이버 공간에서 발생하는 각종 인간관계의 형성과 유지는 주로 메시지의 내용에 의해서 결정된다. 따라서 문서 중심의 의사소통 기술, 네트워크 사용 경력 및 빈도, 컴퓨터 소양computer literacy이 높은 사람일수록 타인에게 더 많은 영향력을 줄 수 있다. 그러나 자신의 문서 중심 의사소통 기술이나 컴퓨터 소양을 앞세워 타인의 의견을 일방적으로 무시·비방하거나, 초심자의 서툰 온라인 행동을 일방적으로 몰아세우는 일탈 행동이 쉽게 일어날 수 있는 문제점을 갖고 있다. 또한 상대방을 직접 대면하지 않은 가운데 주로 문자를 통해 의사소통이 이루어지기 때문에 메시지가 비인격적인 것이 되고, 필요 이상으로 강력한 자기주장을 담기 쉬워진다. 그러다 보니 가상공간에서는 상대방의 인격과 권리를 무시하는 방식의 소통 행위가 쉽게 일어날 수 있다.

이렇게 볼 때, 컴퓨터를 통한 의사소통을 지배하는 최소한의 공유된 규준이 없다면, 사이버 공간은 무법천지가 될 위험성이 많은 공간이다. 따라서 네티켓은 사이버 공간의 붕괴를 막기 위한 최소한의 자발적 장치인 셈이다. 네티켓은 질서가 서 있지 않은 사이버 공간에 질서를 정립하기 위한 네티즌의 사회 계약인 동시에, 타인을 존중하고 배려하는 마음가짐과 태도를 있는 그대로 보여 주는 양심의 상징이다.

하지만 정부나 기업에서는 지금까지 컴퓨터 보급 확산과 이용자 확대에만 급급했을 뿐 올바른 컴퓨터 사용법을 가르쳐 주는 데에는 너무나 인색했다. 교사와 학부모들도 마찬가지였다. 교사들은 컴퓨터 조작 기능을 길러 주는 데에만 관심을 집중했으며, 학부모들은 내 아이가 행여 정보화에 뒤지지 않을까 하는 심리적 압박감에서 성능 좋은 컴퓨터를 사 주는 데에만 골몰해 왔다. 때문에 적지않은 청소년들이 거리의 불량배처럼 사이버 공간의 불량배로 전락하고 말았다.

네티켓은 사이버 공간에서의 인간다움을 유지하기 위한 약속인 동시에, 네티즌들이 정보의 바다를 안전하게 헤쳐 나갈 수 있게 해주는 일종의 고무 튜브와 같은 것이다. 험하고 무한히 넓은 정보의 바다를 우리의 청소년들이 아무런 구명 장치 없이 헤쳐 나간다는 것은 아주 무모하면서도 위험한 일이다. 그러나 고무 튜브가 있다면 험한 바다 속에서도 어느 정도 안전을 유지할 수 있다. 고무튜브를 이용해 험한 바다에서도 수영을 할 줄 아는 단계에 도달한 사람들이 초심자들에게 구명보트를 친절하게 나누어 주고 바다에서 수영하는 방법을 가르쳐 주는 문화가 형성된다면 우리는 서로의 인격을 존중하는 건전한 정보 문화를 창출할 수 있을 것이다. 현실 세계와 가상 세계는 여러 면에서 다르기 때문에 초심자들이 기존에 가지고 있는 예절과 상식만으로 가상 세계에 들어가면 혼란을 느끼게 된다. 네티켓은 그러한 초심자들의 혼란을 최소화시켜 주면서 인간미가 넘치는 온라인 공동체를 형성시켜 주는 역할을 수행한다.

1. 네티켓의 핵심 규칙

오늘날 많은 학자들과 네티즌들은 나름대로 네티켓에 대해 말하고 있다. 따라서 네티켓은 이미 정형화된 틀로서 존재한다기보다는 형성 과정에 있다고 보아야 한다. 네티켓은 서로의 인격을 존중하는 건전한 정보 문화를 만들어 내기 위해 우리의 숙고와 합의에 바탕을 두고 계속 만들어지는 것이라고 보는 것이 바람직하다. 세어(Shea, 1995)는 우리가 사이버 공간에서 지녀야 할 행동 양식을 일목요연하게 제시해 주고 있다. 그녀가 제시하고 있는 "네티켓의 핵심 규칙"은 다음과 같다.

① 인간임을 기억하라. 가상공간에서 우리가 명심해야 할 가장 기본적인 태도는 상대방이 나와 같이 생각을 하고 있는 실제 인간이라는 점이다. 많은 사람들이 컴퓨터를 매개로 하여 대화할 때, 단지 눈앞의 컴퓨터 스크린만을 보기 때문에 상대방이 인간임을 간과하는 경우가 있다. 또한 서로 대면하지 않고도 의사를 전달할 수 있는 매체의 특성과 익명성은 간혹 사람들로 하여금 음란하고 무례한 행동을 유발하기도 하고, 실생활에서는 허용되지 않는 부분까지도 허용된다는 착각을 불러일으킬 수 있다. 따라서 통신상에서 글을 게재하거나 메일을 띄울 때, "나는 지금 사람의 얼굴을 마주하고 이야기하고 있

는가?"라는 질문을 스스로에게 던져볼 필요가 있다.

② 실제 생활에서 적용되는 것과 똑같은 기준과 행동을 고수하라. 대부분의 사람들은 실생활에서는 어떠한 처분이나 적발의 두려움 때문에 나름대로 법을 준수하지만, 사이버 공간에서는 윤리 기준이나 인간적인 행동 규범의 적용을 덜 받는다고 생각하기도 한다. 이로 인한 혼란은 이해가 가지만, 이러한 생각은 잘못된 것이다. 사이버 공간에서의 행동 기준은 다소 차이가 있지만, 실생활에서보다 규제가 적은 것은 아니기 때문이다. 만일 사이버 공간에서 윤리적인 딜레마에 빠질 경우, 실생활에서 지켜지는 규범을 참고하여 적절한 해결책을 찾는 것이 바람직하다. 그렇지 않다면, 사이버 공간은 홉스Hobbes가 말하는 '자연 상태'에 이르게 될 것이기 때문이다.

③ 현재 자신이 사이버 공간의 어떤 곳에 접속해 있는지를 알고, 그곳의 문화에 어울리게 행동하라. 네티켓은 해당 영역마다 다양하다는 것을 알아야 한다. 어떤 영역에서는 허용되는 것이 다른 영역에서는 몹시 무례하다고 판단될 수 있다. 이처럼 서로 다른 영역에서는 네티켓 또한 다르기 때문에 자신이 어느 곳에 접속해 있는지를 아는 것이 매우 중요하다. 따라서 사이버 공간에 새롭게 참여하고자 할 때에는 그 환경을 잘 파악하여야 한다. 대화하는 것을 상세하게 들어 보거나 게재된 글을 읽어 보면서 그곳에 소속된 사람들과 그들의 생각을 파악하고 난 후에, 직접 참여하는 것이 바람직하다.

④ 다른 사람의 시간을 존중하라. 메일을 보내거나 토론 그룹에 글을 올릴 때, 다른 사람들의 시간에 대해 충분한 배려를 하는 것이 필요하다. 즉, 글을 읽는 다른 사람들이 시간을 허비하지 않도록 하는 것은 글을 올리는 사람들 각자의 책임이다. 특히 시간과 대역폭(사이버 공간에서 모든 사람들이 통신 회선과 채

널을 통해 정보를 가져오는 데 소요되는 시간이나 저장 용량)을 잘 감안해야 한다. 따라서 글을 올리기 전에 다른 사람들이 진정으로 그것을 알고 싶어 하는지를 따져 보아야 하며, 만일 다른 사람들이 원하지 않는 정보라면, 그들의 시간을 빼앗지 않도록 주의해야 한다.

⑤ 온라인에서 자신을 근사하게 만들어라. 온라인에서는 익명성이라는 특성으로 인해 자신의 외양이나 행동보다는 그 사람이 쓴 글의 수준에 따라 평가를 받게 된다. 따라서 글의 내용에 주의를 기울이고, 자신이 무엇에 관해 말하는가를 명확히 하는 것이 중요하다. 따라서 자신이 쓴 글을 명확하고 논리적으로 만들려는 노력을 해야 한다. 또한 공격적인 언어의 사용을 자제하고, 기분 좋고 정중한 표현을 사용해야 한다.

⑥ 전문적인 지식을 공유하라. 사이버 공간의 힘은 바로 그 수에 있다. 온라인에서 질문을 하면 수많은 지식을 보유한 사람들이 그 질문을 읽게 되고, 그들 중 일부만이 재치 있는 답변을 하더라도 세계의 지식을 모두 모아놓은 듯한 효과를 가져 온다. 내가 아는 무언가를 공유하고자 할 때, 그것이 남에게 큰 도움이 되지 않을 것이라고 미리 두려워할 필요는 없다. 특히 내가 질문한 것에 대한 결과를 공유하는 것은 예의 바른 것이다. 자신이 지닌 지식을 타인들과 공유하는 것은 즐거운 일이다. 이것은 네트워크상의 오랜 전통이며, 세상을 좀 더 좋게 만들어 주는 역할을 한다.

⑦ 논쟁은 절제된 감정 아래 행하라. 논쟁은 어떤 격렬한 감정을 절제하지 않고 강하게 표현할 때 생겨난다. 논쟁은 오랜 기간 지속되어 온 관행이며, 많은 흥미를 유발시킬 수 있는 요소로 네티켓에서는 이를 허용하고 있다. 하지만 논쟁을 지속시키는 것은 금하고 있다. 논쟁의 시작 단계에서는 많은 사람들의

흥미를 끌 수 있으나, 격렬한 논쟁이 지속될 경우 이에 끼어들고 싶지 않은 사람들은 곧 싫증을 내게 된다. 따라서 지속적인 논쟁은 토론 그룹의 분위기를 나쁘게 하거나 구성원들 사이의 우애를 깨뜨릴 수 있으므로 각별히 유의해야 한다.

⑧ 다른 사람의 사생활을 존중하라. 아무리 사이버 공간에서 이루어지는 것이라고 할지라도, 다른 사람의 사생활을 존중하는 마음이 없는 것은 단지 네티켓에만 어긋나는 것이 아니다. 그것은 또한 자신의 일에도 큰 피해를 주게 되므로 이메일을 비롯한 상대방의 정보를 훔쳐보거나, 허가 없이 복사하여 배포하는 등 타인의 사적인 영역을 함부로 침범해서는 안 된다.

⑨ 자신의 권력을 남용하지 말라. 사이버 공간에서 어떤 사람들은 다른 사람들보다 더 많은 권한을 가진다. 일상 사무에 능하거나 모든 시스템을 관리하는 사람처럼 다중 사용자 영역에서 재능을 보이는 사람들이 있다. 다른 사람들보다 잘 안다거나 다른 사람들보다 더 많은 권한을 지닌다고 해서 다른 사람들을 이용할 수 있는 권리가 부여되는 것은 아니므로 자신에게 부여된 권한을 함부로 남용해서는 안 된다.

⑩ 다른 사람의 실수를 용서하라. 누구나 처음에는 네트워크 초보자이다. 따라서 누군가 실수를 할 때에는 그것에 관해 친절을 베풀 줄 알아야 한다. 만일 그것이 아주 사소한 실수라면 그냥 넘기도록 하고, 비록 그것이 크다고 느껴질지라도 정중하게 그것을 지적해 주어야 한다. 타인의 실수를 지적함에 있어서도 신중하게 다시 생각하도록 하고, 공개적이 아닌 개인적인 메일을 보내도록 한다. 또한 의심이 가는 부분들에 대해서는 그들이 단지 더 좋은 무언가를 알지 못했다고 가정하고, 그것을 좋게 해석해 주는 것이 바람직하다.

2. 사용 영역별 네티켓 수칙

앞에서 부분적으로 설명한 바와 같이 네티켓은 사용 영역에 따라 상이한 특징을 갖고 있다. 여기서는 리날디(Rinaldi, 1996)의 분류 방식 및 지침을 참고하면서, 우리 청소년들이 가장 많이 사용하고 있는 영역의 네티켓 및 학교의 전산실이나 PC방 같은 공용 컴퓨터를 사용할 때의 네티켓 수칙에 대하여 알아보고자 한다(정국환, 1997; 추병완, 2000b).

① 이메일을 사용할 때의 네티켓
- 날마다 메일을 체크하고 중요하지 않은 메일은 즉시 지운다.
- 자신의 ID나 비밀 번호를 타인에게 절대 공개하지 않는다.
- 메시지는 가능한 짧게, 읽기 편하게 요점만 작성한다.
- 본인이 누구인지 자신을 분명하게 밝힌다.
- 이메일은 회수가 불가능하다는 것을 기억해야 한다.
- 메일을 보내기 전에 주소가 올바른지 다시 한 번 확인한다.
- 흥분한 상태에서는 메일을 보내지 않는다.
- 제목만 보고도 내용을 짐작할 수 있도록 적절한 제목을 사용한다.
- 제목은 메시지 내용을 함축하여 간략하게 써야 한다
- 자신의 신분을 미리 밝히고 메일을 보낸다.
- 타인에게 피해를 주는 비방이나 욕설을 하지 않는다.
- 행운의 편지, 메일 폭탄 등에 절대 말려들지 않는다.
- 자신이 받은 메일을 보낸 사람의 허락을 받지 않고 다른 사람에게 다시 전송하지 않는다.
- 용량을 줄여 수신자가 바로 열어 볼 수 있게 한다. 그림 파일은

가능한 한 jpg 등 용량이 적은 파일 형태로 바꾸어서 보내거나 압축해서 보낸다.

② 대화방에서의 네티켓
- 마주 보고 이야기하는 마음가짐으로 임한다.
- 자기 자신을 먼저 소개한 후에 대화에 참여한다.
- 만나고 헤어질 때에는 인사를 한다.
- 진행 중인 대화의 내용과 분위기를 파악한 후 대화에 참여한다.
- 대화에서는 모두에게 '님' 자를 붙이고 존칭을 사용한다.
- 초보자가 들어올 경우 여유 있게 기다려 주며, 친절하게 가르쳐 준다.
- 같은 내용의 말을 한꺼번에 계속 반복해서 치지 않는다.
- 동시에 몇 사람과 이야기할 때에는 상대방을 혼동하지 않도록 조심한다.
- 지극히 개인적인 논조는 피한다.
- 광고, 홍보 등의 목적으로 악용하지 않는다.
- 유언비어, 속어와 욕설, 음란성 대화를 금한다.
- 상호 비방의 내용이나 타인의 명예를 훼손시킬 우려가 있는 내용은 금한다.
- 이모티콘(예: :-) 미소, ;-) 윙크)이나 기호들을 적절히 사용하여 센스 있고 미소를 자아내는 대화를 유도한다.
- 다른 사람의 아이디로 접속하여 대화하지 않는다.

③ 게시판 네티켓
- 게시판의 글은 명확하고 간결하게 쓴다.
- 게시물의 내용을 잘 설명할 수 있는 알맞은 제목을 사용한다.
- 문법에 맞는 표현과 올바른 맞춤법을 사용한다.

- 다른 사람이 올린 글에 대한 지나친 반박은 삼간다.
- 사실 무근의 내용을 올리지 않는다.
- 자기 생각만을 고집함으로써 상대방에게 불쾌감을 주지 않도록 배려한다.
- 타인의 아이디를 도용하거나 다른 사람의 신상 정보를 누출하지 않는다.
- 같은 글로 도배하지 않는다.
- 게시물을 올리기 전에 해당 게시판의 공지 사항을 미리 확인하고, 가능하면 각 게시판의 성격에 맞는 글을 올린다.
- 욕설, 음란한 내용, 장난 글, 내용이 없는 글, 타인의 저작권을 침해하는 글을 올리지 않는다.

④ 공개 자료실 네티켓
- 상업용 소프트웨어를 올리지 않는다.
- 음란물을 올리지 않는다.
- 공개용 소프트웨어를 올리기 전에는 반드시 바이러스 감염 여부를 점검한 후 올린다.
- 유익한 프로그램이나 자료를 받았을 때에는 그 자료를 올린 사람에게 감사의 편지를 보낸다.
- 공개 자료실에 등록하는 자료는 가급적 압축한다.

⑤ 웹 문서 작성 네티켓
- 문서상에 아주 큰 그래픽 이미지를 넣지 않는다. 불가피할 경우 그림명과 크기를 표시하고 이를 선택할 경우에만 접속할 수 있도록 한다.
- 비디오나 오디오 파일을 포함시킬 경우 파일 크기를 미리 알려 사용자가 내려 받는 데 걸리는 시간을 추측할 수 있도록 배려한

다.

- URL은 표준 표기를 따르도록 하고, 자꾸 바꾸는 것을 삼간다.
- URL이 불명확할 경우 도메인 주소를 먼저 액세스access 해본다.
- 문서가 단지 그래픽으로만 구성되었더라도 그래픽을 액세스하지 못하는 웹브라우저 사용자를 위해 URL 내에 텍스트 링크를 포함시킨다.
- HTML 문서 하단에 작성자 이메일 주소를 넣어, 사용자와의 대화의 통로를 열어 둔다. 또한 방명록에 기재를 바라는 곳에서는 가급적 자신의 코멘트나 사인을 남긴다.
- 문서 작성자는 최소한 일주일에 한 번 이상은 갱신해야 하며, 항상 최신 수정일을 문서 내에 반드시 포함시켜 그 문서가 계속 운영되고 있음을 사용자에게 알려 준다.
- 자신의 고유한 저작물에 대해서는 상표나 저작권 사항을 반드시 표시한다.
- 웹서버가 설치중인지, 실험용인지, 공식적인지를 명시하여 사용자의 혼란과 오해를 줄인다.
- 사용자가 원하는 정보에 접근하는 데 너무 많은 화면을 거치지 않도록 한다.

⑥ 공용 컴퓨터를 사용할 때의 네티켓
- 아이디와 비밀 번호를 남겨 두지 않는다.
- 오랫동안 컴퓨터를 독점하여 사용하지 않는다.
- 컴퓨터의 환경 설정을 함부로 변경하지 않는다.
- 다른 사람이 사용할 수 없도록 암호를 걸어 놓지 않는다.
- 설치되어 있는 프로그램 위치를 뒤바꾸거나 삭제하는 일이 없도록 한다.

- 장치에 장애가 발생했을 경우에는 다른 사용자들에게 알려 더 이상의 피해가 발생하지 않도록 하고, 즉시 운영자에게 알려 보수할 수 있도록 한다.

⑦ 홈페이지를 작성할 때의 네티켓

- 홈페이지의 html 문서에 지나치게 큰 그래픽 이미지를 넣지 않는다. 꼭 큰 그림이 필요하다면, 해당 그림을 필요한 사람들만 볼 수 있도록 작은 그림 속에 링크시켜 두는 것이 좋다. 전용선을 사용하는 이용자들도 있지만, 모뎀을 이용해서 어렵게 인터넷에 접속하는 이용자들도 많다는 것을 생각해야 한다.
- 홈페이지에 비디오나 오디오 파일을 게시할 경우, 파일의 크기(예, 10Kb 혹은 2Mb)를 분명하게 적어 두어야 이용자들이 그 파일을 내려 받는 데 걸리는 시간을 예상할 수 있다.
- 사이트 이름과 URL을 일치시키는 것이 좋다. 검색 엔진을 통해 정보를 찾는 사람들은 해당 사이트의 성격과 URL을 함께 연상하기 때문이다.
- 그래픽 파일이 많은 홈페이지는 텍스트 전용 모드를 따로 설정해 두는 것이 좋다. 외국 이용자들의 경우 아직도 그래픽을 지원받지 못하는 웹브라우저를 사용하는 경우가 많고, 모뎀 이용자들의 경우 그래픽이 많은 홈페이지는 부담스러울 수밖에 없기 때문이다.
- 문서 소스의 태그에 실제 URL을 적어 주는 것이 좋다. 그래야 그 홈페이지를 프린터로 출력한 이용자들이 나중에도 그 자료의 출처를 알 수 있기 때문이다.
- 홈페이지의 최근 업데이트 날짜를 적어 주는 것이 좋다. 그래야 해당 홈페이지의 이용자들이 홈페이지를 다 돌아보지 않아도, 새로운 내용의 여부를 알 수 있다.

- 저작권 도용, 음란물, 사이버 매춘, 연쇄 메일 등 타인에게 피해를 줄 수 있는 내용은 일종의 범죄 행위이다. 해당 정보의 이용에 따른 법적 책임은 홈페이지의 운영자에게 있다는 사실을 명심해야 한다.

⑧ 인터넷 게임 네티켓

- 게이머도 일종의 스포츠맨임을 인식해야 한다. 단순히 오락이나 여가 활용으로 게임에 임하지 말고, 스포츠나 레포츠의 한 분야임을 인식하고 스포츠맨십을 가져야 한다.
- 상대방에게 항상 경어를 사용한다.
- 이겼을 때는 상대를 위로하고 졌을 때는 깨끗하게 물러서야 한다.
- 매일 본다고 상대를 존중하는 것을 잊어서는 안 된다.
- 게임 중에 일방적으로 퇴장하는 것은 무례한 일이다. 자신이 게임에 불리하다고 접속을 끊어서는 안 된다. 다른 일이 있어서 나가야 할 때는 반드시 인사말로 양해를 구해야 한다.
- 온라인 게임은 온라인에서 끝나야 한다. 게임의 포인트를 돈을 주고 사거나, 사행성 오락(화투, 포커 등)으로 돈을 벌 생각을 해서는 안 된다.
- 인터넷에 너무 집착하거나 열중해서 학교 공부나 일상생활에 지장을 주어서는 안 된다.

3 부
정보 윤리 의식 함양을 위한 교육

10. 정보 윤리 교육의 기본 원칙

최근 인터넷상에서의 청소년들의 일탈 행동이 증가하면서 정보 윤리 교육이 강조되고 있다. 정보 윤리 교육이란 정보 사회에서 요구되는 윤리 의식의 함양을 목적으로 하는 교육을 의미한다. 즉, 정보 윤리 교육은 학생들로 하여금 정보 사회에서 책임 있는 한 구성원으로서 존재하는 데 필요한 윤리적 삶의 양식을 지니게 하는 데 그 목적을 두고 있다. 정보 윤리 교육이 이 시대의 또 다른 교육적 유행으로 끝나지 않으려면 무엇보다 기본 원칙에 충실한 교육이 되어야만 한다. 정보 윤리 교육이 견지해야 할 기본 원칙을 밝히면 다음과 같다.

첫째, 정보 윤리 교육은 기본 교육basic education이다. 우리는 흔히 정보 윤리 교육은 도덕과나 컴퓨터 관련 교과에서 다루어야 할 교육 과정의 부수적인 한 분야로 간주하는 경향이 있다. 그러나 이것은 절반의 진리에 불과하다. 물론 도덕과나 컴퓨터 관련 교과가 정보 통신 윤리를 위한 핵심 교과임에는 틀림없으나, 그렇다고 해서 다른 교과나 교과 외 활동이 정보 윤리 교육과 전혀 무관한 것은 아니다. 정보 윤리 교육은 학교 교육 과정의 모든 측면에서 다루어져야 할 기본 교육이다.

둘째, 정보 윤리 교육은 균형 교육balanced education이다. 정보 윤리 교육은 균형성의 원칙에 입각하여 실행되어야 한다. 이것은 두 가지 의미를 지니고 있다. 첫 번째 의미는 정보 윤리 교육이 정보 통신 윤리에 대하여 아는 것, 믿는 것, 행동하는 것의 조화를 추구하여야 한다는 뜻이다. 즉, 정보 윤리 교육은 정보 기술이 수반하는 윤리적 문제에 대해 올바르게 인식하고, 정보 윤리 원칙을 추구하고자 하는 열망을 지니며, 네티즌으로서의 책임과 의무를 다하려는 자세를 심어 주는 데 초점을 맞추는 균형 교육이 되어야 한다. 두 번째 의미는 정보 윤리 교육이 정보화의 긍정적인 측면과 부정적인 측면을 균형 있게 다루어야 한다는 뜻이다. 지금의 정보 윤리 교육은 정보화의 역기능에 대처하기 위한 대응 방안을 제시하는 데에만 초점을 맞추고 있다. 물론 그러한 역기능에 대처하기 위한 대응 방안의 제시도 중요하지만, 정보화의 긍정적인 측면을 조명하고 그러한 측면을 어떻게 유지 · 발전시켜 나가야 할 것인지에 대한 성찰과 결단을 요구하는 교육도 마땅히 강조되어야 한다.

셋째, 정보 윤리 교육은 공동체 교육education for community이다. 정보 사회가 도래하면서 물리적으로는 분리되어 있지만 공통의 신념과 활동을 같이하는 사람들의 다양한 집합체 형성이 가능해졌다. 그러나 한편으로는 게마인샤프트적인 인간관계가 해체되고 개별적이고 고립적인 인간관계가 생길 수 있는 소지가 커지고 있다. 그러므로 정보 윤리 교육은 전통적인 공동체와 가상 공동체의 일원으로서 올바르게 존재하는 방법을 동시에 가르쳐 주는 교육이 되어야만 한다.

넷째, 정보 윤리 교육은 다문화 교육multicultural education이다. 사이버 공간은 익명성과 쌍방향성 그리고 물리적 거리physical distance에 의해 이루어지는 새로운 삶의 공간이다. 정보 윤리 교육은 서로 상이한 가치관과 생활 방식을 지닌 네티즌들이 사이버 공간에서 함께 어우러져 살기 위한 방법을 모색하기 위한 교육이다. 사이버 공간에서 네티즌들이 서로 신뢰하고 유익한 정보를 소통하며 공존해 나가기 위해서는 문화적 인식cultural awareness이 바탕이 되어야 한다. 정보 윤리 교육에서 우리는 공동체 교육을 통하여 일치와 통일성을 강조하면서, 다문화 교육을 통하여 차이와 다양성의 존중을 강조해야만 한다. 국경의 장벽이 없는 사이버 공간에서 책임 있는 네티즌으로 생활하도록 하기 위해서는 사고와 행동의 다양성을 수용할 수 있는 열린 마음을 지니고 있어야 하므로 정보 윤리 교육은 다문화 교육의 형태를 띠어야 한다.

다섯째, 정보 윤리 교육은 정체성 교육education for identity이다. 정보화는 일상생활의 이중화를 초래하고 있다. 정보 통신 기술이 만들어 낸 사이버 공간으로 말미암아 우리는 현실 세계와 사이버 세계를 오가는 이중적인 생활을 할 수 있게 되었다. 특히 사이버 세계에서는 현실 세계와는 다른 사이버 자아의 형성이 가능하기에 자신의 정체성을 지켜 나가는 것이 더욱 어려워지고 있다. 물론 사이버 공간은 개인이 자신의 역할과 모습을 다양하게 실험할 수 있는 새로운 공간이 될 수도 있다. 현실 공간의 정체성이 단일한 모습을 지향하는 통합적 정체성이라면, 사이버 공간의 정체성은 복합성과 다양성을 특징으로 하는 복합 정체성이다. 정체성을 형성해야 할 중요한 시기에 놓여 있는 청소년들에게 있어서 사이버 공간은 자신의 정체성을 발견하기 위한 다양한 실험을 해보는 무대가 될 수도 있으나, 다른 한편으로는 사이버 공간과 현실 공간을 오가는 가운데 심각한 심리적 혼란과 일탈 행동을 유발하게 만드는 무대가 될 수도 있다. 따라서 정보 윤리 교육은 자아와 인성의 고결함integrity을 유지해 나가도록 도와줄 수 있는 정체성 교육이 되어야만 한다.

여섯째, 정보 윤리 교육은 기술에 바탕을 둔 교육이다. 우리가 가르치고 있고 앞으로 가르치게 될 학생들은 글자 그대로 하이퍼미디어 세대이다. 문자 세대인 우리와는 다른 가치관과 사고방식을 지니고 있다. 따라서 우리는 전통적인 교수 · 학습 방법의 타당성에 대하여 깊이 생각해 보아야만 한다. 깊은 연구 없이 급조된 교재에 제시된 문자 정보를 통하여 교사가 정보 윤리 교육을 할 수 있던 시대는 이미 지나가 버렸다. 일반적으로, 학습자들은 귀로만 들은 정보의 20%, 눈으로 본 정보의 30%, 눈으로 보고 귀로 들은 정보의 50%, 말한 정보의 80%, 말하고 직접 체험해 본 정보의 90%를 기억한다고 한다. 이것은 멀티미디어를 이용한 교수 기법이 학습 과정과 기억 측면에서 상당한 효과가 있음을 단적으로 보여 주는 것이다. 따라서 정보 윤리 교육에서도 정보 사회의 윤리적 문제에 대한 학생들의 이해를 돕기 위해 다양한 기술들을 적극적으로 활용해야 한다.

정보 사회가 인간의 존엄성이 고양되는 사회가 되기 위해서는 무엇보다 그 사회의 구성원들이 정보 사회가 요구하는 덕성을 구비하고 있어야 한다. 정보 윤리 교육은 바로 그러한 특성을 구비하도록 하기 위해 지금 이 순간에 우리가 할 수 있는 가장 값싼 ‘교육적 투자’라고 볼 수 있다. 그리고 그러한 투자가 빛을 발하기 위해서는 무엇보다도 정보 윤리 교육 자체가 앞서 말한 여섯 가지 원칙을 충실하게 따라야만 한다.

11. 정보 윤리 교육의 목표 및 내용

정보 사회가 요구하는 윤리 의식의 함양을 목적으로 하는 정보 윤리 교육은 정보화의 순기능과 역기능에 능동적으로 대처할 수 있는 능력을 길러줄 수 있어야 한다. 그럼에도 불구하고, 기존 교육 과정에서의 정보 윤리 교육이나 현재 각 기관에서 개발한 정보 윤리 교육을 위한 교재들은 정보화의 역기능만을 강조하고 있을 뿐 순기능적 측면과 네티켓, 윤리 원칙 등은 아주 소홀하게 다루고 있다. 특히 일부 교재에서는 정보화의 역기능이 왜 윤리적으로 문제가 되는 것인지에 대한 근거를 제시하지 않은 채 무조건 나쁜 것 혹은 해서는 안 되는 것으로 몰아세우고 있다. 그러다 보니 그러한 역기능적 행위에 깊이 탐닉해 있는 학생들의 관심을 끌 수 없게 되었다.

현재 우리나라에서 정보 윤리 교육은 도덕, 실과, 컴퓨터, 재량 활동 등을 통해 이루어진다. 교육인적자원부는 2000년부터 ICT 소양 교육을 통해 정보 윤리 교육을 실시할 것을 권장하고 있다. 교육인적자원부가 제시하는 ICT 소양 교육의 내용은 5개 영역으로 구분되며, 각 영역은 수준별로 5단계의 내용으로 구성되어 있다.

단계 \ 영역	정보의 이해와 윤리
1단계(1-2학년)	· 정보기기의 이해 · 정보와 생활
2단계(3-4학년)	· 정보의 개념 · 정보 윤리의 이해
3단계(5-6학년)	· 정보 활용의 자세와 태도 · 올바른 정보 선택과 활용
4단계(7-9학년)	· 정보 윤리와 저작권 · 정보 사회의 개념 이해
5단계(10학년)	· 건전한 정보의 공유 · 정보 사회와 일의 변화

표 5. ICT 소양 교육의 "정보의 이해와 윤리" 영역 내용 체계

ICT 소양 교육에서 정보 윤리 교육과 관련 있는 "정보 이해와 윤리" 영역의 목표는 정보와 정보기기, 정보화 사회, 정보 윤리와 저작권에 대하여 이해하고, 필요한 정보를 올바로 선택하고 활용할 수 있도록 하는 것이다.

한편, 7차 교육 과정의 컴퓨터 교과에서 정보 윤리에 관한 내용을 포함하고 있는 과목들로는 중학교의 "컴퓨터," 고등학교의 "정보 사회와 컴퓨터," "컴퓨터 일반" 과목을 들 수 있다. 이러한 과목에 반영되어 있는 정보 윤리 교육 내용을 살펴보면 [표 6]과 같다.

이렇듯 우리나라에서는 정보 윤리 교육의 목표 및 내용이 아직 명료하게 정립되어 있지 못하다. 특히 컴퓨터 교육과 관련하여 여전히 소양이나 기능 위주의 교육이 강조될 뿐, 윤리적 내용은 양과 질 모두에서 만족스럽지 못하다.

한편 한국교육학술정보원에서 개발한 정보 통신 윤리 교육 안내서에 제시된 정보 윤리 교육의 목표 및 내용 체계는 [표 7]과 같다.

급	과목	영역	세부 영역	비고
중	컴퓨터	인간과 컴퓨터	사회 발달과 정보 처리 정보 사회와 컴퓨터 컴퓨터와 윤리	재량활동 선택
고	정보 사회와 컴퓨터	사회발달과 컴퓨터	사회 발달과 정보화 정보화 사회와 정보 산업 생활과 컴퓨터	보통 교과 선택
	컴퓨터 일반	현대사회와 컴퓨터	정보화 사회	상업계 전문교과 필수

표 6. 컴퓨터 교과의 정보 윤리 교육 내용

[표 7]에서도 역시 통신 예절을 제외하고는 대부분 정보화의 역기능만을 부각시키고 있는 실정이다. 정보 사회에서의 바람직한 인간상에 부합하는 윤리 원칙이나 네티켓의 함양을 통하여 역기능에 능동적으로 대처해 나갈 수 있는 자생력을 키워 주기보다는 역기능의 현상을 일방적으로 강조함으로써 균형 감각을 상실하고 있다.

이렇듯 현재의 정보 윤리 교육은 교육 목표와 내용에 있어서 균형성을 상실하고 있다. 정보 윤리 교육이 역기능적인 측면에만 치우칠 경우, 자칫 교육의 대상인 청소년들을 모두 범죄자로 낙인 찍는 잘못을 범할 수 있다. 또한 그러한 방식은 책임 있는 네티즌으로서 존재하는 방법을 가르치는 데 있어 해야 할 것과 해서는 안 되는 것을 자율적으로 선택하여 행동할 수 있는 능력을 키워 주기보다는 일방적으로 설정된 명령의 목록들을 강제적으로 전수하는 형식을 벗어나기 어려워 학생들의 학문적 관심과 학습 동기를 유발하기 어렵게 된다.

그러므로 정보 윤리 교육의 목표와 내용 요소는 마땅히 정보 윤리 원칙과 정보 윤리 교육의 기본 원칙을 충실하게 반영하는 방식으로 재정립되어야만 한다. 이러한 관점에서 이 책에서 제시하

구분	교육 목표	교육 내용
1. 통신 예절	· 사이버 공간에서 건전한 통신 문화 조성을 위한 기본 예절법을 습득시킨다.	· 실명제 사용 문화 정착 · 전자 메일 사용법 · 채팅(대화) 사용법 · 게시판/자료실 사용법 · 동호회 활동 시 예절 · 익명의 허위 사실 유포 방지
2. 불건전 정보 유통	· 음란물 피해로부터 학생들을 보호하고 학생들에게 성에 대한 건전한 가치관을 확립시킨다.	· 건전한 성교육 · 통신상의 음란물 유해성 · 음란물 대처 요령
3. 통신 중독/게임	· 학생들에게 올바른 통신 사용 습관을 습득하도록 한다.	· 통신 중독 개념 · 통신 중독 시 자각 증상 · 통신 중독 시 대처 요령
4. 사이버 성폭력/매매춘	· 학생들을 각종 사이버 성폭력/매매춘으로부터 보호하고 스스로 대처할 수 있는 능력을 기른다.	· 사이버 성폭력/매매춘 실태 · 사이버 성폭력/매매춘의 위험성 · 사이버 성폭력/매매춘에 대한 대처 요령
5. 언어 변형	· 우리 고유의 한글문화를 아름답게 유지 발전시키기 위해 통신상에서의 올바른 언어 사용 습관을 함양시킨다.	· 언어 변형 실태 · 한글의 우수성 고취 · 통신 시 올바른 언어 사용 능력 · 표준 표기법
6. 개인 정보의 오/남용	· 개인의 프라이버시 보호를 위해 타인의 개인 정보를 존중하는 문화를 정착시킨다.	· 개인 정보 보호의 필요성 · 개인 정보의 오/남용 피해 사례 · 개인 정보 보호 요령
7. 통신 사기/도박	· 학생들을 통신 사기/도박으로부터 보호하여 건전한 인터넷 문화를 정착시킨다.	· 통신 사기/도박의 범죄성 · 통신 사기/도박 사례 · 통신 사기/도박 대처 요령 · 올바른 전자 상거래 이용법
8. 해킹	· 인터넷 전산 자원의 공공성을 유지 발전시키기 위해 해킹 행위를 하지 않는 문화를 정착시킨다.	· 해킹의 개념 · 해킹의 범죄성 · 해킹 피해의 심각성 · 해킹 방지 요령
9. 바이러스 유포	· 바이러스 유포에 따른 피해의 심각성을 주지시켜 올바른 컴퓨터 활용 문화를 정착시킨다.	· 바이러스 피해의 심각성 · 바이러스로 인한 사회적/경제적 손실 · 바이러스 발견 및 대처 요령
10. 저작권 침해	· 저작자의 재산권을 보호하고 창의력을 발전시키기 위해 저작권 존중 정신을 함양시킨다.	· 저작권의 개념 및 범위 · 저작권 침해의 범죄성 · S/W 지적 소유권 보호 의식의 생활화

표 7. 정보 통신 윤리 교육 목표 및 내용

출처: 유재택 외 6인, 『교육기관 정보화 역기능 방지에 관한 연구』,
서울: 한국교육학술정보원, 2000.

구분	교육 목표	교육 내용
정보 사회	정보 사회의 특성을 올바르게 이해하고, 정보 기술에 대한 올바른 관점을 확립한다.	· 정보 사회의 개념과 특징 · 정보 사회의 긍정적 모습과 부정적 모습 · 기술 결정론, 기술 낙관론, 기술 비관론, 기술 현실주의
정보 윤리	정보 사회에서 정보 윤리의 중요성을 이해하고, 정보 윤리의 기본 원칙에 입각하여 행동하는 성향을 기른다.	· 사이버 공간의 윤리적 의미 · 정보 윤리의 기본 원칙: 존중, 책임, 정의, 해악 금지
네티켓	정보 사회에서 네티켓의 중요성을 이해하고, 네티켓을 실천하려는 의지를 기른다.	· 네티켓의 핵심 규칙 · 영역별 네티켓 내용
대처 요령	사이버 공간에서 자신을 올바르게 표현하는 방법을 이해하여 실천한다.	· 정체성 탐색/실험 · 익명, 가명, 실명 · 공정하고 정확한 표현
	사이버 공간에서 자신을 건강하게 보호하는 방법을 이해하여 실천한다.	· 정보화 역기능 사례 · 사례별 대처 요령

표 8. 정보 윤리 교육 목표 및 내용

고자 하는 정보 윤리 교육의 목표 및 내용 체계는 다음과 같다.

[표 8]에서 볼 수 있는 바와 같이, 정보 윤리 교육에서 중시해야 할 영역은 크게 보아 네 가지로 볼 수 있다. 첫째, 정보 사회에 관한 영역에서는 정보 사회의 특성 및 정보 사회의 도래에 따른 인간 삶의 총체적인 변화 양상을 청소년에게 올바르게 이해시키는 것을 주된 목표와 내용으로 삼아야 한다. 그러므로 이 영역에서는 정치, 경제, 사회, 문화, 환경, 교육 등 인간 삶의 총체적인 영역에서 정보화가 수반하는 빛과 어둠을 분명하고 객관적으로 제시해 주어야 한다. 또한 정보 통신 기술에 대하여 어떠한 입장을 취하는 것이 바람직한지를 알려 주기 위해, 기술 결정론, 기술 낙관론, 기술 비관론, 기술 현실주의를 비교하여 제시할 필요가 있다.[1]

---

1) 기술을 바라보는 여러 입장에 대한 상세한 논의는 이태건 · 노병철(2001)을 참조하기 바람.

둘째, 정보 윤리에서는 정보 사회에서 정보 윤리가 필요한 이유를 청소년에게 논리적으로 설명해 주는 것을 주된 목표와 내용으로 삼아야 한다. 특히 많은 청소년들이 사이버 공간에는 윤리 규범이 필요 없다든지 혹은 사이버 공간은 현실 세계의 억눌린 욕구들을 배설하기 위한 장소에 불과하다는 인식을 갖고 있기에, 사이버 공간이 윤리적 규제의 대상이 되어야 한다는 것을 논리적으로 설명해 줄 수 있어야 한다. 동시에 정보 사회에서는 그 어느 사회에서보다도 존중, 책임, 정의, 해악 금지가 중시되는 사회임을 올바르게 인식시켜 주어야 한다. 동시에 이러한 네 가지 원칙은 각종 정보화 역기능 사례들을 비판할 수 있는 윤리적 척도로서 활용되어야 한다.

셋째, 네티켓에서는 정보 사회에서 네티켓이 필요한 이유를 제시하고, 구체적인 네티켓의 내용을 정확하게 알려 주어야 한다. 그러므로 네티켓의 핵심 규칙과 영역별 네티켓의 내용이 비중 있게 다루어져야 한다.

넷째, 대처 요령에는 사이버 공간에서 자신을 올바르게 표현하는 방법과 자신을 건강하게 보호하는 방법이 제시되어야 한다. 자신의 복합 정체성을 건강하게 유지할 수 있는 방법 그리고 자신을 정확하고 공정하게 표현할 수 있는 방법을 중시해야 한다. 한편, 사이버 공간에서 자신을 건강하게 보호하는 방법에서는 인터넷 중독, 불건전 정보, 개인 정보의 오·남용, 사이버 성폭력 및 성희롱, 사이버 매매춘, 통신 사기, 통신 도박, 크래킹, 바이러스 유포, 저작권 침해 등으로부터 자신을 건강하게 보호할 수 있는 대처 요령을 제시해 주어야 한다.

12. 정보 윤리 교육 방법론

앞서 살펴본 바와 같이, 정보 윤리 교육은 학생들로 하여금 정보 사회에서의 책임 있는 한 구성원으로서 윤리적으로 존재할 수 있는 삶의 방식을 가르쳐 주는 것을 목표로 한다. 정보 초고속도로에서 일어나고 있는 대형 교통사고들을 목격하면서 최근 교육자들은 정보 윤리 교육의 실행 방안에 대해 골몰하고 있다. 여기저기서 급조된 교재들이 선을 보이고 있으나, 그러한 교재들의 공통점은 교육 내용만을 담고 있을 뿐 구체적인 지도 방법에 대해서는 입을 다물고 있다.

정보 윤리 교육의 지도 방법을 모색함에 있어서 우리는 무엇보다 교육의 대상인 학생들의 특성을 고려할 필요가 있다. 정보 윤리 교육이 이전의 각종 윤리 교육처럼 현학적 · 주입적 · 추상적 · 권위적 · 명령적 입장을 취한다면, 이 교육도 역시 실패할 것이 분명하다. 그러므로 우리는 먼저 교육 대상인 N세대의 특성을 이해해야만 한다. 탭스콧Tapscott에 의하면, N세대의 문화는 다음과 같은 10가지 특징을 갖고 있다고 한다. ① 극단적 독립심: N세대는 간섭을 싫어하는 강한 독립심을 가지고 있다. 이러한 습성은 그들이 인터넷에서 그저 주어진 정보를 수동적으로 받아들이는 데 만족하지 않고 필요한 것을 스스로 찾으려는 적극성에서 나온다. ② 감성적·지적 개방성: N세대는 인터넷을 통해 자신을 남에게 보여 준다. 그들은 높은 자긍심을 바탕으로 자신의 가장 내면에 있는 생각까지도 다른 사람들과 기꺼이 나누려고 한다. ③ 포용성: N세대는 배타적이 아닌 포용적인 성향을 갖고 있다. 그들의 작품과 인터넷 가상 사회에의 국제적인 참여는 그들의 정보 추구나 활동, 커뮤니케이션이 국경을 초월한 세계화에 기반을 두고 있음을 보여 준다. ④ 자유로운 표현과 강한 주장: N세대는 대화의 수준이나 연령에 대해 선입관을 갖지 않는다. 그들은 정보의 소유나 의사 표현을 그들의 기본권이라고 생각한다. ⑤ 혁신: N세대는 새로운 것을 숨 쉬며 끊임없이 더 나은 것을 추구한다. ⑥ 성숙하기 위한 열정: N세대는 그들이 어른들의 생각보다 훨씬 더 성숙해 있다고 주장한다. N세대는 그들의 생각과 행동이 단지 어리다는 이유로 의문시되는 것에 분개한다. ⑦ 탐구심: N세대는 모든 것을 탐구하고, 기존의 가정을 쉽게 믿지 않는다. 그들은 사물의 내부를 알고자 하는데, 이것은 기술적인 세부 사항을 이해하고자 한다기보다 모든 것의 전제가 되는 가정을 이해하고자 하는 욕구이다. ⑧ 성급함: N세대는 실시간real time 세상에 부합하는 신속성을 추구한다. 실시간이라는 개념은 정보의 입력과 출력이 즉시 일어나는 것을 의미한다. ⑨ 기업적 이익에 대한 민감성: N세대는 자기가 창출하는 부의 정당한 대가만큼은 자기 차지가 되어야 한다고 생각한다. 그들은 기업이 이윤을 독식하는 것에 대해 아주 부정적이다. ⑩ 사실 확인과 신뢰: 인터넷을 통해 학습에 필요한 정보를 얻는 N세대들은 그 정보의 출처에 대해 사실 확인을 하는 데 익숙하다. 그들은 N세대 문화의 규칙을 지키며, 그 정체성을 가지고 있는 사람들을 신뢰한다(추병완, 2000a).

따라서 이러한 특성을 지닌 N세대들에게는 선형적 학습보다는 하이퍼미디어 학습이, 강의식 학습보다는 참여와 발견의 학습이, 교사 중심보다는 학습자 중심 교육이, 주입식 교육보다는 학습하는 방법의 학습이 더욱 효과적이다(추병완, 2000a; 2000b). 우리가 가르치고 있는 학생들은 바로 이 디지털 세상을 이끌어갈 주인공들이기에, 그들의 사고방식과 문화에 적합한 형태의 교육이 실행되어야 한다. 그러므로 정보 윤리 교육 또한 "이것을 지켜라!" 혹은 "이렇게 해!"라는 식의 명령식 · 주입식 방법에서 탈피하여, 학생들의 비판적 사고력과 합리적 이해력을 발달시킬 수 있도록 상호 교류가 가능한 양방향적 교육 방식으로 전개되어야 한다. 그러므로 정보 윤리 교육은 학생들이 온라인 공간에서의 예절과 윤리의 필요성을 체감하고, 그들 스스로 온라인 공간을 정화해 나갈 수 있는 자율적인 능력을 길러 주는 방향으로 전개되어야 한다. 교사들은 미리 정해진 도덕규범과 예절을 강제로 주입하기보다는 학생들 스스로 가상공간의 도덕규범과 예절을 구성하여 따르도록 촉진시켜 주는 역할을 수행해야 한다.

정보 윤리 교육이 양방향적으로 이루어져야 한다는 사실은 일찍이 피아제Piaget의 도덕 발달 이론에 의해 확인된 바 있다(추병완, 1999a; 1999b). 피아제는 두 가지 유형의 성인과 아동 관계에 상응하는 두 가지 유형의 도덕성이 존재한다고 보았다. 성인과 아동의 관계에서 볼 수 있는 첫 번째 유형은 강제와 억압의 관계이다. 성인이 아동의 행동을 통제하는 사회적 상황 하에서, 아동이 어떤 행동을 하게 되는 이유들은 그 자신들의 추론, 개인적 관심, 가치들의 외부에 놓여 있다. 피아제는 이러한 유형의 관계를 타율적인 것이라고 부른다. 타율적인 관계에 있어서, 아동은 그들 자신보다는 타인들에 의해 부과된 규칙들을 따른다는 것이다. 강제와 복종의 관계 속에서 아동이 타인들로부터 부과된 규칙들을 따르는 것은 도덕적 판단의 내면적이고 자율적인 원리들에 대한 결단에 필수적으로 요구되는 심사숙고의 자세를 발달시키지 못하게 된다.

성인과 아동의 관계에서 볼 수 있는 두 번째 유형은 상호 존중과 협동의 관계이다. 성인은 아동에게 자신의 행동을 자발적으로 규제할 수 있는 가능성을 부여해 줌으로써, 아동이 성인에게 보여 준 존중심을 아동에게 되돌려 주는 것이다. 피아제는 이러한 유형의 관계를 자율적·협동적 관계라고 부른다. 아동이 독립적·창조적으로 사고할 수 있는 심성을 발달시키고, 모든 당사자들의 최상의 이해관계를 고려하는 도덕적 감정이나 확신을 발달시키기 위한 길을 열어 주는 것은 바로 성인이 불필요한 권위의 행사를 억제함으로써 가능하다고 피아제는 생각했던 것이다.

예를 들어, 사이버 공간의 질서 유지를 위한 네티켓은 강제적이고 억압적인 외적 규제라기보다는 네티즌 자신의 자율성에 의존하는 내적 규제라는 점을 고려해 볼 때, 정보 윤리 교육은 학생들의 자율성을 발달시켜 주는 방향으로 실시되어야 한다. 정보 윤리 교육이 학생들의 자발적인 활동과 체험을 중시하는 가운데 양방향적으로 이루어질 수 있게 하려면 다음과 같은 네 가지 방법을 통합적으로 활용하는 것이 바람직하다.

첫째, 설명형 방법expository mode이다. 교사는 정보 시대의 윤리적 특성들에 대한 학생들의 이해를 돕기 위하여 책임감, 자율성, 소유권, 프라이버시, 존중, 해악 금지 등과 같은 기본적인 윤리적 개념들을 학생들에게 정확하게 설명해 주어야 한다. 여기서 설명을 한다고 그것이 일방적인 형태로 되어서는 결코 안 된다. 뒤르켐Durkheim이 말한 바와 같이 이때의 설명은 규범에 대한 합리적인 이해 능력의 함양을 목적으로 하는 것이니 만큼, 열린 의사소통 구조 속에서 이루어지는 설명이 되어야 한다. 윤리적 개념들이 열린 의사소통 구조 속에서 설명되려면, 교사는 다음의 사항을 중시해야 한다. ① 의미성: 제시된 예들이 학생들의 이해 수준에 적합하고, 교과 내용과 예들 사이의 관련성이 명백해야 한다. ② 명료성: 설명되거나 제시되는 예가 명료해야 한다. ③ 다양성: 학생들의 이해를 돕기 위해 한 유형이 아니라 여러 유형의 예가 사용되어야 한다. ④ 흥미성: 설명되거나 제시되는 예들은 학생들의 주의를 끌 수 있는 자극적인 요소를 지녀야 한다. ⑤ 간결성: 복잡한 내용일수록 간단한 아이디어로 표현되어야 한다. ⑥ 구체성: 구체적인 예들이 사용되어야 한다. ⑦ 논리적인 계열성: 설명이나 제시의 순서는 논리적이어야 한다. ⑧ 포괄성: 교과 내용의 전반적인 측면을 포괄할 수 있는 예가 사용되어야 한다.

둘째, 탐구형 방법inquiry mode이다. 교사는 학생들이 탐구할 수 있는 가능한 주제들을 안내해 주되, 궁극적인 선택은 학생들 스스로 결정하도록 해주어야 한다. 교사는 인터넷에서 지켜야 할 예절들, 정보 통신 윤리 관계법, 폭력 정보 및 음란 정보의 피해, 해킹과 바이러스 유포가 우리에게 미치는 영향, 사생활의 중요성, 저작권의 중요성 등의 주제에 대하여 학생들이 탐구해 보게 할 수 있다. 예를 들어, '우정'에 대하여 가르칠 경우 교사는 일상생활 속에서 만나는 친구들과 인터넷에서 만나는 친구 사이에는 어떤 공통점과 차이점이 있는지에 대하여 학생들이 탐구해 보게 할 수 있다.

셋째, 시범형 방법demonstration mode이다. 교사는 정보 윤리의 학습과 관련된 필름, 슬라이드, 비디오테이프, 신문 기사 등을 다양하게 활용할 수 있어야 한다.[1] 일례로, 통신 예절을 지도할 때 교사는 '야자방'이나 '욕방'에서 검색된 자료들을 학생들에게 제시해 주고, 학생들이 그 심각성을 자각할 수 있게 한다. 인터넷 중독에 대하여 가르칠 때에는 인터넷 중독이 알코올 중독이나 약물

---

1) 정보 윤리와 관련된 동영상 학습 자료는 정보통신윤리위원회에서 다운 받을 수 있다.

중독처럼 심각한 문제가 될 수 있음을 학생들 스스로 확인해 볼 수 있는 기회를 제시해 줄 수 있다.[1] 또한, 교사는 민주 시민의 자세와 관련하여 학생들에게 불건전 정보를 신고하는 요령을 직접 시범 보여 줄 수 있어야 한다.

넷째, 활동형 방법activity mode이다. 교사는 정보 기술과 관련된 학생들의 윤리적 사유 능력을 발달시켜 주기 위하여 다양한 체험 및 활동 학습의 기회를 제공해 줄 수 있어야 한다. 교사는 학생들로 하여금 컴퓨터 범죄와 관련된 기사를 스크랩하고 문제점을 분석하는 활동, 역할 놀이를 통하여 통신 윤리를 실연해 보는 활동, 딜레마 토론을 통하여 도덕적 결정을 직접 해보는 활동,[2] 불법 복제된 소프트웨어 사용을 금하는 서약 활동, 정보 통신 윤리 강령을 윤독·토의해 보는 활동, 학생들의 삶과 유관한 정보 통신 윤리 법규들을 제정해 보는 활동 등을 직접 해보게 할 수 있다. 또는 학교 단위의 이모티콘 경진 대회, 학교 인터넷 수칙 제정하기 등의 활동들도 제공할 수 있다.

정보 윤리 교육에서 교사의 역할

정보 윤리 교육에 임하는 교사들은 다음의 여덟 가지 역할을 충실하게 수행해야 한다.

① 탁월성excellence: 정보 윤리 교육을 통해 학생들의 정보 윤리 의식을 함양하려면 먼저 교사가 그러한 윤리 의식의 구성 요소를 명료화할 필요가 있다. 즉, 교사는 정보 윤리 교육을 통하여 학생들이 지녀야 할 도덕적 탁월성 혹은 인격 특성을 명료하게

---

1) 이에 대한 상세한 논의는 김현수(2000)를 참고하기 바란다.
2) 정보 윤리 교육을 위한 딜레마 자료에 대해서는 추병완(2000c)을 참고하기 바란다.

설정할 필요가 있다. 정보 사회의 시민은 자율성, 연관성, 초월성, 책임감을 지녀야 한다. 따라서 교사는 정보 사회의 기술적 특성이 만들어 내는 비도덕성의 유혹 요인들에 맞설 수 있는 내면적 자기 통제력으로서의 네 가지 도덕적 탁월성의 함양이 정보 윤리 교육이 지향해야 할 가장 중요한 목표인 동시에 교사가 지녀야 할 중요한 역할 특성임을 인식해야 한다.

② 환경environment: 정보 윤리 교육의 효율성을 제고하기 위해서는 학생들이 생활하는 교실과 학교에 도덕 문화가 형성되어 있어야만 한다. 우리는 사이버 공간에서의 문제 행동을 현실 공간과 유리시켜 생각하는 잘못을 범해서는 안 된다. 현실 공간에서의 문제는 접어둔 채 사이버 공간에서만 선한 인격 특성을 갖도록 기대할 수는 없기 때문이다. 교실과 학교에 정보 윤리의 중요성에 대한 공감대가 형성되어 있을 때, 정보 윤리 교육은 비로소 효과를 거둘 수 있다. 그러므로 교사는 오프라인에 확고한 도덕 문화를 형성하는 일에 깊은 관심을 지녀야 한다. 즉, 교사는 학교생활의 모든 측면에서 네 가지 도덕적 탁월성이 중시되는 교육 풍토를 조성해야 한다.

③ 경험experience: 주지하는 바와 같이 도덕 발달은 경험과 밀접한 관계가 있다. 존중, 자율성, 책임감, 연관성, 초월성, 공동체 의식 등과 같은 규범들에 관한 지적인 학습만으로는 함양될 수 없다. 일찍이 아리스토텔레스가 지적한 바와 같이, 우리는 정의로운 행동을 하면서 정의로운 사람이 될 수 있다. 그리고 두뇌와 학습에 관한 최근의 연구 결과 역시 신체적 움직임과 학습 간에는 밀접한 상관관계가 있음을 보여 주고 있다. 미국에서 발표된 연구 결과에 의하면, 움직임을 처리하는 두뇌의 부분이 바로 학습을 처리하는 부분과 일치한다고 한다(Ingall, 1999). 따라서 정보 윤리 교육에서 우리는 학생들에게 도덕적 행위자가 되

어 보는 다양한 경험과 실천 기회를 부여해 줄 필요가 있다. 도 덕적 경험은 학생들에게 그들이 학습한 도덕적 탁월성이 무기 력한 특성이 아니라 생산적이고 만족스러운 방식으로 그들에게 능력·시간·자아를 부여할 수 있는 방법이라는 것을 일깨워 준다(Ryan & Bohlin, 1999).

④ 기대expectation: 정보 윤리 교육의 효율성을 제고하기 위해서 는 교사가 학생들에게 도덕적 이상을 설정해 주고, 학생들이 그 러한 이상에 도전하려는 동기를 북돋워 주어야 한다. 교사는 네 가지 도덕적 탁월성에 대한 기대 사항을 학생들에게 제시해 줌 으로써, 학생들이 그러한 도덕적 탁월성의 기준에 도달하려는 의욕을 갖도록 해야 한다. 이러한 기대 가운데 가장 대표적인 것이 바로 권고exhortation이다. 학생들로 하여금 더 좋은 사람 이 되겠다는 의욕을 갖도록 고무시켜 주는 것은 도덕 발달에 있 어서 핵심적인 사항이다. 그러므로 교사는 학생들이 정보 윤리 의식을 지닐 수 있도록 지속적으로 간곡한 권고를 해주어야 한 다.

⑤ 설명explanation: 정보 윤리 의식에 대한 학생들의 이해를 높 여 주기 위해서는 교사가 적절한 설명을 제공할 필요가 있다. 교사는 존중·책임감·자율성·공동체 의식이 무엇이고, 그것 들이 왜 중요한 것인지에 대해 학생들이 합리적 이해를 할 수 있도록 적절한 설명을 제공해 주어야 한다. 설명은 막연한 도덕 적 신념이나 권위에 근거해서는 안 되며, 합리적 논거에 근거한 것이어야 한다. 따라서 설명은 학생들의 머릿속을 규칙과 규제 로써 채워 넣는 것이 아니라, 정보 사회에서 인간다운 삶의 양 식에 대한 위대한 도덕적 담론 속에 학생들을 참여시키는 것을 의미한다. 일찍이 부버(Buber, 1965)는 도덕성 함양에 있어서 설 명의 중요성을 잘 피력한 바 있다. 그는 도덕성에 관한 가르침

이 시작되기 전에 교사와 학생 사이에 나와 너의 관계가 성립되어 있어야만 하고, 교사는 주어진 상황에서 옳음과 그름에 대해 학생들에게 분명하게 대답해 주어야 한다고 주장하였다.

⑥ 조사examination : 정보 윤리 교육의 효율성을 제고하기 위해서는 교사가 학생들에게 다양한 조사의 기회를 부여할 필요가 있다. 여기서 조사란 정보 윤리와 관련한 딜레마를 해결할 수 있는 윤리적 추론 능력을 의미한다. 학생들은 지적 재산권 문제 같은 윤리적 딜레마에 직면하여 나름대로 타당한 의사 결정을 내리고, 그러한 의사 결정을 정당화할 수 있는 윤리적 근거를 제시하고, 공적으로 확언할 수 있어야 한다. 정보 윤리 교육에서 조사의 중요성은 이미 콜버그 학파나 가치 명료화 이론 등을 통해 입증된 바 있다. 따라서 교사는 학생들을 정보 사회 및 사이버 공간에서 발생하는 윤리적 딜레마에 자주 접하게 하고, 학생들 스스로 윤리적으로 타당한 의사 결정을 내릴 수 있도록 지속적으로 도와줄 필요가 있다. 정보 윤리 교육에서 조사 활동이 활발하게 이루어지기 위해서는 교사가 적절한 발문을 수행해야 한다. 조사 활동에서 교사가 질문을 할 때 유념해야 할 사항을 열거하면 다음과 같다.

- "왜?," "그렇게 말하는 이유가 뭐지?," "그게 무슨 뜻이지?"라는 식으로 질문을 하여 학생들이 논리적이고 분명한 추론을 할 수 있도록 고무시켜 주어야 한다.
- "어느 것이 더 나은 것이지?"라는 식으로 질문을 하여 가치 판단을 내릴 수 있도록 유도해야 한다.
- "다른 생각을 가진 사람은 없니?," "다른 생각이 있는 사람?"이라는 식으로 질문을 하여 대안적 관점을 생각해 보도록 촉구한다.
- "다른 사람들은 그것에 대해 어떻게 생각할까?," "다른 사람들은 그것에 대해 어떻게 느낄까?"라는 식으로 질문을 하여 관점

채택 추론 및 공감적 추론을 할 수 있도록 촉구한다.

- "그것이 전체 사회를 위해 최상의 것일까?," "모든 사람들이 그 렇게 행동한다면 사회는 어떻게 될까?"라는 식으로 질문을 하 여 학생들의 가치 및 도덕적 관점을 확장·확대시켜 보게 한다.
- "그것이 공평한 것일까?"라는 식으로 질문을 하여 정의 추론을 고무시켜 준다.
- "우리 모두가 동의한 것은 무엇이지?"라는 식으로 질문을 하여 토론의 공통점을 찾게 한다.
- "우리가 오늘 배운 것은 무엇이지?," "오늘 어떤 논거들이 주로 제기되었지?"라는 식으로 질문을 하여 토론을 요약하고, 토론 의 주안점을 이끌어 낸다.

⑦ 모범exemplar: 정보 윤리 교육의 효율성을 제고하기 위해서는 교사가 모범 역할을 충실하게 수행해야 한다. 교사는 학생들이 정보 윤리 의식의 구성 요소가 되는 도덕적 탁월성을 갖춘 모범 사례들에 자주 접할 수 있도록 해주어야 한다. 동시에 교사는 그 스스로가 정보 윤리의 역할 모델이 되어야 한다. 교사는 온 라인과 오프라인에서 학생들에게 존중·자율성·책임감·공 동체 의식, 초월성, 연관성 등의 역할 모델이 되어야 한다. 그러 기에 역할 모델로서의 교사의 중요성을 지적한 뒤르켐 (Durkheim, 1973)은 사제가 신의 해석자인 것처럼 교사는 위대한 도덕적 이상의 해석자라고 주장했었다.

⑧ 공감empathy: 사이버 공간은 사회적 실재감을 저하시켜 줌으 로써 나르시시즘적인 퇴행을 부추기는 속성을 가지고 있기 때 문에, 현실 공간보다 훨씬 강한 자기 통제력이 필요한 공간이다. 그러나 사이버 공간에서 행위자들은 현실 세계와는 달리 타자 의 실질적이고 독립적인 존재를 인정함으로써 진입하게 되는 상호 의존과 책임의 관계를 거부하기 때문에, 일상의 도덕적인

자기 규제가 사실상 어려운 실정이다. 그러므로 교사는 타자의 실종, 탈육체화된 정체성, 익명성 같은 사이버 공간의 특성에 부합하는 윤리 규범을 학생들이 정립할 수 있도록 해주어야 한다. 그러므로 정보 윤리 교육에서 교사는 학생들이 공감 능력을 계발할 수 있도록 도와주어야 한다. 상대방의 실체가 보이지 않는 곳에서도 학생들이 타인의 감정을 느낄 수 있도록 해주는 것은 학생들로 하여금 타인에게 해를 미치는 행위를 자제하고, 자신의 책임에 대해 숙고할 수 있게 해주기 때문이다. 그러므로 정보 윤리 교육에서 교사는 학생들의 공감 능력을 향상시킬 수 있는 적극적인 시도를 해야만 한다.

이제 여기서는 이러한 교사의 역할 특성에 부합하고, 학교 및 사회교육 기관에서 교사들이 손쉽게 활용할 수 있는 정보 윤리 교육 프로그램과 활동 자료들을 제시하고자 한다.

1. 도덕 딜레마 토론

콜버그의 이론에 바탕을 둔 도덕 딜레마 토론은 학생들로 하여금 그들이 속해 있는 현재 단계보다 한 단계 높은 단계의 추론을 활용할 수 있도록 하기 위한 것이다. 도덕 딜레마는 학생들의 인지적·도덕적 불균형을 유발하여 도덕 발달을 자극하게 된다.

딜레마 접근법을 활용하려면 우선 교사는 딜레마를 준비해야 한다. 일반적으로 딜레마는 세 가지 유형으로 분류할 수 있다. 첫째, 가상적 딜레마는 사실에 기초한 것은 아니지만 그럴듯한 것이다. 가상적 딜레마의 장점은 학생들의 경우 자아 관여 selfinvolvement가 적기 때문에 공개적인 토론을 하기가 용이하고, 딜레마의 해결과 관련된 원리들을 일반화할 수 있다는 점이다. 즉, 학생들은 딜레마에 제시된 상황이 자신과는 아무런 상관이 없기 때문에 아주 객관적이고 초연한 입장에서 자유로운 토론을 전개할 수 있다는 장점이 있다. 둘째, 내용에 근거한 딜레마는 어떤 특정 교과목에서 발견된 자료들에 근거하는 것이다. 예를 들어, 미국의 역사 과목에 나오는 트루먼 대통령의 원자 폭탄 투하 결정이나 우리나라 역사에 나오는 이성계의 위화도 회군 결정 같은 것이 내용 근거 딜레마에 포함된다. 이러한 딜레마의 장점은 학생들에게 학습 대상이 되고 있는 딜레마 속의 역사적 인물이 지녔던 도덕적인 측면들을 생생하게 보여 줄 수 있다는 점이다. 끝으로, 실생활 딜레마는 실제 생활 속에서 학생들이 많이 부딪치게 되는 문제들을 이용한 딜레마이다. 실생활 딜레마의 장점은 학생들이 늘 생활 속에서 접할 수 있는 문제이기에 학습 동기를 유발하기가 용이하며, 감정적 관여를 최고로 느낄 수 있게 해준다는 것이다.

그러나 교사가 어떤 유형의 딜레마를 사용하든지 간에 가장 중요한 것은 학생들이 이성적인 추론의 정당화에 이를 수 있도록 도와줄 수 있는 교사의 수업 기술이다. 특히 딜레마 토론에서는 교사의 질문 기술이 가장 중요하다. 딜레마 토론에서 질문은 초기 발문 전략과 심층 발문 전략으로 구별된다. 초기 발문 전략은 교사와 학생들이 도덕적 문제를 토론하면서 학생들의 도덕의식을 계발해 나가는 것이다. 심층 발문 전략은 도덕적 추론에 있어서의 구조적 변화를 초래할 수 있는 토론상의 핵심 요소들에 초점을 맞추는 것이다. 따라서 여기서는 구체적인 질문 제시 방법들을 둘로 나누어 진술하고자 한다.

초기 발문 전략

토론의 초기 단계에서 교사의 네 가지 역할은 학생들이 도덕적 딜레마를 이해하고 있는지 확인하는 것, 학생들이 문제의 도덕적 요소와 직면할 수 있도록 도와주는 것, 학생들의 의견 배후에 있는 이유를 이끌어 내는 것, 이유를 제시한 학생들이 상호 작용할 수 있도록 학생들을 고무시켜 주는 것이다. 토론의 초기 단계에서 교사가 활용할 수 있는 질문들의 유형과 그 적용 방법을 예시하면 다음과 같다(송용의, 1985; 이재봉 외 5인, 1989; 남궁달화, 1995; 서강식, 1999; 이택휘 · 유병렬, 2000).

1) 도덕적 이슈를 강조하기 위한 질문들

이 질문들은 주어진 딜레마에 대하여 학생 자신이 분명한 도덕적 입장을 취하도록 도와주기 위한 것이다. 이 질문들은 학생들이 주어진 상황을 도덕적 갈등의 해결이나 선택을 요구하는 딜레마로서 적극 수용할 수 있도록 도와준다. 따라서 이 질문들은 '마땅히 해야만 한다,' '옳다,' '그르다' 등과 같은 당위적이고 규범적인 용어들을 포함하게 된다. 우리에게 널리 알려진 하인즈 딜레마를 예로 들어 보자. 교사는 도덕적 이슈를 강조하기 위하여 다음과 같은 질문들을 사용할 수 있다: "하인즈는 반드시 그 약을 훔쳐야만 하는가?" "다른 사람의 생명을 구하기 위해 약을 훔치는 것은 나쁜 것인가?" "남의 약을 훔친 사람들은 반드시 처벌받아야 하는가?"

2) 이유를 묻기 위한 질문들

이 질문들은 학생들에게 도덕적 문제에 대한 그들의 입장을 지지해 주는 이유들을 설명할 것을 요구한다. 따라서 이 질문은 '왜'에 초점을 맞추고 있다. 이 질문들은 비록 의견이나 판단의 내용은 같을지라도, 그러한 판단이나 의견의 이유는 서로 다를 수 있다는 사실을 학생들이 인식할 수 있게 해주는 좋은 기회가 될 수 있다. 이 질문에 대한 답변을 들으면서 학생들은 도덕 문제에 대한 사고방식이 서로 다르다는 것을 알게 되고, 그러한 차이점의 인식은 딜레마 토론에 대한 관심과 흥미를 더욱 높여 주게 된다. 교사는 하인즈 딜레마를 이용하여 다음과 같은 질문들을 사용할 수 있다: "왜 너는 너의 판단이 옳은 것이라고 생각하니?" "네가 이 문제를 그런 식으로 해결하도록 결정하게 된 이유는 무엇이니?"

3) 상황을 복잡하게 만들어 주는 질문들

이 질문들은 원래의 도덕적 문제들을 더욱 복잡하게 만드는 데 목적이 있다. 여기에는 두 가지 유형의 질문이 있다. 하나는 처음의 딜레마 상황에 내재된 복잡함과 인지적 갈등을 더욱 심화시키기 위하여 본래의 문제에다 새로운 정보나 상황을 추가하는 것이다. 그 이유는 바로 피아제의 인지 발달 이론에서 유래한다. 피아제에 의하면, 상황의 복잡성은 인지적 불균형을 유발할 수 있다고 한다. 인지적 불균형의 유발은 곧 인지적 평형 상태가 깨어지게 되는 것을 의미하기 때문에, 학생들은 인지적 재평형화를 위한 적극적인 적응 기제(동화와 조절)를 활용하게 된다. 교사는 하인즈 딜레마에 새로운 정보나 상황을 첨가한 다음의 질문들을 활용할 수 있다: "하인즈의 아내가 특별히 하인즈에게 그 약을 훔쳐 오라고(혹은 훔치지 말라고) 부탁했다고 가정하면, 너의 입장은 달라지니?" "하인즈 사건을 다루는 판사가 하인즈의 절친한 친구라고 가정한다면, 그 판사의 판결은 달라질 수 있니?"

　다른 하나는 학생들이 도덕적 문제를 회피하려는 현상을 방지하기 위하여 사용하는 질문이다. 학생들의 도피 현상은 흔히 딜레마 토론의 초기 단계에서 많이 일어나고 있다. 학생들은 "과연 무엇이 옳은 것인가?"라는 질문에 정면으로 대응하는 것에 심리적 불편을 느낄 수도 있다. 그들은 임의대로 딜레마 상황을 변형시켜 자신의 심리적 갈등을 제거하려고 한다. 나는 중학교에서 도덕을 가르칠 때 이런 경험을 한 적이 있다. 몸이 아파서 조퇴를 하고 집으로 가고 있는데 버스 안에서 무거운 짐을 들고 계시는 할머니가 차에 타셨을 경우에 자리를 양보해야 하는가에 대한 토론을 할 때이다. 그때 모든 학생들은 '자리를 양보한다' 혹은 '그냥 앉아 있는다'는 식으로 대립적인 관점을 취하고 있었는데, 한 학생이 자리를 양보하고 자기는 바닥에 가방을 깔고 앉아 가겠다는 의견을 제시한 적이 있다. 그래서 교실은 온통 웃음바다가 되었고, 나는 토론을 계속 이끄느라 무척 고생한 적이 있다. 그러므로 경우에 따라서는 학생들이 도덕적 문제에 정면으로 대응할 수 있게 해주는 질문들이 필요하다. 그때 나는 "만원 버스라 바닥에 앉을 공간이 전혀 없다," "바닥이 너무 지저분해서 도저히 앉을 수 없다"는 식으로 반응하여 그 학생이 딜레마에 직접 대응하게 할 수 있었다.

심층 발문 전략

초기 전략을 통해 학생들을 도덕적 논의에 참여시키고 어느 정도 도덕의식을 형성시켰다고 판단될 때, 도덕적 추론의 구조적 변화를 위해 사용되는 전략이 바로 심층 발문 전략이다. 이 전략들은 심도in-depth에 초점을 맞추고 있다. 특정한 도덕적 문제에 대한 심층적인 탐색은 도덕적 추론의 구조적 변화를 일으키는 학생들의 내적 대화를 촉진시켜 준다. 이때 교사는 같은 질문을 여러 도덕적 문제에 확장하게 하여 수평적 발달을 조장하는 것에만 치우치지 말고, 하나의 문제에 대해 여러 관점에서 진지하게 숙고할 수 있게 하여 다음 단계로의 수직적 발달을 촉진해 줄 수 있어야 한다. 심층 발문 전략은 정제된 질문들, 다음 단계의 주장을 강조하는 질문들, 명료화와 요약, 역할 채택을 위한 질문들로 구성되어 있다.

1) 정제된 질문

질문은 동일한 이슈를 여러 측면에서 탐색해 볼 수 있어야만 한다. '해야만 한다'는 당위와 '왜'라는 이유만으로는 단계 변화를 조장하기가 어렵기 때문이다. 학생들은 여러 사람들로부터 확장된 논의들을 들을 필요가 있다. 그래야만 학생들은 그러한 추론을 이해하고 서로의 논리에 대해 이의를 제기할 수 있다. 이러한 목적을 위해 사용되는 것이 바로 정제된 질문refining question이다. 이것은 흔히 한 문제에 대해 여러 측면에서의 분석과 논의를 수반하고 있기 때문에 심층 탐색 질문in-depth probe question이라고도 불린다.

● 명료화 탐색clarifying probe : 이 질문은 학생들이 사용하는 말의 의미가 애매모호하거나, 발언 내용 뒤에 숨겨져 있는 이유들을 분명하게 전달하지 못할 때, 학생들에게 그들이 사용하는 용어들로 해석할 것을 요구한다. 즉, 자신의 입장을 좀 더 분명한 용어로 표현할 것을 요구하기 위한 질문이다. 예를 들면, 다음과 같다.

- 학생: 안 됩니다. 병춘이는 인표가 문방구 주인 몰래 물건을 훔쳐 가게 밖으로 나갔다는 사실을 주인에게 말해서는 안 됩니다. 그렇게 되면 병춘이가 어려움을 겪게 될 것입니다.
- 교사: 병춘이가 어떤 어려움을 겪게 된다는 뜻이지?
- 학생: 인표는 병춘이와 더 이상 친하게 지내려고 하지 않을 것입니다. 인표는 병춘이에게 어떻게든 앙갚음을 할 것입

니다.

● 특정한 이슈의 탐색issue-specific probe : 이 질문은 지금 문제시
되고 있는 사태와 관련된 하나의 특정한 도덕적 이슈를 탐색해
볼 것을 요구하는 것이다. 이슈들은 우리의 도덕적 판단에서 상
이한 초점 분야들을 나타내 준다. 이러한 이슈에는 권위, 관계와
애정의 역할, 계약 의무, 생명 가치 등이 포함될 수 있다. 교사가
어느 특정한 이슈에 심층적으로 초점을 맞추게 될 때, 학생들은
그들의 신념 기반에 대해 충분하게 탐색해 볼 수 있는 기회를
가질 수 있다. 예를 들면, 다음과 같다.

- 너는 낯선 사람에 대해서도 의무감을 느끼니?
- 가족이나 친구에 대한 의무와 낯선 사람에 대한 의무 사이에는
  어떤 차이가 있니?
- 왜 사람들은 법적 권위에 복종해야 할 책임이 있니?
- 너는 식물이나 동물의 생명도 인간의 생명처럼 소중하다고 생
  각하니?

● 이슈 간의 관계 탐색inter-issue probe : 이 질문은 두 가지 도덕
적 이슈 사이에 갈등이 발생했을 때, 그것을 해결하도록 자극하
기 위한 질문이다. 교사는 두 가지 이슈들의 가치 위계를 설정
할 것을 요구하게 된다. 즉, 학생들은 갈등을 유발하고 있는 혹
은 경쟁적인 이슈들 가운데 어느 것이 더 도덕적으로 우선적이
고 중요한 것인지를 선택하고, 그 이유를 정교하게 만들 수 있
어야 한다. 따라서 이 질문은 학생들이 '저것' 보다 '이것' 을 선
택했을 때, 그러한 선택을 뒷받침해 줄 수 있는 도덕적 원리들
의 적절성을 검증해 볼 수 있는 기회를 학생들에게 부여해 준다.

예를 들면, 다음과 같다.

- 너는 물리적인 결과보다 자기의 이익이 더 중요하다고 생각하
  니? 네 생각을 정당화할 수 있니? (1단계와 2단계의 갈등)
- 너는 너 자신을 보호하는 것보다 친구와의 우정을 더 중요하게
  생각하니? 네 생각을 정당화할 수 있니? (2단계와 3단계의 갈등)
- 너는 가족에 대한 의무보다 법을 지키는 것이 더 중요하다고
  생각하니? 그것을 정당화할 수 있니? (3단계와 4단계의 갈등)

● 역할 교환 탐색role-switch probe: 이 질문은 학생들로 하여금
지금까지 자신들이 취했었던 관점에서 벗어나 딜레마 속의 다
른 사람의 입장을 취해 보도록 요구하는 질문이다. 이 질문은
역할 채택 능력을 자극하는 데 매우 중요한 것이다. 피아제와
콜버그에 의하면, 이러한 역할 교환 탐색은 인지적 자기중심성
egocentrism에서 벗어나 타인의 관점을 고려해 보는 능력 혹은
탈중심화decentering 능력을 길러 주는 데 아주 유용한 방법이
다. 예를 들면, 다음과 같다.

- 인표는 병춘이가 자신의 이름을 말한 것이 나쁘다고 생각할까?
- 병춘이의 부모님께서는 병춘이가 어떻게 해야 한다고 말해 주
  실까?
- 인표의 부모님께서는 병춘이가 어떻게 해야 한다고 생각하실
  까?
- 문방구 주인은 병춘이가 어떻게 해야 한다고 생각하실까?

● 보편적 결과 탐색universal-consequence probe: 이 질문은 학생
들로 하여금 그들이 선택한 내용을 모든 사람들이 따르도록 보

편적으로 적용한다면 어떠한 일이 일어날 것인가에 대하여 심사숙고해 볼 것을 요구한다. 이 질문은 학생들이 모든 사람에게 수용될 수 있는 공정한 판단을 내릴 수 있도록 해준다. 따라서 이 질문은 학생들이 내린 도덕 판단의 논리적 타당성을 검증해 볼 수 있는 기회를 제공해 준다. 예를 들면, 다음과 같다.

- 만약 모든 사람들이 자신들이 알고 있는 어떤 사람의 생명을 구하기 위해 타인의 물건을 훔치기로 결정한다면, 어떤 일이 생기게 될까?
- 모든 학생들이 시험에서 부정행위를 한다면, 선생님들은 어떻게 학급을 관리하고, 학생들의 학습을 지도할 수 있을까?
- 만약 모든 학생들이 문방구에서 자기가 갖고 싶은 물건들을 마음대로 훔친다면 어떤 일이 생기게 될까?
- 만약 모든 사람들이 법에 복종하지 않기로 결정한다면, 어떤 일이 생기게 될까?

2) 다음 단계의 주장을 강조하는 질문들

흔히 '+1 전략plus one strategy' 이라고 알려진 이 질문은 학생들의 현재 추론 단계보다 한 단계 더 높은 단계의 추론에 접하게 하는 것이다. 만약 학급의 구성원들 대다수가 2단계의 사고를 하고 있고, 일부의 학생들이 3단계의 사고를 하고 있다면, 교사는 학생들에게 3단계 사고를 부각시킬 필요가 있다. 만약 모든 학생들이 2단계에서만 사고하고 있다면, 교사 자신이 3단계 사고를 제시하여야 한다. 예를 들어 보자.

● 학생들 간에 단계의 차이가 있을 때
 - 근순: 하인즈는 남편으로서의 도리를 다하기 위해 약을 훔쳐야

한다. 그렇지 않으면 동네 사람들이 비정한 남편이라고 손가락질할 것이다. (3단계 사고)

- 미현: 그럴까? 하인즈의 아내는 하인즈를 위해 아무것도 훔쳐 준 것이 없는데, 왜 하인즈는 약을 훔쳐야 하니?(2단계 사고)
- 교사: 너희 두 사람은 이 문제에 대해 서로 다른 시각을 가지고 있구나. 근순이가 미현이에게 하인즈가 왜 약을 훔쳐야만 하는지를 더 자세하게 설명해 줄 수 있겠니?

● 학생들이 모두 동일한 단계에 머무르고 있을 때
- 교사: 자! 지금까지 우리는 하인즈 딜레마에 대해 착한 남편, 좋은 남편이 되기 위해서는 과연 약을 훔쳐야만 하는가에 대하여 생각해 보았다(3단계 사고). 이제 이 문제를 좀 다른 시각에서 볼 수는 없을까? 법은 남의 재산을 함부로 훔치는 것을 금하고 있는데, 왜 그런 법이 제정되었을까? 누가 법의 관점에 서서 하인즈의 결정에 대해 생각해 보겠니?

3) 명료화와 요약

심층 발문 전략에서 교사는 질문을 하는 것뿐만 아니라, 학생들이 말하는 것을 명료화하고 요약해 줄 필요가 있다. 이제 교사는 끝없이 질문을 하는 사람에서 학생들의 사고를 귀담아 들어주는 사람이 된다. 토론을 어느 정도 진행하면 학생들은 도덕적 문제에 어떻게 접근해야 하는지를 알게 된다. 그러면 교사는 토론 과정에서 제시되는 토론 유형을 학생들이 깨달을 수 있도록 토론을 조정해 나가야 한다. 즉, 학생들이 특정한 이슈에 대해 장황하게 토론하고 있을 때, 교사는 그 과정을 주의 깊게 지켜보면서 적절한 시기에 나서서 학생들의 주장 내용을 잘 다듬어 의사 전달이 용이하게 이루어질 수 있도록 해줄 필요가 있다. 특히 교사는 적절하게 토론의 내용을 요약해 줌으로써 학생들이 논의하고자 하는 문제의 본질에서 벗어나지 않도록 해주어야 한다. 예를 들어 보자.

  - 교사: 지금까지 여러분은 병춘이의 행동에 대해 두 가지 관점에서 생각해 보았다. 한 가지는 인표의 이름을 말하면 인표와 병춘이의 우정에 금이 갈 수 있다는 것이고, 다른 한 가지는 이름을 말하지 않으면 병춘이가 주인에게 혼이 나거나 같은 패거리로 오해를 받을 수 있다는 것이었다.

4) 역할 채택을 위한 질문들

이 질문들은 학생들의 관점 채택 능력을 자극하기 위한 것이다. 심층 발문 전략에서 역할 채택을 강조하는 이유는 학생들을 자기중심성으로부터 벗어나게 하기 위해서이다. 콜버그에 의하면, 도덕 발달은 역할 채택의 양과 질에 달려 있다(추병완, 1999). 그러므로 교사는 학생들이 자기중심성에서 벗어나 타인의 관점·사고·느낌·권리 등을 다양하게 고려해 볼 수 있게 해야 한다. 교사는 역할 놀이를 통해 실질적인 역할 채택 경험을 해보게 할 수도 있다.

유의 사항

정보 윤리 교육에서 도덕 딜레마 토론을 활용할 때 일반적으로 교사가 유의해야 할 사항들을 밝히면 다음과 같다.

첫째, 교사는 학생들의 발달 수준에 적합한 도덕적 딜레마를 활용해야 한다. 교사는 실생활에서의 갈등 상황을 지나치게 단순화시켜서도 안 되고, 그렇다고 해서 학년 고려 없이 일률적인 딜레마 상황을 제시해서도 안 된다. 교사는 학년이 올라갈수록 복잡한 상황 장면과 여러 사람에게 영향을 미칠 수 있는 딜레마를 활용하는 것이 바람직하다. 초등학교에서는 불법 복제 같은 개념에 대해 심사숙고해 보게 하는 간단한 개인적 혹은 개인 간 딜레마를 활용하는 것이 바람직하다. 그러나 중고생들에게는 개인 간 딜레마뿐만 아니라, 정부나 국제기구 같은 좀 더 커다란 집단의 딜레마 상황을 제시해 줄 수 있어야 한다.

둘째, 교사는 교화의 가능성을 배제해야 한다. 비록 딜레마에 대한 토론이 학생 중심의 개방성과 창의성을 존중하는 수업으로 설계되었다고 할지라도, 교사가 단계의 특성 그 자체를 가르칠 가능성은 여전히 남아 있게 된다. 따라서 콜버그가 말하는 단계의 특성이 수업 내용으로 변한다면, 교사는 교화를 하고 있는 것이나 다를 바가 없는 것이다.

셋째, 교사는 권위주의의 발생 가능성을 배제해야 한다. 교사는 딜레마 토론을 하면서 자기가 이미 결론을 내린 방향으로 학생들의 사고를 이끌어갈 수가 있다. 교사는 그 방향으로 학생들을 유도하기 위해 매우 제한된 질문만을 할 수도 있다. 따라서 이를 피하기 위하여 교사는 학생들이 딜레마 상황의 본질에 접하도록 하고, 학생들이 서로 다른 견해들을 자유롭게 발표할 수 있게 해야 한다.

넷째, 교사는 상대주의의 발생 가능성을 배제해야 한다. 딜레마 토론은 개방적이고, 가치 갈등의 문제에 대한 상이한 주장들이 허용되기 때문에, 학생들의 도덕적 추론이 상대주의적인 결론에 이르게 될 위험성이 있다. 딜레마 상황에서 어떤 것을 최선의 방안이라고 믿는 학생들과 그에 대해 반대하는 학생들이 서로 더 이상 토론하려고 하지도 않고, 서로의 추론에 대해 간섭하지도 않는다면, 이것은 상대주의에 빠지게 된 것이나 다를 바 없다. 따라서 교사는 학생들이 도덕 딜레마에 대해 동료들의 의견을 구하고, 유사한 사례를 찾아보고, 부모의 의견을 구하는 등 계속적인 탐구 활동을 할 수 있도록 자극해 주어야 한다. 또한 딜레마 상황에서 다른 학생들이 내리는 도덕 판단을 주의 깊게 관찰하도록 하면서 토의를 개방적으로 이끌어갈 수 있어야 한다.

이제 교사들이 수업에서 활용할 수 있는 정보 윤리에 관한 도덕 딜레마를 예시하면 다음과 같다.

도덕 상대론과 절대론

루도니아와 수모니아는 태평양에 있는 한 섬을 나누어 쓰고 있는 작은 나라들이다. 두 나라의 지리적 상황은 카리브 해에서 한 섬을 나누어 쓰는 아이티와 도미니크 공화국의 상황과 비슷하다. 그곳을 여행하는 사람들은 누구나 두 나라의 문화가 매우 다르다는 것을 금방 알 수 있다. 루도니아는 민주 국가이고, 국민들은 자신들이 가장 문명화되었다고 여긴다. 그들은 교육과 예술을 소중히 여기고 평화를 사랑한다.

수모니아는 몇 년 전에 정권을 잡은 사담 파파독 대령이 독재자로 군림하고 있다. 파파독 이전에도 많은 독재자들이 있었다. 파파독은 무력으로 국민들을 통치한다. 그는 자신의 정권에 반대하는 사람들에게 가차 없이 반역죄를 내린다. 물론 법정은 파파독이 기대하는 대로 그들에게 유죄를 선고한다. 많은 반체제 인사들이 오랫동안 감옥에 갇혀 있고 몇 명은 사형되었다. 수모니아 인들은 루도니아 인들을 시기하고 있다. 국민들 대부분은 루도니아 인들을 미워하고 있다. 그들은 섬 전체가 자신들의 것이라고 믿고 있다.

수모니아 인들은 호전적이어서 몇 년마다 한 번씩 루도니아에게 전쟁을 건다. 그런데 지금까지 루도니아 땅을 한 평도 얻은 적이 없다. 왜냐하면 루도니아 인들은 작지만 고도로 훈련되고 군사 장비를 잘 갖춘 병력을 계속 유지하고 있기 때문이다. 마지막 전쟁은 2년 전에 일어났다. 수모니아는 전쟁터에서 루도니아를 이길 수 없다는 것을 깨닫고 루도니아 인들을 분열시키기 위해서 특공대를 보내기 시작하였다.

수모니아 특공대들은 루도니아 인들을 납치하고 고문하고 오랫동안 감옥에 가두거나 사형하기도 하였다. 국경 지방은 심하게 공격을 당하였고, 루도니아는 기습 작전으로 보복하였다. 루도니아 군인들은 무고한 시민들을 죽이면 안 된다는 지시를 받았다. 그들이 테러리스트들을 생포하여 루도니아로 데려오면 루도니아 인들이 심판을 하였다. 그런데 루도니아 인들의 기습 작전도 수모니아의 테러리스트들을 막지 못했다. 테러는 계속되었고 루도니아 인들은 점점 더 정부가 군인들에게 적군과 똑같은 방법을 사용하도록 명령해야 한다고 주장하게 되었다. 루도니아 국회의원들은 그런 방법을 사용하면 공격을 중지시키거나 적어도 최소화할 수 있다고 확신하였다. 그러나 11명의 의원들 중에서 오직 두 사람만이 계속해서 그러한 주장을 할 뿐이었다.

루도니아의 카인드 대통령은 그런 주장을 계속 거부하였다. 오래 전에 폐지된 사형 제도를 부활시키기 위해서 의회가 열렸다. 테러리스트들은 루도니아 법정에서 공정하게 재판을 받았다. 많은 루도니아 인들이 수모니아의 공격을 저지하는 유일한 길은 수모니아 인들이 사용하는 것과 똑같은 방법을 사용하는 것이라고 주장하고 있다. 반면에 다른 사람들은 수모니아와 똑같은 방법을 사용할 경우, 루도니아가 자유롭고 문명화된 국가로서의 지위를 잃고 수모니아와 똑같은 도덕 수준을 갖게 될 것이라고 주장하고 있다. 여러분이 루도니아 인이라면 이 경우 어떤 결정을 내리겠는가? 루도니아는 수모니아가 사용하는 방법과 똑같은 방법으로 대응해야 하는가? 왜 그런가?

자료 변경

민호는 전문 프로그래머이다. 그는 금융과 관련된 소프트웨어 개발과 개선을 전문으로 하는 작은 컨설팅 회사에서 일하고 있다. 그 회사는 은행, 보험 회사, 증권 회사들에게 자문을 해준다. 대부분의 컨설팅 회사가 프로그램을 개선하는 업무를 맡지 않으려고 하는 반면, 민호네 회사는 그런 일을 기꺼이 맡기 때문에 고객이 많아졌다.

프로그램을 개선하는 일은 수익성이 아주 높다. 고객 은행이 갑자기 손님의 기록을 잃어버릴 경우 그 은행은 민호네 회사에 그 문제를 해결해 달라고 요구한다. 많은 경우 민호네 회사의 전문가들은 기록이 사라지지는 않았지만 쉽게 복구할 수 없다는 것을 안다. 그들은 프로그램의 결함을 찾아내어 제거할 때까지 몇 시간이고 일을 한다. 때때로 고객들은 새로운 업무 수요를 조절하기 위해서 프로그램을 개선할 필요도 있다.

종종 민호네 회사의 전문가들은 주말에도 일을 하는데, 주말에는 고객 회사들이 일을 하지 않기 때문에 그들은 고객 회사에 혼자 남아 문제를 해결하거나 프로그램 개선 작업을 완료할 때까지 일을 한다. 민호네 회사는 계약의 일부로서 비밀을 절대적으로 지킨다는 것을 보증하는 조항을 계약서에 포함시키고 있다. 또한 그 회사의 모든 사람들은 일을 하다가 알게 된 비밀 정보를 절대 누설하지 않겠다는 서약에 서명을 한다.

민호는 학식이 있고 양심적인 전문가라는 평판을 쌓았다. 그는 다양한 프로그래밍 언어를 익혔지만 그의 가장 소중한 자산은 복잡한 프로그램 모듈의 결함을 제거하는 데 전문가라는 것이다. 그는 아직 미혼이기 때문에 주말에 일하는 것을 싫어하지 않았다. 수입도 좋았고, "지금이 내가 결혼해서 가정을 이룰 때를 대비해서 돈을 모을 적기야"라고 그는 말하곤 했다.

지난 5월, 민호는 은행의 신용 평가 프로그램을 수정하라는 임무를 받았다. 그는 일요일에 프로그램 모듈을 설치하였는데, 그 은행에는 수위를 제외하고는 아무도 없었다. 민호는 예상보다 더 일찍 작업을 끝냈다. 그는 마지막으로 프로그램을 검토하는 중에 메인 메뉴에 있는 한 아이템에 호기심을 느꼈다. 사용자가 그것을 사용하면 신용 회사의 정보 체계에 연결할 수 있었다. 신용 회사는 개인이나 단체의 신용 기록을 파는 회사이다. 은행은 일반적으로 이 정보로부터 대출한 고객의 자료를 얻는다.

이 회사가 민호의 신용과 관련된 정보를 갖고 있을 가능성이 있었다. 그는 모두 세 가지 다른 신용 카드를 갖고 있었다. 그가 그 큰 데이터베이스에서 자료를 검색하는 방법을 알아내는 데에는 몇 초도 걸리지 않았다. 예상했던 대로 그의 기록이 거기에 있었다. 그는 컴퓨터 모니터에 얼굴을 바짝 붙인 채 정보를 읽었다. 갑자기 그의 얼굴이 붉어졌다. "이게 뭐야? 바보 같으니!"

거기에는 그가 대학생 때 빌린 돈을 한 달 동안 연체한 적이 있다고 기록되어 있었다. 사실, 7년 전에 그는 대학 등록금 때문에 대출을 한 적이 있었지만 한 번도 납기일을 넘긴 적이 없었다. 어떻게 해야 하지? 한편으로 생각하면 이 기록 때문에 손해를 본 일은 전혀 없다. 그는 아무런 문제없이 신용 카드를 받았었다. 그러나 달리 생각하면, 그가 신용 카드를 받은 후에 이 파일에 잘못된 기록이 들어갔을 수도 있다. 또 카드를 발행하는 사람이 그 기록에 관심을 갖지 않았을 수도 있다. 그렇지만 앞으로 대출을 할 때 이 기록이 방해가 될 수도 있다.

민호는 신용 정보 회사에 그 기록을 고쳐달라고 하는 것이 어렵다는 것을 알고 있었다. 이미 명백한 이유 없이 신용 거래가 중단된 사람들의 사례를 들은 적이 있었다. 그는 잘못된 정보의 희생자가 되지 않기로 결심했다. 그는 신용 회사의 보안 모듈을 피하는 방법을 알아내어 그 기록을 지웠다. 월요일에 민호네 회사 사장은 그가 일을 성공적으로 처리했다고 치하해 주었고, 은행 측도 그가 프로그램을 개선한 것에 대해 매우 만족해하였다.

이 경우 ① 민호의 행동은 비윤리적인가? 의무론과 공리주의 이론에 근거하여 대답하라. ② 여러분이 만약 민호라면, 신용 데이터베이스를 엿볼 것인가? 만약 엿보게 된다면, 여러분은 그 다음에 어떻게 할 것인가?

노동자 해직

"이 시스템은 우리 고객에게 22명의 노동자 임금에 해당하는 돈을 절약시켜 줄 거야. 일단 우리 고객의 경쟁사들이 이 사실을 알게 되면, 우리는 밀려오는 주문 때문에 정신없이 일해야 되겠지?"

"그래, 그렇다면 정말 좋겠지."

화창한 오후, 병춘은 인표와 함께 파라솔 아래에 앉아서 큰 유리잔에 담긴 칵테일을 마시고 있다. 자동 로봇을 전문으로 제작하는 회사에서 일하고 있는 병춘은 이번 일을 잘 마무리한 공로로 이 짧은 휴가를 받았다. 최근까지 조립 부분의 검사는 노동자들이 직접 해야 했지만, 병춘은 인간 검사자를 대체할 수 있는 로봇을 제어하는 시스템을 개발했다. 확실히 병춘의 기여 덕분에 자동차 산업의 컴퓨터화가 한 발짝 더 진전될 수 있었다.

병춘의 친구이자 동료인 인표는 탁자 위에 컵을 놓고 멍하니 파도를 바라보고 있다. 그의 미소는 시름에 잠긴 표정으로 변한다.

"왜 그래?"

"우리 삼촌은 한때 자동차 회사에서 일했어. 삼촌은 차에 페인트를 칠하는 일의 전문가였지. 그런데 26년 동안 일한 그 회사에서 해고 통지서를 받았어. 거기에는 '당신의 충심 어린 봉사에 감사를 표합니다' 라는 말이 적혀 있었다더군."

"무슨 말을 하는 거야?"

"무슨 말이냐 하면, 로봇이 삼촌이 하던 일을 대신하게 된 거야. 너와 나처럼 똑똑한 어떤 녀석들이 그 회사에 작업 로봇을 팔았는데, 그 로봇은 비용을 적게 들이고도 삼촌만큼이나 효율적으로 일을 할 수 있었거든."

인표는 잔을 들고 천천히 마신다. 그는 병춘이를 보는 대신 백사장까지 밀려와 부서지는 아름다운 파도를 보고 있다. 그가 계속 이야기한다.

"상상할 수 있겠니? 삼촌은 스물한 살에 그 회사에 들어가서 해고될 때까지 그곳에서만 쭉 일했어. 자신의 일을 사랑하는 마흔일곱 살의 남자가 일자리에서 쫓겨난 거지."

"그래서 다른 일자리를 구하셨니?"

"아니, 요새 일자리 구하기가 쉬운 일이냐? 차에 페인트를 칠하는 것이 삼촌의 전문이었어. 삼촌은 그 일을 아주 잘했고, 매달 기준 이상으로 일한 덕에 보너스를 받곤 했지. 삼촌은 재교육을 받아야 했지만, 회사는 재교육을 해주지 않았어. 그 이후 삼촌은 실업자가 되었고, 여기저기에서 잠깐씩 일하는 신세가 되었지. 먹고 살기가 무척 힘들어졌어. 슬퍼, 아주 슬퍼. 삼촌은 새로운 일을 시작하기에는 너무 나이가 들었고 퇴직하기에는 아직 젊어."

병춘은 아무 말도 하지 않는다. 병춘은 자신의 직업과 인표의 이야기에 모종의 관계가 있다는 것을 안다.

"그런 일은 계속 일어나고 있어. 우리의 아름다운 컴퓨터 시스템이 사람들을 해고하고 있어. 그 사람들은 가족을 먹여 살리고 자식들을 대학에 보내야 하는데…."

병춘은 인표의 말이 옳다고 생각했다. 사실 병춘도 그런 생각을 여러 번 했었다. 그러나 병춘은 스스로 옳은 일을 하고 있다고 확신하고 있다. 병춘은 인표를 진정시키고 그의 죄책감을 덜어 주고 싶다.

"네 심정 알아. 그렇지만 나는 네가 이 일을 너무 좁게만 보고 있다고 생각해. 너는 좀 더 넓게 볼 필요가 있어. 너와 내가 개발한 시스템은 사회가 진보하도록 도와주잖아."

인표는 병춘 쪽으로 얼굴을 돌린다.

"스물두 명을 해고하는 것이 진보야?"

"우리가 그들을 해고하는 게 아니야. 회사가 그러는 거지. 물론 우리도 회사를 돕고 있지만, 우리가 안 해도 어느 누군가가 그 일을 할 거야. 세계는 점점 앞으로 나아가고 있다고."

인표는 머리를 흔든다. 그러자 병춘은 다른 예를 든다.

"봐, 2천 년 전에 사회의 거의 모든 사람들은 식량을 생산하느라고 바빴어. 그것은 산업 혁명이 일어날 때까지 변하지 않았어. 산업 혁명 후에 농장에서 일하는 사람들은 점점 줄어들었어. 농기계가 힘든 대부분의 일들을 처리할 수 있었기 때문이야. 농업에 종사하는 미국인이 얼마나 되는지 알아? 3퍼센트야! 지금 제조업에서 일어나고 있는 일도 이와 비슷해. 기계가 적은 비용으로 효율적으로 일하기 때문에 공장에서 일하는 사람들이 점점 적어지고 있지. 우리가 이런 일이 일어나도록 돕고 있는 거야."

"그렇지만 백만 명의 사람들이 일자리를 잃고 있잖아."

"그건 그래. 그러나 너는 거기에서 이익을 얻고 있어."

"내가 이익을 얻는다고? 무슨 이익?"

"생산이 자동화된 상품은 값이 싸. 그래, 공장들은 더 큰 이익을 얻고 있지. 그러나 너도 더 싼 상품을 살 수 있잖아. 그리고 삶의 질도 향상되고 있고, 덜 비싼 상품들은 경제에 박차를 가하기도 하지. 우리 모두 그 결과를 즐기는 게 아닐까?"

"나는 '우리 모두' 라는 말을 사용할 땐 신중해야 한다고 생각해. 우리 삼촌은 해고당하는 걸 즐기지 않으셔. 그분은 여전히 힘들어 해. 그리고 사회적 이익에 대해서 말인데, 실업자가 많아질수록 세금을 내는 사람들은 적어져. 누가 우리 삼촌에게 실업 수당을 주고 있다고 생각하니? 너와 나야. 우리의 세금이지. 그리고 직업을 잃은 사람들이 모두 소비를 줄이고 있어. 그들은 '더 싼' 상품들도 살 여유가 없는 거야."

인표의 말이 맞다.

"그럼 너는 앞으로 어떻게 되어야 한다고 생각하니?"

"나는 정부가 해고된 사람들에게 재교육을 실시하거나 기업들에게 자신들의 노동자들을 재교육하도록 강요해야 한다고 생각해."

"두 번째 제안은 그리 좋은 것 같지 않은데. 많은 산업에서, 특히 제조업에서는 전반적으로 일자리가 쓸모없어지고 있어." 병춘은 재치 있게 말하려고 했지만 어쩐지 자신의 핵심이 찔린 듯한 기분이 든다. "너의 삼촌이 하던 일을 예로 들어 보자. 고용주가 로봇 페인트공을 감독하는 데 필요한 노동자는 조립라인당 기껏 한 명 정도야. 회사가 너희 삼촌을 무엇을 위해 재교육시키겠니?"

"네 말이 맞는 것 같다."

"그리고 우리 직업에 대한 의무를 잊지 마. 컴퓨터 시스템에서 경제적 이익을 이끌어 내는 것이 우리의 의무야. 우리가 성공할 때, 기업들은 우리의 전문성을 깨닫고 젊은 컴퓨터 전문가들을 위한 일자리를 만들어 줄 거야."

"그래, 그래, 네 말이 맞아."

인표와 병춘은 의자 깊숙이 몸을 기댄 채 멀리 수평선을 바라본다. 이제 이 고요한 분위기를 즐길 수 있는 시간도 하루밖에 남지 않았다. 서울로 돌아가면 두 사람은 사장이 지시하는 새로운 프로젝트들을 맡아야 할 것이다.

서울로 돌아가는 비행기 안에서 병춘은 인표가 제기한 문제에 대해서 생각하고 있다. 그렇다. 병춘이 몇 가지 좋은 지적을 했지만, 인표 역시 좋은 지적을 했다. 만약 여러분이 병춘이라면, 여러분은 컴퓨터에 의해서 대체된 노동자들을 위해서 정부가 어떤 일을 해야 한다고 생각하는가? 고용주들은 노동자들이 컴퓨터에 의해서 대체되는 것을 최소화하기 위해서 무엇을 할 수 있는가? 인간이 기계에 의해 대체되는 현상으로 생기는 도덕적인 문제들에는 어떤 것이 있는가?

이메일 엿보기

신희는 회계 회사의 지점장으로 서울 지점을 운영하고 있다. 그 회사는 완벽하게 전산화되어 있다. 비서들의 책상을 포함한 모든 책상에는 개인용 컴퓨터가 있고, 대다수의 회계사들은 워드 프로세서와 스프레드시트가 설치된 자신의 컴퓨터를 갖고 있다.

일 년 전, 한 컨설팅 회사가 사무실에 기업 내 통신망(LAN)을 설치하였다. 용량이 큰 컴퓨터가 파일 서버file-server로 사용되었다. 그 통신망으로 모든 사람들은 프로그램과 정보를 공유할 수 있게 되었다. 통신망의 장점 중의 하나가 이메일이다. 사무실이 3층으로 나뉘어져 있기 때문에 다른 층에 있는 동료와 이야기를 하고 싶은 사람은 전화를 사용해야 했다. 만약 이야기하기를 원하는 사람이 자리에 없으면 비서에게 메모를 남기거나 다시 전화를 해야 한다. 이것은 시간이 많이 드는 일이다. 이제, 통신망이 있기 때문에 그들은 컴퓨터에 메시지를 써서 보내기만 하면 된다. 사원들은 자주 이메일을 검사해야 한다. 그래야만 메시지를 제대로 확인할 수 있다.

사원들은 이메일을 매우 좋아해서 멀리 있는 지점과도 이런 식으로 통신을 하기 시작했다. 통신망은 다른 도시에 있는 지점들과도 연결되어 있기 때문에 컴퓨터에 접근할 수 있는 사람은 누구나 다른 지점에 메시지를 보내고 받을 수 있다. 물론, 통신을 하는 데는 비용이 든다.

　　신희는 지점장이기 때문에 사원들의 이메일을 엿볼 수 있다. 그녀는 편안한 의자에 앉아 샌드위치를 먹으면서 맨 아래 서랍에 있는 통신망 사용 설명서를 꺼내 다른 사용자의 이메일에 접근할 수 있는 방법에 대해서 보았다. 그것은 누워서 떡 먹기만큼이나 쉬었다. 그녀는 회계사가 된 지 일 년이 된 찬석이의 이메일 함에 들어갔다.

　　메시지가 하나 도착해 있었다. 그러나 그것은 회계 일과는 전혀 관련이 없는 것이었다. 거기에는 다음과 같이 쓰여 있었다.

From: 혜영

To: 찬석

08-09-2000 09:32

아니요. 저는 내일 저녁에 아무 약속도 없어요. 나는 찬석 씨가 정말 유망한 회계사라고 생각해요. 우리 둘만의 저녁 식사는 아주 근사할 거예요. 하지만 제가 채식주의자라는 것을 알아주었으면 해요. 몇 시에 만날 것인지를 정확하게 알려 주세요.

혜영 드림

　　신희는 기분이 좋지 않았다. 회사의 이메일에 대한 정책에 따르면, 사원들이 개인적으로 통신망을 사용하는 것은 엄격하게 금지되어 있었다. 왜냐하면 중요한 회사 기밀이 새어 나갈 수도 있기 때문이었다. 그녀는 즉시 찬석에게 그녀의 사무실로 보고서를 제출하라고 지시하는 메시지를 보냈다. 그녀는 찬석이가 보고서를 가져오자 그의 행동에 대해서 충고를 했다. 찬석이는 자신이 그 정책을 알지 못했다고 주장했다. 신희는 그것이 정당하다고 생각하지 않았다. 그녀는 찬석이에게 약속된 보너스를 받을 수 없을 것이며, 이런 일이 다시 일어날 경우에는 해고될 것이라고 말했다.

이 경우 여러분은 신희가 찬석이의 이메일을 엿보는 것에 동의하는가? 찬석의 행동은 비윤리적인가? 만약 찬석이가 회사의 정책을 알고 있었다고 가정해 보자. 찬석의 행동은 비윤리적인가?

갈등과 우선권

우규는 파워소프트 사의 수석 시스템 분석가이다. 파워소프트 사는 발전소의 컴퓨터 프로그램을 관리하는 컨설팅 회사이다. 특히 파워소프트 사는 방사능 통제 프로그램을 전문으로 한다. 그 회사는 발전소에 마이크로컴퓨터를 설치하고 기준 이상으로 방사능이 누출될 때 그것을 경고하는 프로그램을 설치하였다. 그 회사는 턴키turn-key 방식으로 시스템을 수주하였는데, 이 방식에 의하면 고객은 완전히 준비를 갖춘 시스템을 일괄적으로 인수하기만 하면 된다. 이 시스템에는 방사능 누출 위치 감지, 방사능 안전 수준에 대한 판정 등에 관한 기술적인 것들이 포함되어 있었다.

이 분야는 전문가들이 거의 없다. 그러므로 파워소프트 사는 설립된 지 3년 만에 국내에서 가장 권위 있는 회사가 되었다. 그 회사는 30개 이상의 발전소에 시스템을 설치하고 관련된 자문을 해 주고 있다. 1년 전부터는 외국에서도 일을 맡아서 하고 있다.

파워소프트 사는 많은 이익을 얻고 있다. 물론 경쟁이 적다는 것도 하나의 이유가 된다. 또 다른 이유로는 많은 원자력 발전소들이 동일하거나 유사한 설계에 따라서 건설되기 때문이다. 고객과 새로운 발전소에 대하여 계약서에 서명할 때, 파워소프트 사의 영업 엔지니어들은 그 발전소가 이전에 일했던 다른 발전소들과 유사한가를 검사한다. 만약 그럴 경우, 시스템 분석가들은 새로운 발전소에도 똑같은 소프트웨어를 적용한다. 때로 극히 미미한 수정이 필요할 때도 있다. 이런 경우 회사의 이익은 굉장하다. 왜냐하면 시스템 설계나 프로그래밍과 관련된 일들이 이미 되어 있기 때문이다. 그때는 단지 설치만 하면 모든 업무가 끝난다.

우규는 현재 대전의 프로젝트에 참여하고 있다. 시스템 설치는 이틀 전에 끝났다. 첫 번째 테스트는 좋았다. 어떤 문제도 발견되지 않았다. 가장 중요한 테스트는 방사능 과다 누출에 대한 것이다. 감지기가 설치되었다. 첫 번째 감지기는 중앙에서 아주 가까운 곳에, 두 번째는 내부에, 세 번째는 외부에 설치되었다. 감지기가 감지할 수 있는 방사능은 반지름이 커질수록 작아진다. 따라서 밖에 있는 감지기는 중앙에 있는 감지기에 비해서 아주 적은 양의 방사능에도 경보를 울리는 프로그램이 들어 있다.

테스트를 하는 동안 우규는 바깥에 있는 감지기가 이전에 사용했던 것과 다르다는 생각을 하게 되었다. 파워소프트는 그 발전소의 설계 명세서가 1년 전 광주에서 일했던 발전소의 설계 명세서와 똑같다고 보았다. 광주에 발전소를 건설했던 회사가 이번 발전소도 건설했고, 같은 회사가 두 발전소를 모두 소유하고 있었다. 그래서 설계 명세서가 다를 것이라고 생각할 이유가 없었다. 사실, 파워소프트 사의 엔지니어들은 계약서에 서명하기 전에 설계 명세서를 검토할 때 그것이 광주 발전소의 설계 명세서와 정확하게 똑같다고 보았다.

우규는 세 개의 감지기가 똑같은 시간에 잘못 기능할 가능성은 아주 작다는 것을 알았지만, 어쨌든 이 일에 대해 자신의 감독관인 김 사장에게 알려야 한다고 느꼈다. 김 사장은 시스템 분석가였으나 다른 컴퓨터 전문가 두 사람과 함께 핵 반응기를 만드는 회사를 떠나 파워소프트 사를 설립하였다. 고객들이나 사원들 모두 그를 능력 있는 전문가, 좋은 경영인, 정직한 사업가로서 존경했다.

우규는 서울에 있는 사무실에 전화를 걸어 김 사장에게 사실을 이야기하였고, 그는 신중하게 들었다. 그러고 나서 그는 "시스템을 그대로 두라"고 말했다.

우규는 무척 놀랐다. "죄송하지만 다시 말씀해 주시겠어요? 사장님이 이해하지 못 하시는 것 같은데, 우리는 설계 명세서에 완벽하게 들어맞는 감지 프로그램을 설치하지 못했습니다."

"아니네, 그것은 설계 명세서에 적합한 거네. 설계 명세서는 실제 설계와 정확하게 맞지 않네, 그러나 그것은 우리의 문제가 아닐세. 전체적으로 실패할 가능성이 있는가?"

"정확하게 말씀드릴 수는 없지만 십만 분의 일 정도 될 겁니다."

시스템이 똑같은 시간에 모두 반응하는 데 실패할 가능성이 십만 분의 일이라고 할지라도 그것은 고객에게 약속한 기준의 두 배였다. 김 사장의 목소리는 차분했다.

"그 정도면 충분하네."

"그러면 그들에게 설계 명세서에 실수가 있다고 말하는 것이 어떨까요? 우리가 수정을 해줄 수 있습니다."

"잘 듣게. 나는 그 회사를 잘 아네. 나는 그 회사를 운영하는 사람도 잘 알고 있고. 그들은 자신들의 실패를 인정하지 않을 걸세. 그들이 일단 알게 되면 우리가 무료로 수정해 주기를 기대할 걸세. 그들이 자신들의 실패를 인정한다고 해도 우리는 시간이 없네. 우리는 다른 계약이 두 건이나 있고, 다음 주까지는 그곳을 떠나야 하네."

우규는 당황했다. 몇 초간의 침묵이 길게만 느껴졌다. 김 사장은 우규가 무슨 생각을 하고 있는지 알아차렸다. 그의 목소리는 낮지만 완고했다.

"고객에게는 한마디도 말하지 말게. 자네는 만족스럽게 일을 해냈네. 프로젝트는 내 책임일세. 자네는 걱정할 이유가 없네. 이틀 후에 여기서 보도록 하세."

"알았습니다. 목요일에 뵙겠습니다."

그들은 전화를 끊었다. 서울로 돌아가는 차 안에서 우규는 김

사장과의 대화에 대해서 계속 생각하였다. 그는 자신이 한 일이 옳은지 확신하지 못했다. 그 시스템에 대한 책임은 전적으로 김 사장에게 있고, 우규는 김 사장의 말대로만 행동하면 된다는 것에 여러분은 동의하는가? 우규는 지금 의무 딜레마에 빠져 있다. 그는 전문가로서 자신의 의무들 가운데 하나를 선택해야 한다. 우규는 전문가로서 다른 사람들에게 어떤 의무를 갖고 있는가? 만약 여러분이 우규와 같은 상황에 처해 있다면, 어떻게 하겠는가?

고객에 대한 의무

윤지원은 2년 전 명문 대학을 졸업하자마자 BSI사에 취직했다. 지원은 컴퓨터 공학을 전공했고, 언젠가 자신의 컨설팅 회사를 경영하기를 원했다. BSI는 지원에게 많은 보수와 경험을 쌓을 수 있는 좋은 환경을 제공했다. 2년 전 그 회사에 들어간 이후로 지원은 규모가 작은 회사를 위한 정보 시스템 목록을 분석하고 기획하는 일을 맡았다. 지원은 그 일을 하는 것 자체를 즐겼다.

한 달 전에 BSI는 규모가 작은 남성복 소매상 SH사와 계약을 맺었다. SH사는 작은 상점 하나에서 시작했다. 그 상점의 옷값은 쌌으며, 이세준과 최현세 젊은 두 주인들은 가정으로 직접 안내 전단을 돌리기도 했다. 그들의 주된 단골손님은 20-35세 사이의 젊은 남성들이었다. 장사는 아주 잘되었다. 은행은 상점 두 곳을 새로 열 수 있도록 기꺼이 돈을 대출해 주었다. 사업은 급속히 번창했다. 젊은 두 주인은 앞으로 2년 안에 상점 세 곳을 더 오픈하기로 결정했다.

빠른 성장 때문에 세준은 일일이 손으로 하던 상품 목록 관리를 컴퓨터가 해주는 시스템으로 바꾸고자 했다. 컴퓨터 상품 목록 관리 시스템은 모든 상점들의 목록을 관리할 수 있을 것이고, 특별한 아이템의 전체 수요를 예측할 수 있고, 또 각 상점들의 판매 경향도 분석할 수 있을 것이다. 그들은 새로운 시스템의 도입으로 사업이 더 성장할 수 있기를 바랐다.

BSI는 평판도 좋고 가격 조건도 괜찮았기 때문에, SH사는 BSI의 시스템을 선택했다. 계약은 완전 서비스를 제공하는 체제로 BSI가 하드웨어 구입과 소프트웨어 개발, 시스템 설치를 총괄하고, 그것이 제대로 작동하는지 확인하는 것을 조건으로 하였다.

4명의 BSI 전문가들이 시스템을 개발하고 있었다. 지원은 베테랑 컴퓨터 전문가 최재혁의 지휘 하에 있었다. 재혁은 훌륭하게 팀을 이끌어 가는 사람으로 유명했다. 그는 항상 마감 시간을 강조해왔고, 15년 동안 한 번도 마감 시간을 어긴 적이 없었기 때문에 '노예 감시자'라는 별명도 얻었다. 그가 맡은 팀은 기술적인 문제에 직면할 때마다, 그 문제가 해결될 때까지 24시간 내내 일했다. 이번 프로젝트는 아무 문제없이 진행되었다. 사실, 재혁은 마감일 2주 전에 시스템을 SH사에 넘겨줄 수 있을 거라 예상했다.

시스템을 넘겨주기 3주 전, 지원은 마지막 테스트를 시작했다. 지원은 필요한 모든 업무를 미리 실행시켜 보았다. 새로운 아이템 추가하기, 특정 아이템을 다양한 분량으로 판매하기, 공급자에게 주문하기 등 여러 가지 업무 기능들을 실행해 보았다. 모든 것이 적당한 시간 안에 잘 진행되었다. 지원은 판매 기록 처리가 얼마나 오래 걸리는지 보기 위해 고객 업무 처리의 기본 단위를 테스트하였다. 지원은 2,000개를 기록하고, 걸리는 시간을 측정하고 나서 업무 처리를 등록하였다. 평균 시간은 적당하였다. 그녀는 4,000으로 수를 두 배 올리고, 거기에 개개의 업무 처리를 더했다. 시스템이 응답하기까지 10초가 걸렸다. 그녀는 또 다른 업무 처리를 시도해 보았다. 또다시 10초가 걸렸다. 지원은 3,000으로 수를 줄이고 판매를 등록했다. 반응은 8초가 걸렸다. "아직도 너무 느려." 지원은 투덜거렸다.

재혁은 일의 진행 상황을 논의하기 위해 매일 사무실에서 팀

회의를 소집했다. 지원은 SH사와의 계약서를 보여 달라고 했다. 다른 사람들이 얘기하고 있는 동안, 지원은 계약서의 세부 사항들을 살펴보았다. 놀랍게도 지원은 고객이 인정하는 시스템 작용의 한계에 대한 사항을 발견하지 못했다. 예를 들어, 고객은 고객이 지정한 시간 단위에 맞게 업무 처리 유형을 요구할 수 있는데, 계약서에는 그것에 대한 항목이 빠져 있었다.

"팀장님. 저… 작은 문제가 생긴 게 아닌가 싶은데요. 어제 시스템 테스트를 시작했는데 느렸어요."

"느리다니요? 뭐가 느리다는 겁니까? 얼마나 느린데요?"

지원은 기록 숫자들을 늘렸을 때 일어난 일을 얘기했다. 재혁은 놀라는 것 같지 않았다.

"1,000에 대한 평균 시간은 얼마지요?"

"1초에서 1.5초요."

"그럼 2,000에 대해서는?"

"1.5초에서 2초요."

"그런데, 뭐가 문제라는 겁니까? 그들은 단지 하루에 1,000개 정도의 분량을 판매하는 것으로 알고 있는데."

"하지만, 저는 이세준 씨가 상점들을 추가로 오픈할 계획을 세우고 있는 것으로 알고 있습니다. 우리는 모든 상점들을 같은 데이터베이스로 연결했기 때문에 그렇게 되면 1일 업무 처리가 증가할 거예요."

재혁은 한숨을 쉬고 뒤로 몸을 기대었다.

"이봐요. 지원 씨. 우리는 SH사와 계약을 맺었습니다. 우리는 그들에게 그들 사업의 필요조건에 맞는 좋은 정보 시스템을 제공하고 있어요. 우리는 고객의 앞날까지 책임질 필요는 없습니다."

지원은 그 말들을 납득할 수 없었지만, 팀장에게 반감을 사고 싶지는 않았다. 지원은 거북한 마음으로 의자에 앉았다. 동료들은 그녀를 쳐다봤지만 끼어들지는 않았다. 재혁은 지원이 마음에 걸렸다.

"지원 씨. 우리는 그들과 계약을 했고, 그들은 거기에 사인을 했어요. 우리도 사인을 했고. 그들은 자신들의 돈으로 무엇을 계약하는지 알고 있었다고…."

"바로 그 점이 문제예요. 전 그들이 계약 내용을 잘 이해하지 못했다고 생각해요. 지금부터 1년 후에 그들은 시스템이 사용하기에 너무 느리다는 걸 알게 될 거예요."

"그럼 하드웨어나 소프트웨어에 문제가 있다고 생각합니까?"

"소프트웨어 문제는 아니에요."

"그럼 제조업자로부터 컴퓨터를 구입할 때 지원 씨의 의견을 얘기하지 그랬습니까?"

BSI가 구입한 컴퓨터는 싼값에도 불구하고 성능이 괜찮다고 여겨져 왔으며, 지금까지 이 컴퓨터를 소규모 기업에만 설치했었다.

"전 하드웨어 담당이 아니어서, 이 기계의 속도 문제는 전혀 생각하지 못했어요." 지원은 낮은 목소리로 말했다.

"지원 씨. 컴퓨터는 이미 샀고, 우리는 하자도 없는데 그것을 되돌려 보낼 수는 없어요. 내가 말한 것처럼 우리는 SH사와 공정하게 계약한 겁니다. 그들은 마감일 2주 전에 훌륭한 시스템을 받을 수 있을 거예요. 자, 회의를 계속합시다."

지원은 회의가 진행되는 동안 계속 침묵을 지켰다. 지원은 현재와 마찬가지로 미래에 대해서도 고객에게 서비스할 수 있도록 시스템을 개발하는 것이 BSI의 책임이라고 느꼈다. 그녀는 재혁이 고객에 대해 정직하지 않은 것이라고 확신했다. 그녀는 어떻게 행동해야 할지 고민하였다.

이 경우에 ① 재혁의 행동은 잘못된 것인가요? 만약 그렇다면 어떤 점이 잘못되었나요? ② 만약 여러분이 SH사와의 계약 책임자라면 계약서를 다르게 쓸 수 있나요? 어떻게? 왜? ③ 이번에는 지원의 입장이 되어 봅시다. 여러분은 이제 무엇을 할 건가요? 하던 일을 계속할 건가요? 아니면 BSI에서 해고당할 것을 각오하고, 미래에 생길 수 있는 시스템의 문제점들을 고객에게 알릴 건가요? 여러분이 이 문제와 직접 관련이 없더라도, 미래에 여러분이 이런 고객을 만날 수도 있다고 생각하고 의견을 말해 보세요.

최첨단 진단

정인태 씨는 은퇴한 부동산 중개업자이다. 그는 1년 전에 퇴직했고, 자신의 자유로운 시간을 아내와 두 딸과 다섯 손자들과 함께 보낼 계획이었다. 그는 남은 인생을 편안하게 보낼 수 있을 만큼 넉넉한 연금을 받고 있다. 정인태 씨와 그의 아내는 유럽 여행을 할 계획이었고, 나중에는 일본에도 잠시 체류할 계획이었다.

두 달 전에 정씨는 그의 등 왼쪽 아래 부분에서 무언가 이상한 것을 느꼈다. 일주일 동안은 모른 척했지만, 그 이상한 느낌이 가벼운 고통으로 바뀌자 아내에게 이야기했다. 아내는 의사에게 진찰을 받아보자고 했다. 그 나이 또래의 많은 남성들처럼 정씨도 진찰받기를 거절했다. "별거 아니야. 곧 좋아지겠지." 아내는 계속 병원에 가기를 권유했고, 정씨는 마지못해 허락했다. 그녀는 남편을 병원에 데려 갔다.

최인호는 신참 의사였다. 그가 몇 년 전에 졸업한 의과 대학은 최첨단 장비들과 현대식 방법만을 사용하기로 유명한 곳이다. 그는 정씨와 그의 아내를 따뜻하게 맞이했다. 정씨는 등의 경미한 고통을 '아무것도 아닌' 듯이 보이려고 노력했지만, 아내는 그가 전에는 전혀 통증을 느끼지 않았었다고 설명했다. "남편은 진짜 힘들다고 느끼기 전까지는 불평하는 사람이 아닙니다. 그래서 전 남편이 생각하는 것보다 더 심각할까봐 걱정입니다. 무슨 병인지 확인해 보고 싶습니다."

인호는 정씨 아내의 생각에 동의했다. 그는 정씨에게 그가 아픈 부분이 정확하게 어디인지, 또 어떻게 아프며, 통증이 연속적으로 느껴지는지를 물어 보았다. 그는 즉시 엑스레이 사진을 찍도록 했다. 사진들은 15분 후에 그의 손에 도착했고, 그는 그것들을 주의 깊게 검토했다. 정씨 부부는 인호가 사진만으로는 그것이 무엇인지 확신하지 못하고 있다고 느꼈다. 인호는 곧 책상 위의 컴퓨터를 가리키며 말했다.

"이 컴퓨터에는 전문적인 진단 프로그램이 들어 있습니다. 그 시스템에는 등에 대한 고통과 그 치료에 대한 세계 최고 전문가들의 의학적 전문 지식이 포함되어 있습니다. 저는 몇 가지 질문을 해서 데이터를 입력하고, 그 결과를 받아서 처방을 해드리려 합니다. 이의가 있으신가요?"

"아닙니다. 전 의사 선생님의 진단을 믿겠어요."

인호는 컴퓨터 앞에 앉아 몇 가지 키를 눌렀다. 긴 종류의 질문들이 모니터에 나타났다. 그는 정씨에게 질문들을 읽어 주었고, 정씨가 대답할 때마다 그 대답들을 입력했다. 또 이전에 앓았던 병이 있는지, 정씨의 부모에게 병이 있었는지, 식습관과 음주 습관, 정씨가 했던 일의 유형 등, 많은 질문들을 했다. 인호는 마지막 질문에 대한 답을 기록한 후에 의자에 기대앉아 결과를 기다렸다. "이제 우리는 시스템이 진단하는 걸 볼 것입니다."

몇몇 문장들이 스크린에 나타났고, 결과를 출력했다. 인호는 진단 결과를 두세 번 읽었고, 눈에 띄게 안색이 변하였다. 그는 정씨를 보며 말했다.

"좋은 소식이 아니어서 죄송합니다. 정인태 씨는 카닐라이티스Khanylitis라는 병을 앓고 있습니다. 보기 드문 병이지요. 이 병에 대해 어떻게 말씀드려야 할지 모르겠습니다. 말기입니다. 앞으로 6개월 정도밖에 남지 않았습니다."

정씨는 망연자실했다. "죄송하지만, 의사 선생님, 확실한가요?"

"이 분야에서의 최고 전문가로부터 나온 결과입니다. 저도 더 나은 진단은 할 수 없어요. 물론 원하신다면 다른 의사의 진단을 받아 보실 수는 있습니다."

인호는 병의 특징에 대해 설명하였다. 병이 어떻게 진행되고, 조금이라도 더 살기 위해서는 생활양식을 바꿔야 한다는 것들을 말했다. 정씨 부부는 충격을 받았다. 그렇다. 그들은 재검사를 받기를 원했다. 인호는 그들에게 전문의들이 기록되어 있는 짧은 리스트를 건네주었다. 정씨의 아내는 그 리스트를 받았지만 그 리스트에 나와 있는 의사에게는 진찰받지 않기로 마음먹었다. 그들은 인호를 전혀 알지 못하는 의사와 상담하기를 원했다.

다음날 부부는 이정윤의 진료실에 앉아 있었다. 그들은 카닐라이티스로 죽었다는 사람을 알고 있는 한 친구로부터 정윤의 이름을 들었다. 어쨌든 정씨의 아내는 전화번호부에서 병원의 전화번호를 알아냈다. 정씨 부부는 정윤이 인호보다 더 나은 진단을 해줄 수 있기를 바랐다. 정윤은 바쁜 스케줄에도 불구하고 그들을 먼저 만나 주었다. 그녀는 엑스레이 사진을 한참 동안 보았다.

"솔직히 말씀드려서, 확실한 판단을 내리지 못하겠습니다. 몇 가지만 더 질문해 보겠습니다."

정씨는 정윤의 질문들에 대답했다. 그녀는 대답들을 노란색 병원 카드에 재빨리 기록한 후에, 이틀 안에 진단 결과를 통보해 드리겠다고 했다.

정씨와 아내는 다음날부터 울리는 전화벨 소리마다 가슴이 철렁했다. 마침내 정윤은 안 좋은 소식을 전했다. 진단 결과 카닐라이티스였다. 정윤은 인호처럼 정씨가 앞으로 6개월밖에 살 수 없다는 얘기를 해주었다. 그녀는 정씨에게 지방질 음식을 피하고, 소금과 알코올음료를 자제할 것과 가능한 한 많은 휴식을 취할 것을 제안했다.

정씨와 아내는 마음이 황폐해졌다. 물론 유럽과 일본 여행은 불가능했다. 아내는 지금이야말로 남편이 모든 것들을 즐길 수 있는 시기인데도 그럴 수 없다는 것이 참으로 슬프다고 생각했다. 정씨는 아내보다 차분하게 현실을 받아들였다. 그는 종교인은 아니었지만 항상 그에게 주어진 모든 일들을 그대로 받아들여 왔기 때문이었다. 자녀들은 더 자주 집을 방문했다. 딸들은 주말마다 번갈아서 정씨 부부와 함께 지냈다.

5개월이 지나갔다. 정씨는 아내에게 등에 어떤 통증도 느껴지지 않는다고 말했다. "시간이 지날수록 아프다고 했지만, 5개월 전보다 더 좋은데." 아내는 남편이 그런 척하고 있다고 믿었다. 6개월이 다 지나갈 무렵 남편의 건강이 나빠지지 않은 것을 이상하게 여긴 아내는 정윤에게 전화를 했고, 진료 예약을 했다. 정씨 부부가 진료실에 들어가자 정윤은 다른 전문가를 만날 것을 제안했다.

"황 교수님을 만나 보시겠어요? 황 교수님은 등에 관한 질병의 전문가이고, 우리나라에서 카닐라이티스에 대한 경험이 제일 많습니다. 교수님이 우리 병원을 방문할 예정인데, 정인태 씨의 경우와 같은 불가사의한 일을 해결해 줄 수 있을 것이라고 생각합니다."

황 교수는 정씨 등의 엑스레이 사진을 다시 요구했다. 그는 엑스레이 사진들을 검사했다. 그리고 손으로 정씨의 등을 검사했다. 그는 손바닥을 움직일 때마다 정씨에게 어떤 통증이 느껴지는지 물었다. 황 교수는 결국 통증의 원인이 되는 부분을 알아내서 엑스레이 사진을 다시 보았다. 그러고 나서 정씨에게 옷을 입으라고 했다. 정씨는 옷을 입고는 아내와 복도에서 기다렸다. 그들이 복도에 앉아 기다리는 동안, 황 교수는 아무런 말없이 진료실을 떠났다. 곧 정윤이 그들을 불렀다.

"놀라운 소식이 있습니다." 하지만 그녀는 웃지 않았다. "정인태 씨는 앞으로도 더 사실 수 있을 것 같습니다. 정인태 씨 등에는 종양이 있는데, 움직일 때마다 그것이 등뼈를 약간 누르고 있었어요. 원하시면 그것을 제거해 드릴 수도 있고, 그냥 둬도 무방할 것 같습니다. 어쨌든 카닐라이티스는 아닙니다."

"난 이해가 안 되는데, 어떻게 이런 일이 생길 수 있지요? 두 명의 의사가 같은 진단을 했는데 잘못 진단한 것이었다니. 어떻게…." 정씨는 머리를 절레절레 흔들었다.

"정인태 씨. 내가 많은 질문들을 했던 걸 기억하나요? 나는 그 대답들을 컴퓨터의 전문 프로그램 시스템에 입력했습니다. 그 시스템이 진단하는 것을 도왔는데, 확실히 그 컴퓨터 진단이 틀렸습니다. 정말 죄송합니다." 정윤이 조용히 말했다.

정씨와 아내는 다시 태어난 것 같았다. 자녀들과 친구들에게 그 소식을 전한 후에, 그들은 두 의사 모두 같은 프로그램 시스템을 사용했음을 알게 되었다. 그 프로그램의 어딘가에 잘못이 있었던 것이 틀림없다. 그들은 죽음을 기다리며 6개월을 살았다. 집을 떠날 수 없었고, 그 많은 시간 동안 원하던 일들을 할 수 없었다. 모든 것은 컴퓨터 프로그램에서 비롯되었다. 주변 사람들은 진단을 잘못 내린 의사를 고소하여, 그간의 정신적·육체적 고통에 대해 보상을 받으라고 말했다. 그러나 정인태 씨 부부는 누구를 고소해야 할지 몰랐다. 여러분은 이 경우에 어떻게 하겠는가? 잘못된 컴퓨터 프로그램에 대한 책임은 누구에게 있는가? 잘못된 진단을 한 것은 누구의 잘못인가? 의사들을 비롯하여 다른 사람의 인생에 큰 영향을 미칠 수 있는 그 밖의 많은 전문가들이 그들의 결정을 컴퓨터 프로그램에 의존해도 된다고 생각하는가?

고용주에 대한 의무

A사는 큰 호텔 3개 사와 5개의 렌터카 회사가 연합해서 설립한 회사였다. 이 A사의 목적은 호텔과 렌터카 서비스를 함께 제공하는 것으로, 예약 정보 체계를 관리하는 것이다. 이런 방식은 한 여행사가 항공기에 대한 정확한 정보(비행기 번호, 출발·도착 시간 등)를 가지고서 하나의 예약 시스템으로 많은 항공사의 항공기를 예약할 수 있는 것과 같은 것이다.

A사 경영자들은 이런 예약 시스템 개발을 최고의 컨설팅 회사에 맡기기로 했다. A사 사장은 이 일을 요구 사항 및 견적을 내는 일과 시스템 자체 개발이라는 두 부분으로 나누어서 2개의 회사에 따로 맡기고 싶었다.

요구 사항과 견적을 내기 위해서 H사의 최고 경험자들이 고용되었다. 8주 후 요구 사항과 견적 내용이 준비되었다. H사 팀이 구성한 요구 사항과 견적 내용을 '예약'으로 이름 지었고, '예약' 시스템 개발을 위한 회사는 심사숙고 끝에 S사로 결정하였다.

S사는 32명의 시스템 분석가와 프로그래머로 구성된 팀을 만들었다. 이 회사의 부사장 중 한 명인 이동훈이 이 일의 진행자였다. 그는 이 일을 위해 업무 팀을 4개의 하위 팀으로 나누고 각 팀의 팀장으로 경험이 많은 시스템 분석가를 임명했다. 그는 계획을 세우면서 일이 잘못될 경우를 대비해 수정 시간을 갖기 위해 작업 완성 일정을 6개월 정도 앞당겼다. 동훈은 시간 계획에 맞추기 위해서 각 팀장들을 매일 30분에서 한 시간 가량 만났다. 그는 계획에서 벗어나는 것을 참지 못하는 성격의 소유자로 알려져 있었다.

3개 팀의 시스템은 시간에 맞춰 완성되었다. 나머지 팀은 이 일의 마지막 단계로 다른 팀들의 시스템을 통합하는 프로그램의 주 메뉴와 응용 프로그램을 개발하는 일을 맡고 있었다. 이 작업은 대체로 어려운 것이었다. 왜냐하면 각 단위 작업(개발된 각각의 시스템들)을 하나의 프로그램으로 합치는 것이 쉬운 일은 아니기 때문이다. 동훈은 "주 응용 프로그램(모든 프로그램을 하나로 '묶는' 프로그램)"을 2주 내에 개발할 수 있을 것으로 예상했다.

동훈은 이 통합 작업을 작업 시작 14개월 차의 마지막 주에 시작하기로 계획했다. 그는 한 달 동안 S사에서 시험을 한 후, 다음 한 달은 한 호텔과 렌터카 회사에 설치를 하고 시험해 보려고 생각했다. 그는 직원들에게 자신이 통합 작업의 리더가 되고, 만일 필요하다면 직접 프로그램 작업에도 참여하겠다고 말했다. 동훈은 직원들에게 자신이 "위에서 경영"만 하는 것이 아니라 직접 모든 프로그램 작업에 참여한다는 인상을 주었다.

통합 작업이 시작된 지 이틀 후 팀장 중 한 명이 그에게 어딘가 문제가 생겼다고 말했다. 동훈은 잘못된 곳을 조사했고, 그 문제를 해결하기 위해서 팀들과 함께 작업을 했다. 2명의 프로그래머가 다시 그 문제가 나타날 것 같다고 말했지만, 그는 계속 통합 작업을 하라고 명령했다. 계약서에 따르면, '예약' 시스템의 현장 시험이 준비되면 금액의 3분의 2를 받기로 되어 있었다. 나머지 6분의 1은 실제 데이터를 한 달간 사용해 보고서, 또 마지막 6분의 1은 시스템이 결함 없이 작동할 경우 두 달 후에 받기로 되어 있었다. 동훈은 제때에 돈을 받고 싶었다.

젊은 시스템 분석가인 정효진은 렌터카 회사의 하위 팀 작업을 맡고 있었다. 전에 문제를 일으켰던 바로 그 팀이었다. 확실히 그 단계의 작업은 "주 응용 프로그램"으로 통합되기 전에는 잘 작동하였다. 하지만 그 프로그램과 주 응용 프로그램의 "연결 부분"에서 무엇인가 결함이 있었다. 효진은 그러한 문제가 프로그램 제작용 소프트웨어에서 비롯됐다고 생각했다. 그 프로그램 제작용 소프트웨어의 오류로 렌터카 회사의 데이터베이스와 호환되지 않는 문제가 일어났다고 생각했다. 효진은 동훈에게 그 문제의 원인을 밝히고 해결하기 위한 시간을 달라고 요청했다.

"어느 정도의 시간이 필요합니까?"

"2주 정도입니다."

"알겠습니다. 하지만 한 시간이라도 초과하면 안 됩니다."

효진은 동료들과 24시간 내내 일했다. 그리고 문제는 정말 그녀가 사용한 프로그램 제작용 소프트웨어에 있다는 것을 발견했다. 하지만 고치지는 못했다. 효진은 동훈에게 그녀가 발견한 것을 말했다.

"지금 나한테 뭘 말하고자 하는 겁니까. 정효진 씨? 그 문제를 해결하지 못했군요."

"저도 알고 있습니다. 하지만 그 작업의 많은 부분을 다시 해야 할 것 같습니다."

"그 말은 다른 프로그램 제작용 소프트웨어로 바꿔야 한다는 말입니까?"

"네."

"그것은 불가능한 일이고… 그 시스템을 그대로 운영할 때 생길 수 있는 최악의 경우는 무엇입니까?"

효진은 사실을 말하는 것이 자신의 의무라고 생각했다.

"만약에 '예약' 시스템이 충돌을 일으키게 된다면 복구가 불가능하게 됩니다."

동훈은 화가 났다.

"어떤 경우에 그런 일이 일어날 수 있습니까?"

"저는 잘 모르겠습니다."

동훈은 잠깐 동안 생각하더니 말했다.

"그 일은 잊어버리세요. 우리는 계획대로 일을 진행할 것입니다."

동훈은 렌터카 회사의 하위 팀 작업을 수정하면 정해진 시간

내에 일을 마칠 수 없다는 것을 알았다. 그렇게 되면 S사의 명성에 흠집을 남길 것이다. 더 안 좋은 것은, 계약에 따르면 3개월 이상 지연되면 A사는 남은 작업을 다른 회사에게 넘겨주게 되어 있었다. 동훈은 사장에게는 아무 말도 하지 않았다. 그는 자신이 커다란 모험을 하고 있다는 것을 알았고, 또 만일 '예약' 시스템에 어떤 문제가 생긴다면 모든 책임을 혼자 감당해야 한다는 것도 알고 있었다.

한 달 후에 '예약' 시스템은 두 곳에서 시험되었다. 몇 주 후에 계획대로 S사의 사장은 공개적인 자리에서 공식적으로 그 시스템을 A사의 사장에게 넘겨주었다. 그 시스템은 여행 업계에서 가장 진보된 예약 시스템으로 갈채를 받았다. 계획대로 A사는 다른 호텔과 렌터카 체인점에 '예약' 시스템을 팔기 시작했다.

① 이동훈은 상사에 대한 충성심 때문에 그 시스템의 문제점을 말하지 말아야 한다고 생각했습니다. 만약 여러분이 동훈의 입장이었다면 어떻게 했겠습니까? ② 여러분이 효진이라고 생각해 봅시다. 여러분은 동훈과 프로그램 제작용 소프트웨어의 문제점에 대해서 이야기한 후에 어떻게 했겠습니까?

오해

김태현은 행복했다. 이번 분기에 회사의 회계사가 보여 준 수치는 그의 기대를 넘어서고 있었다. 그가 3년 전에 사업을 시작한 플라스티코 사는 매우 성공적이었다. 이 회사는 자연 분해되는 플라스틱 제품(특히 1회용 접시 등)을 생산했다. 제품들은 환경을 생각하는 젊은 가족들에게 인기가 있었다. 플라스틱 접시의 인기는 3년 동안 매상을 4배나 올려 주었다.

태현은 작년에 종업원을 32명에서 64명으로 두 배나 늘렸다. 제조와 포장 작업은 자동화되어 있지만, 판매와 운송, 신제품 디자인, 그리고 다른 분야들을 다루기 위해서 직원을 더 늘려야 된다고 생각했다. 하지만 현재 직원만 해도 인사 관리를 모두 손으로 처리하기에는 그 수가 너무 많았다. 회계사는 그에게 인사 정보 관리 시스템을 설치하자고 제안했다.

태현은 인사 관리 시스템의 필요성을 알고 있었다. 회계사는 몇몇 작은 컨설팅 회사 목록에서 제일 위에 있는 IS사를 추천했다. 그 회사는 정보 관리 시스템의 구입, 추천, 개발을 전문으로 하는 다섯 명의 컴퓨터 전문가로 구성되어 있었다. 태현은 IS사로 연락을 했고, 담당자 신혜원을 만나게 되었다.

태현과 회계사는 현재 그들이 어떻게 직원들을 관리하고 있는지를 설명했다. 회계사는 어떻게 일주일에 한 번씩 출퇴근 카드를 회수하고, 전체 임금과 세금 등 직원들에게 줄 정확한 돈을 계산하는지를 설명했다. 신혜원은 자주 고개를 끄덕였다. 플라스티코 사는 이러한 모든 일을 수동으로 처리하는 전형적인 소규모 회사였다. 짧은 기간에 성장한 이런 종류의 회사 경영자들은 컴퓨터 정보 시스템이 무엇을 할 수 있는지 정확하게 모른다. 단지 그들이 손으로 해왔던 일들을 컴퓨터가 자동으로 해주기를 바라는 것이다.

플라스티코 사에는 임금 지불 방법에 있어서 혜원이 지금까지 보지 못했던 몇몇 특징들이 있었다. 월급은 시간급과 성과급이 결합되어 있었다. 플라스티코에서는 이러한 방법으로 이윤을 배분했다. 그들이 직원들에게 주는 보너스는 회사 이윤에서 고정된 비율로 지급되었다. 태현은 혜원에게 개발할 시스템에 이런 특징들이 포함되기를 요구했다. 이러한 요구 사항들은 일반 소프트웨어 패키지에는 포함되어 있지 않은 특별 주문이었다. 그것은 IS사가 그 요구에 맞게 시스템을 새로 개발해야 한다는 것을 의미했다. 이것의 장점은 시스템이 플라스티코의 요구에 특별히 맞춰질 수 있다는 점이었다.

플라스티코의 회계사는 하나의 컴퓨터를 사용하고 있었고, 문서 작성을 위해서 태현의 비서와 공동으로 또 다른 개인용 컴퓨터 한 대를 사용하고 있었다. 혜원은 새로운 시스템을 쓰기 위해서 빠르고 용량이 큰 새 컴퓨터를 구입하라고 권했다. 혜원은 태현에게 IS사가 추천하는 컴퓨터 중에서 고객이 직접 구입할 수 있다고 말했다. 만약 고객이 IS사가 구입해 주기를 원한다면 최고를 선택해 줄 것이고, 다만 5%의 수수료만 더 부담하면 될 것이라고 말했다. 태현은 혜원에게 최고의 컴퓨터를 부탁했다.

"플라스티코 사에는 최신의 펜티엄급 컴퓨터가 필요합니다. 보고서를 위해서는 추가의 레이저 프린터를 권장합니다." 혜원은 태현과 회계사가 약간 당황한 얼굴로 웃고 있는 것을 보았다.

"신혜원 씨. 그렇게 자세히 말해 줘도 우리는 컴퓨터에 대해서 잘 모릅니다. 그런 것들은 중요하지 않아요. 우리는 IS사가 최선의 방법이 무엇인지 결정해서 구입해 주고, 그것을 거래에 포함시켜 주기를 원합니다." 태현이 말했다.

"알겠습니다. 저희가 잘 알아서 하겠습니다. 걱정 마세요."

"그 새로운 시스템이 얼마인지 말해 줄 수 있습니까?" 태현이 물었다.

"사무실로 돌아가서 가격을 계산해 봐야 합니다. 내일 오후쯤에 전화 드려도 될까요?"

"좋습니다."

다음날 혜원에게서 전화가 왔다. 태현은 요구하는 가격에 동의했고, 다음날 계약을 했다.

IS사는 새로운 정보 관리 시스템 요소들을 디자인한 후에, 외부 프로그래머를 고용하여 프로그램을 개발했다. 신혜원은 새로운 시스템의 데이터 요소들과 입출력 화면을 그렸고, 여러 가지 데이터베이스 파일을 위한 단어와 그 코드 기호의 대조표를 설계했다. 1주일 후, 그녀는 오랫동안 같이 일해 왔던 프로그래머인 박종욱과

하청 계약을 했다.

언제나처럼, IS사는 종욱에게 어떤 프로그래밍 툴과 언어를 사용하는지 말해 주었다. 이번에는 그에게 4세대 프로그래밍 언어와 데이터베이스 관리 시스템인 4GO를 사용하라고 지시했다. 혜원은 플라스티코의 새로운 시스템이 규모가 작은 것이라고 생각해서 종욱이 다른 복잡한 응용 프로그램 제작기보다 4GO를 이용하면 더 빨리 일을 끝낼 수 있을 것이라고 생각했다. 실제로 4GO는 호환성은 좀 부족하지만 다른 장점이 있었다. 그 언어는 효율적이고, 사용하기 쉽고, 이러한 크기의 시스템에 있어서는 충분히 좋다고 생각했기 때문이다.

혜원은 종욱에게 자유 재량권을 주었다. 혜원은 플라스티코의 사람을 만나서 그들의 요구에 부합하는지 확인하는 것을 종욱에게 맡겼다. 종욱은 프로그램 작업을 시작한 지 2주 후에 플라스티코의 회계사를 만났다. 여러 가지 이야기가 오고간 후에 회계사는 실제적으로 수백 명의 직원 기록을 관리할 수 있기를 기대한다고 말했다.

"하지만 플라스티코의 직원은 70명밖에 안 되잖아요?" 종욱이 말했다.

"정확히는 64명이지요. 하지만 성장 가능성도 생각해야지요. 바로 그 점이 우리가 새로운 시스템을 도입하려는 이유이기도 하고요. 직원에 대한 기록을 더 추가시키는 데 문제점이 있나요?"

종욱은 이 시스템이 200명 정도까지의 직원에 대해서만 잘 작동할 것이라고 생각했다. 하지만 400내지 500명이 된다면 그 인원의 보너스와 세금을 계산하기에는 이 시스템은 부적합할 것이다. 그러나 종욱은 자신이 이러한 사실을 회계사에게 말해 줄 위치는 아니라고 생각했다.

"아니요, 문제없습니다."

종욱은 혜원과 플라스티코 사이에 어떤 오해가 있다고 생각했다. 종욱은 플라스티코를 다시 방문했을 때 플라스티코가 직원의 보너스 제도를 자유롭게 바꿀 수 있기를 원한다는 것도 알았다. 또한 각각의 직원들에 대해(입사년도나 학벌 등을) 기록할 수 있는 더 많은 여분의 칸을 만들기를 원하고 있었다.

IS사에서 일하는 다른 프로그래머들처럼 종욱은 대부분의 일을 집에서 그의 개인 컴퓨터를 이용해 작업했다. 종욱은 집에 돌아가자마자, 혜원에게 전화해서 플라스티코의 회계사와 얘기했던 내용을 말해 주었다. 그는 이 시스템이 1-2년 후에 플라스티코의 요구에 적합한지에 대해 의심이 들기 시작했다. 혜원은 이러한 문제는 그가 개입할 문제가 아니라고 설명했다. 그녀는 깍듯하면서도 단호한 태도였다. 종욱은 그녀가 플라스티코와 그들의 요구에 대해 다시 한 번 상의해 볼 것을 권했다.

"박종욱 씨. 나는 계약하는 바로 그 장소에 있었습니다. 그들과 이야기도 했었구요. 그들은 나에게 원하는 것을 말해 주었고, 나는 그 돈으로 할 수 있는 최선의 것을 그들에게 제공해 주고 있어요. 플라스티코에서는 박종욱 씨가 나에게 말해 준 점들에 대해서 언급한 적이 없어요." 혜원이 말했다.

"그렇겠지요. 제 생각에 그들은 컴퓨터와 관련된 사항들에 대해서 잘 모르고 있는 것 같아요. 그들에게 가서 약간의 오해가 있었다고 말해 주는 것이 좋을 것 같아요." 종욱이 말했다.

"내 생각으로는 그들이 우리 회사에 요구했던 사항들을 다시 보내서 확인시키는 것이 나을 것 같네요. 만일 플라스티코에서 수정이 필요하다면, 우리를 다시 찾아올 것입니다. 그렇게 된다면 그들이 원하는 것을 다시 제공해 주어야겠지요." 혜원이 말했다.

종욱은 그 말이 무엇을 뜻하는지 정확히 알고 있었다. 만일 이 시스템이 개발된 후 플라스티코가 수정을 원한다면, 그 수정 작업은 시간이 더 걸릴 것이고, IS사의 수입은 더 늘어날 것이다. 그는 신혜원이 그의 제안을 받아들이지 않을 것 같아서 그쯤에서 대화를 끝내기로 했다.

종욱은 계속 박차를 가해서 정해진 시간에 프로그램을 완성했다. 하지만 그 시간 내내 불편한 느낌이 들었다.

① 종욱과 회계사에게 미래에 시스템에 생길 수 있는 일들에 대한 의견을 물어보는 것은 신혜원의 의무인가? ② 혜원의 행동은 비윤리적인가? 만일 그렇다면, 왜 그런가? ③ 만일 여러분이 종욱이라면 어떻게 행동하겠는가? 왜 그런가?

고등 교육의 윤리

M대학에서 역사와 영어를 복수 전공한 민수는 작년에 놀라운 점수를 받고 졸업하였다. 민수의 부모님은 공부를 많이 하지 못한 분이었지만, 자식들은 최고의 학교에 보내려고 무척 노력을 하였다. 민수는 그런 부모님의 기대를 만족시켜 드렸다. 그는 최고 법학 대학원들에 지원하였고, 입학 허가를 받은 학교 중에 G대학을 선택하였다. 몇 주가 지나고, 민수는 일류 대학원의 법학도로서 1학년을 시작하였다.

민수는 대학을 졸업할 때까지 가족들이 겪은 재정적 어려움을 잘 알고 있었다. M대학은 공립학교이기 때문에 돈이 많이 들지 않았지만, G대학은 사립학교여서 다른 법학 대학원과 비슷하게 그는 어떤 재정적 도움도 받지 못했다. 그래서 민수는 학교에 적응하자마자 아르바이트 자리를 찾아보았다. 그는 등록금을 내는 데 도움이 될 것 같은 일은 무엇이든지 하기로 마음먹었다. 일주일 후에 민수는 조그만 법률 회사에서 보조원 일을 시작했다.

민수는 잔심부름, 복사와 타이핑 치는 일을 했다. 돈은 얼마 받지 못했지만 행복했다. 민수는 변호사들 사이에 있기를 원했고, 관련 지식과 분위기를 익힐 수 있기를 원했다. 그의 꿈은 언젠가 자신의 법률 회사를 여는 것이었다. 민수는 이 일이 좋았고, 후에 자신의 꿈을 이루기 위해 여러 가지를 배울 수 있는 실제적인 기회라고 생각했다.

법학도로서 민수는 학교 컴퓨터 시스템에 접속할 수 있었다. 모든 법학도들은 학교에 있는 로베이스LawBase 법률 자료실에 접속할 수 있는 특별한 아이디를 받았다. 그 자료실에는 법과 판례들과 법 관련 문서들이 있었다. 그 자료실은 로베이스 사에 의해서 통합 유지되었다. 그 회사는 이 자료실을 이용할 수 있는 권한을 대학과 법률 회사에 팔았는데, 이 자료실 이용을 위해서는 매달 사용료를 내야 했다. 한 달에 한 번씩 그 회사는 고객에게 새로운 내용(새로운 법령, 새로운 판례, 새로운 법률 문서의 초록) 등이 담긴 CD를 보냈다.

하지만 이 자료실 이용권은 매우 비쌌기 때문에 고등 교육 기관이나 큰 법률 회사에서만 사용하였다. 작은 법률 회사는 보통 그 자료실을 사용할 여건이 안 되었다. 그래서 그 법률 사무소에서는 법률 관련 서적을 종이로 된 목록과 책들에서 찾아야만 했다.

민수는 사무실에 있는 모든 변호사들과 친하게 지냈다. 민수는 그들 중에서도 가장 젊은 변호사인 안정훈과 친하게 지냈다. 정훈은 불과 2년 전에 법학 대학원을 졸업했다. 그는 민수에게 자주 점심을 사 주었다. 정훈은 야심에 찬 젊은이로 열심히 일했고, 가끔 일주일에 몇 번씩 밤샘을 하기도 하였다.

평소처럼 점심 식사 후에 대화를 나누던 중에 정훈은 민수에게 판례를 찾는 것이 얼마나 힘든지를 말했다. 판례들은 정훈이 다루는 많은 소송에서 전례로서 도움이 되는 것으로, 정훈은 옛날 판례들과 판례들을 설명한 글들을 찾는 데 많은 시간을 보내야만 하는 것에 대해서 불평했다.

"학교에서 이용했던 그 자료실 중 하나만이라도 이용할 수 있었으면 좋겠어.” 정훈은 한숨을 쉬면서 말했다.

“로베이스 자료실 같은 거요?”

“맞아. 우리 사무실은 로베이스 자료실을 이용해 본 적은 없지만, 최고라고 하더군.”

민수는 뭔가 말하려다가 머뭇거렸다.

“왜?”

“저… 저에게 로베이스 자료실 접속권이 있어요. 많이 사용하지는 않거든요. 그래서 제 아이디를 빌려 드릴 수도 있을 것 같아요.” 민수가 망설이며 말했다.

“정말?” 정훈은 눈을 반짝이며 말했다.

“그럼요. 제 등록금에는 자료실 이용료도 포함되어 있어요. 또 저는 아주 가끔 사용하니까, 변호사님께 도움이 되었으면 좋겠어요.”

민수는 정훈에게 G대학 법학 대학원 컴퓨터에 접속할 수 있는 아이디와 비밀 번호를 가르쳐 주었다. 민수는 대학원에서 자신이 서명한 계약서를 기억하고 있었다. 계약서에는 학생이나 교직원이 비밀 번호를 다른 사람에게 알려 주는 것을 금지하고 있었다. 그러나 대학원 로베이스 자료실의 이용료는 어쨌든 등록금에 포함되어 있었기 때문에, 민수는 이 일이 별로 잘못된 일은 아니라고 생각했다.

① 민수는 비윤리적으로 행동한 것인가? 그렇다면 혹은 그렇지 않다면 그 이유는 무엇인가? ② 정훈은 비윤리적으로 행동한 것인가? 그렇다면 혹은 그렇지 않다면 그 이유는 무엇인가? ③ 정보 기술의 윤리적 사용을 가르치는 고등 교육 기관의 역할에 대해 간단하게 토론해 보자.

정치적 문제와 관련된 윤리

나잘난 박사는 개인적으로 활동하는 조직 컨설턴트이다. 지난 10

년 동안 열심히 연구한 결과로, 그는 컴퓨터 공학과 경영 정보 분야를 결합시킨 방면에서 학위를 취득하여 큰 명성을 얻었다. 비록 그가 전부터 대규모로 사업을 운영한 것은 아니지만, 큰 기업과 심지어 정부로부터도 계약을 따내서 조직 컨설팅을 해주는 정도에 이르렀다.

3년 전, 그는 아프리카의 작은 나라인 "바란다" 정부로부터 초청을 받아서 그 나라 최초의 자동 정보 시스템 조직을 제작해 주게 되었다. 새로운 조직은 그 나라의 지도자인 수상이 결정한 것이다. 우가바 수상은 바란다를 현대화시키기를 원했다. 우가바 수상의 측근은 그에게 지금부터 자동으로 정보를 수집하고 그것을 관리한다면 나중에 그것을 매우 유용하게 사용할 수 있을 것이라고 하였다. 그 정보들은 농업, 산업, 교육 부문의 계획을 세우는 데 사용될 것이었다.

나잘난 박사는 바란다에서 3개월간 머물면서 우가바 수상에게 긴 보고서를 작성하여 전달하였다. 나잘난 박사는 그 보고서에서 모든 정부 부서에까지 점차적으로 확대될 정보 체계의 시작 단계에 관한 그의 관점을 자세하게 서술하였다. 또한, 그 보고서에는 컴퓨터와 관련된 항목도 언급되어 있었다. 한 대의 대형 컴퓨터와 여러 대의 소형 컴퓨터, 그리고 정보 전달 장치 등이 필요하다는 것이었다. 바란다의 재무부 장관은 이 장비 구매 계획을 결재하였고 나잘난 박사는 정부를 대표해서 컴퓨터 공급업자와 협상을 하게 되었다.

나잘난 박사는 기본적인 프로그램을 만들 수 있는 소프트웨어를 구매하려고 한국으로 잠시 돌아왔다. 몇 주일 후 그는 다시 바란다로 돌아가서, 뼈대가 될 데이터베이스를 처음으로 교육부에 설치하기 시작하였다. 그 목적은 교사들에 관한 기록을 관리하고자 하는 것이었다. 바란다는 매우 규모가 작은 나라였기 때문에, 바란다의 교육부 장관은 모든 교사들에 관한 기록을 한자리에서 관리하기를 원했다. 데이터베이스는 나잘난 박사가 개발한 월급 지급 시스템에 연결되었다. 수상은 이것이 매우 시급한 사업이라고 나잘난 박사에게 말했다. 나잘난 박사는 몇 명의 직원을 빨리 훈련시켜 자료를 입력하게 하였고, 데이터베이스 작업은 금방 완료되었다. 그러고 나서 나잘난 박사는 농림수산부와 산업자원부의 데이터베이스 구축 작업에 착수하였다.

나잘난 박사는 바란다의 국민들을 매우 좋아하였다. 그는 바란다 사람들의 근면성과 학구열에 매우 감명을 받았다. 비록 나잘난 박사는 자신이 기울이는 노력과 관련하여 상당한 보수를 받을 수 있도록 정부와 계약을 맺었지만, 그의 작업을 다른 사람은 전혀 모르게 비밀로 진행하는 것은 공평하지 않다고 생각하였다. 그는 자신을 도와서 시스템을 운영하는 일을 맡아 하도록 3-5명을 훈련시키는 것이 어떻겠는가라고 우가바 수상에게 제안하였다. 이렇게 하면 바란다는 다른 사람을 훈련시킬 수 있는 핵심적인 시스템 개발원을 가지게 되는 것이었다. 아마 그들은 몇 가지 소프트웨어의 운용 업무도 수행할 수 있을 것이었다. 나잘난 박사는 이러한 사람들이 현직에 종사하면서 얻을 수 있는 지식이 일정 정도의 한계를 가질 수밖에 없지만, 그런 지식이 전혀 없는 것보다는 더 나은 것이 아닌가 하고 생각하였다.

수상은 그의 제안을 매우 적극적으로 받아들였다. 유럽에서 일반교양 교육을 받은 다섯 명의 젊은 남녀 학생이 그의 작업에 동참하게 되었다. 그들은 배우려는 열의가 대단했으며, 곧 나잘난 박사의 좋은 동료가 되었다. 교육부, 농림수산부, 산업자원부 이 3개 정부 조직의 정보 조직 작업이 마무리되었을 때, 나잘난 박사는 그것들을 상당히 잘 운용할 수 있는 업무 팀도 함께 구성되었다고 느꼈다. 그래서 나잘난 박사는 그의 도움이 필요할 때면 언제든지 와서

도와주겠다고 하고 그 나라를 떠났다.

표면적으로 바란다는 민주주의를 지향하였다. 5년마다 선거가 치러졌고, 3당이 있었다. 우가바 수상을 당수로 하고 있으며 이제까지 선거에서 항상 승리한 국회당, 그리고 가장 큰 야당인 사회당, 그리고 소수의 지식인으로부터만 지지를 받기 때문에 세력이 약한 조직인 자유당이 바로 그것이었다. 그러나 간단히 말해서, 우가바 수상과 그 아래에 있는 장관들은 다른 어떠한 정당도 정권을 잡도록 하지 않겠다는 것이 현실이었다. 그들은 공공연히 선거민들에게 뇌물 공세를 벌이곤 하였다. 다른 두 야당에 동정적인 입장을 가진 지역에서는 투표 결과를 집계하기도 전에 투표용지가 없어지는 경우도 있었다. 때로는 공공질서를 어지럽힌다는 공적인 입장을 내세우며 야당의 모임이나 집회에 경찰을 보내서 행사를 방해하는 일도 있었다.

약 1개월 전에 교육부의 고위 관리가 나잘난 박사의 집에 전화를 걸어왔다. 나잘난 박사가 만들어 준 교육부의 데이터베이스에서 좀 수정할 것이 있다는 것이었다. 나잘난 박사는 예전에 자기가 훈련시켜 준 5명의 시스템 개발원에게 의뢰해 보는 것은 어떻겠느냐고 물어 보았다. 그 관리는 물론 그렇게 해보았지만, 시스템 개발원들이 해결할 수 없는 기술적인 문제점 때문에 원하는 대로 할 수 없었다고 하였다. 나잘난 박사는 물론 예전처럼 꽤 많은 보수를 약속 받았다. 그러나 그는 보수도 보수지만, 예전에 자기가 했던 약속 때문에 큰 책임감을 느꼈고 바쁜 일정에도 불구하고 바란다에 가서 일을 도와주기로 약속하였다.

나잘난 박사가 바란다에 도착하자마자, 3년 전과는 분위기가 전혀 다르다는 것을 단번에 알아차리게 되었다. 공항에는 무장 군인들이 상당히 많이 배치되어 있었다. 사람들의 얼굴에는 긴장감이 가득하였다. 나잘난 박사와 전화로 이야기를 나눈 관리가 공항에 영접을 나와서 승용차로 그를 안내하였다. 그는 호화 호텔로 안내되었다. 교육부 장관과의 약속은 다음날 아침으로 예정되었다.

교육부 장관은 나잘난 박사를 따뜻하게 맞이하며 그에게 30대 초반의 한 젊은이를 소개시켜 주었다. 그는 정부 정보 관리 부서의 새로운 책임자가 된 "누와가"라고 교육부 장관이 말하였다. 누와가는 자기가 필요한 것이 무엇인지 나잘난 박사에게 설명하였다. 덧붙여 누와가는 교육부의 교사 데이터베이스를 수정할 필요가 있으며, 바란다의 각 학교들에 컴퓨터 네트워크 터미널을 설치하고자 한다고 말하였다. 그 터미널을 통하여 데이터베이스에 최신 정보를 계속 입력한다는 것이었다.

모임이 끝나고 나잘난 박사는 호텔로 돌아왔다. 몇 가지 작업은 그가 전에 훈련시킨 동료 2명이면 충분히 해낼 수 있는 일이라고 느꼈다. 그런데 왜 그들은 교육부 장관과의 모임에 나타나지 않았을까? 그는 지갑에서 전화번호가 적힌 종이쪽지를 꺼내서 예전의 동료들에게 전화를 걸어 보았다. 동료들 중 4명과는 전혀 전화 연결이 되지 않았으며, 마지막 5번째 동료와 겨우 전화가 연결되었다. 그 동료는 에밀리아라는 여성이었다. 나잘난 박사는 에밀리아의 목소리가 행복한 듯이 들렸지만 다소 긴장하고 있다는 것을 느낄 수 있었다. 1시간 후 작은 식당에서 나잘난 박사는 예전의 동료인 에밀리아를 만나게 되었다.

나잘난 박사는 에밀리아가 결혼반지를 끼고 있는 것을 보았다. 에밀리아는 결혼해서 1살짜리 아들을 두고 있다고 하였다. 나잘난 박사는 다른 4명의 동료들의 안부를 물어 보았다.

"그들은 모두 감옥에 갇혀 있어요."

"감옥에는 왜요?"

에밀리아는 나잘난 박사가 떠난 이후의 상황을 설명해 주었다. 사회당의 힘이 나날이 심각하게 증가하였다. 비밀경찰들이 이를 억압하기 위해서 사람들을 잡아 가두기 시작하였다. 사회당의 지도자들은 반란을 일으키려고 하였다는 누명을 뒤집어쓴 채 감옥에 끌려갔다.

나잘난 박사는 에밀리아에게 자신이 바란다에 온 목적에 관하여 이야기해 주었다. 그는 교육부 장관 및 누와가와 가진 면담에 관하여 설명해 주었다. 나잘난 박사는 누와가에 관하여 이야기할 때 에밀리아의 얼굴에 이상한 표정이 떠오르는 것을 보았다. 알고 보니 누와가는 비밀경찰 본부장의 부관이라는 것이었다. 나잘난 박사가 개발한 정보 관리 체계는 이제 정부에 충성하지 않는 사람들을 감시하기 위한 용도로 변질되어 사용되고 있었다.

나잘난 박사가 물어 보았다. "그걸 어떻게 알 수 있죠?"

"나는 잘 알아요. 나는 내가 하는 일이 자랑스럽지 않았지만, 그 일을 할 수밖에 없었어요. 나는 결혼했고 아기가 있기 때문이에요. 누와가는 내가 협조하지 않으면 가족들을 해치겠다고 협박했어요."

나잘난 박사는 이제 모든 상황을 눈치 채게 되었다. 다른 네 명의 동료들은 협조하지 않았고, 에밀리아가 알고 있는 시스템에 관한 지식은 한정적인 것에 불과하였다. 그래서 정부가 나잘난 박사를 부른 것이다.

나잘난 박사는 누와가에게 자신이 일을 돕겠다고 말했다. 누와가는 관대한 사람이었고 곧장 그에게 작업비를 지불하겠다고 말하였다. 나잘난 박사는 일이 끝난 후에 보수를 받겠다고 말했는데, 수정 작업과 관련한 시험 운영은 성공적으로 이루어졌고 나잘난 박사와 누와가는 계약을 체결하게 되었다. 나잘난 박사는 작업하는 데 에밀리아를 데려다 쓰지는 않겠다고 누와가에게 말했다.

"아마도 에밀리아가 참여하게 되면 이모저모로 시간이 많이 걸릴 겁니다. 다른 사람의 도움은 전혀 필요 없고요, 전체 작업을 나 혼자서 하는 게 좋겠습니다."

그날 저녁 나잘난 박사는 항공사에 전화를 걸어서 2일 후 고국으로 돌아가는 비행기 표를 예약하였다. 다음날 그는 작업을 시작하였다. 나잘난 박사는 계약을 이행할 마음은 전혀 없었다. 나잘난 박사는 프로그램에 비밀스럽게 "시한폭탄"같이 작동하는 코드를 집어넣었다. 72시간 후면 그 코드로 인해서 전체 데이터베이스가 완전히 박살날 것이다. 2일 후 그는 아무도 모르게 바란다를 떠났다.

몇 달 후 나잘난 박사는 다른 동료에게 그 이야기를 해주었다. 그 동료는 나잘난 박사가 한 행동에 찬성하지 않았다.

"정의를 위해 노력하는 것은 우리의 몫이 아니네. 만약 사회당 사람들이 그 나라에서 정권을 잡는다고 해도, 그들은 마찬가지 전략을 사용할 거야. 그뿐만 아니라, 자네는 계약을 지킬 생각도 없었으면서 지키겠다고 서명하지 않았나. 더 나쁜 것은 자네가 못된 마음을 먹고 자네 것도 아닌 데이터베이스를 파괴한 거야."

"그럼, 자네라면 어떻게 하겠나? 내가 한 일이 잘한 일이라고 생각하지 않나?"

나잘난 박사의 친구가 말했다. "아니야, 절대 잘한 일이 아니야. 나 같으면 처음부터 그 일을 하지 않겠다고 말했을 것이네."

이 경우에, 나잘난 박사의 행동은 윤리적인 것인가? 왜 그런지, 또는 왜 그렇지 않은지 설명해 봅시다.

프라이버시 침해

에이스 소프트웨어 사는 14명의 컴퓨터 전문가들로 구성되어 있다. 이 회사는 데이터베이스와 디지털 그래픽과 음악, 이 두 분야에서 전문성을 인정받고 있다. 사업을 시작한 장민수와 민호 형제는 디지털 그래픽과 음악을 데이터베이스에 통합시키는 분야가 대단한 가능성이 있음을 발견하였다. 그들이 자랑하는 여러 프로젝트들 중 하나는 그들 고향의 고등학교를 위해 개발한 음악 교육 시리즈이다. 사업체의 외형적인 규모는 작지만 에이스 사는 사업을 시작한 지 5년 만에 대단한 명성을 확보하였다.

민호 형제는 고용인들을 신중히 엄선하였다. 그리고 노사 간의 관계는 가족과도 같았으며 성과에 따라 보너스가 지급되었다. 기업의 이윤이 늘어갈수록 고용인의 보너스도 그만큼 늘었다. 그들 분야의 전문가인 고용인들은 단순히 돈만을 목적으로 하는 것이 아니라 자기 흥미와 더 새로운 기술을 배우려는 욕구 때문에 일을 했다. 민수 형제는 결코 기술상의 어려움 때문에 일을 거부한 적은 없었다. 너무도 빡빡한 스케줄 때문에 딱 두 번 일을 거부한 적이 있긴 하지만 말이다. 지난 주 그들은 전국적인 소매 체인인 백곰 마트에 사용될 매우 정교한 데이터 관리 시스템을 개발하는 계약을 성사시켰다. 이것은 민수 형제가 기다려 왔던 획기적인 돌파구였다. 전국적으로 알려진 대단히 큰 회사를 위해 개발된 시스템이 성공만 한다면 시장에서 유리한 위치를 선점하게 될 것이었다. 형제는 백곰 마트의 정보 처리 시스템 부사장인 김철수 씨를 만나기 위해 광주 본사로 날아갔다 김철수 씨는 두 형제에게 그의 비서, 윤미라 씨를 소개했다. 그는 앞으로 이야기할 내용을 비밀로 할 것을 요청했으며, 두 형제는 그러기로 약속했다. 그는 백곰 마트가 원하는 것을 제시했는데, 그것은 모니터와 감시 시스템을 구축하는 것이었다. 이 시스템의 목적은 신용 카드로부터 데이터를 수집하는 것이었다. 이것 자체는 많은 소매상들이 몇 년 동안 행해 왔던 일이고, 김철수 씨 또한 이 시스템이 1년 동안 소비자의 구매를 지속적으로 탐지할 수 있도록 설계되기를 원했다.

하지만 두 형제는 몇몇 소매상들이 이러한 시스템을 구축했을 가능성에 대해서는 의심했다. 또한 여기에는 한 가지 더 추가할 사항이 있었다. 그것은 신용 카드로 지불하는 모든 고객을 몰래 카메라로 찍을 것이며, 그 사진은 디지털화 되어서 고객 기록 카드에 보관될 것이다. 만약 고객이 6개월 후에 똑같은 카드로 다시 계산한다면 또 다른 사진이 찍힐 것이고 그것은 고객의 기록에 추가될 것이다. 민호는 왜 소매상이 이 사진들을 필요로 하는지 물었지만, 김철수 씨는 회사의 마케팅 전략에 크게 기여할 것이라고 말할 뿐 자세한 이유는 설명하지 않았다. 민호 형제는 기술적인 문제 자체는 걱정하지 않았다. 그들은 백곰 마트의 컴퓨터 하드웨어가 거대한 양의 데이터 정보를 수용할 만큼 충분한 저장 능력이 확보되어 있는지를 물었다. 왜냐하면 디지털화된 사진들은 대단히 큰 저장 공간을 요구하기 때문이다. 김철수 씨는 CD롬 디스크와 수집된 데이터를 읽고 기록하는 적당한 장비를 갖추겠다고 말했다. 그는 형제에게 3,402개의 체인점에 필요한 하드웨어의 종류를 평가해 줄 것을 요구했다. 그는 체인망 전체에 하드웨어를 설치하기 전에 3-4곳의 지역으로 나누어 이 시스템을 테스트해야 한다고 말했다. 물론 그는 형제와 같이 참여하는 프로젝트 팀이 정기적으로 그와 그의 스태프들과 함께 만날 것을 요구했다. "저는 저의 훌륭한 대리인이자 이 프로젝트의 연락책인 윤미라 씨를 전적으로 믿고 있으니 언제든지 도움이 필요하면 주저하지 마시고 그녀에게 연락을 취하도록 하세요"라고 말했다.

　형제는 집으로 돌아갔고, 그 다음 주 다시 김철수 씨와 윤미라 씨를 만나 계약을 체결했다. 그들은 에이스의 프로젝트 팀에게 대단히 엄격한 비밀 보장을 요구했다. 에이스 사의 프로젝트 팀의 전 구성원들은 프로젝트가 완료되기 전이나 후에도 비밀을 보장한다는 조항에 서명해야 했다. 첫 번째 지역의 시스템 구축은 9개월 후로 계획이 잡혔다. 다음날 형제는 그들의 고용인들 중에서 4명을 사무실로 불렀다. 그들 중의 한 사람은 이하늘 씨로 최근에 회사에 입사한 사람이었다. 이하늘 씨는 5년 전에 영국에서 한국으로 건너왔는데, 영국에서 디지털 그래픽과 음악 분야에서 많은 경험을 축적했다. 그는 또한 가상현실 게임을 개발하는 회사에서 잠깐 일했으며, 고등학교용 음악 교육 시스템 개발 팀의 구성원이기도 했다. 그의 뛰어난 업무 능력은 그의 동료들 사이에서는 이미 정평이 나 있었다.

민호가 자신들이 구축해야 하는 시스템을 설명했을 때 이하늘 씨는 무척 행복해 했다. 이것은 그가 도전하고 싶은 분야이기도 했다. 민호는 자신을 프로젝트의 팀장으로 하고 팀 이름을 암호로 '웃어요. 꾸밈없는 자유로운 포즈로'를 따서 스마일이라고 명명했다. 각자가 맡은 분야를 완성해서 정해진 절차에 따라 다음 사람에게 자료가 통합될 수 있도록 일의 업무를 분담했다. 형제는 일을 완수하기까지 시간이 촉박했으므로 가능한 한 빨리 일을 시작하기를 원했다. 스마일 팀은 이틀 후 최초 1단계 업무 추진을 위해 다시 만났다. 프로젝트는 순조롭게 진행되어 갔다. 이하늘 씨와 그의 팀 구성원들은 최신 비디오카메라와 다른 정교한 도구들을 구입했다. 그들은 저장된 데이터와 그림 파일들이 차지하는 공간을 최소화하려고 노력했다. 그들은 마침내 현재의 기술 상태로는 도저히 도달할 수 없는 정교한 수준에까지 이르렀다. 그들은 이 일을 하는 데 대단한 자부심을 느꼈다.

평소 이하늘 씨는 일에 관해서는 아내에게 절대 얘기하지 않았다. 그러나 이번 일만큼은 너무나 흥분되고 가슴 뿌듯한 것이었기에 가장 사랑하는 사람과 자신의 경험을 나누고 싶었다. 그는 아내에게 이 일을 의뢰한 고객의 이름은 말하지 않았다. 그리고 이 일과 관련된 어떤 것도 다른 사람에게 비밀로 할 것을 아내에게 약속받았다. 아내는 역사 전공 선생님이며 컴퓨터에 관해서는 전혀 흥미가 없었다. 그러나 아내는 계속해서 질문을 했으며, 마침내 이 시스템의 목적에 대해 묻기 시작했다. "여보, 당신의 고객이 왜 이 시스템을 구축하길 원하는지 아세요?" "그들은 데이터베이스에 몰래 카메라에 찍힌 고객들의 사진을 저장하려고 하지." "그러나 그들이 왜 고객 사진을 필요로 할까요?" "솔직히 말하면, 여보, 난 그것에는 개의치 않아." 그는 〈바람과 함께 사라지다〉의 클라크 케이블을 흉내 내며 말했다. "내가 개의치 않을 거라는 보장도 없는데도 말이에요." 이하늘 씨의 얼굴에서 장난기가 사라졌다. "도대체 무슨 말이오?" 아내는 설명했다.

다음날 사무실에서 그는 일에 집중할 수가 없었다. 그는 어제 아내와 나눈 대화를 계속 생각했고, 마침내 민호를 만나기로 했다. 그는 민호에게 이 시스템이 어떻게 사용될지에 대해서 조금 염려가 된다고 말했다. "하늘, 이 친구야. 왜 그런 말을 하지? 우리는 새로운 기술에 도전하고 있고, 그에 상응하는 경제적 보상도 받을 수 있는 드문 기회를 잡았다고. 자 다시 이 일에 몰두하자고." "민호야," 하늘은 말했다. "이 시스템은 개인의 사생활을 침해하는 데 사용될지도 몰라. 카메라는 숨겨질 거지? 왜? 나는 나의 동의 없이 누군가가 나를 사진 찍는 것을 원하지 않아." "우리가 하지 않더라도 이 일은 누군가가 할 거야. 그리고 너는 그 일에 대해서 할 수 있는 것이 아무것도 없어. 너 그걸 사생활 침해라고 했니?" "민호야, 그건 단순한 사진이 아니야. 백곰 마트는 최고의 위성 통신 시스템들 중의 하나를 사용하고 있어. 그들은 고객의 쇼핑 습관, 신용 내역, 사진, 그리고 그 외의 다른 것과 함께 고객의 기록을 이 체인점에서 저 체인점으로 수십 초 내에 전송할 수 있어. 고객이 정기적으로 백곰 마트에서 쇼핑하는 한 그들은 통신 시스템을 통해서 개인의 일상을 추적할 수 있는 거지. 그것은 아마도…." "하늘아, 조금 진정하고. 그래, 계속해 봐." 민호는 하늘이 지금까지 그렇게 혼란스러워하는 모습을 본 적이 없었다.

"이건 아마도 개인의 사생활에 대해 민감하게 반응하는 나의 기질 때문인지도 몰라. 모르겠어. 정당화될 수 없는 개인의 사생활 침해의 가능성이 충분히 있어." "글쎄, 그래서 너는 이 일을 우리가 어떻게 해결했으면 좋겠니?" "그들에게 이 수집된 데이터를 가지고 무엇을 할 것인지 물어 보자." "안 돼, 우리는 할 수 없어. 우리는 합법적인 사업을 위한 합법적인 정보 시스템을 개발하고 있어. 이런 시스템을 작동하는 데 불법적인 것은 없어. 그렇지 않아?" "그래, 그게 법에 어긋난다는 것은 아니야. 그러나 세상에는 합법적이지만 비도덕적인 일들도 얼마든지 있어." "하늘, 이 친구야." 민호는 하늘을 진정시키려 노력했다. "우리는 이번 일과 같은 대형 프로젝트를 너무나 고대해 왔어. 우리가 이번 계약을 협상할 때 형과 나는 너의 경험과 열정에 전적으로 의지했어. 너도 알다시피 너는 우리 팀의 가장 중요한 핵심 멤버야. 그러니 제발 진정해, 이건 빈민가 행상인이 아니라 합법적인 회사라고. 그들은 그들이 하고 있는 것이 무엇인지를 잘 안다고." "나는 그래도 마음에 걸려." 민호는 더 이상 어떤 말도 하지 않았다. 그는 단지 하늘을 바라보면서 머리만 저을 뿐이었다. 하늘은 대화를 계속해 봤자 아무 소용도 없다는 걸 알았다. 그는 혼란스러웠다. 그는 진정으로 이 프로젝트를 좋아했다. 아니 그는 그것을 사랑했다. 그리고 그는 에이스 사가 자신의 참여 없이는 약속된 기일 안에 이 작업을 완성시킬 가능성이 없다는 것도 잘 알고 있었다. 그러나 그는 자신이 노력해 이룬 결실이 잘못된 곳에 이용될 수 있다는 사실이 마음에 들지 않았다. 무엇보다 그는 이 시스템이 나쁜 목적으로 이용될까봐 염려스러웠다. 그것은 아무것도 모르는 고객의 사생활을 침해하는 데 일조할 것이다. 그리고 부도덕한 관리자가 범죄의 목적으로 이 시스템을 남용하지 말라는 보장도 없었다.

한편, 그는 생각했다. '총기 제작자가 만든 총이 자신의 의도와는 무관하게 범죄에 사용되었다고 해서 우리는 과연 총을 만든 그 사람을 비난할 수 있는가?' 사무실로 돌아와 그는 이 문제에 관해 깊이 생각해 보기로 했다.

① 여러분이라면 이 경우에 어떻게 하겠습니까? ② 여러분이 만약 이하늘 씨의 부인이라면 그에게 어떤 해결 방법을 제시하겠습니까? ③ 현대 사회에서 사생활의 보장이 특히 더 요구되는 이유는 무엇일까요? ④ 개인의 윤리적 기준과 조직의 이익이 상치될 때, 이를 해결할 수 있는 방법은 무엇인가요?

사기와 금전 절도

이상희 씨는 무지개 은행에서 15년 동안 데이터 처리 과정의 회계 감사원으로 근무한 베테랑이다. 그녀는 은행의 11개 지점과 본점에서 작업을 수행하는 5명의 회계 감사원을 거느리고 있다. 그녀는 상관인 김주태 씨에게 업무를 보고했다. 김주태 씨는 이상희 씨를 대단히 신임하고 있다. 그는 컴퓨터 정보 시스템에 관해서는 워드 프로세서와 스프레드시트 이상으로 아는 바가 없었지만, 그녀가 은행에서 차지하는 중요성만은 인정하지 않을 수 없었다. 그래서 그는 수많은 사업 관계 미팅과 이 분야의 연수를 그녀에게 일임했다.

이상희 씨는 매주 금요일 아침마다 그녀의 팀원들과 미팅을 가졌다. 그녀는 그 미팅에서 늘 다음 주 회계 감사 업무에 대해 직원들에게 말했다. 대부분의 업무는 일상적인 것이었다. 그러나 각 지점에서 업무 수행을 제대로 하고 있는지 불시에 감사하는 것은 매우 중요한 일이었다. 이러한 감사의 목적은 두 가지이다. 첫째, 은행의 금전 출납 계원과 다른 직원들에게 그들의 감사 작업이 철저하게 진행되고 있다는 것을 인식시키는 것과, 둘째, 범죄자가 방심하고 있는 사이에 그를 잡아내는 것이 목적이었다.

그녀는 재직 기간 동안, 컴퓨터를 이용한 사기 사건을 세 건 적발했다. 세 번째 사건은 5년 전에 일어났다. 그녀는 5년 동안 아무런 범죄 없이 은행 업무가 순조롭게 진행되고 있는 것에 대해서 가끔 농담 삼아 이렇게 말하곤 했었다. "우리가 하는 일의 진가를 누가 제대로 이해하겠어요. 우리는 대단한 일을 하고 있다고요. 그렇지 않으면 회사는 엉망일 걸요." 그녀의 마음속 저 깊은 곳에서는 사기 사건을 조사하고 싶어 미칠 지경이었다. 예전 같았으면, 그녀는 아마도 은행장으로부터 성공적인 사건 처리에 대한 축하와 함께 보너스도 받았을 터였다.

지난 1월, 그녀는 관리하고 있는 지점들 중 한 곳에서 그녀의 부하 직원과 정기적인 감사 작업을 하였다. 그들은 거기서 오후 내내 작업했다. 항상 그랬듯이 그들은 컴퓨터 기록을 해당 직원에게 요구해서 그것을 철저히 조사했다. 그들은 또한 온라인 시스템에 관해서도 조사했다. 은행에서 경험을 쌓으면서 그녀는 프로그램의 산출 결과뿐만 아니라 프로그램 자체에 관해서도 잘 알게 되었다. 그녀는 주요 자료를 대상 코드에 접속했다. 이것은 누군가 사기 행각을 저지르려는 목적으로 프로그램을 바꾸려할 때 아주 중요한 것이었다.

이번 일은 그녀의 구미를 당기기에 충분했다. 그녀는 계좌를 개설하는 데 필요한 최소한의 금액인 250원의 잔고를 가진 일련의 계좌들을 발견했다. 또한 1억 240원의 잔고를 가진 새로운 구좌를 발견했다. 이 구좌에 대한 마지막 계좌 거래는 그 전날 이루어졌다. 99,999,990원이 온라인으로 입금되었다. 이런 숫자의 금액은 그녀와 그녀 동료들의 신경을 곤두서게 만들었다. 1억 원 이상의 온라인 거래는 이 회사에서 부지점장이나 혹은 그 이상의 지위를 가진 사람만이 관할할 수 있는 사항이었다. 그 동안의 온라인 사기 거래에서 입증되었던 바에 의하면, 범죄자들은 될 수 있으면 위의 액수를 초과하는 금액 거래를 피함으로써 범죄에 대한 의심 가능성을 최소화시켰다.

그녀는 새로운 계좌를 개설한 고객의 신상 자료를 지점장에게 부탁했다. 이름과 주소가 다양했다. 그녀는 의심 가는 계좌를 면밀히 조사했다. 그 계좌의 명의는 작은 회사의 것으로 되어 있었다. 그녀는 그런 다음 지난 몇 달 동안 이 회사의 거래 계좌에 관한 모든 서류들을 요청했다. 그녀는 이 서류들을 조사하면 할수록 더욱 더 의심이 갔다.

그녀는 지점장에게 이러한 감사 작업에 대해 회사의 어느 누구에게도 말하지 말 것을 요청했다. 그녀의 추측에 의하면, 이런 일은 내부 소행일 가능성이 높기 때문이었다. 그녀는 또한 지점의 직원들도 정상적으로 업무를 수행하길 원했다. 범죄자가 눈치 채지 못하게 말이다. 그녀의 감사 작업은 계속 진행되었고 은행 내부 거래에 대해 특히 주의를 기울였다.

3주 후, 그녀의 의심은 더욱 확고해졌다. 이 회사의 계좌로 온라인 입금되는 계좌수가 계속 늘고 있었다. 그녀의 조사에 의하면, 이 회사로 돈을 입금시키는 곳은 이 회사의 고객 계좌가 아닐 뿐만 아니라 그 금액은 현재 총 7억 원을 넘어서고 있었다. 그녀는 지점장에게 이 회사의 계좌에서 상당액의 금액이 빠져 나가는 즉시 그녀에게 연락해 줄 것을 요청했다. 일종의 잠복 작전이었다.

마침내 일이 벌어졌다. 6억 원의 돈이 인출됐고, 그 돈은 서울의 5군데 은행에 분산 입금되었다. 지점장은 즉시 그녀를 불러 이 일에 대한 자료 수집을 명했다. 은행 고위층 인사 중 하나가 이 일을 주도했음이 분명했다. 그녀는 사기 계획을 밝혀냈다. 은행 직원인 한승재 씨는 이 은행에서 20년간 근무한 베테랑이었다. 그는 자신의 서명을 이용해서 휴면 계좌에서 이 회사의 계좌로 돈을 빼돌렸다. 이 휴면 계좌는 오랫동안 사용되지 않은 채로 있었다. 한승재 씨가 그의 사무실에 설치된 프로그램을 통하여 이러한 상태에 있는 휴면 계좌를 발견해서 이용하는 것은 손쉬운 일이었다.

　이상희 씨는 은행장인 장수길 씨를 만났다. 그녀는 자신의 조사 내용을 그에게 말했다. 그녀는 은행이 직접 나서서 이 범죄를 소탕할 것이라고 확신했다. 이것은 엄청난 규모의 사기 계획이었다. 그녀는 다른 은행과 연결해서 훔쳐간 돈을 출금 정지시킬 수 있는 권한을 은행장으로부터 위임받았다. 하지만 다섯 군데의 은행들 중 네 군데 은행에서 그녀가 전화하기 전에 이미 돈이 출금되었다는 사실을 알았다. 마지막 다섯 번째 은행에서만 유일하게 원금 9천5백만 원 중 3천2백만 원이 남아 있었다. 그녀는 이 사실을 은행장에게 보고했다.

　3주 동안 아무 일도 일어나지 않았다. 그녀가 비서에게 한승재 씨에 관해 물었을 때, 그는 지금 휴가 중이라는 말만 들었다. 그녀는 그가 무기한 휴직 처리되었음에 틀림없다고 확신했다. 그녀는 다시 은행장을 만날 것을 요청했다. 공교롭게도 은행의 자문인 임정우 씨도 같이 있었다. "한승재 씨 일은 어떻게 된 거죠? 은행장님은 그 사람을 처벌하지 않으실 생각이신가요?" "이상희 씨, 임정우 씨가 사정을 설명할 거예요." 임정우 씨는 앞으로 몸을 굽히며 말했다. "한승재 씨는 은행에 3천2백만 원을 돌려줄 것을 약속했어요. 그는 다른 공범자가 더 있고 그 외의 나머지 돈은 어디에 있는지 잘 모른다고 했습니다. 변호사가 모든 공범자들에 대한 증거 자료를 수집하고 소송을 제기하는 데는 상당한 시일이 걸려요." "그렇지만, 우리가 보낼 이 전송 자료를 보세요." 이상희 씨는 은행장의 반응을 환기시키기 위해 그를 바라보았다. 그녀는 임정우 씨를 좋아하지도 않을 뿐더러 그의 추론도 마음에 들지 않았다. 은행장은 묵묵히 앉아만 있었고, 그를 대신해 임정우 씨가 대답했다. "우리는 어떠한 전송 자료도 보내지 않을 겁니다, 이상희 씨. 우리는 어떠한 자료도 보내기를 원치 않아요. 이것으로 사건을 종결하고 모든 것을 잊도록 합시다. 사건을 공개해서 생길 수 있는 손실이 우리가 얻을 수 있는 것보다 훨씬 커요. 이건 복수전이 아니라, 순수한 사업이란 말입니다." "그러면 두 분은 한승재 씨를 어떻게 할 계획이신가요? 설마 아무 일도 없었던 것처럼 그를 유유히 도망가게 내버려 두신다는 말씀은 아니시죠?" "그냥 보내야죠. 그는 퇴직금 없이 회사를 그만둔다는 데 동의했어요." 상희는 화가 나서 폭발하기 직전이었다. "퇴직금 없이 말이라고요? 세상에! 그는 퇴직금 따윈 필요가 없다고요!"

"상희 씨, 제발." 은행장은 그녀를 진정시키고자 애썼다. "당신은 임무를 훌륭히 수행했어요. 당신이 아니었다면 그 사기 계획은 성공했을 거예요. 그리고 손실은 이보다 더 엄청났을 거구요. 우리는 당신이 은행을 위해서 행한 일에 대해 너무도 감사하게 생각하고 있어요. 하지만 우린 좀 더 넓은 안목으로 이 문제를 해결해야 해요. 이것은 엄연한 사업이라고요."

이상희 씨는 좌절한 채 그 자리를 떠났다. 뭔가 잘못된 거야. 대단히 잘못된 뭔가가 있다고….

① 여러분이 이상희 씨라면 어떻게 하겠습니까? 그 이유는? ② 여러분은 은행장과 같은 행동을 취하겠습니까? 그 이유는? 혹은 그렇게 행동하지 않는 이유는?

표현의 자유와 권리

가람이는 컴퓨터광이다. 그는 9살 때부터 컴퓨터를 시작했고, 현재 현주 대학교에 재학 중인 학생이다. 현주 대학교는 서울에 위치한 학교인데, 학비가 비싸기로 유명한 명문 사립대학이다. 그의 부모님은 그가 그 학교에 입학했을 때 굉장히 기뻐하였다. 비싼 학비는 그들에게 아무런 문제도 되지 않았다. 가람이의 아버지는 유명한 변호사였기에, 돈은 가람이에게 중요한 것이 아니었다.

가람이는 신문방송학을 전공했다. 1학년 때부터 그는 대학 신문 기자로 활동했다. 사실 그는 대학 신문사에서 능력을 인정받아 발탁된 유일한 1학년 학생이었다. 그는 워드 프로세서와 컴퓨터 편집 능력이 출중했기 때문에 다른 동료들로부터 능력을 인정받고 있었다. 그는 다른 친구들과도 친분이 두터웠다. 대학을 졸업해서 학교를 떠날 때가 되어서야 비로소 가람이도 자신의 소박한 꿈을 깨닫게 되었다.

사실, 대학 신문사의 기자로 활동하는 것이 그에게는 매우 가치 있는 일이었다. 그의 창의성은 혁신적인 유머 칼럼과 교수진에 대한 비판 칼럼을 낳았다. 교수진에 대한 비판 칼럼을 위해서 그는 교수진을 매주 인터뷰했고, 그의 질문은 논쟁을 불러일으키기에 충분한 것이었다. 그 대학 학생들은 이 칼럼을 매우 좋아했다.

3개월 전, 가람이는 "신문고"라는 전자 신문을 만들어서 그의 칼럼을 게재하려고 했다. 그는 대학의 전자 게시판 시스템에서 "신문고"의 내용을 복사할 수 있도록 만들고자 했다. 그래서 학생들이 언제든지 전자 게시판에 접속해서 그의 칼럼을 읽을 수 있게 하려고 했다. 가람이는 다른 대학의 학생들도 아이디를 받아 그 전자 게시판에 접속해서 참여하기를 희망하였다.

학생회는 전자 게시판을 위한 기금 사용을 허락하지 않았다. 학생회 간부들 대부분은 현재의 종이로 된 대학 신문만으로도 학생들의 대변자 역할을 하는 데 충분하다고 생각했다. 학생처장 교수님도 똑같은 반응이었다. 가람이의 결심이 워낙 확고했기 때문에 그는 마침내 자기 컴퓨터를 자진해서 내놓기로 했다. 그가 내놓은 컴퓨터의 하드디스크 용량은 4GB였다. 그는 이 용량만으로도 충분히 운영할 수 있겠다고 판단했고, 만약 그것이 성공하기만 한다면 다시 학생회를 찾아가서 더 많은 지원을 요청할 수 있을 것이라고 생각했다.

전자 게시판은 즉각적인 성공을 거두었다. 초창기 그의 기숙사 룸메이트인 현민이는 게시판에다가 "신문고"만을 게재했다. 곧 그들은 학생들에게 개인적인 메시지를 게재하거나 "벼룩시장" 광고를 낼 수 있도록 하였다. 가람이와 그의 친구는 게시판의 이름을 아예 "신문고 게시판"이라고 붙여 버렸다. 새로운 칼럼이 추가되었다. 학생들은 우스갯소리, 이야기, 시들을 올렸다. 그들은 교수를 비판했다. 파티를 위한 초청장도 게재했다. 가람이는 기뻤다.

"신문고 게시판"의 소문은 빠르게 퍼져 나갔다. 한 법률 회사가 가람이를 찾아와서 그의 사무실에서 일할 비서를 모집하는 광고를 게재해 줄 것을 요청했다. 가람이와 현민이는 곰곰이 생각해 보았고 돈을 받고 상업 광고를 싣기로 결정했다. 만약 학생회가 추가 장비 구입을 허락하기만 한다면, 가람이와 현민이는 광고를 해 주고 받은 돈을 모두 학생회에 기부하기로 합의를 보았다. 학생회 또한 동의했다. 첫 번째 광고가 나간 후, 그것을 보고 다른 많은 회사들도 광고를 해줄 것을 요청했다.

그러나 어느 날 아침, 매우 깐깐해 보이는 두 남자가 학생처장을 만나러 왔다. 그들은 사무실을 떠나기 무섭게 남자 기숙사로 직행했다. 그들은 가람이와 현민이의 방문을 두드렸다. 현민이가 문을 열었다. 그들은 영장을 보여 주었다.

"우리는 비밀경찰입니다." 그중 작은 남자가 말했다. "우리는 수색 영장을 가지고 왔소."

"뭐라고요? 뭘 찾으시는데요?" 현민이가 그 남자 앞을 막아서려고 했지만, 그들이 밀치고 들어갔다.

"찾던 것이 여기 있군." 키 큰 남자가 말했다. 그는 테이블 위에 있는 컴퓨터를 가리켰다. "컴퓨터 코드와 다른 모든 주변 기기를 빼 주세요."

"잠깐만… 잠깐만요." 현민이는 테이블과 그 남자 사이에 끼어 들었다. "도대체 뭐 때문에 그러시는 거죠?"

"좋습니다." 키 큰 남자의 상관인 듯이 보이는 작은 남자가 말했다.

그의 설명에 따르면, 넉 달 전 대형 은행의 데이터베이스에 누군가가 침입했다. 컴퓨터 시스템에 접근한 사람은 그 시스템에다가 욕설을 남겼다. 그 시스템은 5번 이상 침입당했고, 그 침입자는 갈수록 더 심한 욕설을 남겼다. 마지막으로 침입하였을 때는 20명 정도의 고객 계좌를 엉망으로 뒤섞어 버렸다. 그때 해커는 현주 대학과 관련된 단서를 남겼다. 전면적인 조사에 의해 마지막으로 접속한 곳이 가람이와 현민이의 전화선이라는 것이 밝혀졌다. 그 전화선은 전자 게시판 "신문고"의 발전에 지대한 공헌을 세운 것이었다.

현민이는 가람이가 그런 일을 했다는 것을 믿을 수가 없었다. 그 두 남자는 컴퓨터와 모뎀, 디스크 드라이브의 전원을 모두 껐다. 그리고 그것들을 그들의 차에 실었다. 그들은 그 후 방에 다시 들어왔고 무엇인가를 찾아냈다.

"찾았다!" 작은 남자가 말했다. 그는 오른손에 공책을 펴 들고 있었다.

"접속 코드들은?" 키 큰 남자가 물었다.

"하나야. 그걸로 충분해."

현민이는 놀라서 어쩔 줄을 몰랐다. 그 남자들은 가람이의 책상 서랍에서 공책을 꺼내 갔다. 그들이 떠나자마자, 현민이는 가람이의 수업 시간표를 보았다. 그는 강의실로 달려갔고, 문을 열어젖혔다. 교수가 깜짝 놀랄 정도로 크게 가람이를 불렀다. 그들은 가람이가 은행 데이터베이스에 접속했던 기숙사의 그 방으로 돌아왔다.

"이 사람들 미쳤군." 가람이가 말했다. "이건 분명히 음모야.

내 컴퓨터를 가져가다니!"

"그래, 그 짓을 했다니까. 그들은 영장을 가지고 있었어. 네 아버지한테 지금 빨리 전화를 해봐."

가람이는 아버지에게 전화를 했다. 가람이의 아버지는 공항에서 차를 빌려 캠퍼스까지 손수 운전해 왔다. 그는 그의 아들이 한 잘못에 대해 호되게 꾸짖었다. 그렇지만 압수 수색에 대해서는 동의하지 않았다. 이 소문은 컴퓨터를 이용하는 회사, 학생 등 다른 사람들에게 삽시간에 퍼졌고, 그들은 모두 분노했다. 현민이는 공식적인 항의 편지를 썼다. 그는 전자 게시판을 사용하는 학생들과 회사들을 상대로 서명 운동을 펼쳤다. 그 편지는 대학 신문에 게재되었고, 다른 신문사들에도 보내졌다. 한 부의 복사물이 서울에 있는 비밀경찰의 책임자에게 보내졌다.

편지의 내용은 이렇다.

"신문고 전자 게시판"을 사용하는 우리들 학생, 회사, 시민들은 전자 게시판을 제공하는 컴퓨터 본체와 다른 하드웨어 기기들을 압수한 데 대해서 항의합니다. 장비의 소유자가 죄를 저질렀건 그렇지 않건 간에 전자 게시판 신문고는 통신 수단으로서 중요한 역할을 해왔습니다. 방송국이나 신문사의 한 직원이 회사의 컴퓨터를 이용해서 범죄를 저질렀다고 해서 그 회사 기물 전체를 압수한다는 것은 상상도 할 수 없는 일입니다. 전자 게시판 또한 이와 다르지 않습니다. 표현과 출판의 자유는 헌법에 보장된 기본권입니다. 비밀경찰에 의한 압수는 이러한 권리에 대한 명백한 침해입니다. 우리는 즉시 그 장비들을 되돌려줄 것을 요구합니다.

① 당신은 이 편지의 내용에 대해 동의하십니까? 동의하거나 그렇지 않은 이유는 무엇입니까? ② 그 편지는 압수된 장비들의 반환을 요구하고 있습니다. 하드웨어가 돌아온다면, 현민이는 그 장비들을 언제까지 사용할 수 있을까요? ③ 이 경우, 컴퓨터는 가람이

의 소유물입니다. 컴퓨터가 대학의 소유물이라고 가정해 봅시다. 이 경우에도 압수 수색을 정당화할 수 있을까요?

사회에 대한 의무

장현주 씨는 14년 동안 물개 연구소의 인공 지능 분야에서 많은 경험을 축적하였다. 그는 군의 전문 시스템을 개발한 최초의 팀원이었다. 그 프로젝트가 성공적으로 끝났을 때, 그는 자연 언어 처리 프로그램을 개발하는 팀에 참여했다. 그는 후에 두 개의 인공 시각 시스템 개발에 참여했다. 인공 지능 분야에서 순수 로봇 분야만 제외하고 그가 참여하지 않은 것은 아마도 없을 것이다. 물개 연구소는 대한민국 해군과 관계된 일을 했다. 수년 동안 장현주 씨는 해군 부대에서 일하는 상당수의 해군 기술자들과 친분을 맺고 있었다. 그들은 장현주 씨의 직업 정신에 대해 깊은 존경심을 가지고 있었다. 2년 전에 그는 사설 컨설턴트로 일하기 위해 동료들의 환송을 받으며 연구소를 떠났다. 해군은 보유하고 있는 전투기를 위한 새로운 시스템을 개발하기 위해 그와 손잡았다. 시각 데이터에 따라 적군과 아군을 구별하는 새로운 컴퓨터 시스템의 개발이 그것이었다. 대한민국 해군은 한 가지 심각한 문제점을 안고 있었다. 무선 통신이 두절될 때는 적군인지 아군인지 구별할 방법이 없었다. 심지어 밤이나 날씨가 좋지 않은 날은 더욱더 어려웠다. 정체가 잘못 확인되었을 경우, 그것은 바로 자기 동료를 자신이 직접 죽이는 것이 된다. 아군에 대한 오인 사격 바로 그것이다. 해군은 군 수송 수단(전투기, 군함 등)에 대한 모든 정보와 여러 각도에서 분석한 외형을 고려해 판단할 수 있는 좀 더 획기적인 ID시스템(정체 확인 시스템)을 원했다. 하나의 획기적인 방안은 아군 수송 수단에 특수 페인트를 칠하는 것이었다. 해당 물체에 레이저를 쏘면, 그 페인트는 ID시스템에 연결된 센서에 의해서만 감지되는 보이지 않는 빛을 반사한다. 그 외의 여러 가지 변수들을 참작해서 컴퓨터는 적군의 군함이나 전투기일 가능성을 퍼센트로 나타낸다. 예를 들면, 95%라는 수치가 화면에 표시되면 적군일 가능성이 95%로 조종사는 미사일을 조준, 발사하게 될 것이다. 장현주 씨는 이러한 일급 기밀 프로젝트에 참여하게 되어 흥분을 감추지 못했다. 프로젝트의 총책임자인 김힘찬 해군 제독은 실행 가능한 최고의 시스템을 개발하는 데 전적으로 그에게 의지하고 있다고 거듭 당부했다. 물론 그 시스템은 그가 가지고 있는 인공 지능 소프트웨어뿐만 아니라 그가 개발한 프로그램으로 구성되는 것이었다. 1년 5개월 후에 최초의 시스템 버전이 완성되었다. 해군은 전투 상황과 같은 시뮬레이션 실험을 하였다. 성공 확률은 높았다. 김힘찬 제독은 흐뭇했다. 그 실험에는 민간인도 참가했고 그중에는 장현주 씨도 있었다. 그는 시뮬레이션 실험에서 제기된 문제점을 보완하는 데 또다시 일 개월을 매달렸다. 두 번째 시뮬레이션 실험 결과는 더 좋았다. 비록 프로젝트가 예상 기일보다 2달이나 지연되었지만 김힘찬 제독은 위대한 임무를 수행하고 있는 팀 전원을 격려했다. 그 후 실제 테스트가 실행되었다. 실제 항공기, 탱크, 군함, 헬리콥터들이 가상 적군으로 간주되었다. 몇몇 대형 수송 수단들은 동해안의 해군 기지에서 공수되어 온 것이었다. 이번에는 결과가 좋지 않았다. 김힘찬 제독은 실망하지 않았다. 심지어 그는 그다지 만족스럽지 못한 결과에 대해 그 누구도 비난하지 않았다. 장현주 씨는 스태프 전원에게 결과를 분석해서 시뮬레이션 실험과 실제 테스트 사이에 차이가 발생한 이유를 밝히라고 지시했다. 이틀 후 팀은 김힘찬 제독을 만났고 그들의 수집 결과를 보고했다. 수집 결과를 바탕으로 시스템의 보완 작업을 완료했다. 또 다른 실제 테스트가 이루어졌다. 결과는 마찬가지였다. 평균적으로 적군의 수송 수단은 적군 가능성 90%로 인식되는 것이 100번 중 76번이었고, 아군 수송 수단은 아군 가능성 90%로 인식되는 것이 100번 중 63번이었다. 90% 가능성은 적군인지 아군인지를 판단하는 기준이었다. 장현주 씨는 팀의 해군 장교들에게 추가적인 변수로 무엇이 있는지를 알아보도록 요청했다. 그들이 말하는 변수로는 모양, 색깔, 수송 수단이 움직이는 행태 등이 있었다. 컴퓨터 프로그램에서 사용할 수 있는 변수의 수가 늘어나면 늘어날수록 정확한 정체 확인 가능성은 높아졌다. 장교들은 항공모함과 공군에서 온 동료들과 함께 보고서를 작성했다. 그들은 더 많은 변수들을 포함시켰다. 다시 ID시스템을 업그레이드 시켰다. 세 번째 테스트에서 평균 결과는 90% 적군 가능성 100번 중 82번, 90% 아군 가능성 100번 중 76번까지 올라갔다. 그러나 장현주 씨는 기쁘지 않았다. 장교들은 그에게 더 이상 포함시킬 변수는 없다고 말했다. 그는 김힘찬 제독을 만날 것을 요청했다. 김힘찬 제독은 사무실에서 그를 흔쾌히 맞았다. "장현주 씨, 편히 앉으시오. 그래, 저한테 하고 싶은 말이 뭐가 있는지 말씀해 보시오." "유감스럽게도 저는 가까운 시일 내에 시스템의 ID능력을 개선할 수 없을 것 같습니다. 만약 해군이 이 시스템을 설치하려고 한다면 그걸 감수해야만 할 것입니다." 그는 김힘찬 제독의 반응을 알아보기 위해 잠시 말하기를 멈추었다. "그래서요?" "다시 업그레이드를 하더라도 평균 결과가 더 이상 높아지진 않을 겁니다. 그리고 업그레이드는 실제 전투에서 수집된 데이터가 있어야 가능할 것 같습니다." "그래서요?" 김힘찬 제독은 무슨 말인지 아직도 이해하지 못하는 듯했다. "장군님은 세 번째 테스트 결과에 대해서 만족하시나요?" "굉장히는 아니지만 그런대로 만족합니다. 그런데 왜 그런 질문을 하는 겁니까?" 장현주 씨는 불편한 듯 몸을 뒤척였다. 김힘찬 제독은 상체를 앞으로 숙여 아버지 같은 자애로움을 가득 담아 물었다. "장현주 씨, 당신을 귀찮게 하는 것이 뭐죠? 당신은 훌륭히 임무를 완수했소. 당신은 내가 당신을 격려하리라고는 예상치 못했군요. 내가 당신의 임무 완수에 관해 감사하고 있는 것은 당신도 잘 아시지 않소." "저는 격려 같은 것은 바라지도 않았습니다. 저는 다른 것에 관해 염려하고 있습니다. 올 7월에 이 시스템이 해군과 공군에 설치될 예정이라는 사실이 맞습니까?" 김힘찬 제독의 얼굴에 순간 긴장감이 감돌았다. "맞습니다." "저는 이 시스템이 우리 군의 수송 수단에 장착되어도 좋을 만큼 충분한 성능을 가지고 있다고 생각지 않습니다." 김힘찬 제독은 속으로 "당신이 대관절 뭔데 전투기와 관련해서 이래라 저래라 우리에게 명령하는 거야"라고 말하고 싶었지만 자제했다. 그는 장현주 씨에 대해 대단한 존경심을 가지고 있었고, 그를 화나게 하고 싶지도 않았다. "이 시스템은 내가 본 어떤 다른 ID시스템보다 훌륭하오. 그렇지 않소?" "맞아요. 그러나 조종사들과 항해사들은 우리가 달성한 만족스럽지 못한 평균 결과에 대해 알지 못할 겁니다." "그래서? 그들은 지금까지 개발된 시스템 중 최고의 것을 가지게 될 거요." "그들에게 이 시스템의 한계에 대해 알려 주는 게 어떻습니까?" "장현주 씨, 그건 우리 결정에 달렸소. 우리는 전쟁 상황에서 군대가 어떻게 행동하는지 잘 알고 있소. 파일럿은 그저 그에게 주어진 장비를 활용할 뿐이오. 그들은 수초 내에 어려운 상황에 대처해야만 하오. 우리는 성공 확률 따위로 그들을 혼란시켜서는 안 된단 말입니다." "그러나 저는 그들이 그 시스템에 너무 기댈까 두렵습니다. 그들은 그것의 한계에 대해서는 알지 못할 겁니다." 김힘찬 제독은 더 이상 참을 수가 없었다. "장현주 씨, 이보다 성공 확률을 더 높일 수 있소?" "아닙니다. 더 많은 변수들을 얻기 전까지는 불가능합니다." "좋소. 그러면 우리는 계획대로 이 시스템을 배치할 것이오. 뭐 더 할 말 있소?" "없습니다. 만나 주셔서 감사합니다." 장현주 씨는 떠났다. 이틀 동안 그는 어떤 일도 할 수가 없었다. 그는 해군이 그의 프로그램 개선 작업이 가능하게 더 많은 변수를 확보할 수 있도록 돕거나 현재의 시스템 성공 확률을 공개해야 한다고 생각했다. 그가 무엇을 할 수 있겠는가? 그는 사실을 사람들에게 말하고 싶었지만, 그런 행동은 그가 서명한 기밀 보장 동의안에 대한 명백한 위반이었다. 그렇지 않으면 시스템을 잘 만들었다고 군대가 칭찬하는 말이나 즐기면서 조용히 입 다물고 있을 수밖에 없었다. 그날 저녁 그는 끔찍한 악몽을 꾸었다. 그는 적군의 전투기를 사냥하며 전투기의 조종석에 앉아 있었다. 달빛 한 점 없는 캄캄한 밤이었다. 그가 개발한 ID시스템이 적군 전투기가 오고 있다는 것을 탐지했다. 그는 미사일을 발사할 준비를 했다. 그는 관제탑으로부터 정보를 요구했다. 관제탑의 장교는 그 지역에는 아군 전투기가 한 대도 없다고 말했다. 그는 시스템의 화면을 다시 보았다. 전투기의 외형을 봐서 아군의 것은 아닌 듯싶었다. 그는 미사일을 발사했다. 무선 통신에서는 침묵이 감돌았다. 잠시 후 그는 관제탑 장교가 차분히 말하는 것을 들었다. "축하합니다. 당신은 우리 편 전투기 중 하나를 쏘았군요." 그는 식은땀을 흘리며 잠에서 깨어났다.

여러분이 장현주 씨라면 어떻게 행동하겠는가? 정보 기술 전문가가 고객과의 계약을 위반해야 하는 상황이 있을 수 있는가? 왜 그런가?

업무상 기밀

정재연 씨는 방금 자신에게 도착한 편지 봉투를 열었다. 내용물을 꺼내서 슬쩍 살펴보고는 미소를 지었다. "잘됐군." 그 편지는 서울에 있는 작은 소매상 연합 회사인 반달곰 마트에서 온 것인데, 새로운 고객 관리 데이터베이스를 만드는 작업에 참여하도록 정재연 씨를 초빙한다는 내용이었다. 이것은 정재연 씨에게는 좋은 기회였다.

사실, 6개월 전에 정재연 씨는 너구리 시장 정보사에 취직을 했었다. 너구리 시장 정보사는 서울에 있는 회사인데, 시장 조사를 대신하는 회사로, 다수 대중으로부터 정보를 수집·분석하여 연구한 결과를 유통 회사에 판매하는 일을 하는 곳이었다. 너구리 시장 정보사는 표본 사례를 디자인하고 분석 활동을 하기 위해서 통계 전문가들을 고용하였다. 너구리 시장 정보사는 자료를 수집하기 위해 표본 기준에 적합한 사람들에게 전화를 거는 아르바이트 학생들을 고용하기도 했다.

20년간의 영업 경험을 통하여, 너구리 시장 정보사의 경영진은 대다수의 사람들이 자신들의 개인 정보를 제공하려고 하지 않는다는 사실을 잘 알고 있었다. 자체 연구를 통해 밝혀진 바로는, 쓸데없는 광고 우편물을 보낸다든지 심지어는 개인에게 해가 되는 방향으로 악용될 수도 있기 때문에 사람들은 자신들의 개인 정보를 알려 주는 걸 주저한다는 것이다. 따라서 5년 전부터 너구리 시장 정보사의 경영진은 새로운 방법을 채택하였다. 연구자들은 연구 대상이 되는 개인들에게 그들이 제공하는 정보가 개인적 측면에서 사용되는 일은 절대 없을 것이라고 약속을 하고 조사를 실시하고는, 곧장 그 약속을 어기고 통계 분석을 실시하였다. 게다가 응답자들에게 감사의 표시로 열쇠고리나 싸구려 전자시계 같은 기념품으로 유혹하는 일도 있었다. 그 기념품들은 너구리 시장 정보사에 조사를 의뢰하는 다른 유통 회사에서 제공하는 것이었다.

정재연 씨는 너구리 시장 정보사의 데이터베이스 전문가로 일하였다. 정재연 씨는 자료의 수집, 검색, 처리 등을 담당하는 데이터베이스와 응용 프로그램을 개발하였다. 정재연 씨는 통계학자들이 연구하는 데 편리하도록 해주기 위해 그들과 긴밀하게 협조해 가며 일했다. 정재연 씨는 자기 일을 좋아했지만, 스스로 독립적인 사업체를 차리려는 꿈을 가지고 있었다. 너구리 시장 정보사의 경영진은 정재연 씨를 붙잡으려고 했지만, 정재연 씨는 굳게 마음을 먹은 상태였다. 정재연 씨의 상급자는 정재연 씨에게 나쁜 생각을 가지고 있었던 것도 아니었다. 하지만 정재연 씨는 퇴직금을 받아 챙기고는 독립적인 컨설턴트로 활동을 개시하였다.

그 이후 정재연 씨는 너구리 시장 정보사와는 어떠한 관계도 맺지 않았다. 정재연 씨는 중소기업에 간단한 프로그래밍 작업과, 장비와 소프트웨어에 관하여 자문해 주는 일을 하였다. 그것은 상당히 많은 돈을 버는 일이긴 했지만, 정재연 씨가 고대하던 매우 전문적인 일은 아니었다. 몇 주 전, 정재연 씨는 반달곰 마트의 매장 책임자로 근무하고 있는 옛 친구를 만났다. 그 친구의 말에 의하면, 반달곰 마트는 공격적인 마케팅 전략을 실시하기 위해서 새로운 고객 정보와 관련된 데이터베이스를 설치할 예정이라는 것이었다. 친구는 그것에 관하여 아는 바가 거의 없었기 때문에, 정재연 씨는 그 친구에게 그 사업의 내용을 좀 알아봐 달라고 부탁하였다. 그 친구는 사업 계획을 알아보고 구체적인 내용을 정재연 씨에게 전해 주었다. 정재연 씨는 반달곰 마트의 담당자에게 전화를 걸어서 입찰에 참여하겠다고 요청하였다.

정재연 씨는 곧장 반달곰 마트에서 필요한 것이 무엇인지 알아보는 작업에 착수하였다. 정재연 씨는 자기 회사의 로고가 찍힌 편지지에 기쁜 마음으로 견적서를 작성하였고, 그것이 최상의 조건으로 채택되기를 희망하면서 우편으로 발송하였다.

반달곰 마트의 선발 과정은 비교적 짧은 시간에 끝났다. 한 달이 채 안 되어, 정재연 씨에게 계약을 체결하자는 편지가 날아왔다. 같은 날, 정재연 씨는 자기를 도울 두 명의 프로그래머를 불렀다. 그는 반달곰 마트와 계약을 체결하고 몇 시간 후, 이 사람들을 채용했다.

정재연 씨와 그의 동료들은 신속하게 일을 진행했다. 정재연 씨는 데이터베이스의 논리 구조를 디자인했으며, 그 계획에 적합한 소프트웨어 도구를 선정하는 일에 그들 세 사람이 같이 참여하였다. 그들은 자기들이 사용하기에 익숙한 제4세대 프로그램 언어를 선정하였고, 프로그램을 작성하는 작업에 착수하였다. 정재연 씨의 업무 팀은 작은 모듈 단위를 기준으로 시스템을 구축하였다. 첫 번째 모듈 단위가 준비되었을 때, 정재연 씨는 테스트를 하기 위해서 반달곰 마트의 경영진에게 실제로 사용되는 기록의 복사본을 달라고 요청하였다.

반달곰 마트는 자료를 수집해 두지 않은 상태였다. 알고 보니 반달곰 마트는 자료 조사 회사나 신용 카드 회사로부터 필요한 정보를 돈을 주고 사오고 있었다. 정재연 씨와 동료들은 반달곰 마트의 경영진이 사온 CD롬에 들어 있는 자료를 연구하기 시작하였다. 한 프로그래머가 CD롬에서 자료를 읽어 들이면 곧장 반달곰 마트 컴퓨터의 하드디스크에 저장되도록 프로그램을 작성하였다. 첫 번째 CD롬에 들어 있던 자료가 데이터베이스에 투입되었고, 정재연 씨는 첫 번째 모듈 단위의 작업을 마무리하려고 하였다.

정재연 씨는 매번 다르게 테스트를 실시하다가, 몇몇 자료들이 낯익다는 것을 알게 되었다. 정재연 씨는 더 많은 자료들에 관하여 조사해 보았다.

자료들이 컴퓨터 모니터에 나타났을 때 정재연 씨는 낮은 목소리로 속삭였다. "이 자료들을 전에 본 적이 있어. 맹세할 수 있다고."

다른 프로그래머가 물어 보았다. "전에 이 자료들을 본 적이 있다니, 그게 무슨 소리야?"

"분명히 말할 수 있는데, 이걸 전에 본 적이 있어. 그런데 도대체 어디서 보았는지 알 수가 없단 말이야."

퇴근 시간인 오후 6시가 가까워졌기 때문에 정재연 씨와 동료들은 반달곰 마트의 사무실을 빠져 나왔다. 정재연 씨는 집으로 가는 도중에 신호등이 바뀌기를 기다리다 갑자기 그 자료를 어디서 보았는지 생각이 떠올랐다. 정재연 씨가 전에 그 자료를 본 것은 확실했다. 정재연 씨는 집에 돌아오자마자 반달곰 마트에 전화를 걸었지만, 정재연 씨가 통화하고자 하는 사람은 이미 퇴근한 후였다. 정재연 씨는 아침에 다시 전화를 걸어서 경영진의 한 사람인 유병호 이사와 통화를 하게 되었다. 정재연 씨는 가능한 한 침착하려고 애썼다. 농담을 몇 마디 주고받은 다음, 정재연 씨는 CD롬에 대해 물어 보았다.

"유병호 이사님, 새로운 데이터베이스에 사용하라고 주신 CD롬 자료는 어디서 사 오신 건가요?"

"몇 군데 거래처가 있습니다. 어떤 걸 말씀하시는지 좀 더 자세하게 말해 주시겠어요?"

"네. 어제 저한테 주신 CD롬은 어디서 구입하신 것입니까?"

"잠깐만 기다려 주세요. 금방 찾아볼 게요."

유병호 이사는 반달곰 마트가 회사와 정재연 씨의 작업을 원만하게 연결시켜 주기 위하여 고용한 사람이었다. 잠시 후 유병호 이사가 돌아와서 전화를 받았다.

"아, 그건 너구리 시장 정보사에서 사온 거네요."

정재연 씨가 말했다. "역시 그렇군요. 저도 그렇게 생각했어요."

"정재연 씨, 뭔가 걱정하시는 것 같은데요. 무슨 문제가 있나요?"

"1시간 내로 사무실에서 이사님을 좀 만나 뵈었으면 합니다."

정재연 씨는 몹시 불안했다. 그는 이 일을 당장 명확하게 해결하기를 바랐다.

1시간 후, 정재연 씨는 사무실에서 유병호 이사를 만나서 이야기를 계속했다.

"유병호 이사님, 너구리 시장 정보사에서는 팔면 안 되는 이 CD롬을 당신한테 팔아먹은 겁니다."

"그게 무슨 말입니까? 왜 그런 거죠?"

정재연 씨는 너구리 시장 정보사가 조사에 참여한 사람들을 속인 사실에 관하여 설명하였다. 정재연 씨는 너구리 시장 정보사에서 팔아먹은 CD롬 자료는 이것뿐만이 아닐 거라는 생각이 들었다. 유병호 이사는 너구리 시장 정보사에서 그 자료를 살 때 그것을 없애야 한다는 이야기는 들은 적이 없다고 말했다.

"한두 푼 주고 사온 것도 아닌데요. 경영진에서도 분명히 그 자료를 써먹으려고 들 겁니다."

정재연 씨가 말했다. "내 생각에는 유병호 이사님께서 이것에 관해 말씀을 해주셔야 하겠는데요."

"정재연 씨, 그건 안 됩니다. 당연한 절차에 따라서 정재연 씨가 경영진에 말하고자 한다면, 그건 좋습니다. 하지만 저는 할 수 없어요. 내 직무는 당신이 업무를 잘 수행할 수 있도록 돕는 역할을 하는 겁니다. 나는 이것 때문에 데이터베이스를 정시에 가동시키려는 우리의 노력이 방해받지 않기를 희망합니다."

정재연 씨는 유병호 이사가 말하는 "우리의 노력"이라는 게 도대체 무엇을 의미하는지 알 수 없었다. 정재연 씨는 전체 계획을 포기하고 싶었다. 이 거대한 사기극에 휘말려 들고 싶지 않았던 것이다. 비록 큰돈을 잃는다고 해도, 그는 당장 일을 그만둘 준비가 되어 있었다. 그러나 그것이 그리 쉬운 일은 아니었다. 계약 조건 때문에 그 프로젝트를 마무리 지어 줄 수밖에 없었다. 게다가 정재연 씨가 그 일을 마무리 지어 주지 않는다 해도 반달곰 마트는 너구리 시장 정보사에서 사온 CD롬을 사용할 것이었기 때문이었다. 정재연 씨는 너구리 시장 정보사의 비도덕적인 행동에 대하여 무슨 조치를 취해야 한다고 생각하였다. 정재연 씨는 신문과 TV 방송국 기자들과 접촉하여 너구리 시장 정보사가 저지르고 있는 못된 행동을 만천하에 공개할 수도 있었다. 그렇지만 어쨌거나 너구리 시장 정보사는 정재연 씨가 근무했던 옛 직장인데다가, 여전히 그 회사에 근무하고 있는 동료들이 피해를 입는 것을 원치 않았다.

정재연 씨는 다음과 같이 생각하였다. "정보 체계 전문가 협회에 도움을 요청해 보는 것은 어떨까?" 정보 체계 전문가 협회는 커다란 전문 단체이고, 정재연 씨는 대학을 졸업할 때부터 그 단체의 활동에 부분적으로 참여해 오고 있던 상태였다. 그 단체의 활동에 동참하는 사람들은 모두가 정보 체계 전문가 협회의 윤리 강령을 받아들였던 것이다.

정재연 씨는 정보 체계 전문가 협회에 근무하는 어떤 사람과 전화 통화를 했다. 전화를 받은 사람은 그 협회의 이사라고 말했다. 그 사람은 정재연 씨가 처한 상황에 대하여 문제점은 이해하겠지만, 개인적으로 어떠한 충고도 해줄 수 없다고 했다. "만약 내가 당신과 같은 상황이라면 어떻게 행동해야 할지 알겠습니다. 하지만 당신한테 어떻게 하라고 말하지는 못 하겠습니다. 윤리 강령을 읽어 보시면 아시겠지만, 결정은 독자적으로 내릴 수밖에 없는 것이랍니다. 개별적인 사건에 참견하거나 어떤 의견을 제시하지 않도록 하는 것이 우리들의 공식적인 입장입니다. 죄송합니다."

① 여러분은 유병호 이사의 행동에 찬성하는가? 왜? ② 정보 통신 기술과 관련된 전문 조직에서는 개별적인 사건에 대처할 때, 각자 그 자신의 윤리적 딜레마에 직면할 수 있는 여지를 남긴다. 여러분은 이러한 방법을 받아들이는 것이 좋다고 생각하는가? 왜 그런가? 만약 그렇지 않다면, 그런 조직에서는 개인들을 어떻게 돕는 것이 좋겠는가? ③ 만약 여러분이 정재연 씨라고 한다면, 지금 어떻게 하겠는가?

2. 신문 기사를 활용한 사례 토론

외국에서 연구된 결과에 의하면, 전통적인 형태의 윤리 교육 방법은 정보 윤리 의식을 함양케 하는 데에는 그리 효과적이지 못하다고 한다. 오히려 구체적인 사례들에 대한 집단 토론이 전통적인 주입 방식보다 정보 윤리 의식을 함양케 하는 데 더 효과적이라고 한다(추병완, 1999). 따라서 정보 윤리 교육에서는 정보 사회가 야기하고 있는 다양한 윤리적 문제들을 학생들 스스로 발견할 수 있도록 도와주고, 그러한 문제와 관련된 구체적인 사례들을 중심으로 학생 상호 간의 토론을 유도함으로써 그들의 윤리적 분석 능력과 문제 해결 능력을 길러 주는 것이 바람직하다. 이 점에서 볼 때 정보 윤리와 관련된 신문 기사는 매우 유용한 교수 · 학습 도구가 될 수 있다. 여기서는 신문 기사를 활용하여 정보 윤리 교육을 실행하는 구체적인 프로그램을 제시하고자 한다.

1. 건전한 통신 언어 사용

● 대상: 중학생 이상
● 학습 목표: 불건전 통신 언어의 폐해와 심각성을 이해하고, 바른 통신 언어를 사용하려는 태도를 갖는다.
● 활동 개요: 불건전 통신 언어 사용에 대한 자가 진단을 통하여 자신의 불건전 통신 언어 사용 여부를 직접 확인할 수 있도록 하고, 불건전 통신 언어 사용의 폐해를 제시하여, 건전한 통신 언어를 왜 사용해야 하며, 그러기 위해서는 어떤 실천이 필요한지 학생들 스스로 생각할 수 있는 기회를 제공한다.
● 준비물: 불건전 통신 언어 사용의 사례와 그 폐해를 다룬 신문

기사, 통신 언어 자가 진단 검사지

● 활동 과정

① 학생들에게 불건전 통신 언어 사용의 심각성을 다룬 신문 기사 내용을 소개하고, 불건전 통신 언어 사용의 심각성을 알려 준다.

② 통신 언어 자가 진단 검사지를 학생들에게 나누어 준 후에 학생들이 솔직하게 기록하여, 자신의 불건전 통신 언어 사용 여부를 진단해 보게 한다.

③ 건전한 통신 언어를 사용해야 하는 이유와 방안을 학생들 스스로 모색해 볼 수 있는 기회를 부여한다. 건전한 통신 언어 사용을 위한 가치지를 기입하게 한다.

④ 학생들이 기입한 가치지의 내용을 토대로 하여 교사는 건전한 통신 언어 사용을 위한 학급 토의를 전개한다. 이때 교사는 다음의 질문을 통해 학생들의 의사소통을 촉진할 수 있다.

· 불건전 통신 언어 사용의 주된 원인은 무엇인가?

· 건전한 통신 언어를 사용하려면 어떻게 해야 하는가?

· 불건전 통신 언어 사용의 폐해는 무엇인가?

⑤ 교사는 학생들이 토의 내용을 종합하여 건전한 통신 언어 사용을 위한 학급 수칙을 스스로 제정해 보도록 할 수 있다.

● 지도상 유의점

① 통신 언어 자가 진단 결과 불건전한 통신 언어를 사용하고 있다고 보이는 학생들에게는 교사가 각별히 신경을 써서 정상적인 언어생활을 할 수 있도록 지도한다.

② 교사는 불건전 통신 언어 사용의 폐해나 심각성을 학생들에게 일방적으로 전달하는 것보다는 학생들이 통신 언어를 건전하고 올바르게 사용하는 방법을 스스로 모색해 보게 하는 데 지도의 초점을 맞춘다.

③ 교사는 불건전 통신 언어의 사용으로 고생을 한 적이 있는 학생

들의 경험담을 전체 학생들이 공유할 수 있는 기회를 부여할 수도 있다. 그리고 이때에는 그 학생이 불건전 통신 언어 사용으로 인해 어떠한 어려움을 겪었으며, 또 어떻게 그 문제를 해결했는지에 대해 전체 학생들이 관심을 기울이도록 지도한다.

● 활동 자료

① **불건전 통신 언어 사용 관련 신문 기사**

인터넷의 국어 파괴

방가(반가워요) 어솨요(어서 오세요) 꾸벅(인사하는 모습)….

인터넷 채팅방이나 게임방에 들어가면 먼저 만나는 용어들이다. 네티즌들이 속도감과 통신료 절약을 노려 축약한 말을 유행시키다 보니 채팅 초보자는 당혹할 수밖에 없다. 멜(메일) 글구(그리고) 넘(너무)은 기본이고 쟈철(지하철) 먄내(미안해) 글쿠나(그렇구나)에다 자판치기 편한 대로, 발음나는 대로 치니 조아(좋아) 마니(많이) 여페서(옆에서)가 넘친다. 주로 휴대 전화에 띄우던 0124(영원히 사랑해) 091012(공부 열심히) 등 숫자나 기호를 이용한 그림 문자가 컴퓨터 화면에 뜨고 청소년들이 교실과 등하교길에 나누는 오프라인 은어까지 가세하기 일쑤다.

교사들은 학생들이 자기네끼리 주고받는 쪽지나 메일은 아예 해독이 불가능할 때가 많다고 실토한다. 심지어 반성문이나 과제물에도 이런 말을 사용하는 학생들이 있어 문법 파괴를 걱정하기도 한다. 청소년들이 채팅방에서나 또래 집단끼리 나누는 조어와 은어는 일종의 유행어다. 부작용이 있지만 그들 스스로 잘못된 것임을 알기 때문에 크게 염려할 건 없다는 게 전문가들의 견해다. 실제로 중고생 때 심하게 은어와 속어를 사용하다가 대학에 들어가거나 성인이 되면 유치하다며 제풀에 삼가는 것을 자주 본다.

문제는 영향력이 있는 공식 홈페이지와 대중 매체들이다. 국립국어연구원이 지난 4월부터 7월 중순까지 잘 알려진 인터넷 사이트 27곳을 대상으로 어휘 문법 문장 표현 등을 조사한 결과 총 7,618건의 오용 사례가 있었다고 한다. 띄어쓰기와 맞춤법은 물론 표준어와 외래어 표기는 보기 민망할 정도로 틀린 것이 많았고 어미가 틀리거나 주어 서술어 목적어 부사어가 없는 문장, 어순이 엉망인 글 등이 지적됐다. 공신력 있는 인터넷 사이트가 이렇다면 다른 홈페이지의 국어 오남용은 더 말할 나위가 없다. 인터넷의 확산이 국민의 언어생활에 얼마나 심각한 악영향을 끼치고 있는 가를 보여준다.

국어연구원이 홈페이지 운영자에게 오류를 알리고 만화와 아동 도서, 비디오 자막, 방송 등 각종 매체의 언어실태도 조사키로 했다니 잘한 일이다. 잘못을 지적받기에 앞서 네티즌 스스로 국어를 아끼는 노력을 기울여야 하겠다(『경향신문』, 2000년 7월 18일).

컴퓨터 세대, 말과 글이 달라진다: 채팅언어, 제2의 한국말化

쓰기와 말하기의 접점, 채팅언어
명랑체의 모태는 컴퓨터를 사용한 채팅문화다. 채팅 언어의 특징은 잘 알려져 있다.

잼있져(재미있죠) 겜(게임), 넘(너무), 땜(때문), 걍(그냥) 등의 말 줄임, 조아(좋아), 만타(많다), 어뜨케(어떻게), 추카추

카(축하축하) 등 소리 나는 대로 쓰기, 얼큰이(얼굴 큰사람), 쌔끈(섹시하고 멋있는 사람) 등 은어 사용, 우캬캬, 까악, 꽈당, 글쩍글쩍 등 의성 의태어의 적극적 활용, ^^;(멋쩍은 웃음), :-((찌푸린 얼굴) 등 이모티콘(emoticon 감정을 표현하는 기호)이라는 회화적 기호의 사용 등이다. 이러한 채팅언어는 글로써 말하는 상황을 연출하려는 데서 비롯됐다. 말은 맞춤법을 따지지 않는 반면, 즉시 이야기해야 한다. 감성적인 표현과 액센트가 또한 중요하다. 글을 빠르고 편리하게 쓸 수 있는 컴퓨터가 이를 기술적으로 뒷받침했다. 여기에 채팅 공간의 익명성으로 감정을 여과없이 드러내는 상황까지 겹쳐졌다.

언어 혼란?

이에 대한 우려도 적지 않다. 대부분의 국어학자들은 "문법 규범 체계를 혼란시켜 언어나 대화의 기본적 원칙이 흔들릴 뿐 아니라 사고가 즉흥적이고 단순화한다"고 주장한다.

특히 문제는 한창 언어 규범을 배우는 초등학생들까지도 이런 혼란한 언어에 노출되고 있다는 점이다. 초등학생 대상의 어린이 사이트 채팅 공간에서조차 채팅언어는 예외가 없다. 여가 어댜?(여기가 어디야?), 나랑 칭구(친구) 할래? 등 맞춤법에 어긋나는 글들이 대화의 상당수를 차지한다.

서울대 국어교육과 김광해 교수는 '문제는 채팅 언어를 규제할 방법이 없다는 점이며 한 세대의 유행이자, 하나의 놀이 공간으로 인정할 수밖에 없지만, 반면에 공적인 공간에서는 이를 적극적으로 바로잡는 방법으로 대처해야 할 것'이라고 말했다.

한편에서는 채팅언어에 대한 우려가 지나치다고 지적한다. 채팅공간에서 쓰는 '방가'(반가워)라는 말을 실생활에서까지 사용하지 않듯이 채팅언어 자체는 특수한 공간에서만 사용되는 은어라는 주장이다. 특수한 스포츠 용어들이 있듯이 채팅을 하기 위한 일종의 룰이라는 것이다.

직접 보고 말하는 화상채팅이 일반화하면 채팅언어가 조만간 사라질 것이라는 전망도 나온다. 실제로 지난해부터 본격적으로 등장한 화상채팅으로 인해 타이핑하는 채팅의 유행도 시들해진 편이다.

새로운 언어적 가능성?

채팅언어 자체가 아니라 컴퓨터와 네트워크 등 뉴미디어의 등장으로 형성되고 있는 새로운 언어적 세계관에 주목해야 한다는 주장도 제기되고 있다. '버전업' 편집 주간인 이용욱은 "채팅언어는 논리적이고 총체적이고, 규율적인 문자언어와 즉흥적이고 감각적인 구술언어의 접점에 있다"며 "논리적인 문자언어와 감성적인 구술언어를 포괄하면서 더욱 다채롭고 풍요로운 언어적 가능성을 밑바닥에 깔고 있다"고 진단했다. 구어와 문어 경계의 모호함, 감각적이고 회화적인 이미지의 활용, 경쾌하고 발랄한 문체 등 신세대 글쓰기의 뚜렷한 징후가 이런 맥락이라는 지적이다. 하지만 사고의 단순성, 논리의 허약함, 리얼리티의 부족 등 '가벼운 글쓰기'가 초래하는 문제점이 가시지 않은 상황이다. 컴퓨터 세대의 말과 글의 운명은 2001년에도 여전히 안개 지대를 걷고 있는 셈이다(『한국일보』, 2001년 2월 2일).

② 불건전 통신 언어 사용 자가 진단 검사지

이 검사지는 불건전 통신 언어 사용의 심각성을 알아보기 위한 것입니다. 솔직하게 응답하여 주시기 바랍니다.

〈응답 요령〉

• 자신의 생각과 일치하는 번호에 'V' 표시를 해주기 바랍니다.

• 모두 표시한 다음에는 응답한 번호의 숫자를 모두 더하여 총점을 내어 주시기 바랍니다. 그 다음에 채점 결과를 확인하기 바랍니다.

1. 통신상의 언어를 오프라인에서 사용한 경험이 있나요?
   ① 전혀 아니다   ② 드물지만 있다   ③ 가끔 있다
   ④ 자주 있다   ⑤ 항상 그렇다

2. 통신상의 언어를 가정이나 학교에서 사용하다가 부모님이나 선생님으로부터 혼난 적이 있나요?
   ① 전혀 아니다   ② 드물지만 있다   ③ 가끔 있다
   ④ 자주 있다   ⑤ 항상 그렇다

3. 자신이 사용하는 통신상의 언어가 불건전하다고 생각한 적이 있나요?
   ① 전혀 아니다   ② 드물지만 있다   ③ 가끔 있다
   ④ 자주 있다   ⑤ 항상 그렇다

4. 통신상의 언어가 일상생활 속에서 무의식중에 튀어나온 적이 있나요?
   ① 전혀 아니다   ② 드물지만 있다   ③ 가끔 있다
   ④ 자주 있다   ⑤ 항상 그렇다

5. 불건전한 통신 언어를 초보 통신 이용자가 사용하도록 만든
   적이 있나요?
   ① 전혀 아니다   ② 드물지만 있다   ③ 가끔 있다
   ④ 자주 있다   ⑤ 항상 그렇다

6. 불건전 통신 언어 사용을 자제해야겠다고 생각한 적이 있나
   요?
   ① 전혀 아니다   ② 드물지만 있다   ③ 가끔 있다
   ④ 자주 있다   ⑤ 항상 그렇다

7. 불건전 통신 언어를 사용하면서 그 언어가 재미있고 편안하
   다는 생각이 드나요?
   ① 전혀 아니다   ② 드물지만 있다   ③ 가끔 있다
   ④ 자주 있다   ⑤ 항상 그렇다

8. 불건전 통신 언어를 일상생활에서 사용하다가 기성세대와
   의사소통이 원활히 되지 않았던 경험이 있나요?
   ① 전혀 아니다   ② 드물지만 있다   ③ 가끔 있다
   ④ 자주 있다   ⑤ 항상 그렇다

9. 불건전 통신 언어를 사용하면서 일상생활에서 '쓰기'를 할
   때 맞춤법이 틀리는 등의 문제를 경험한 적이 있나요?
   ① 전혀 아니다   ② 드물지만 있다   ③ 가끔 있다
   ④ 자주 있다   ⑤ 항상 그렇다

10. 처음 통신을 했을 때 일상생활 언어와 다른 통신 언어를 보
    고 적응하지 못했던 경험이 있나요?

① 전혀 아니다   ② 드물지만 있다   ③ 가끔 있다
④ 자주 있다   ⑤ 항상 그렇다

11. 과제물에도 통신 언어를 사용한 적이 있나요?
① 전혀 아니다   ② 드물지만 있다   ③ 가끔 있다
④ 자주 있다   ⑤ 항상 그렇다

12. 불건전 통신 언어를 사용함으로써 이용자들 간의 동질감을
느낀 적이 있나요?
① 전혀 아니다   ② 드물지만 있다   ③ 가끔 있다
④ 자주 있다   ⑤ 항상 그렇다

채점 결과

12-24점 : 불건전한 통신 언어를 사용하고 있지 않는 상태입니다. 통신 언어를 일상생활의 언어와 혼동하여 사용하는 일도 없는 올바른 사용자라고 볼 수 있습니다.

25-41점 : 약간의 문제가 있는 사람입니다. 통신 언어로 인해 일상생활에 문제가 생길 수도 있습니다. 심각해지기 전에 자신의 문제가 무엇인지 생각해 보고 개선해야 합니다.

42-60점 : 불건전한 통신 언어의 지나친 사용으로 문제가 많은 사람입니다. 통신 상태에서의 언어를 일상생활에서 구분 없이 사용하며, 이에 따라 일상생활에 지장이 많은 상태입니다. 전문가의 도움을 받아야 합니다.

③ 불건전 통신 언어 사용 예방을 위한 가치지

① 다음의 문장을 완성하여 여러분이 불건전 통신 언어를 사용하게 되는 원인에 대해 생각해 봅시다.
- 불건전한 통신 언어를 사용하면서, 나는 ＿＿＿＿＿＿＿＿＿을(를) 느꼈다.

② 불건전한 통신 언어 사용으로 인하여 줄어들었거나 피해를 본 사례들을 적어 봅시다.
-
-

③ 건전한 통신 언어를 사용하고 통신 언어와 일상생활 언어를 구분하여 사용함으로써 얻을 수 있는 좋은 점들을 적어 봅시다.
-
-

④ 통신 이용자들과 잘 어울리면서, 통신 언어와 일상생활 언어를 잘 구분하여 사용할 수 있는 방법들을 적어 봅시다.
-
-

④ 불건전 통신 언어 사용 예방을 위한 학급 수칙의 예

우리는 불건전한 통신 언어 사용을 예방하고, 건전한 통신 언어문화를 세우기 위하여 다음과 같이 행동할 것을 결의한다.

첫째, 통신 상태에서의 언어와 일상생활에서의 언어를 구분하
여 사용한다.

둘째, 통신 상태에서의 언어 사용은 맞춤법에 맞게 사용하도록
노력한다.

셋째, 초보 통신 이용자에게 불건전한 통신 언어의 사용을 강
요하지 않는다.

2. 게임 중독증 예방

● 대상: 중학생 이상

● 학습 목표: 컴퓨터 온라인 게임 중독의 심각성을 이해하고, 올바
른 컴퓨터 사용법을 위한 자세를 갖는다.

● 활동 개요: 게임 중독에 관한 신문 기사를 통해 온라인 게임을
이용하는 학생들의 현황을 알게 하고 어떤 점에서 문제가 있는
지를 찾아낼 수 있게 한다. 또 자가 진단을 통해서 자신이 게임
중독에 빠져 있는가의 여부를 알게 하고, 이러한 중독에 빠지지
않게 또는 그로부터 빠져 나올 수 있도록 대책과 해결 방법을
제공한다.

● 학습 자료: 게임 중독 관련 신문 기사, 인터넷 자가 진단 검사지

● 학습 과정

1) 준비 단계: 게임 중독에 대한 신문 기사를 학생들에게 보여 준
다.

게임 중독 위험 수위 넘었다

게임과 현실을 구분하지 못해 남에게 해를 입히는 안타까운 현

상이 잇따라 터지고 있다. 지난 2일 성남 남부경찰서는 지난 11월 온라인게임 〈리니지〉를 하다 져서 무기 등 아이템을 잃은 뒤 상대를 찾아가 때리고 감금한 혐의로 김모씨(22) 등 2명을 구속했다.

사흘 뒤인 5일 광주에선 살인사건이 터졌다. 온라인게임 〈조선협객전〉에 빠져 있던 중학생 Y군(14)이 초등학생 동생(10)을 흉기로 살해한 것. Y군은 최근 게임에 아이템으로 등장하는 도끼를 실제로 구입, 날까지 세웠다고 한다.

사실 "게임 중독"은 어제오늘 일이 아니다. 게임 초창기인 78년 미국에서는 오락실용 게임 〈스페이스 인베이더〉로 인한 초등학생들의 결석이 사회문제가 된 적이 있고 90년대엔 한 고등학생이 〈듀크뉴켐 3D〉라는 액션게임을 본떠 극장에서 총을 난사한 사건까지 일어났다.

이 정도는 아니지만 국내에서도 온라인 게임의 아이템을 실제로 돈을 주고 거래하는 일은 다반사고 그 과정에서 사기 및 폭행 사건도 잊을 만하면 한 번씩 터졌다. 또 지난해 PC방 주인이 게임에 중독돼 건강 이상으로 사망한 사건도 두 차례나 있었다.

이 같은 일련의 사건들에 대해 게임 전문가들은 현실의 모방인 게임이 오히려 현실에서 모방할 대상으로 바뀐 예라며 특히 자신의 분신(아바타)을 키워 나가는 온라인 게임에서 이런 혼동이 일어날 가능성이 크다고 분석한다.

실제로 게임 안에서 다른 게이머를 폭행하는 PK(Player Killing)가 현피(현장 피케이)로 이어지거나 50만원도 넘는 현금으로 아이템을 사고파는 일이 가능한 것도 아바타와 실제 자신을 동일시하기 때문이다.

그렇다고 게임을 무조건 금지하기는 현실적으로 불가능한

일. 게임평론가 이익재씨(30)는 시뮬레이션(현실모방)과의 동일시는 게임의 본질적인 요소라며 '게임 자체의 문제가 아니라 게이머들과 그들을 둘러싼 환경의 문제'라고 지적한다.

최근 청소년보호위원회의 조사에 따르면 남들과 어울리는 것보다 혼자 인터넷을 하는 것이 좋다고 한 청소년이 조사 대상의 33%나 차지했다. 또한 약 55만명의 청소년이 인터넷중독 의심자로 추정되고 있다.

놀 곳도 마땅치 않고 남들과 어울리지도 못하는 청소년들을 무작정 게임에 빠지게 한 책임은 어른들이 져야 할 부분이다. 대부분의 게이머들은 가벼운 게임 중독 현상을 겪기도 하지만 현실과 게임을 혼동할 수준은 아니다. 주변의 무관심이 일부 청소년들을 깊은 구렁에 빠뜨린 것이라는 분석이 지배적이다.

이씨는 '게임 중독을 막기 위해 무작정 PC를 못 켜게 하는 것보다는 가족이나 친구들과 함께 이야기하며 보낼 수 있는 시간을 늘리는 것이 중요하다'며 '게임에 대해 물어보고 함께 해 보는 것도 가까워지는 한 방법'이라고 조언했다(『일간스포츠』, 2001년 3월 6일).

• 이 신문 기사는 무엇에 관한 내용인가요?
• 게임에 중독된 사람들의 행동에 대해 어떻게 생각하나요?

2) 토론 단계
• 토론 문제를 제시하고 여러 의견들에 맞추어 동일한 의견을 제시한 사람들끼리 그룹을 만들어 여러 개의 모둠을 만든다.
  - 올바르지 못한 행동이라고 생각하는 모둠
  - 올바르지 못한 행동이지만 사회의 불합리한 현실 때문에 일어

난 일들이기에 어느 정도는 이해할 수 있다고 생각하는 모둠
- 학생들이 제시한 의견들로 모둠을 구성한다.
- 자유롭게 자신의 의견을 발표하고 상대방의 의견을 들으면서 게임 중독을 해결할 수 있는 방안을 모색해 본다.

3) 정리 단계
- 학생들 간에 나왔던 의견들을 정리하여 우리 사회에 팽배해지고 있는 게임 중독을 충분히 인식하고 예방할 수 있는 방법과 해결책을 모색해 본다. 이때 교사가 일방적으로 방법을 제시해서는 안 된다. 학생 스스로가 해결 방법을 찾도록 해야 한다.
- 토론이 끝난 후, 신문 기사에 난 사람들의 행동에 대해 자신들의 생각과 그렇게 생각한 이유를 적어 보게 한다.
  - 토론 후 나의 생각:
  - 그렇게 생각한 이유:
- 토론을 통해서 나온 의견들을 정리하고 이러한 사회 문제가 발생하지 않도록 하기 위해서 우리가 할 수 있는 것들을 적어 보게 한다.
  - 게임에 중독되지 않기 위해서 어떻게 해야 하나?
  - 인터넷을 올바르게 이용할 수 있는 방법에는 무엇이 있나?

● 게임 중독 자가 진단 검사지 활용 방법

- 자가 진단서를 학생들에게 모두 나누어 준다. 학생들이 솔직하게 기록하여, 자신의 중독 여부를 진단해 보게 한다.

다음은 게임 중독의 심각성을 알아보기 위한 것입니다. 솔직하게 대답해 주길 바랍니다.

(매우 그렇다: 5점, 대체로 그렇다: 4점, 약간 그렇다: 3점, 거
의 그렇지 않다: 2점 전혀 그렇지 않다: 1점)

1. 나는 현실 생활보다 게임 속에서 더 유능한 사람인 것 같다.
2. 친구들과의 주로 게임 이야기를 많이 한다.
3. 요즘 외출을 거의 하지 않는다.
4. 해야 할 일이 있는데도, 게임을 그만둘 수가 없다.
5. 게임을 구하거나 설치하느라 보내는 시간이 적지 않다.
6. 다른 사람들과 함께 있을 때에도 종종 게임에 대해 생각한
   다.
7. 세상의 모든 일이 게임처럼 진행되었으면 좋겠다는 생각이
   들 때가 많다.
8. 게임을 하느라고 밤을 샌 적이 많다.
9. 게임 때문에 시험(일)을 망친 적이 있다.
10. 게임 시간을 줄이려고 노력하는데도 번번이 실패한다.
11. 게임에 관한 꿈을 꾼 적이 있다.
12. 게임을 통해서는 불가능한 일도 할 수 있다고 느낀다.
13. 게임을 안 하는데도 게임을 하고 있다는 느낌이 들 때가 있
    다.
14. 게임을 하느라고 약속을 취소하거나 시간을 어기는 일이
    많다.
15. 게임을 하는 것 때문에 가족들과 다툰 적이 있다.
16. 게임의 주인공이 다치거나 죽으면 마치 내가 그런 것 같은
    느낌이 든다.
17. 게임을 하는 도중에 방해를 받으면 과도하게 화를 낸다.
18. 게임을 하는 동안은 모든 근심 걱정을 잊는다.
19. 게임을 하다가 고함을 치는 경우가 많다.

20. 게임을 하느라고 식사를 거른 적이 많다.

21. 게임을 하지 못할 때면 짜증이 나거나 화가 난다.

22. 게임을 거의 매일 한다.

23. 게임을 하지 않을 때에도 줄곧 게임에 관한 생각만 한다.

24. 게임을 한번 시작하면 끝을 볼 때까지 한다.

25. 게임을 한 이후로 어깨가 아프고 손가락이 저리다.

26. 게임을 한 이후로 집중력이 떨어졌다.

27. 게임을 한 이후로 해야 할 일이나 물건을 잃어버리는 등 건망증이 늘었다.

28. 컴퓨터를 보면 손이 저절로 간다.

29. 컴퓨터를 켠 후 가장 먼저 게임을 시작한다.

30. 꼭 해야 할 일이 없으면 거의 모든 시간을 게임하는 데 보낸다.

• 설문지 응답 결과 채점표

☞ 120-150점 : 당신은 심각한 컴퓨터 게임 중독에 빠져 있습니다. 어쩌면 가상공간과 현실을 구분하기조차 어려운 상태는 아닙니까? 잠깐 동안 현실에서 탈피하여 스트레스를 해소하는 수단으로 컴퓨터 게임에 몰입한다면 이보다 더 편하고 스릴 있는 방법도 드물겠지요. 아마도 이런 편리성과 재미 때문에 컴퓨터 게임 중독이 빠르게 확산되고 있을 겁니다. 그러나 컴퓨터 게임이 실제 생활에 지장을 줄 정도라면 이는 애교 수준으로 받아들일 문제가 아닙니다. 물론 이성적으로는 누구나 다 알고 있는 사실이지만 이를 마음속으로 이해하기란 쉽지 않을 것입니다. 자신의 생활을 먼저 돌아볼 필요가 있으며, 조금씩 게임에 투자하는 시간을 줄이는 것이 좋습니다.

☞ 0점-119점 : 당신은 보통의 게이머입니다. 당신은 컴퓨터 게임을 즐기는 일반적인 게이머입니다. 잠깐 동안 현실에서 탈피하여

컴퓨터 게임에 몰입한다면 이보다 더 편하고 스릴 있는 스트레스 해소 수단도 드물겠지요. 아마도 이런 편리성과 재미 때문에 컴퓨터 게임 중독이 빠르게 확산되고 있을 겁니다. 당신의 경우는 컴퓨터 게임의 성격을 잘 이해하고 바람직하게 사용하고 계신 것 같습니다. 능동적인 태도로 컴퓨터의 편리성을 활용하시는 것이 현명한 방법입니다.

- 설문지를 통해서 나온 자신의 결과를 보고 중독 여부를 진단해 보게 한다. 게임 중독에 빠져 있을 경우에는 다음과 같은 질문에 솔직하게 답하게 한다.
  - 게임에 빠져들게 된 원인은 무엇인가?
  - 게임에 중독되고 나서 잃어버린 것들에는 무엇이 있는가?
  - 게임에 빠져들어 있을 때가 그렇지 않을 때보다 더 좋다고 생각하는가? 그 이유는 무엇인가?
  - 그렇지 않다면 게임에 빠져들지 않기 위해서는 어떻게 해야 할까?
- 이 질문에 대한 답을 통해서 게임에 심각하게 중독되어 있는 학생의 경우에는 특별히 전문가의 상담을 받도록 권유한다:
  - 청년의사 인터넷 중독 치료 센터:
    http://netmentallhealth.fromdoctor.com
  - 사이버 중독 정보 센터 : http://www.cyadic.or.kr
  - 통신 중독 클리닉 : http://www.purumi.or.kr
- 학생들이 신문 기사와 자가 진단을 통해 느낀 게임 중독의 심각성을 토대로 교사와 학생들이 서로의 의견을 통합시켜 서로가 지킬 수 있는 약속을 만든다.
  - 하루 중 컴퓨터를 켜고 끄는 시간을 일정하게 정한 뒤 이를 꼭 지키자.

- 혼자서 컴퓨터를 사용하는 것을 피하자.
- 사이버 공간이 아닌 현실 공간에서 친구를 만나자.
- 인터넷을 통한 온라인 게임 시간을 줄인다.
- 폭력적인 게임에서 폭력적이지 않은 게임으로 점차 바꾼다.
- 컴퓨터에 저장된 게임을 점차 지워 나간다.
- 게임하는 시간과 정보 검색하는 시간을 5 대 5로 조정해 나간다.
- 오락과 휴식의 도구로서 컴퓨터를 사용하는 시간을 줄이고 신체 활동을 하는 시간을 늘리자.

3. 엽기 사이트의 문제점

● 대상: 초등학교 고학년 이상
● 학습 목표
- 인터넷 유해 사이트 중 특히 엽기 사이트가 우리에게 주는 피해를 알아보고, 엽기 사이트 중독의 심각성을 이해한다.
- 명랑 엽기와 불건전 엽기를 구별할 줄 알며, 엽기에 대한 올바른 가치관을 확립한다.
● 활동 개요: 폭력적이며 난폭한 주제를 다룬 엽기 사이트에 습관적으로 접속하여 모방 범죄를 저지른 청소년 범죄 기사를 소개하여 엽기 사이트가 끼치는 부정적인 영향을 직접 깨닫도록 하고, 불건전 엽기 사이트에 접속하는 것이 나쁘다는 것을 깨닫도록 한다. 그러나 우리에게 순수한 즐거움을 줄 수 있는 명랑 엽기 문화는 장려한다. 음란성·폭력성을 띠는 불건전 엽기와 달리 패러디, 비판, 유머, 개사 등의 형식을 이용해 문화를 재창조할 수 있는 명랑 엽기는 우리의 문화를 풍요롭게 하므로 건전한 엽기 문화와 그렇지 않은 엽기 문화를 구별할 수 있도록 한다.

엽기 사이트에 중독되거나 실생활과 혼동을 일으키지 않기 위해서는 어떻게 해야 하는지 주어진 가치지나 전체 토의 학습을 통해 알아보도록 한다.

● 준비물

 - 엽기 사이트에 중독된 청소년의 모방 범죄를 다룬 신문 기사
 - 불건전 엽기 사이트에 중독되지 않기 위한 가치지

● 활동 과정

① 학생들에게 엽기 사이트에 영향을 받아 범죄를 저지른 청소년들의 이야기를 다룬 신문 기사 내용을 소개하고, 엽기 사이트 중독의 심각성을 알려 준다.

② 건전한 엽기 문화를 소개한다. 건전한 엽기 문화는 우리에게 순수한 웃음을 제공하여 삶에 활력소가 될 수 있으므로 건전한 엽기 문화에 대해 바로 알게 한다.

③ 음란-폭력성 엽기 사이트에 중독되거나, 사이트에서 본 것을 현실에서 모방하거나 가상 세계와 현실을 혼동하는 것을 막기 위한 방안을 학생들 스스로 모색해 볼 수 있는 기회를 부여한다. 그리고 불건전 엽기 사이트 중독을 막기 위한 가치지를 기입하게 한다.

④ 학생들이 기입한 가치지의 내용을 토대로 하여 교사는 불건전 엽기 사이트에 중독되는 것을 예방하기 위한 학급 토의를 전개한다. 이때 교사는 다음의 질문을 통해 학생들의 의사소통을 촉진할 수 있다.

 - 엽기 사이트에 접속하는 주된 원인은 무엇인가?
 - 엽기 사이트에 중독되지 않으려면 어떻게 해야 하는가?

⑤ 교사는 학생들이 접속해도 무방한 엽기 사이트와 그렇지 않은 엽기 사이트를 구별하는 기준을 토의를 통해 세워 보도록 지도한다.

● 지도상 유의점

① 교사는 요즘 유행하고 있는 엽기에 대한 정확한 이해를 바탕으로 아이들이 엽기를 바르게 이해할 수 있도록 한다. 즉, 유행하고 있는 엽기라는 단어가 모두 나쁜 것을 뜻하는 것은 아니며, 우리가 나쁘다고 칭하는 엽기들은 인터넷상에서 음란-폭력성을 띠는 불건전 엽기에 한정한다는 것을 아이들에게 이해시킨다.

② 엽기 사이트 중독의 해로움이나 문제점을 학생들에게 일방적으로 전달하는 것보다 학생들이 엽기 사이트에 대한 바른 이해를 바탕으로 명랑 엽기와 불건전 엽기를 구별하여 건전한 엽기 문화를 지향하도록 하는 데 지도의 초점을 맞춘다.

③ 교사는 불건전 엽기 사이트에 접속한 후 사이트에서 본 대로 현실에서 따라해 보고 싶은 충동을 느낀 적이 있는 학생이 있는지 조사해 보고, 정도가 심각한 경우(자살이나 살해, 폭탄 제조 등)에는 개인 상담에 임하며, 비교적 가벼운 충동 경험담은 학생들에게 공유할 수 있는 기회를 부여할 수도 있다. 그리고 이때에는 그 학생이 그러한 충동으로 인해 어떠한 어려움을 겪었으며, 또 어떻게 그 문제를 해결했는지에 대해 전체 학생들이 관심을 기울이도록 지도한다.

● 활동 자료

① 인터넷 중독 관련 신문 기사

> **엽기사이트 중독 '비뚤어진' 人性**
>
> "대량 인명살상이 가능한 폭탄을 만들어 도시가스 배관에 설치하려고 했습니다. 살인을 하면 어떤 느낌인지 궁금했어요."

5일 광주 동구 K아파트에서 동생(11 · 초등4)을 흉기로 마구 찔러 살해한 혐의로 경찰에 검거된 양모군(14 · 중3)은 시종일관 아무런 표정도 없이 범행동기와 과정을 설명해 주위를 놀라게 했다.

중1학년 때부터 인터넷 엽기 사이트에 중독돼 '사마귀'라는 ID로 네티즌들과 E-mail을 주고 받아온 양군은 "40-50명을 더 죽이고 싶어 동생을 살해한 흉기를 가방에 넣은 채 전북 고창까지 버스로 다녀왔다"고 태연하게 진술했다.

양군은 범행 당시 사용한 흉기를 중학교 1학년 때 집 근처 할인점의 공구코너에서 1만원을 주고 구입한 뒤 2년 가까이 품고 다니다가 잠자고 있던 동생을 뚜렷한 이유도 없이 충동적으로 살해한 것으로 드러났다.

폭탄제조 방법을 알기 위해 폭탄사이트를 자주 검색했다는 양군은 "재료를 구하지 못해 폭탄을 만들지 못했다"며 "지금이라도 폭탄을 만들면 많은 사람들을 살해할 수 있는 장소에 설치하고 싶다"고 주저 없이 말했다.

조사결과 학교에서 장래직업을 '살인업자'로 적은 양군은 야식집을 하는 부모가 밤마다 집을 비운 사이 엽기 사이트에 심취했으며 자신이 운영하는 홈페이지에 좋아하는 것은 '살육, 쾌락,' 싫어하는 것은 '정의, 법, 부모'라고 올렸던 것으로 밝혀졌다.

앞으로 어떤 사람이 되고 싶으냐는 경찰관의 질문에 양군은 "나는 남들이 망설이는 살인을 했기 때문에 죽음을 이길 수 있게 됐다"고 스스럼없이 답해 취조형사를 허탈케 했다.

양군이 공포영화의 한 장면을 본 것처럼 범행당시를 담담하게 설명하는 동안 광주 동부경찰서 형사계 사무실에서는 "인터넷 세대인 또 다른 아이들이 가상공간과 현실을 착각해 이 같은 끔찍한 범죄를 저지르지나 않을까 정말 두렵다"는 탄식이 흘러나왔다.

경찰 조사 결과 양군은 99년부터 인터넷 격투 사이트인 '조선협객전'과 '신영웅전' 등을 즐겨왔으며 최근에는 엽기 사이트인 '바이오해저드'와 '귀신사랑' 등에 심취해온 것으로 밝혀졌다.

양군은 1년 전에 만든 자신의 인터넷 홈페이지 이름을 '좀비'(zombi · 살아있는 시체)로 짓고 이 홈페이지에 '내가 좋아하는 것은 파충류, 살육, 쾌락이고 싫어하는 것은 정의, 법, 인간들이다. 가족과 정이 들면 안 된다. 사람을 죽여보는 게 소원이다' 등의 글을 게재했다(『국민일보』, 2001년 3월 6일).

엽기사이트 빠져 여중생 또 목매

27일 오후 부산시 동구 모 아파트에서 목을 매 숨진 金모(12, 중학교 진학예정)양은 평소 인터넷 엽기 사이트를 자주 이용했으며 부모의 별거와 생활고를 비관해 자살한 것으로 드러났다.

경찰 조사 결과 김양은 평소 학교 컴퓨터실과 동네 PC방에서 엽기 사이트에 자주 들어가 피를 흘리고 숨진 사람의 사진과 동영상을 자주 봤다는 것. 김양은 지난달 27일 오후 10시 30분쯤 자신의 집 안방에서 방문에 목도리로 목을 매 숨진 채 발견됐다(『중앙일보』, 2001년 2월 28일).

- 위의 두 기사에 나타난 양군과 김양의 이야기를 듣고 어떤 것을 느꼈습니까?
- 여러분도 양군과 김양처럼 인터넷 사이트를 보고 현실에서 따라해 보고 싶은 충동을 느낀 적이 있습니까? 만약 그런 경험이

있었으나 행동에 옮기지 않았다면 그 이유는 무엇 때문입니까?
- 우리가 불건전 엽기 사이트에 접속하지 말아야 하는 이유는 무엇이라고 생각합니까?
- 엽기 사이트에 중독되지 않기 위해서 어떻게 해야 하는지 생각해 봅시다.

② 엽기에 대한 올바른 이해를 위한 가치지

① 다음의 문장을 완성하면서 여러분이 엽기 사이트에 접속하게 되었던 원인에 대해 생각해 봅시다.
- 엽기 사이트에 접속하기 전에, 나는 __________ 을(를) 느꼈다.
- 엽기 사이트에서 나는 주로 _______________ 에 관련된 사이트에 주로 접속한다.
- 그 사이트에 접속할 때면 나는 ___________ 기분이 든다.

② 자신이 접속했었던 엽기 사이트를 떠올려 보고 어떤 점이 나쁘다고 생각하는지 적어 봅시다.
-
-

③ 자신이 접속했었던 엽기 사이트를 떠올려 보고 어떤 점이 좋다고 생각하는지 적어 봅시다.
-
-

④ 엽기 사이트에 중독되는 것은 어떤 점이 나쁘다고 생각하는지 적어 봅시다.
-
-

⑤ 건전한 엽기 문화를 만들어 나가려면 어떻게 해야 하는지 생각해 봅시다.

-
-

⑥ 우리가 접속해도 되는 엽기 사이트와 접속해서는 안 될 엽기 사이트의 기준에 대해 생각해 보고 적어 봅시다.

-
-

4. 게시판 이용 예절

● 대상: 초등학생

● 학습 목표: 게시판에 나타나는 문제점들을 인식하고 게시판을 올바르게 이용하려는 태도를 갖는다.

● 활동 개요: 게시판을 오용하는 사례(남을 비방하는 글, 욕설, 도배, 상업적 광고, 허위 사실 유포 등)들을 직접 조사해 보고, 이것이 자신과 다른 사람들에게 어떤 영향을 주었는지 생각해 본다. 이를 토대로 바람직한 게시판 이용 방법을 모색해 본다.

● 준비물: 신문 기사(활동 자료 1), 학습지(활동 자료 2)

● 활동 과정

① 자신의 험담이 인터넷에 올라온 것 때문에 자살한 학생의 기사(활동 자료 1)를 소개하고, 게시판에서 언어폭력의 심각성을 일깨운다.

② 학교 게시판에 다른 친구를 비방하는 내용의 글이 담긴 학습지(활동 자료 2)를 학생들에게 나누어 준다. 그리고 이 글에 어떤 문제점이 있는지, 어떤 느낌이 들었는지를 발표하게 한다.

③ 학생들이 여러 사이트의 게시판을 방문하게 하여 욕설 도배, 허

위 사실 유포, 상업적 광고, 행운의 편지, 음란한 글에 관한 문제점도 인식하게 한다.

④ 다른 사람들의 게시판 오용으로 인해 기분이 나빴다든가 피해를 입은 경험을 발표해 보게 하고, 자신은 평소에 어떻게 게시판을 이용해 왔는지를 반성하게 한다.

⑤ 게시판이 잘못 이용되는 이유가 무엇인지 생각해 보고, 게시판을 건전하고 올바르게 사용하는 방법에 대해 토의해 본다.

⑥ 모둠별로 게시판 이용 규칙을 만들어 보고, 실천하려는 의지를 가진다.

● 지도상 유의점

① 게시판의 본래의 쓰임새에 대해서 알게 하여 게시판이 오용되고 있다는 사실을 파악하도록 한다. 즉, 게시판 이용 예절을 알기에 앞서서 게시판은 여러 사람에게 유익한 정보를 제시 · 교환하고 토의하는 장소로서 건전하게 사용되어야 한다는 것을 지도한다.

② 역지사지의 입장에서 생각해 보게 하여 게시판을 오용하는 것은 타인에게 큰 불편함과 피해를 줄 수 있다는 것을 깨닫게 하고 타인을 배려하는 태도를 가지도록 한다.

③ 교사가 게시판 이용법을 학생들에게 일방적으로 전달하는 것보다 학생들이 직접 게시판을 찾아서 문제점을 인식해 보고, 게시판을 올바르게 이용하는 방법을 스스로 모색해 보게 하는 데 지도의 초점을 맞춘다.

④ 인터넷 윤리에 대해 많은 것을 배울 수 있는 쥬니어 네이버 (http://safe.jr.naver.com)의 사이트 주소를 가르쳐 주고, 오늘 수업한 내용을 복습할 수 있도록 한다.

● 활동 자료

① 신문 관련 기사

중학생 자살로 이끈 인터넷

인터넷에 자신을 험담한 글이 올려져 고민하던 중학생이 스스로 목숨을 끊어 충격을 주고 있다. 21일 오후 8시 20분께 대전시 서구 둔산동 샘머리 아파트 108동 앞 화단에서 이 아파트에 사는 유모(15. S중 2년)군이 떨어져 숨져 있는 것을 이모(16)군이 발견, 경찰에 신고했다. 숨진 유군의 부모는 경찰에서 "아들이 최근 대전시 교육청 인터넷 홈페이지 사이버 토론방에 자신이 귀걸이를 하고 머리를 염색하고 다닌다고 비방하는 글이 올려져 친구들과 다투는 등 고민을 많이 했다"고 말했다(『국민일보』, 2000년 7월 24일).

초중고 게시판 욕설 음해로 도배질, 사이버 폭력 위험 수위

욕설, 인격 모독, 음해성 루머, 은어, 왜곡된 신조어 등 사이버 공간에서 청소년들이 사용하고 있는 언어가 위험 수위를 넘어서 대책 마련이 시급한 것으로 나타났다. 한글날을 앞두고 4일 서울 세종문화회관에서 한국교원단체총연합회 주최로 열린 '사이버폭력과 학교공동체 붕괴' 토론회에 참석한 교사, 학생, 학부모 등 교육관계자 100여명은 청소년들의 사이버폭력이 학교공동체의 근간을 흔들 정도로 심각한 상태라고 깊은 우려를 표명했다.

한국교육학술정보원 이준 선임연구원은 "최근 초 · 중등학

교 홈페이지 게시판에 동료 학생과 교사를 상대로 욕설을 퍼붓
고 비방하는 내용의 글이 난무하고 있다"며 "학생을 대상으로
한 정보 윤리 교육이 시급하다"고 말했다.

수원정보산업공고 안익철 교육정보부장도 '어느 교사가
성추행을 했다더라.' '누가 촌지를 받았다더라' 등의 익명으로
올린 음해성 글들로 인해 공교육에 대한 신뢰가 떨어지고 있다
고 지적했다.

한편 대구대 동양어문학부 이정복 교수는 이어 적기, 소리
나는 대로 적기, 의도적으로 바꿔 적기 등 청소년들의 사이버
공간에서의 문법 파괴 행위를 지적하면서 대책 마련을 촉구했
다(『경향신문』, 2000년 10월 5일자).

② 학습지

1) 다음 글을 읽고 생각해 봅시다.

◎이름: 나 (qndtls@hanmail.net)
◎2001/4/29(일) 17:47
황보라 너 이중성격고치길 바란다

황보라 잘 봐라
나는 너랑 칭구결랑
그런데 너는 성격이 왜 그모양이냐???
같은학년한테는 겨울에 마이 주머니를 뒤지며… 돈을가져가고,
또 남이 먹던거 가져가고, 돈을꿨으면 갚아야지……
우리한테는 돈두 빼스며 온갖 나쁜짓 다!!!!!!!!!!!!!하면서
언니들 지나갈 때에는 눈웃음을 치면서 "안녕하세여…"

> 이런말까지…… 그렇게 뺙이 있구싶냐?????
>
> 그럼 공부나해…… 그러다가는 너 막고도 못간다
>
> 국어성생님두 몇번씩이나 너 찍었다구 하신것 같던데 너가 지
> 금은 칭구가 많아두 그 애들은 다 너 시러해
>
> 그러니깐 너무 설치지말고 꺼져!!

- 이 글을 읽고 어떤 느낌이 들었나요?
- 만약 게시판에 나를 비방하는 글이 올려져 있다면 어떻게 대처해야 할까요?
- 게시판에 욕설 또는 남을 비방하는 글이 어떻게 올라올 수 있었을까요?
- 이런 일들이 생기는 것을 방지하는 방법에는 어떤 것들이 있을까요?

2) 여러 사이트의 게시판을 방문하여 봅시다.
- 게시판에는 어떤 문제점들이 있었습니까?
- 그런 게시판을 보았을 때 어떤 느낌이 들었습니까?
- 나는 평소에 게시판을 어떻게 이용했는지 적어 봅시다.
- 게시판을 이용하면서 자신의 글을 읽게 될 다른 사람을 생각해 봤습니까?

3) 게시판을 올바르게 사용하는 방법에 관해서 모둠별로 토의해 보고, 게시판 이용 규칙을 만들어 봅시다.
- 타인의 ID를 도용하거나 자신에 대한 정보를 허위로 제공하지 않으며, 타인의 신상 정보를 본인의 동의없이 함부로 공개하지 않는다.
- 게시물의 내용을 잘 나타내는 제목을 붙이고, 무턱대고 선정적

이거나 과장된 제목을 쓰는 일이 없도록 한다.

- 허위 사실을 게시하지 않도록 하고, 이미 올린 내용에 잘못된 점이 있다면 빨리 바로잡도록 한다.
- 자기의 생각만을 고집함으로써 상대방에게 불쾌감을 주지 않도록 하고, 다른 사람이 올린 글에 대해 지나친 반박은 삼간다.
- 묻고 답하기란(FAQ)을 참고하여 중복되는 질문을 하지 않도록 한다.
- 개인적인 글을 올릴 때에는 자신의 메일 계정을 사용하도록 하고, 공동으로 사용하는 계정으로 글을 올리는 일이 없도록 한다.
- 같은 글을 서로 다른 여러 게시판에 올리는 교차 투고를 하지 않는다.
- 공지 사항을 반드시 숙지하고 게시하기 전에 다른 글들을 훑어보아 각 게시판의 고유한 성격과 규칙을 파악한 다음 적절하게 게시판을 이용한다.
- 욕설, 음란한 내용, 장난 글, 내용 없는 글, 미풍양속을 저해하거나 사행성을 조장하는 게시물, 행운의 편지 등 불쾌감을 주거나, 타인의 명예나 저작권을 침해하는 글을 올리는 일이 없도록 한다.
- 게시판을 혼자서 독점하는 일이 없도록 한다.

5. 허위 정보 유포

- 대상: 초등학생
- 학습 목표: 정보 사회에서 허위 정보 유통이 가져오는 피해를 통해 정보 유통의 바른 자세를 이해한다.
- 활동 개요: 허위 정보 유통의 심각성을 신문 기사 등을 통해 알게 한 뒤, 이 같은 허위 정보 유통을 근절하기 위해서는 어떠한 노력

이 필요한지 학생 스스로 알도록 하는 경험과 활동을 제공한다.

● 준비물: 허위 정보 유통과 관련된 신문 기사, 가치 학습지, 역할 놀이 설명지

● 활동 과정

① 학생들에게 허위 정보 유통의 피해 사례를 접하게 함으로써 허위 정보 유통의 심각성을 파악하게 한다.

② 허위 정보 유통의 피해 사례를 적은 신문 기사를 이용하여 허위 정보 유통에 대해 학생들의 다양한 사고가 가능하도록 한다.

③ 가치 학습지를 마련하여 학생 스스로 허위 정보 유통에 대해 어느 정도의 충동을 가지고 있는지 알게 하고, 허위 정보 유통에 대한 자신의 생각은 어떠한 것인지 파악하게 한다.

④ 앞에서 작성한 가치 학습지를 바탕으로 허위 정보 유통의 잘못된 점을 알고 이를 근절하기 위해서는 어떠한 노력이 필요한지 서로 토의해 본다.

⑤ 역할 놀이를 통하여 허위 정보 유통이 주는 피해와 심각성을 직접 느낄 수 있도록 한다.

● 지도상의 유의점

① 학생들의 잘못된 정보 유통에 의해 심각한 결과가 나타날 수도 있음을 알게 하고, 제대로 알지 못하고 퍼뜨리는 유언비어 따위가 단순한 장난이 아닌 범죄 행위가 될 수 있음을 확실하게 인지시켜 준다.

② 허위 정보 유통의 심각성을 알리는 데에만 중점을 두지 말고, 학생들이 문제의 심각성을 깨달아 스스로 이를 근절할 수 있도록 하는 데 지도의 초점을 맞춘다.

③ 허위 정보 유통을 근절하기 위한 많은 정보를 접할 수 있도록 학생들에게 인터넷 사이트를 소개해 주어 생활과 더 밀접하게 연계하여 지도하도록 한다.

● 활동 자료

① 허위 정보 유통에 따른 피해 사례를 담은 신문 기사

초등생 사이버 성폭력 충격

사이버 공간에서의 언어폭력과 사생활 침해가 심각한 사회문제가 되고 있는 가운데 한 초등학교 여학생이 같은 반 급우가 인기 여가수와 성관계를 가졌다는 허무맹랑한 글을 학교 인터넷 홈페이지에 올렸다가 경찰의 수사를 받았던 것으로 드러나 충격을 주고 있다. 30일 대전 서부경찰서에 따르면 지난 4일 대전 모 초등학교 인터넷 홈페이지 게시판에 5학년생인 A모군이 인기가수와 변태적인 성관계를 갖는다는 내용의 'XX의 사실'이라는 글이 올랐다…

경찰은 ID 등을 조사한 결과 같은 반 B양이 집에서 글을 작성한 것으로 밝혀냈다.

B양은 작성동기에 대해 "그냥 올리고 싶어서"라고 답하고 "A군에게 아무런 감정은 없었고 회장이라서 이름이 생각났다"고 말하는 등 '사이버폭력'이 범죄가 된다는 것을 이해하지 못한다는 표정이었다.

사이버 폭력에 멍든 교권

"걸핏하면 선생님이 폭력을 휘두르고 여학생들의 엉덩이를 만지는 등 변태 행동 때문에 학교 가기가 싫습니다."

지난 1일 자신을 ×초등학교 6학년 6반이라고 밝힌 한 어린이가 실명으로 충북 옥천교육청 인터넷 홈페이지에 올린 글이다. 이어 같은 교사에 대한 비방의 글이 3건이나 더 게재됐다. 교육청은 물론 해당 초등학교까지 발칵 뒤집힌건 물론이다. 교육청이 즉각 진상조사에 들어갔고 변태로 지목된 교사에 대한 심문이 이어졌다. 그러나 며칠 후 글 작성자임을 자청한 한 어린이 네티즌이 6학년 6반 아이들을 혼내주려고 꾸며낸 얘기였다며 담임선생님께 피해를 드려 미안하다는 해명성 글을 올리면서 시골 마을을 뒤흔들었던 교사 성추행 사건은 하나의 해프닝으로 끝났다.

일선 교육청이 개설한 인터넷 홈페이지가 교사들을 상대로 한 각종 음해성 사이버폭력으로 몸살을 앓고 있다. 더욱이 비방글을 올리는 어린이 네티즌 대부분이 장난으로 그냥 심심해서라고 변명하고 있어 사태의 심각성을 더해주고 있다.

옥천교육청의 경우 최근 학부모라고 밝힌 한 네티즌이 ××초등학교 ××교사가 수업시간에 과자와 과일 등을 먹다가 학생이 쳐다보면 마구 때린다고 고발했으며 또다른 네티즌은 모교사가 입에 담지 못할 욕설과 폭력을 일삼고 있다며 처벌을 요구하기도 했다. 그러나 이 또한 조사 결과 사실 무근인 것으로 밝혀졌다.

교육청 관계자는 홈페이지를 통해 교사를 비방하는 글이 하루 평균 5-10건씩 올려지고 있어 엄선해 삭제를 하고 있긴 하지만 거명된 교사들은 심각한 후유증에 시달리게 된다며 빗나간 사이버예절에 대한 대책 마련이 절실하다고 말했다.

- 여러분도 이러한 장난을 해본 적이 있습니까? 왜 그랬습니까?
- 만일 내가 인터넷에 올린 허위 내용으로 피해를 입었다면 어떤 느낌일까요?
- 이 이야기를 통해 생각해 볼 때 허위 내용을 인터넷에 올리는

일과 상한 우유는 어떠한 점에서 닮았습니까?

- 인터넷에 이러한 내용의 글을 올리는 일을 없애기 위해서는 어떠한 노력이 필요합니까?

② 가치 학습지

> 관우는 같은 반 유미를 좋아한다. 그런데 어느 날 친구 영희에게서 유미가 반장인 장비를 좋아한다는 말을 들었다. 장비는 공부도 잘하고 성격도 좋아서 반에서 인기가 아주 좋다. 장비에 비하면 관우는 공부도 그보다 못하고 얼굴도 그보다 못생겼다는 생각이 들었다. 그래서 자신이 만일 유미에게 좋아한다고 말하면 장비보다 못한 자신을 유미는 좋아해 주지 않을 것이라고 생각하였다. 관우는 장비가 미워서 견딜 수가 없었다. 그래서 관우는 학교 홈페이지에 장비가 학교 앞 슈퍼에서 과자를 훔치는 것을 보았다고 장비에 관한 허위 글을 올려서 유미가 그를 좋아하지 않게 만들려고 하였다. 학교 홈페이지에는 작성자의 이름을 쓰지 않아도 되므로 관우는 장비에 관한 허위의 글을 마음대로 남길 수가 있었다.

- 만일 여러분이 관우라면 어떠한 방법을 택하였을까요?
- 관우가 이러한 행동을 마음대로 할 수 있었던 이유는 무엇이었을까요?
- 관우의 장비에 대한 이런 행동은 친구 간의 단순한 장난에 불과하다고 생각합니까?
- 관우의 장비에 대한 행동이 단순한 장난이 아니라고 생각한다면, 그렇게 생각한 이유는 무엇입니까?
- 관우가 장비에 관한 허위의 글을 학교 홈페이지에 올렸을 때

앞으로 일어날 일을 각자 상상하여 적어 봅시다.

③ 역할 놀이 자료

상황: 관우는 장비가 슈퍼에서 과자를 훔치는 것을 보았다는 허위 내용을 학교 홈페이지에 올려놓는다. 이를 본 선생님이나 유미를 비롯한 같은 반 아이들은 예전과 같이 장비에게 호감을 가지지 않게 되었다. 이런 일을 겪으면서 장비는 많은 상처를 받았고, 글을 올린 관우는 이러한 모든 과정을 옆에서 지켜보았다. 그런데 어느 날 장비는 글을 올린 사람이 관우라는 사실을 알게 되었다. 내가 만일 장비와 관우라면 서로에게 무엇이라고 말할 수 있을까?

④ 허위 정보 유통을 막는 5가지 수칙 정하기의 예

첫째, 익명성을 담보로 남의 이야기를 함부로 게시하지 않는다.
둘째, 사실에 없는 이야기를 함부로 인터넷에 게시하지 않는다.
셋째, 인터넷에서 본 거짓 이야기를 사실인 것처럼 다른 게시
판에 올리지 않는다.
넷째, 인터넷에서 본 거짓 이야기를 다른 사람에게 사실처럼
이야기하지 않는다.
다섯째, 과대광고 게시물에 동조하지 말고 합리적인 태도로 사
실 규명을 요구한다.

6. 인터넷 실명제

● 학습 목표: 인터넷 실명제 도입에 관한 찬반 토론을 통하여, 바

람직한 인터넷 게시판 문화의 정립 방안을 모색한다.

● 활동 개요: 인터넷 실명제 도입에 관한 전문가들의 찬반 토론 기사 자료를 바탕으로, 현행 인터넷 게시판 문화의 문제점 및 극복 방안을 모색해 보게 하는 기회를 제공한다.

● 준비물: 인터넷 실명제에 대한 찬반 토론 기사 자료, 가치지

● 활동 과정

① 학생들에게 인터넷 실명제에 대한 찬반 토론 기사 자료와 가치지를 나누어 준다.

② 학생들로 하여금 기사 자료를 읽어본 후에 가치지에 자신의 입장을 기록하게 한다.

③ 교사는 학생들이 기록한 가치지의 내용을 토대로 찬반 토론을 할 수 있도록 안내한다.

④ 교사는 건전한 인터넷 게시판 문화를 정립할 수 있는 방안에 대해 학생들이 자유롭게 의견을 개진할 수 있도록 유도한다.

● 지도상의 유의점

① 교사는 학생들이 근거에 입각하여 자신의 입장을 표명할 수 있도록 유도한다. 교사는 학생들에게 자기 입장의 윤리적 근거를 명확하게 세우는 것이 중요하다는 것을 일깨워 주어야 한다.

② 상대방과의 논쟁에서 이기는 것보다 건전한 인터넷 게시판 문화 창조를 위한 대안을 모색해 보는 데 활동의 초점이 맞추어져 있음을 강조한다.

③ 학생들이 의견에 대한 비판과 사람에 대한 비판을 혼동하지 않도록 지도한다.

● 활동 자료

인터넷 실명제는 선택이 아닌 필수

사람은 태어나면서부터 이름(실명)을 부여받고 그 이름(실명)으로 평생을 살아간다. 실명에는 그 사람의 인격과 삶의 역사와 모습이 담겨져 그 사람을 대표하는 힘을 가진다. 부모가 아이를 가지면서 예쁜 이름 짓기 혹은 이름에 뜻을 담기 위해 노력을 아끼지 않는 것도 그만큼 사람에게 실명이 갖는 상징적 의미가 크기 때문이다.

이름의 소중함에 대해 김춘수 시인의 〈꽃〉보다 더 좋은 예제는 없을 것 같다.

내가 그의 이름을 불러주기 전에는
그는 다만 하나의 몸짓에 지나지 않았다.
내가 그의 이름을 불러주었을 때
그는 나에게로 와서
꽃이 되었다.

국문학적인 시의 본래 의미를 배제하고 실명화를 좀 더 쉽게 해석해 보려는 필자의 재해석이다. 이름이 불려지기 전에는 그냥 '하나의 몸짓'에 불과하다. 비실명의 상태이고 나의 이름이 밝혀지지 않은 상태는 나의 존재가 드러나지 않은 상태다. 다른 사람에게 무엇을 하든 그건 비실명자에게 '하나의 몸짓'으로 끝날 수 있는 상태이다. '이름을 불러주었을 때 그는 나에게로 와서 꽃이 되었다'는 실명이 갖는 의미를 알려 준다. 모든 인간관계의 출발점은 이름을 인지하고 나눔에서 시작한다.

인간이 모여 사는 사회 어디든 오래 전부터 이름이라는 것이 존재하였고, 실명을 기반으로 하는 사회 체제를 형성해 왔다. 자신의 이름에 책임지는 것으로 무언가를 배우고, 물건을 사고팔고 계약하는 모든 사회 활동이 이루어져 왔다. 이러한 인류의 오랜 관습 때문에 실명을 사용할 때, 사람은 비실명을 사용할 때보다 자신의 행동에 책임을 지게 되고 보다 인격적으로 타인을 배려한다. 인간관계에서 적용되는 실명제의 힘이다.

사회적인 측면에서 실명제의 효과를 측정하기 위해 비실명이 사용되는 경우를 살펴보면 우선 'A가 B를 좋아한대,' 'C 선생님은 개XXX' 등의 학창 시절 장난기 가득한 화장실 벽 낙서를 연상할 수 있다. 학창 시절의 모든 소문은 그렇게 화장실 벽 낙서에서 나왔다.

물론 애교 있는 비실명의 경우도 있다. 하지만 'A가 낙태했대,' 'B가 원조 교제 하는 걸 목격했다' 등의 근거 없는 소문을 퍼뜨려서 인신공격을 하는 경우 피해 당사자는 얼굴을 들고 학교를 다닐 수 없을 정도로 수치심을 느끼거나 심한 경우 정신병에 시달리기도 한다.

사회적으로는 93년 8월 정치권의 재산 은닉, 비자금 문제로 한 시대를 떠들썩하게 하였던 '금융 실명제' 도입도 있었다. 갑부들의 재산 숨기기, 정치권의 비자금 등이 탈이 되어 불거져 나왔던 문제이다. 법망을 피해 가려는 범죄자가 도피중일 때 애용하는 것 역시 비실명이다. 비실명이 사용되는 경우는 타인에게 숨기고 싶은 뭔가 떳떳하지 못한 일들을 하기 위해서이다. 사회적인 측면에서 실명제는 범죄를 억제하고, 비실명자로 인해 일어날 법한 폐해로부터 선량한 다수를 보호한다.

국내 인터넷 이용자가 2,000만에 육박하고 있다. 인터넷 인구가 성장하면서 인터넷의 큰 특징인 익명성을 기반으로 한 비실명자들의 통제할 수 없는 인신공격, 비방, 욕설들도 범람하고 있다. 이에 따라 기하급수적으로 늘어나는 선한 피해자들의 사례가 속속 보고되고 있다.

인터넷의 피해 사례는 십중팔구 비실명자들로 인하여 발생하였지만 아직까지도 실명제는 찬반 의견이 분분하다. 초기 인터넷의 자유방임적 형태에서 비실명은 개인 신분의 노출을 보호하는 형태로 인식되어졌기 때문이다. 그러나 실명제를 실시한 사이트들의 결과 보고서에는 실명제 실시 이후 인신 비방, 성적 수치심을 자극하는 글 등이 현저하게 줄어들고, 사이트 내 게시판에 게재되는 글 등에서 자체 언어 정화가 이루어진다는 긍정적인 결과를 보여 준다. 실명제의 힘이다.

우리가 살아가는 사회는 실명을 기반으로 하고 있지만 인터넷에서만은 실명제가 선택이다. 인터넷도 결국 사회의 한 부분인데 말이다. 실명제가 인터넷 문화에서 뿌리만 잘 내린다면 오프라인에서처럼 실명제는 사람과 사람의 관계에서 인격을 존중하는 에티켓을, 그리고 소수의 비실명자 횡포에서 다수의 선한 네티즌을 보호하는 긍정적인 힘을 부여할 것이다. 인터넷 실명제는 선택이 아니라 필수여야 한다(정성희, 2001).

인터넷 실명제는 반사회적 구상이다

1990년대 초반 금융 실명제가 실시되었을 때 돈 많은 사람들은 무슨 난리라도 난 것처럼 아우성이었다. 자금 순환이 경색될 거라는 등 그 결과 경기가 둔화되어 오히려 사회가 더욱 불평등해질 거라는 등 반대하는 사람들은 목소리만 큰 것이 아니라 나름대로 그럴듯한 이유도 가지고 있었다. 그러나 나는 금융 실명제에 대해 찬성했다. 이 사회를 좀 더 투명하게 만드는 것이 바로 이 사회를 좀 더 살 만하게 만드는 것이라고 생각했기 때문이다. 지금도 이 생각에는 변함이 없다.

성수대교가 무너지고 삼풍백화점이 무너지는 등 대형 사

고가 잇달아 일어나면서 이번에는 행정 실명제가 실시되기에 이르렀다. 이에 대해서도 나는 금융 실명제의 경우와 같은 이유에서 찬성했다. 여기서 한 걸음 더 나아가 입법 실명제며 사법 실명제 등도 조속히 실행되어야 한다고 생각한다. 그리고 이런 실명제는 강력한 처벌 조항을 갖춘 법에 의해 엄정하게 추진되어야 한다고 생각한다. 실명제는 사회를 좀 더 투명하게 만들기 위한 기초이다. 실명제는 분명히 이 사회를 좀 더 살기 좋은 곳으로 만들어 줄 것이다.

또다시 실명제를 둘러싸고 논란이 분분하다. 나는 대체로 실명제에 대해 찬성하는 편이다. 그러나 이번에 문제가 된 실명제에 대해서는 전혀 다른 입장을 갖고 있다. 인터넷을 실명으로 하자는 것이기 때문이다. 나는 이른바 인터넷 실명제라는 것이 너무나 터무니없는 주장이거니와 나아가 표현의 자유를 억압하고 프라이버시를 침해하는 반사회적 구상이라고 생각한다.

잘 알다시피 인터넷은 인류가 만들어낸 매체들 중에서 표현의 자유를 가장 높게 실현할 수 있는 매체이다. 누구나 세계를 상대로 자신의 얘기를 아무런 거리낌 없이 할 수 있다. 이른바 인터넷 혁명이라는 것은 바로 이러한 인터넷의 특성에서 비롯되는 것이며, 이러한 특성의 핵심에 익명성이 자리 잡고 있다. 그러므로 익명성을 없앤다는 것은 인터넷의 가장 중요한 특성을 없애는 것이며, 인터넷 혁명의 정치적 핵심을 없애버리는 것이다. 안타깝게도 인터넷 실명제를 추진하는 사람들은 익명성이 유발하는 문제에 너무 신경을 쏟은 나머지 익명성이 인터넷의 본질적 특성이라는 사실에 대해서는 주목하지 않는 경향이 있다.

인터넷 실명제의 적용 범위는 대단히 넓다. 홈페이지를 개설하거나, 회원으로 가입하거나, 심지어 게시판에 글을 쓰는 데까지 적용된다. 이미 정부 사이트, 언론 사이트, 학교 사이트를 비롯해서 많은 사이트들이 인터넷 실명제를 채택한 상태이다. 그러나 이 사이트들이 인터넷 실명제를 받아들이는 방식은 너무나 편의적인 것으로 보인다. 익명성은 뉴미디어로서 인터넷의 사회적 핵심이다. 인터넷의 기술적 핵심인 양방향성은 익명성을 통해 비로소 사회적으로 만개할 수 있다. 그러므로 익명성의 통제는 인터넷 민주주의에 대한 통제라는 성격을 지니게 된다.

또 다른 중요한 문제는 인터넷 실명제가 단순히 이용자의 정체를 분명히 밝히는 것에 그치지 않는다는 점이다. 그것은 이용자를 거대한 감시의 눈길 속에 고스란히 내던져 놓는 결과를 빚는다. 따라서 그것은 이용자로 하여금 책임질 수 있는 말만 하게 하는 것이 아니라, 아예 말을 못하게 하는 참혹한 결과를 빚을 것이다. 요컨대 인터넷 실명제는 시민의 기본적인 역감시권을 억압하게 된다. 소설 〈1984〉나 영화 〈에너미 오브 스테이트〉에서 볼 수 있는, 생각만 해도 기분 나쁜 감시 사회의 현실을 인터넷 실명제는 더욱 확고하게 구현해 줄 것이다. 공공 기관의 인터넷 실명제는 이 점에서 비판받아야 마땅하다.

이런 명확한 문제에도 불구하고 인터넷 실명제가 주요한 의제로 떠오르는 데에는 물론 나름대로 이유가 있다. 사이버 홍등가, 사이버 암흑가, 폭탄 사이트, 자살 사이트, 징병제 반대 사이트 등의 이른바 반사회적 사이트들에 관한 잇따른 언론의 보도를 듣고 있노라면 인터넷이 새로운 문명의 동력이라기보다 무시무시한 괴물로 여겨지게 되고, 이 반사회적 괴물을 어떻게든지 길들여야 할 필요성을 절감하게 된다. 이런 우려의 여론을 배경으로 해서 인터넷 실명제가 인터넷을 길들일 수 있는 쉽고도 확실한 방법으로 떠오르게 되었다.

그러나 현실의 불평등한 권력 관계를 염두에 두자면 인터넷 실명제는 대단히 무서운 결과를 낳고야 말 것이다. 가장 중요한 결과는 감시하는 자를 역감시하고 비판할 일반 시민의 기본권이 송두리째 위협받게 된다는 것이다. 이와 관련하여 최근에 충주 경찰서에서 일어났던 일은 상당히 시사적이다. 한 순경이 경찰서 홈페이지에서 서장의 잘못을 익명으로 비판했다. 서장은 IP 추적을 통해 그 순경의 정체를 밝혀내고 괘씸죄를 적용해서 징계했다. 인터넷 실명제는 이런 일이 일어나지 못하도록 원천 봉쇄하자는 그야말로 〈1984〉적인 발상의 소산이 아닐 수 없다.

이용자의 개인 정보를 장사 수단으로 삼는 일부 기업들은 인터넷 실명제를 크게 환영하는 것으로 보인다. 인터넷의 이용 방식을 통제하여 돈을 벌겠다는 발상은 일반 이용자를 우습게 여기는 처사들 중에서도 단연 백미로 꼽을 만하다. 그러나 그것은 아마도 착각으로 끝날 공산이 크다. 인터넷 실명제가 가져올 경제적 이익은 대단히 제한적이다. 실명을 확인해 주는 기관들만이 이 제도의 실행을 통해 막대한 경제적 이득을 거두게 될 것이다. 인터넷을 위생 처리된 안전지대로 만든다면 오히려 사람들은 인터넷 자체에 대해 흥미를 잃게 될 것이다. 물이 너무 맑으면 물고기가 모이지 않는 법이다.

인터넷은 누구나 자유롭게 이용할 수 있는 매체이다. 인터넷 실명제는 인터넷을 누구나 부자유스럽게 이용할 수 있도록 해 주는 장치이다. 이 단순한 사실을 분명히 인식하는 것이 무엇보다 중요하다. 익명을 쓸 것인가, 실명을 쓸 것인가? 이것은 강요의 대상이 아니라 선택의 문제이다. 그 선택 자체가 표현의 자유에 속한다. 익명 게시판을 흔히 자유 게시판으로 부른다는 사실에 좀 더 주목할 필요가 있다. 익명 게시판을 없애는 것은 자유를 없애는 것에 비견될 수 있다. 이러한 너무도 당연한 사실을 근원적으로 부정한다는 점에서 인터넷 실명제는 반사회적이다. 나는 획일적인 인터넷 실명제 구상에 반대한다(홍성태, 2001).

인터넷 실명제에 대한 가치지

익명성으로 인한 폐해가 심각하다는 인식이 사회적으로 팽배해지면서 인터넷 실명제에 대한 논의가 일어나게 되었다. 정부 공공 기관, 학교 등 실명제를 도입하고 있는 기관들이 증가하고 있는 가운데 게시판의 정화를 위해 실명제를 도입해야 한다는 주장과 실명제는 표현의 자유를 억압하고, 인터넷의 발전을 저해한다는 이유 등으로 반대하는 입장이 맞서게 되어 실명제 도입 논란이 계속 되고 있다.

- 인터넷에서 익명성이 문제가 되고 있는 이유는 무엇이라고 생각합니까?
- 인터넷 실명제를 주장하고 있는 사람은 어떤 근거에서 실명제가 되어야만 한다고 주장하고 있습니까? 여러분은 이에 대해 어떻게 생각합니까?
- 인터넷 실명제를 반대하고 있는 사람은 어떤 근거에서 선택제가 되어야만 한다고 주장하고 있습니까? 여러분은 이에 대해 어떻게 생각합니까?
- 인터넷 게시판이 표현의 자유가 존중되는 아름다운 공간이 되기 위해서는 우리가 어떻게 해야 한다고 생각합니까?

7. 불법 복제

● 학습 목표: 불법 복제의 문제점을 인식하고 저작권을 존중하는

태도를 갖는다.

● 대상: 중학생 이상

● 활동 개요: 불법 복제에 관한 만화 자료, 저작권 논쟁에 관한 신문 기사 등을 통해 정보 사회에서의 저작권의 중요성에 대해 생각해 볼 수 있는 계기를 마련하고, 역할 놀이를 통해 저작권에 대한 상반된 입장을 직접 체험해 보게 한다. 마지막으로 집단 토론을 통해 불법 복제 및 저작권에 대한 나름의 생각을 정당화할 수 있게 한다.

● 준비물: 불법 복제에 관한 만화 자료, 저작권 논쟁에 관한 신문 기사, 의견 구성지.

● 활동 과정

① 학생들에게 불법 복제에 관한 만화를 보여 주고, 저작권과 불법 복제가 무엇인지 구체적으로 설명해 준다. 불법 복제와 저작권에 대해 각자 생각해 보고, 불법 복제가 왜 나쁜지 발표하게 한다.

② 저작권 논쟁에 관한 신문 기사를 다 같이 읽어 보고 대립된 입장에 관한 역할 놀이를 해본다.

③ 각자 의견 구성지에 나름의 생각을 적은 후 전체 아이들과 토론한다. 자신의 생각을 정확하게 발표한다.

④ 의견 구성지의 내용 중에서 토론 후에 달라진 내용은 수정하여 기입한다.

● 지도상 유의점

① 교사는 학생이 스스로의 생각을 구성할 수 있도록 일방적인 가치 전달은 피하도록 한다.

② 자유스러운 의견 교환이 이루어질 수 있도록 학생들의 발표를 격려하고, 장려한다.

● 활동 자료

• 저작권 논쟁에 관한 신문 기사

디지털기술과 지적 재산권

시민운동단체인 '함께 하는 시민 행동'은 서울 광화문 세종문화회관 소회의실에서 '디지털기술의 발전과 지적 재산권'이라는 주제로 토론회를 열었다. 정보 사회의 새로운 의제를 만들고 공론화하자는 목적에서 마련된 이 토론회는 민경배 사이버문화연구소장의 사회로 양정환 소리바다 사장의 주제 발표와 지정토론자의 발언 순으로 진행됐다.

▲양정환 소리바다 사장: 개인간 파일교환방식(P2P)의 소리바다는 지난 1월 말 4개 음반사로부터 저작권법 위반혐의로 고소당했다. 소리바다를 통해 네티즌들 간에 음악파일(MP3) 교환이 이뤄지게 해 법 위반을 방조했다는 것이다. 그러나 소리바다는 인터넷 핵심기술인 검색기능만 제공하는 사이트다. 소리바다를 불법이라고 규정하는 것은 대부분의 인터넷서비스를 부정하는 꼴이 된다. 불법적인 용도로 사용될 수 있다는 이유만으로 합법적인 용도가 분명한 기술을 사장시켜서는 안 된다.

▲이창주 음반산업협회 이사: MP3파일 무료배포로 인한 음반사 및 저작권자들의 피해는 막심하다. 인터넷상의 정보공유란 프로그램 개발자가 스스로 배포하기를 희망해 내놓은 쉐어웨어나 프리웨어로 저작권자가 없는 형태의 내용들이다. 판매용 CD를 MP3로 변형해놓고 정보 공유라고 주장하는 것은 음반제작자나 창작자, 실연가 모두에게 직업을 포기하라는 것이나 다름없다.

▲오병일 진보네트워크센터 사무국장: 인터넷 발전은 개인들 간의 의사소통을 더욱 활성화할 수 있는 가능성을 열고 있다.

소리바다도 인터넷 신기술을 통해 신진 음악가들이 좀 더 많은 대중들에게 다가갈 수 있는 기회를 넓혀줬다고 볼 수 있다. 기득권을 위해 인터넷이라는 새로운 환경에서의 자유와 권리를 제약할 이유는 없다고 본다.

▲김형렬 오리진 지식 정보 센터 책임연구원 : 정보공유가 지적 재산권 침해인가, 아닌가는 결론 내리기 어려운 주제다. 다만 정보화시대를 맞아 기존 지적 재산권에 대한 재해석의 필요성은 느낀다. 디지털시대에 지적 재산권의 의의와 조화를 이룰 수 있는 정보 공유 대안 마련이 요구된다.

▲라도삼 사이버연구소 책임연구원 : 지적 재산권 문제에 관한 재산권자들의 노력과 가치는 인정해 줘야 한다. 그러나 그것이 인터넷의 공익적 기능을 해치는 수준이 돼서는 안 된다. 인터넷은 돈을 버는 곳이 아니라 정보를 공유하는 공간이다. 인터넷의 공익정신이 흐려지지 않으면서 경제적인 가치가 보전되는 방식을 찾아야 한다.

▲채명기 저작권심의조정위 책임연구원 : 지금까지 법적인 면에서 선진국의 선례를 따르는 경우가 많았던 것에 비춰볼 때 저작권법은 정보 공유보다 권리 보호 면이 강조될 가능성이 크다. 소리바다도 미국 냅스터의 불법 판결에 따라 불리한 위치에 있다고 본다.

▲이은우 변호사(민주사회를 위한 변호사 모임) : 소리바다 이용자들을 보면 법적으로 허용되는 사적복제 면이 강하다. 또 소리바다는 개인 간의 매개자 역할만 하는 인터넷서비스업체로 법적 책임이 없다고 본다. 냅스터나 소리바다는 창작물이 쉽게 유통될 수 있도록 하는 새로운 구조를 만들었다는 데서 긍정적으로 평가한다. 저작권법 위반이냐 아니냐로 바라보면 해결책이 나올 수 없다.

• 불법 복제에 관한 만화 자료

절대로…
어… 그래요? 왜 그렇죠?
음- 그건… 예를 들어 또기가 열심히 공부해서 숙제를 했는데 다른 친구가 또기것을 그대로 베껴서 선생님께 칭찬 받았다면 또기 기분이 어떨까!
너무 화가 날 것 같아요!
그래- 바로 그거야! 사람들이 힘들게 몇년을 고생하여 만든 소프트웨어를 아무 허락도 없이 몰래 복제한다면 화 나겠지?
끼덕 끼덕
불법 복제는 한마디로 도둑질과 같은거란다!

그럼 불법복제를 하면 감옥에 가나요?
물론이지! 법에서는 3년 이하의 징역 또는 5천만원 이하의 벌금을 물도록 되어 있단다!
우와~ 5천원도 아니고 5천만원 벌금이라구요? 불법복제하면 정말 큰일나겠네요!
자~ 붕어빵 드세요!
어! 이거 붕어빵 복제는 먹어도 되나요?!
하 하 하
헤 헤 헤

의견 구성지

만화, 신문, 그리고 역할 놀이를 통해 무엇을 느꼈습니까? 이런 활동들을 통해 느낀 각자의 의견을 적어 봅시다.

불법 복제에 관한 만화 자료를 잘 읽었습니까? 그럼 불법 복제가 왜 나쁜지 적어 보고, 만약 자신의 소프트웨어가 불법 복제를 당했다면 어떤 느낌이 들 것인지에 대해 적어 봅시다.	

저작권 논쟁에 관한 신문 기사도 보았지요? 여기서 대립되는 입장을 구분해 보고 내가 이 입장이었다면 어떻게 말할 것인지 각자의 입장을 말해 봅시다.

	저작권법 위반이다.	저작권법 위반이 아니다.
신문 내용		
내가 이 입장 이라면?		

위에 쓴 글을 바탕으로 역할을 나누어 역할 놀이를 해봅시다.

각자 맡은 역할에 대해 주장할 내용을 적어 봅시다.

역할 놀이가 모두 끝났으면 여기에 자신의 의견을 적어 봅시다.

다함께 토론해 보고 생각이 달라진 점이 있으면 적어 봅시다.

8. 자살 사이트

● 대상: 중학생 이상

● 학습 목표: 자살 사이트가 끼치는 폐해의 심각성을 알고, 생명의 소중함을 토대로 이에 대한 대처 방안을 찾는다.

● 활동 개요: 자살 사이트에 관한 신문 기사를 통해 자살 사이트가 끼치는 폐해의 심각성을 이해하고, 생명의 소중함을 생각해 보는 토의를 통하여 자살 사이트에 대한 대처 방안을 학생들 스스로 생각할 수 있는 기회를 제공한다.

● 준비물: 자살 사이트 관련 신문 기사, 자살 관련 사이트

● 활동 과정

① 학생들에게 자살 사이트가 끼치는 폐해의 심각성을 다룬 신문 기사, 자살 관련 사이트를 소개하고, 자살 사이트의 문제점을 알려 준다.

② 가치지를 나누어 주고 학생들이 생명의 소중함을 느꼈던 경험을 진지하게 기록하게 한다.

③ 다른 사람의 생명도 자신의 생명과 같이 소중히 여겨야 하는 까닭은 무엇 때문인지 가치지에 기입하게 한다.

④ 자살 사이트에 영향을 받지 않을 수 있는 방안을 학생들 스스로 모색해 볼 수 있는 기회를 부여한다. 자살 사이트 폐해 예방을 위한 방안을 가치지에 기입하게 한다.

⑤ 학생들이 기입한 가치지의 내용을 토대로 하여 교사는 자살 사이트 폐해 예방에 대한 학급 토의를 전개한다. 이때 교사는 다음의 질문을 통해 학생들의 의사소통을 촉진할 수 있다.

- 생명이 소중한 까닭은 무엇인가?
- 다른 사람의 생명도 소중히 해야 하는 까닭은 무엇인가?
- 자살 사이트를 만든 학생들을 어떻게 해야 할까?

- 자살 사이트에 의존하려고 한 학생들은 왜 그랬을까?
- 자살 사이트를 이용하려고 하는 학생들에게 주변의 학생들이 어떤 충고를 할 수 있을까?

⑥ 교사는 학생들의 토의 내용을 종합하여 자살 사이트에 대한 대응 방안 학급 수칙을 스스로 제정해 보도록 할 수 있다.

● 지도상 유의점

① 교사는 생명의 소중함을 일방적으로 전달하기보다 학생들이 먼저 생각해 보도록 하여 스스로 자살 사이트가 문제가 있다는 것을 깨닫게 한다.

② 교사는 자살 사이트에 가입했던 학생들의 경험담을 전체 학생들이 공유할 수 있는 기회를 부여할 수 있다. 그리고 이때 학생의 심정이 어떠했었는지, 또 어떻게 이겨냈는지 전체 학생들이 관심을 기울이도록 한다.

③ 교사는 학생들이 자살 사이트 같은 위법 사이트를 발견했을 때에는 경찰청 사이버 범죄 신고 센터에 신고하도록 지도한다.

- http://www.police.go.kr/user/cyber112

● 활동 자료

• 자살 사이트 관련 신문 기사

인터넷 자살 사이트를 통해 만난 20대 여자 2명이 극약을 마시고 자살했다. 지난달 30일 오전 3시경 경기 화성시 서신면 제부리 제부도 내 H민박 205호에서 이모씨(21 · 여 · H대 2년 · 경기 의정부시 의정부동)와 최모씨(20 · 여 · 무직 · 경기 부천시 원미구)가 극약을 마시고 자살을 기도해 병원으로 옮겨지던 중 숨졌다.이들과 함께 자살하려던 이모씨(22 · 여 · D대 2

년 · 울산 중구)는 마지막 순간에 심경의 변화를 일으켜 극약을 마시지 않았다.

경찰 조사 결과 5일 전 인터넷 모 자살 사이트를 통해 알게 된 이들은 같은 인터넷 사이트에서 알게 된 홍모씨(26 · 무직)로부터 극약을 구입한 뒤 29일 밤 서울에서 만나 제부도로 갔으며 민박집 안에서 극약을 탄 소주를 함께 마신 것으로 밝혀졌다(『동아일보』, 2003년 9월 1일).

인터넷 안티 자살 사이트를 매개로 한 집단 자살사건이 발생해 충격을 던져주고 있다. 서울 구로경찰서에 따르면 19일 오전 5시47분께 서울 영등포구 대림동 H 아파트 출입구 계단에 조모(15. 용인 S고 1년), 차모(16. 대구 K고 2년)양 등 여고생 2명과 김모(34. 서울 송파구 석촌동)씨 등 3명이 인터넷 안티 자살 사이트를 통해 서로 만나 28층 아파트에서 투신 자살했다. 발견 당시 조양은 양손에 깍지를 낀 채 김씨의 목을 껴안았고 차양은 이 들 두 사람 위에 포개진 상태였으며 세 사람이 투신한 것으로 보이는 이 아파트 28층 복도에서 가방 3개가 발견됐다. 이번 사건은 아무 연고도 없던 여고생 2명을 포함한 남녀 3명이 인터넷 안티 자살 사이트 채팅을 통해 만나 같은 날 같은 시간에 아파트 28층에서 부둥켜 안고 투신 자살했다는 점에서 이전의 안티 자살 사이트 관련 사건과 비교할 때 섬뜩함마저 불러일으키고 있다. 자살 방지를 목적으로 만들어진 안티 자살 사이트가 '자살 사이트' 역할을 하고 있는 셈이다. 조양의 가방 속 쪽지에는 "화장. 남은 사람들은 내 몫까지 잘 살길 바랍니다. 안녕히계세요. 미안합니다. 4월18일"이라고 적혀 있었고 이들 세 사람이 함께 찍은 스티커 사진과 강남의 모 영화관 티켓, 핸드폰 등이 들어 있었다.

경찰 조사 결과 김씨는 미혼으로 현재 컨설팅 회사에 근무하고 있으며 조양과 차양은 평소 성격도 활발하고 교우관계도 좋았던 것으로 밝혀졌다. 이번 남녀 3명 집단 투신 자살 사건은 안티 자살 사이트 매개 범죄임은 물론 자살 감행 방식면에서 더욱 엽기적이다. 2명의 여고생이 30대 남자를 가운데 두고 서로 손가락 깍지를 끼고 투신했기 때문이다. 이들과 함께 동반 자살을 시도하다, 막판에 자살을 포기한 김모(26. 회사원)씨는 "숨진 김씨와 안티 자살 사이트를 통해 알게 돼 지난 5일 처음 만났고, 15일 새벽에 대구로 함께 내려가 이 사이트에 글을 올린 차양과 합류했고, 조양은 차양을 통해서 18일 아침 서울에서 만나게 됐다"고 말했다.

2000년 12월말 강릉에서 안티 자살 사이트를 통해 만난 20대 2명이 목숨을 끊은데 이어 서울에서도 안티 자살 사이트에서 만난 젊은이가 자살을 도와주는 '촉탁살인' 의뢰를 받아들여 상대방을 살해한 엽기적 사건이 벌어져 충격을 주었다.

이후 지난 2월 안티 자살 사이트에 '자살 단원을 모집한다'는 내용의 글을 올려 자살을 방조한 혐의로 조사를 받던 피의자가 서울경찰청 사이버범죄수사대 조사 과정에서 독극물을 삼켜 목숨을 끊은 사건도 발생했다(『매일경제신문』, 2002년 4월 20일).

• 자살 사이트 폐해 예방을 위한 가치지

① 생명의 소중함을 느꼈던 경험을 적어 봅시다.
② 다른 사람의 생명도 자신의 생명과 같이 소중히 여겨야 하는 까닭은 무엇 때문인지 적어 봅시다.
③ 소중한 생명을 구하기 위해 애쓴 사례를 찾아봅시다.

④ 자살 사이트를 만든 학생은 어떻게 해야 할까요?

⑤ 자살 사이트에 가입하거나 관심을 가졌던 학생들은 어떤 이유에서 그랬는지 솔직히 적어 봅시다.

⑥ 자살 사이트에 현혹되지 않는 방안을 다섯 가지만 적어 봅시다.

⑦ 자살 사이트에 대한 대응 방안 학급 수칙을 작성해 봅시다.

• 자살 관련 사이트

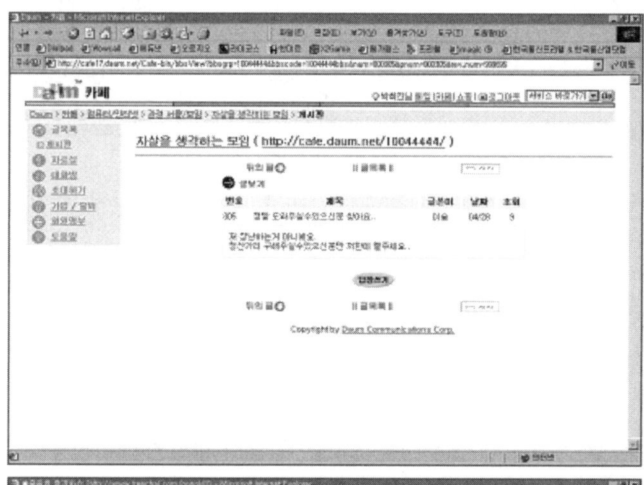

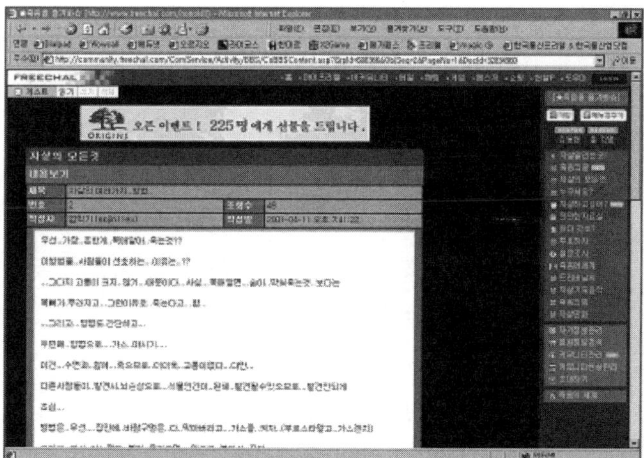

3. 낱말 퍼즐

· 초등학생용 네티켓 낱말 퍼즐

①							㉢
				②			
	㉠						
	③				㉡		
				④			
⑤							

* 가로 열쇠와 세로 열쇠를 잘 읽어 보고, 퍼즐을 완성해 보세요.

〔가로 열쇠〕

① 다음은 정보 사회의 ( )에 대한 설명이다

- 정보의 독점 및 소외

- 불건전한 정보의 유통(음란물, 유언비어)

- 지적 재산권 침해 사건

② ( ) 안에 공통적으로 들어갈 말은?

( )란 생존하는 개인에 관한 정보로서 당해 정보에 포함되어 있는 성명 · 주민등록번호 등의 사항에 의하여 개인을 식별할 수 있는 정보. ( )가 유출되어 타인에 의해 주민등록번호를 도용당하거나, 사용하지도 않는 통신 요금이 청구되는 등 피해를 입기도 한다.

③ 다음 설명은 어떤 서비스의 네티켓인가?

- 상대방의 허락 없이 상업적인 광고는 하지 않는다.

- 짧고 간결하게 쓴다.

- 첨부 파일은 바이러스 검사를 꼭 한다.

④ 통신망Network과 시민Citizen이라는 단어를 합성한 용어. 국경이나 지역의 구분 없이 온라인상에서 동호회나 채팅, 홈페이지 등을 통해 서로의 정보를 공유하고 공동의 관심사에 대해 의견을 나누는 사람들을 말한다.

⑤ 인터넷 서비스에 로그인하기 위해서는 아이디와 이것이 있어야 가능하다.

〔세로 열쇠〕

㉠ 다음 단어들은 공통적으로 무엇을 설명하는 것인가?

　러브, CHI, 감염, 백신, 안철수

㉡ 네티켓은 네트워크와 이것의 합성어입니다.

㉢ (　) 안에 들어갈 말은?

　사람들은 21세기를 컴퓨터 기술과 정보 통신 기술을 활용하여 가치 있는 정보를 만들어 보다 윤택한 생활을 하는 (　　) 라고 한다.

• 낱말 퍼즐 정답

① 역	기	능					㉢정
				② 개	인	정	보
	㉠바						사
	③ 이	메	일		㉡에		회
	러				④ 네	티	즌
⑤ 패	스	워	드			켓	

• 중 · 고등학생용 낱말 퍼즐

<table>
<tr><td></td><td>1</td><td></td><td></td><td></td><td>2</td><td></td><td>3</td><td></td><td></td><td>4</td><td></td><td>5</td><td>6</td><td></td></tr>
<tr><td></td><td></td><td></td><td></td><td>7</td><td></td><td></td><td></td><td></td><td></td><td></td><td></td><td></td><td></td><td></td></tr>
<tr><td>8</td><td></td><td></td><td>9</td><td></td><td></td><td></td><td>10</td><td></td><td></td><td></td><td></td><td>11</td><td></td><td></td></tr>
<tr><td></td><td></td><td></td><td></td><td></td><td>12</td><td></td><td></td><td></td><td></td><td>13</td><td></td><td></td><td></td><td></td></tr>
<tr><td>14</td><td></td><td></td><td>15</td><td>16</td><td></td><td></td><td>17</td><td></td><td></td><td></td><td></td><td></td><td></td><td>18</td></tr>
<tr><td></td><td></td><td></td><td></td><td></td><td></td><td></td><td></td><td></td><td>19</td><td></td><td></td><td></td><td></td><td></td></tr>
<tr><td></td><td>20</td><td></td><td></td><td>21</td><td></td><td></td><td></td><td></td><td></td><td></td><td>22</td><td>23</td><td></td><td></td></tr>
<tr><td>24</td><td></td><td></td><td>25</td><td></td><td></td><td></td><td></td><td></td><td></td><td></td><td></td><td></td><td></td><td></td></tr>
<tr><td></td><td></td><td></td><td></td><td></td><td></td><td></td><td></td><td>26</td><td></td><td></td><td>27</td><td></td><td></td><td></td></tr>
<tr><td></td><td>28</td><td></td><td></td><td></td><td></td><td>29</td><td></td><td></td><td></td><td></td><td></td><td></td><td></td><td></td></tr>
<tr><td>30</td><td>31</td><td></td><td></td><td></td><td>32</td><td></td><td></td><td></td><td>33</td><td></td><td></td><td>34</td><td></td><td></td></tr>
<tr><td></td><td></td><td>35</td><td></td><td></td><td></td><td></td><td></td><td>36</td><td></td><td>37</td><td></td><td></td><td></td><td></td></tr>
<tr><td></td><td></td><td></td><td></td><td>38</td><td></td><td></td><td>39</td><td></td><td></td><td></td><td></td><td></td><td></td><td></td></tr>
<tr><td>40</td><td></td><td>41</td><td></td><td></td><td></td><td>42</td><td></td><td></td><td></td><td></td><td>43</td><td></td><td></td><td></td></tr>
<tr><td></td><td></td><td></td><td>44</td><td></td><td></td><td>45</td><td></td><td></td><td></td><td></td><td></td><td></td><td></td><td></td></tr>
</table>

〔가로 열쇠〕

1. 통신망network과 예의범절etiquette의 합성어로 통신망을 사용하는 네트워크 사용자(네티즌)들이 네트워크를 사용하면서 지키고 갖추어야 하는 예의범절을 의미한다.

2. 인터넷에서 개인의 컴퓨터로 정보를 가져오는 것을 말한다. 보통 대형의 시스템으로부터 소형의 시스템으로 이동하는

현상을 기술하기 위하여 사용된다.

5. 행사장·식장·기념관 등에서, 방문하거나 참석한 사람의 이름을 적어 기념이 되도록 하기 위해 마련해 둔 공책. 홈페이지를 방문했을 때도 기록을 남긴다.

8. PC, 워크스테이션(WS) 등 주로 소형 컴퓨터를 네트워크로 접속하여 데이터를 분산 처리하는 시스템의 방식을 말한다. 즉, 네트워크상의 이용자를 관리하고 필요한 자료를 저장, 통계한다. 데이터○○, 웹○○, 방어벽○○

9. A4사이즈(210×297mm) 크기에 높이 30mm 내외인 무게 3kg 정도의 소형·경량 퍼스널 컴퓨터를 말한다. ○○○ PC, ○○○컴퓨터

10. 인터넷의 소프트웨어 표준을 기업 내 네트워크로까지 확대한 네트워크로, 쉽게 말해 개방성이 특징인 인터넷에 보안성을 강화하는 한편, 정보 흐름을 관리하기 위한 소프트웨어를 부가한 기업 전용 네트워크를 말한다.

13. 컴퓨터에서 사용자가 명령어와 데이터를 입력할 수 있는 입력 장치로, 즉 기계적으로 글자를 찍는 타자기 방식을 개선한 전자적인 방식의 입력 장치

14. 인터넷상에 있는 서버를 가리키는 것으로 웹, FTP, gopher, 텔넷, WAIS 등과 같은 원격 정보 서비스를 제공하는 서버가 설치되어 있는 호스트 컴퓨터 시스템을 지칭하는 용어를 말한다. 웹 ○○○, FTP ○○○.

15. 어떤 목적을 가지고 타인의 컴퓨터 시스템을 불법 침입하여 데이터를 파손 또는 변경하거나 시스템의 비정상적인 동작을 유발시키는 악의의 해커Hacker를 일컫는다.

17. 움직이는 것, ① 기계 장치나 전기 회로의 작용, ② 컴퓨터에서 명령에 따라 작업을 수행하는 것operation, ③ 고장이

발생했을 때 그것에 대해 적절한 조치를 취하는 것.

19. ① 함께 행동하는 사람들의 무리. ~지도/선두 ~과 후미 ~/학생들을 능력에 따라 두 ~으로 나누다. ② 경제상 하나로 결합되어 있는 여러 기업의 무리. 삼성 ~/현대 ~.

21. 인터넷이나 PC통신을 이용해 상품 등을 사고파는 행위를 말하는 것으로, 넓은 의미로는 컴퓨터 통신망을 통해 이루어지는 상품 및 서비스 구매나 발주 광고 활동 등이 모두 포함된다.

22. 팩시밀리Facsimile의 약어로 문서, 책, 필적, 그림 따위를 모사 또는 복사 전송하는 장치를 말한다.

24. 식별자 또는 등록자라는 의미. 여러 사람에 의하여 공유되는 컴퓨터 시스템에서 각각의 사용자에게 부여된 고유의 이름.

25. 중국 고대의 사상가. 최고의 덕을 인이라고 보고 인은 "사람을 사랑하는 것"이라고 정의했다.

27. 전자 우편을 말하며 PC(퍼스널 컴퓨터) 통신에서 네트워크를 매개로 하여 메시지를 송수신할 수 있는 시스템으로, 상용의 PC통신망에서는 기본적인 서비스의 하나.

28. 주사기. 주사하고자 하는 도면 위에 밝은 광선을 투사해 그 종이로부터의 반사광을 전기 신호로 광전 변환시켜 화상 정보(도형 데이터)를 컴퓨터에 입력시키는 장치를 말한다.

29. 혈맹, 만화가 신일숙씨의 만화의 원제와 소재를 기반으로 만든 인터넷 게임(MMORPG: Massively Multiplayer Online Role Playing Game), 공성전과 통치Siege & Governing 시스템으로 혈맹전을 통해 ○○○월드를 정복하는 것이 게임의 최대 목표.

30. 디스크, 파일 또는 데이터 등과 같은 항목에 대하여 동일한

구조와 내용을 가지고 있는 똑같은 또 하나의 제품을 만드는 작업을 말한다.

33. 본래 완전히 같은 유전자를 가진 생물이라는 의미의 생물학 용어. 컴퓨터 분야에서는 하나의 제품과 호환성을 가지며 기능도 동등한 하드웨어나 소프트웨어의 복제품을 의미함.

35. 다래나무과 달걀 모양의 열매. 열매는 짧은 털이 밀생하고 다갈색이며, 과육은 담녹색으로 씨가 많이 있고, 단맛이 있으나 약간 시다. ○○주스.

37. 시동이라는 뜻으로 시동 장치bootable device를 사용하여 컴퓨터 시스템에 운영 체계를 설치하고 컴퓨터가 동작할 수 있도록 준비하는 작업을 말한다.

38. Network(네트워크)와 Citizen(시민)의 합성어로 인터넷의 가상공간을 일상생활과 같이 활동하는 사람들을 말한다.

39. 컴퓨터 시스템 내에 침입하는 것. 이 용어는 1980년대 중반에 해커들에 의해 만들어진 신조어로서, 보안 시스템을 통해 몰래 침입하는 목적만을 가진 사람들과 자신들을 구별짓기 위해 만들어졌다.

40. 인터넷을 이용한 전화 프로그램 이름. 인터넷 서비스 메뉴 중 가입 전화나 ISDN을 경유해 스탠드 얼론 PC에서 인터넷을 이용할 수 있도록 하는 서비스.

42. 백합과의 구근초. 비늘줄기는 난형이고 원줄기는 곧게 서며 갈라지지 않는다. 네덜란드 하면 대표적으로 생각나는 꽃.

44. 컴퓨터 시스템을 다시 초기 상태로 복귀시키는 작업을 의미한다. 기억 장치의 상태를 0으로 만드는 작업.

45. 자기 복사 능력은 없이 고의적인 부작용만 가지고 있는 프로그램. 이것은 고의적으로 포함되었다는 점에서 프로그래머의 실수인 버그와는 다르며, 자기 자신을 다른 파일에 복

사하지 않는다는 점에서 컴퓨터 바이러스와 구별된다. 따라서 어떤 프로그램을 실행시켰을 때 하드디스크의 파일을 지우지만 다른 프로그램에 복사되지 않으면 컴퓨터 바이러스가 아니라 바로 이것이라 할 수 있다.

〔세로 열쇠〕

1. 주제어 검색, 디렉터리 서비스형 검색 엔진. 주소는 www. naver.com

3. 동의어로 logon이 있고 사용자가 호스트 컴퓨터나 네트워크에 자신의 ID와 암호를 입력해서 자신을 알리고 등록하여 호스트 컴퓨터의 사용 허가를 받아 접속하는 작업을 말한다.

4. 알파넷ARPANET에서 시작된 세계 최대 규모의 컴퓨터 통신망. 랜LAN 등 소규모 통신망을 상호 접속하는 형태에서 점차 발전하여 현재는 전 세계를 망라하는 거대한 통신망의 집합체가 되었다.

6. 윗사람이 아랫사람에게 내리는 분부.

7. 두 개 이상의 장치들이 데이터 통신이라는 공통의 목적을 바탕으로 연결되어 있는 통신 구조를 말하는 것으로 서로 연결된 요소들 간의 데이터 등을 전송하는 통신망.

11. 1989년 닌텐도가 최초로 개발한 휴대형 가정용 게임기를 말한다. 당시에 휴대가 가능하다는 장점으로 세계적으로 흥행에 성공한 제품.

12. ① 컴퓨터에 대해서 해박한 지식이나 기술을 가지고 있는 컴퓨터광. ② 자신의 컴퓨터 실력을 과시하기 위해 타인의 컴퓨터 시스템에 몰래 침입하여 시스템을 파괴하거나 정보를 빼내는 사람. 이들은 국가 기관 및 연구소 등의 무분별한 통신망 침해로 부정적인 이미지를 갖고 있다.

14. 컴퓨터 및 정보 사회의 일부인 사람이나 물건 및 생각 등을 묘사하기 위해 사용되는 접두사이다. 이 용어는 "조타수" 또는 "통치자" 정도의 의미를 갖는 그리스어 kybernetes로부터 온 말인데, Norbert Wiener와 그의 동료들에 의해 만들어져 인공두뇌학 분야에서 처음 사용되었다. 자주 사용되는 용례로는 ○○○문화, ○○○펑크, ○○○공간 등이 있다.

16. 워드 프로세서 등과 같은 문서 작성 프로그램에서 일정 서식에 따라 작성된 문서를 프린터에 인쇄했을 경우, 페이지의 오른쪽 여백과 왼쪽 여백에 일렬로 정렬되지 못하고 좌우로 울퉁불퉁하게 삐져나온 것을 말한다.

17. 컴퓨터 화면에 영화처럼 연속적으로 움직이는 상태로 나타나는 영상.

18. 데이터 통신에서 정보를 교환하는 두 개의 장치를 연결해 주는 물리적, 논리적 연결 계층을 의미한다. ○○, 하이퍼○○

19. 화면에 나타난 그림을 파일 형태로 디스크에 저장하기 위하여 사용하는 장치를 말한다. 비디오카메라 등과 같은 장치를 사용하여 영상을 잡은 다음 수집된 이미지 데이터를 기억 장치에 저장하기 위하여 사용되는 특수한 형태의 비디오 메모리 장치이다.

20. 컴퓨터의 프로그램 속에 잠입, 컴퓨터로 하여금 본래의 목적 이외의 처리를 하도록 하는 명령군으로서 사람의 질병 발생에 원인이 되는 것과 같다.

21. 문서가 아닌 컴퓨터의 넷을 통하여 어떤 안을 승인, 허락하는 것.

23. 일반적으로 허락 받지 않고 아무에게나 마구잡이로 살포되는 상업적 광고 메일. 잡동사니 메일이라는 의미로 정크 메일junk mail이라고도 하며, 대량 살포되는 메일이라는 의

미로 벌크 메일bulk mail이라고도 한다.

26. 컴퓨터의 표시 장치로서 컴퓨터의 하드웨어 중 하나다.

31. 기존의 제품보다 기능이 뛰어난 최신 제품으로 변경하는 작업을 말한다. 예를 들면, 하드웨어의 경우에는 구 기종에서 CPU 교환, 메모리 증설, 하드디스크를 대용량화하여 신기종에 상당하는 성능을 갖도록 하는 것이고, 소프트웨어의 경우에는 향상된 기능을 가진 새 버전으로 교체하는 것이다.

32. 감정Emotion과 아이콘Icon의 합성어로 컴퓨터 자판의 문자와 기호, 숫자를 적절히 조합해 미세한 감정이나 특정 인물, 직업 등의 의미를 나타내는 사이버 공간 특유의 언어.

34. 같은 시간에 인터넷에 접속해 있는 다른 사람들과 이야기를 나누는 것이다. 여기서 "이야기를 나눈다"는 것은 메시지 저장소 역할을 하는 사이트(흔히 챗 사이트라고 한다)를 매개로 해서, 인터넷상의 각기 다른 사이트(어디에서라도 상관없다)에서 사용자 간에 키보드로 입력한 메시지를 서로 교환하는 것을 의미한다.

35. 사용자가 원하는 내용을 검색할 때 대표할 수 있는 특정 단어로 데이터베이스의 검색에 이용한다. 문서나 서류의 내용을 요약한 핵심적인 단어 또는 문구이다.

36. 일종의 각본이며, 어떤 사건이 발생하는 일련의 과정을 기술하여 놓은 것을 말한다. 스프레드시트나 하이퍼텍스트 등에서 몇 가지 처리를 순차적으로 실행시키는 등 순서를 특정키나 버튼 등에 할당할 때 사용한다. 매크로라고 부르는 경우도 있다.

37. 버전에 따라 다소 다르지만, 컴퓨터의 비디오 어댑터 대신 사용되거나 또는 함께 사용되는 그래픽 가속기 칩셋을 의미하는 것으로서, 특히 게임 등에서 그래픽 디스플레이가

좀 더 실감이 날 수 있도록 상호 작용을 개선시킨 것이다. 그래픽 디스플레이가 사용자 입력을 좀 더 신속히 반영할 수 있게 해주므로, 속도가 느린 구형 컴퓨터로 게임을 하고자 할 때 특히 유용한 것으로 여겨지고 있다.

41. 컴퓨터 시스템 동작 과정에서 운영 체계가 오류를 발견하여 시스템이 정지되는 현상을 말한다. 달팽이를 부른 그룹 이름이기도 하다.

43. 말을 타는 것. 사람이 말을 타고 그 말에게 정해진 여러 가지 동작을 하게 하는 것. 또는 그것을 겨루는 경기.

· 낱말 퍼즐 답안

	네	티	켓		다	운	로	드		인		방	명	록
	이			네			그			터			령	
서	버		노	트	북		인	트	라	넷		겜		
				워		해					키	보	드	
사	이	트		크	래	커		동	작			이		링
이					그			영		그	룹			크
버		바				전	자	상	거	래		팩	스	
	아	이	디		공	자				버			팸	
		러				결			모			이	메	일
		스	캐	너		재		리	니	지			일	
백	업						이		터		클	론		채
	그		키	위			모				스		부	팅
	레		워			네	티	즌		크	랙		두	
다	이	얼	패	드			콘			튤	립			승
	드		닉		리	셋				트	로	이	목	마

4. 만화[1]

- 대상: 중학생 이상
- 학습 목표: 네티켓의 의미와 지켜야 하는 이유를 알고, 올바른 네티즌의 자세를 가진다.
- 활동 개요: 인터넷 세상의 장점 및 인터넷 예절이 필요한 이유를 만화 학습지로 구성, 제시하여 보다 재미있고 쉽게 네티켓을 알고 이를 토대로 학교생활 및 가정생활에 꼭 필요한 네티켓을 스스로 생각하고 만들 수 있는 기회를 제공한다.
- 준비물: 네티켓 만화 학습지, OHP, 네티켓 관련 기사
- 활동 과정

① 학생들에게 네티켓을 아는지에 대해 질문하고, 네티켓의 의미에 대해 알려 준다.

② 네티켓 만화 학습지를 나누어 주고, 만화 학습지를 잘 읽도록 지도한다.

③ OHP를 통해 만화 학습지를 학생들과 같이 읽으면서 필요한 부분을 설명해 준다.

④ 학생들이 조별로 혹은 개인별로 생활과 관련된 네티켓을 만들어 보는 기회를 부여한다. 주제는 교사가 몇 가지를 제시해 주어도 되나 학생들 스스로 선택하게 하는 것도 좋다. 항목을 꼭 10가지로 제한하지 않아도 된다

- 학교 컴퓨터실에서의 네티켓 10계명(공용 컴퓨터 사용 예절)
- 공개 자료실에서의 네티켓 10계명
- 게시판에서의 네티켓 10계명

---

1) 이 자료는 서울 공항 중학교 배은주 선생님이 제작한 것이다.

- 온라인 게임에서의 네티켓 10계명
- 이메일에서의 네티켓 10계명
- 채팅에서의 네티켓 10계명

⑤ 교사는 학생들이 만든 내용을 OHP를 통해 발표시키고, 모든 네티켓은 실천이 중요함을 주지시킨다.

● 지도상 유의점

① 만화 학습지는 학생들에게 전해 주는 것만으로도 간접적 교육 효과가 있으나 교육의 효과를 높이기 위해 교사가 같이 읽으면서 어려운 부분이나 보충 설명할 부분을 설명하는 것도 좋다.

② 만화를 따로 구하기 어려울 때는 다음 사이트를 찾아 인용해도 된다.

　예)참고 만화 자료) http://myhome.hananet.net/~aesops52/

③ 우리가 현실에서 지켜야 할 예의가 컴퓨터와 인터넷을 사용할 때 지켜야 할 예의와 다르지 않다는 것을 주지시키고, 예의는 원만한 인간관계 유지와 사회 유지에 꼭 필요함을 강조한다. 예의를 지키지 않아 불쾌하게 느꼈던 경험을 발표시키는 것도 한 방법이다.

● 활동 자료

네티켓이란 무엇인가??
여기에 칼이 하나 있어요.
잘 쓰면...
동동동동...
잘 못 쓰면...
꺄아~
세상의 모든 문명은 인간을 위해 만들어진 거예요.
인터넷을 비롯한 사이버 세상은 인류가 만들어낸 최고의 문명이라고 할 수 있죠.
그렇다면 이건은 어떻게 사용해야 할까요?
사이버 세상은 누구에게나 평등하죠.
자발적으로 참여하는 자유의 공간이고...
내가 원하니까
다양성을 인정하는 공간이며...
또한, 쌍방향 의사소통이 가능한 곳.
하이루~
방가~
그리고 정보를 베풀고 나누는 공간
정보의 바다라고 하죠.
이렇게 유용한 인터넷을 올바르게 사용하려면 네티켓(네트워크 + 에티켓)을 지켜야 한답니다

네티켓따윈 몰라!! 내마음대로 쓸테다~!
왜 네티켓을 지켜야 할까요?
첫째, 인간존중과 상호배려.
남을 존중 해주면
나도 존중 받는다.
둘째, 자원의 효과적인 이용.
쓸모없는 정보로 이용을 방해하는 것도 네티켓이 아니죠.
셋째, 화해와 이성의 공간.
네티켓을 지키면 갈등과 대립이 사라져요.
넷째, 사이버 시민 공동체의 윤리교육.
미래의 사이버 시민공동체의 새싹을 길러내는 곳이기도 하지요.
그렇다면 네티켓은 무엇인가!!
규칙 1. 상대방도 나와 같은 인간이다.
나는 인간이야..
규칙 2. 실생활과 똑같이 활동하라!!!
평소의 K군
컴퓨터 앞의 K군
쿠하하
규칙 3. 올랐다고 모든 것이 용서되는 것은 아니다!!
떨어져요.
오른면 버려
규칙 4. 다양성을 인정하라!!
뭐? 나의 H.O.T를 욕했겠다.
G.O.D나 신화를 더 좋아할 수도 있지.
규칙 5. 접속된 곳의 문화에 어울리게 행동하라!!
방가방가... 잘 지냈져여.. 설살아여..
?

규칙 6. 다른 사람의 시간을 존중하라 !!!
오!
중요한 정보.
멍이지롱~

규칙 7. 온라인상의 당신 자신을
멋지게 만들어라 !!

규칙 8. 전문가적인 지식을 공유하라 !!
알고싶는 걸을 전수해주마.
그래서 정보의 바다..

규칙 9. 논쟁은 절제된 감정아래 행하라 !!
너 두고보자 !!!
아..그렇군요...

규칙 10. 다른 사람의 사생활을 존중하라 !!
나는 네가
지난 여름에
한일을 알고있다.
내 사생활...

규칙 11. 뚝건을 남용하지 마라 !!!
난 시삽
이당~!
물러가라 ...

규칙 12. 관대하게 그러나 저극적으로 응대하라
다른 사람의
실수는
너그럽게.
불법행위는
적극적
으로

이상, 12가지의
네티켓을
잘 보셨나요?
네티켓

자!
그렇다면 !!

당신의 네티켓의 수준은
어떤가요 ??
고백하시지 !!

그렁, 우리도
우리만의
12가지 네티켓을
만들어봐요!!

13. 미국의 정보 윤리 교육

미국은 지난 1980년대부터 사이버 공간에서의 불법적이고 비도덕적인 행위로부터 아동과 청소년을 보호하려는 지속적인 노력을 전개하여 왔다. 그러나 당시의 접근은 주로 법률적·기술적 방식을 통한 접근이었다. 아동 포르노를 금하는 법률을 강화한다든지, CyberPatrol이나 Net Nanny 같은 차단 소프트웨어의 개발 같은 외재적 통제 방식을 통하여 정보화의 역기능에 대처하고자 하였다. 미국에서는 클린턴 행정부가 추진한 학교의 교육 정보화 사업이 본격적으로 확산되면서부터 정보 윤리 교육에 대한 관심이 고조되었다. 우리나라의 경우처럼 초기에 교실에 컴퓨터를 보급하는 데에만 급급했던 미국은 아동 및 청소년들의 불건전 정보 접속이 사회 문제로 대두됨에 따라서 정보 윤리 교육의 필요성에 대하여 인식하기 시작하였다.

특히 2000년부터 미국은 학교에서의 정보 윤리 교육에 대한 체계적인 연구와 실천을 전개하고 있다. 2000년 1월과 2월에 걸쳐 펜실베이니아 대학교 내의 애넌버그 공공 정책 센터Annenberg Public Ploicy Center에서 학부모들을 대상으로 실시한 여론 조사 결과에 의하면, 응답자 중 72%의 학부모들이 그들의 자녀가 인터넷을 통하여 음란 사이트에 접속하는 것에 대해 우려하는 것으로 나타났고, 62%의 학부모들은 자녀들이 폭력적인 사진들을 대하는 것에 대해 걱정하고 있는 것으로 조사됐다. 같은 해에 크리스털J. Crystal 외 2인의 연구자가 47,235명의 초·중등학생들을 대상으로 한 설문 조사 결과에 의하면, 48%의 학생들은 해킹이 범죄가 아니라고 생각하고 있는 것으로 밝혀졌다. 이에 따라 불건전 정보로부터 아동과 청소년을 보호해야 하며, 이를 위해서는 교육적 접근이 가장 효율적이라는 인식이 주류를 이루게 되었다.

이에 따라 2000년에 미국에서는 정보 윤리와 관련한 전국 조직이 하나 결성되고, 두 개의 영향력 있는 학회가 열렸다. 르노Janet Reno 변호사의 제안에 의해 결성된 '사이버 시민 파트너십 Cybercitizen Partnership'은 미국 법무부와 정보기술연합회의 공동 노력에 의해 운영되고 있으며, 최근에는 웹사이트(www. cybercitizenpartners.org)를 통해 학부모, 교사, 아동들에게 새로운 학습 도구로서의 '책임 있는 컴퓨터 사용'에 대한 정보를 제공하고 있다. 르노는 2000년 9월 5일 학부모에게 보내는 메시지를 통해 사이버 범죄와 테러의 위험이 날로 커지고 있고, 상당수의 아동들이 해킹의 위험성을 모르고 있음을 지적하면서, 학생들이 인터넷에서 수용될 수 있는 행동에 대하여 이해할 필요가 있음을 역설하였다. 그는 특히 사이버 윤리를 확산하고 책임 있는 컴퓨터 사용을 조장할 때 전체 미국인들의 프라이버시와 안전을 보장받을 수 있다고 주장하면서, 정보 윤리 교육의 필요성을 역설하였다.

정보 윤리 교육과 관련된 학회는 학술지인 『기술과 학습 Technology & Learning』이 주관하는 '교육 공학 학회'와 '사이버 윤리학에 대한 전국 컨퍼런스'였다. 교육 공학 학회에서는 학생들에 대한 컴퓨터 사용 지도 방안들이 주로 발표되었는데, 크리스털 등은 이것을 정리하여 다음의 다섯 가지로 제시하였다.

첫째, 처음부터 좋은 과제를 제시한다. 인터넷을 사용해야 하는 과제는 시간 제한을 분명히 하고 특정 자료에 국한시켜야 한다는 점이다. 과거에 교사들은 학생들에게 연구 과제에 대하여 학교 도서관의 컴퓨터를 이용해 자료를 마음대로 검색하도록 지도했지만, 오늘날 교사들은 특정 연구 관련 웹 주소를 알려주고 학생들로 하여금 선별된 주제와 관련된 특정 페이지를 검색하고 저장하며, 북마크 하도록 지도할 필요가 있다. 이러한 종류의 과제를 통하여 학생들은 시간을 절약하며, 생산적인 산출물을 만들어낼 수 있다고 한다.

둘째, 학생들에게 컴퓨터 윤리 관련 정책과 결과들에 대해 숙지시켜야 한다. 학교에서는 학생들에게 부적절한 자료를 우연히 접하게 될 경우 '되돌아가기back'를 이용해 피해야 하며, 그것에 대해 반드시 교사에게 알리도록 지도해야 한다.

셋째, 교사 교육에도 관심을 가져야 한다. 교사들은 종종 학급에서 당황스러운 일을 당하면, 어떻게 행동해야 하는지 어리둥절해 할 때가 많다. 예를 들어, 한 학생이 미국 백악관에 접속하기 위해 'whitehouse.gov'를 입력해야 한다고 가정해 보자. 그런데 그 학생이 잘못해서 포르노 사이트인 'whitehouse.com'을 입력했다면, 교사는 모니터를 재빨리 끄도록 해야 한다. 또한 이러한 순간을 학생들에게 의도하지 않은 사이트에 접속했을 경우 처신해야 하는 방법을 암묵적으로 알려주는 기회로 이용하도록 한다.

넷째, 교실 내 컴퓨터 배치를 주의 깊게 해야 한다. 컴퓨터 화면을 공개된 장소 쪽으로 향하도록 설치한다. 즉, 모니터를 교사와 다른 학생이 다같이 볼 수 있도록 위치시키고, 교사가 돌아다니며 지도할 수 있는 충분한 공간을 확보해야 한다. 또한 학생들이 인터넷에 접속할 경우, 관리자가 관리할 수 있는 환경을 조성해야 한다.

다섯째, 관심 있는 학부모들에게 인터넷 윤리 관련 교육을 제공해야 한다. 일반적으로 부모 세대들은 학생들에 비하여 컴퓨터 관련 지식이 부족하며, 따라서 자녀들에게 올바른 인터넷 사용 교육을 시키기에는 여러 가지 면에서 교육이 필요하다. 학부모를 대상으로 한 컴퓨터 교육을 학교 차원에서 많이 제공해야 한다.

한편, 교육 공학 학회에서는 '학생들을 위한 정보 관련 안전 교육 지침'을 다음과 같이 제시한 바 있다.

첫째, 자신이나 자신이 살고 있는 지역에 대한 개인 정보를 누설하지 말아야 한다. 둘째, 부모의 허락 없이는 인터넷을 통하여 누구와도 만남을 약속하지 말아야 한다. 셋째, 관리되지 않는 채팅방에 가입하는 일을 삼가야 한다. 넷째, 이메일을 통해 자신의 사진을 함부로 보내지 말아야 한다. 다섯째, 부모나 교사의 허락 없이는 인터넷상의 무엇에도 서명하지 말아야 한다. 여섯째, 다른 사람이 자신의 이메일 계정을 사용하도록 허용해서는 안 된다.

'사이버 윤리학에 대한 전국 컨퍼런스'는 2000년 10월 6일부터 8일까지 버지니아 주 알링턴에 소재한 메리마운트 대학교에서 열렸다. 메리마운트 대학교와 사이버 시민 파트너십의 공동 주최로 열린 이 컨퍼런스에는 약 125명의 관계자들이 참여하여 2001년까지 1년 동안 초등학생, 중등학생, 대학생, 학부모 및 지역 사회 성원들을 위한 사이버 윤리 관련 교육 과정을 개발할 것을 결의하였다.

초등학교에서의 사이버 윤리 교육 과정 개발에 관한 논의에서 제기된 주요 이슈는 다음과 같다. 첫째, 산학 협조 체제를 통하여 교실에서 교사가 사이버 윤리를 가르칠 수 있도록 도와줄 수 있는 자원 봉사자를 활용할 필요가 있다. 둘째, 종합 학문적 접근을 통해 사이버 윤리를 가르쳐야 한다. 셋째, 사이버 윤리는 특정한 종교적 기본 가치를 초월한다. 넷째, 해킹이나 바이러스 유포와 같은 무책임한 행동을 통하여 엄청난 피해를 초래할 수 있다는 사실을 아동들에게 분명하게 일러주어야 한다. 다섯째, 사이버 윤리를 가르치기 위한 교육 과정을 공동 개발할 수 있도록 교사들을 위한 워크숍을 실시해야 한다. 여섯째, 학부모를 교육할 수 있도록 학교에서는 사이버 윤리와 관련된 다양한 형태의 가정 통신문을 활용할 필요가 있다. 일곱째, 초등학생들은 자신들보다 나이가 많은 학생들의 말을 더 잘 듣는 경향이 있으므로, 중학생들이 초등학생들에게 사이버 윤리를 준수할 것을 호소하는 내용을 담은 비디오테이프를 개발하여 보급할 필요가 있다.

중등학교에서의 사이버 윤리 교육 과정 개발에 관한 논의에서 제기된 주요 이슈는 다음과 같다. 첫째, 지적 재산권 문제에 있어서 성인들은 더 훌륭한 역할 모델이 되어야 한다. 둘째, 정보는 우리가 아무렇게나 사용할 수 있는 자유로운 것이 아니며, 아주 어린 나이라도 그릇된 행동을 했을 경우에는 처벌을 받아야 한다는 사실을 아이들에게 인식시켜 주어야 한다. 셋째, 인터넷에서 구한 자료를 인용하는 방법 및 그와 관련된 윤리적 문제에 대해 가르쳐야 한다. 넷째, 사이버 윤리와 관련된 비디오 자료를 많이 활용해야 한다. 다섯째, 학교의 카운슬러들은 학생들이 지적 재산권을 존중하도록 도와줄 필요가 있다. 여섯째, 인터넷 기술로 인해 제기된 윤리적 문제들을 교육·교정하기 위한 구체적인 방법을 개발하기 위해 학계, 기업, 정부가 공동으로 노력하는 것이 가장 시급하고 중요한 일이다.

대학에서의 사이버 윤리 교육 과정 개발에 관한 논의에서 제기된 주요 이슈는 다음과 같다. 첫째, 교수들은 윤리를 가르칠 뿐만 아니라 윤리적 행동의 모델이 되어야 한다. 둘째, 온라인상에서의 성희롱, 사이버 스토킹, 데이트 중의 강간 등이 대학생에게 있어서 가장 흔하게 나타나는 윤리적 문제이다. 셋째, 사이버 윤리를 가르치기 위한 새로운 행동 기준이 필요한 것은 아니며, 단지 사이버 영역에 더 잘 부합하도록 기준들을 보다 명료하게 할 필요가 있을 뿐이다. 넷째, 학생들이 제출한 보고서나 과제물에 대해 표절 여부를 검사하는 소프트웨어를 사용하는 것은 교육적이라기보다는 오히려 가혹하고 위협적이라는 의견이 지배적이었다. 다섯째, 표절 여부 확인은 학생들에게 더 나은 작문 능력과 인용 기술을 가르치기 위해 보고서나 논문의 초안에 대해 행해질 수 있다는 의견이 제기되었다. 여섯째, 사이버 세계는 국경이 없기 때문에 사이버 윤리는 문화적 이슈가 될 수 있다. 일곱째, 학생들에게 지적 재산권에 대해 가르치기 위한 최상의 방법은 지적 재산권을 학생들의 창의적 작품과 관련시키는 것이다.

끝으로, 학부모 및 지역 사회 성원들의 사이버 윤리에 대한 인식을 고양하기 위한 교육 과정과 관련하여 제기된 이슈는 다음과 같다. 첫째, 사친회는 학부모들에게 사이버 윤리를 가르치는 일에 관여해야만 한다. 둘째, 사이버 윤리를 확산시키기 위한 캠페인이 필요하다. 셋째, 사이버 공간에서의 윤리적 기준에 대한 연구가 필요하다. 넷째, 미국 도서관 협회, 로터리 클럽, 사친회 등과 같은 다양한 집단들이 사이버 윤리 확산을 위해 교류할 필요가 있다. 다섯째, 학부모를 위한 간편한 사이버 윤리 지침서를 발간할 필요가 있다. 여섯째, 사이버 공간에서의 윤리적 문제에 대한 개괄적인 소개를 사친회 회합에서 행할 필요가 있다.

이렇듯 '사이버 윤리에 대한 전국 컨퍼런스'는 초등학생부터 학부모에 이르기까지 사이버 윤리를 가르치기 위한 교육 과정에 관한 심도 있는 연구와 실천이 이루어지는 계기가 되었다. 이 컨퍼런스의 영향력은 곧바로 나타나기 시작하였다. 먼저 미국 정부는 정보 통신 윤리의 확산을 위해 발 빠르게 움직이기 시작하였다. FBI는 사이버 범죄 예방을 위해서는 사이버 윤리 의식을 심어주는 것이 가장 적절한 대응 책임을 역설하면서 사이버 윤리 교육의 시행을 촉구하기 시작하였다. 한편 미국 법무부는 홈페이지에 초등학생을 위한 사이버 윤리 자료를 게시하였다. 법무부는 '인터넷 도로 규칙Internet rules of the road' 이라는 이름 아래 학생들이 인터넷에서 '해야 할 것'과 '해서는 안 되는 것'을 분명하게 제시하고 있다. 먼저 인터넷으로 '해야 할 것'으로는 다음의 일곱 가지 사항이 제시되고 있다. 첫째, 정보의 보고인 인터넷을 학교 공부를 돕는 데 활용해야 한다. 둘째, 인터넷을 먼 곳에 떨어져 있는 박물관을 방문하는 데 이용해야 한다. 셋째, 멀리 떨어져 있는 혹은 다른 나라에 살고 있는 친구들을 만나는 데 인터넷을 활용해야 한다. 넷째, 컴퓨터 네트워크상의 낯선 사람과 이야기를 나눔에 있어서 매우 신중하고 조심성 있게 행동해야 한다. 다섯째, 여러분 자신의 프라이버시를 존중받고 싶은 것처럼 인터넷상의 다른 사용자들의 프라이버시를 존중해 주어야 한다. 여섯째, 여러분이 다니고 싶은 대학교에 대하여 보다 많이 배우는 데 인터넷을 활용해야 한다. 일곱째, 인터넷에서 프로그램을 내려 받을 때에는 주의를 기울여야 한다.

인터넷에서 '해서는 안 되는 것'으로는 다음의 여덟 가지 사항이 제시되고 있다. 첫째, 암호를 다른 사람에게 알려 주어서는 안 된다. 둘째, 부적절하거나 음란하여 여러분을 언짢게 만드는 메시지에 답해서는 안 된다. 셋째, 가족 주소·전화번호·학교 주소 같은 개인 정보를 아무에게나 함부로 제공해서는 안 된다. 넷째, 부모에게 말하지 않은 채 인터넷에서 만났던 사람과 현실 세계에서 만날 약속을 해서는 안 된다. 다섯째, 저작권이 있는 컴퓨터 프로그램을 무단 복제해서는 안 된다. 여섯째, 다른 사이트에 무단 침입을 해서는 안 된다. 일곱째, 저작권이 있는 자료(서적·잡지·음악)를 무단 복제해서는 안 된다. 여덟째, 인터넷에서 발견한 자료를 복사하여 그것이 마치 여러분의 작품인 것처럼 해서는 안 된다.

한편 FBI 역시 홈페이지에 아동 및 청소년을 위한 '인터넷 안전 지침'을 게시하고, 이의 적극적인 홍보에 나섰다. FBI가 제시한 '인터넷 안전 지침'은 다음과 같다. 첫째, 대화방이나 게시판에서 자신의 이름·집 주소·학교 이름·전화번호 같은 개인 정보를 함부로 알려 주어서는 절대 안 된다. 또한, 부모의 동의 없이는 채팅을 통해 알게 된 사람에게 절대 자신의 사진을 보내서는 안 된다. 둘째, 자신을 불쾌하게 하거나 위협하는 사람에게 절대 글을 써서는 안 된다. 셋째, 부모의 동의 없이는 인터넷에서 사귄 사람과 함부로 만나거나, 또는 그 사람이 집으로 찾아오게 해서는 절대 안 된다. 넷째, 자신을 불쾌하게 만드는 글을 인터넷에서 읽었을 때에는 부모에게 즉시 그 사실을 알려야 한다. 다섯째, 온라인에서의 사람들이 실제로 그런 사람들이 아닐 수도 있음을 항상 기억해야 한다. 12세 소녀라고 말하는 사람이 실제로는 나이가 많은 아저씨일 수도 있음을 명심해야 한다.

한편, 미국에서의 정보 윤리 교육에 대한 관심은 가정이나 학교에서 사이버 윤리를 어떻게 가르쳐야 하는지에 대한 관심으로 확대되기 시작하였다. 이에 따라, 사이버 윤리 교육을 위한 교육 과정 개발 및 교육 방법에 대한 연구들이 활성화되기 시작하였다. 먼저 미국의 한 연구 기관(www.cybersmartcurriculum.org)에서는 사이버 윤리 교육을 위한 교육 과정 및 교육 프로그램을 개발하여 제시한 바 있다. 스마트SMART라고 불리는 이 교육 과정에 의하면, 학교에서의 사이버 윤리 교육은 안전safety, 매너manners, 광고advertising, 연구research, 기술technology이라는 5가지 범주로 이루어지는 것이 바람직하다고 한다. 즉, 사이버 윤리 교육에서는 학생들이 인터넷을 안전하게 즐길 수 있는 방법, 인터넷을 사용할 때 학생들이 가져야 할 사회적·법률적·윤리적 책임, 학생들이 인터넷의 상업적 광고를 식별하고 자신들의 프라이버시를 지킬 수 있는 방법, 인터넷의 정보와 자원들을 효율적으로 탐색하기 위해 학생들이 알아야 될 전략, 인터넷의 과거 · 현재 · 미래와 관련하여 학생들이 알아야 할 정보에 대해 구체적으로 가르칠 필요가 있다고 한다. 이를 자세하게 살펴보면 [표 9]와 같다.

이 교육 과정의 장점은 학년이 증가함에 따라 학생들이 학습해야 할 내용의 위계를 명료화하고 동시에 그에 부합하는 교육 프로그램을 구체적으로 제시하고, 누구나 무료로 내려 받을 수 있도록 해놓았다는 점이다. 이 교육 과정을 통해 특히 우리가 주목해야 할 두 가지 사항이 있다. 첫째는 사이버 윤리 교육에서 기술 교육과 윤리 교육을 별개의 것으로 분리하지 않고 있다는 점이다. 학생들이 습득해야 할 기본적인 인터넷 기능을 숙달시키면서 윤리적인 성찰을 할 수 있도록 교육 내용이 편성되어 있다는 사실이다. 둘째는 정보 보호의 중요성, 사이버 공간의 특징 이해, 사이버 윤리 이해, 웹사이트에 대한 평가, 상업적 의도 인식하기 등을 유치원 수준에서부터 가르칠 것을 제안하고 있다는 점이다.

이 교육 과정을 통하여 유치원 및 초등학교 1학년 학생들에게 컴퓨터 윤리에 대해 가르치는 구체적인 방법을 소개하면 다음과 같다.

도입: 5명의 학생들로 하여금 각자 신발 한 짝을 벗게 한다. 신발을 커다란 상자 속에 집어넣는다. 학생들을 원 모양으로 둘러앉게 하고, 각자 상자 속에 손을 넣어 신발을 꺼내게 한다. 이때 교사는 원래 신발 주인이 자신의 것이라고 손을 들기 전에, 다른 학생들로 하여금 그 신발이 누구의 것인지 알아맞혀 보게 한다. 교사는 해당 학생에게 신발을 돌려주면서 "이것이 네 신발이니?"라고 묻고, 학생은 자기 것이라고 답을 한다. 학생들로 하여금 찾은 신발을 다시 신게 한다.

교수 활동 1: 교실 안의 대상물(컴퓨터, 책상, 장난감, 가구 등)을 지적하면서 걷는다. 이때 각 학생은 대상물을 한 개씩 지적하고, 그것의 소유자를 밝힌다. 교사는 학교에 속하는 물건을 포함하여 타인의 소유물을 존중해야 한다는 사실을 학생들에게 설명해 준다. 그리고 타인의 소유물에 대해 존중감을 표현할 수 있는 방법에는 어떤 것이 있는지 토의해 보게 한다.

교수 활동 2: 학생들에게 활동지를 나누어 준다. 학생들은 3쪽 분량의 활동지에 나타난 학습 절차에 따라 활동한다. 교사는 활동을 마친 후에 자신의 소유물에 대해 타인들이 어떻게 존중해 주기를 바라는지 그리고 타인의 소유물에 대해 앞으로 자신이 어떻게 존중해 줄 것인지에 대해 토의해 보게 한다.

정리 활동: 타인에게 속한 소유물들을 지적하고, 다음과 같이 질문한다. 이 물건은 누구의 것일까? 이 물건에 대해 우리가 존중감을 표현하는 방법은 무엇일까?

추수 활동: 이 프로그램이 끝난 후에 교사는 다음과 같은 추수 활동을 전개할 수 있다. 교사는 커다란 색지에 '존중 나무'를 그려 넣어 게시판에 부착한다. 이때 나뭇잎은 그리지 않는다. 교사는 학생들로 하여금 나뭇잎 모양의 작은 초록색 종이에 학교의 컴퓨터를 존중하는 방법을 적어 넣은 후 나뭇가지에 부착하도록 한다. 교사는 완성된 '존중 나무'를 통해 학급의 구성원들이 학교의 컴퓨터를 존중하는 방법에 대해 늘 생각할 수 있도록 한다.

정보 윤리 의식의 확산을 위하여 최근에 미국의 많은 비영리 단체들은 웹사이트를 통한 온라인 교육 프로그램을 강화하고 있다. 대부분의 단체들은 온라인 교육을 통해 사이버 공간에서 올바르게 행동하는 방법을 가르치는 데 초점을 맞추고 있다. 사이버 윤리 교육을 위한 대부분의 사이트들은 학생, 학부모, 교사를 위한 교육 내용을 고르게 갖추고 있다. 그러나 각 사이트마다 다른 사이트와는 구별되는 독특한 프로그램을 제시하고 있다는 점에서 내용 체계가 획일적인 우리나라의 교육용 사이트와는 커다란 차이가 있

단원	주제	유치원-1학년	2-3학년	4-5학년	6-8학년
안전	개인적인 신원 정보	*	*	*	*
	사이버 친구			*	*
	편안하게 느끼기			*	*
	채팅과 메시지 안전			*	*
	이메일 안전			*	*
매너	사이버 시민성			*	*
	법률 존중			*	*
	사이버 윤리	*	*	*	*
	네티켓		*	*	*
광고	상업적 의도 인식하기	*	*	*	*
	프라이버시		*	*	*
	검색 엔진과 디렉터리		*	*	*
연구	탐색의 요점	*	*	*	*
	웹사이트 평가	*	*	*	*
	숙제 도와주기			*	*
	도서관 기능	*	*	*	*
기술	커뮤니케이션 발명	*	*	*	*
	사이버 공간이란?	*	*	*	*
	인터넷의 작동 방식			*	*
	인터넷의 미래			*	*

표 9. 사이버 윤리 교육을 위한 교육 과정

다. 이러한 미국의 프로그램 가운데 우리에게 시사하는 바가 있는 몇 개의 온라인 교육 프로그램을 소개하면 다음과 같다.

미국 법무부와 미국정보기술협회Information Technology Association of American는 사이버 윤리와 시민의 책임 의식을 촉진하는 활동을 전개해야 한다는 사실에 동의하여 사이버 시민 파트너십을 탄생시켰다. 이 단체는 미국 내 학계, 정부 기관, 시민 단체가 합동으로 정보 윤리에 대한 인식을 제고하기 위한 캠페인을 벌이고 있다.

이 단체는 아동과 청소년들이 어떻게 온라인 환경에 대응해 나가야 하는지 알려주는 퀴즈 프로그램을 마련하고 있으며, 구체적으로 저작권 침해 행위가 무엇인지, 웹사이트 삭제가 무엇을 의미하는지 등에 대해 알려 주고 있다. 이 단체는 아동 및 청소년 교육 이외에 부모와 교사를 위한 지침서도 함께 제공하고 있다. 또한, 이 단체는 국제적인 활동도 강화하고 있다. 영어권인 영국, 필리핀과 함께 교육 과정을 구성하고 있는데, 그 과정은 초등학생부터 대학생을 커버하는 내용과 시민 단체와 부모를 위한 내용을 포함하고 있다.

이 단체는 웹사이트를 통하여 사이버 시민 인식 프로그램을 제공하고 있다. 사이버 시민 인식 프로그램은 아동과 청소년들에게 사이버 범죄의 위험성과 결과를 교육시키는 활동에 초점을 맞추고 있다. 이 프로그램은 아동과 청소년들에게 지적이고 윤리적이며 사회적 지각이 있는 온라인 행동을 발달시키기 위한 시도의 일환으로서 책임감과 공동체 의식을 갖도록 하는 데 그 목적을 두고 있다. 이 프로그램에서는 사이버 윤리를 "사이버 공간에서의 책임감 있는 사회적 행동"이라고 정의하면서, 부모와 교사 그리고 아동 및 청소년을 위한 교육 자료들을 제공하고 있다.

이 프로그램에서는 아동 및 청소년을 온라인으로부터 보호하기 위하여 부모, 교사, 비영리 단체, 정부, 기업이 공동 노력을 기울일 것을 강조하면서, 컴퓨터 범죄에 대한 인식 제고의 필요성을 역설하고 있다. 또한, 아동 및 청소년들로 하여금 온라인에서 올바른 행동을 할 수 있게 만들어 주는 네 가지 효율적 접근법을 부모와 교사들에게 다음과 같이 제안하고 있다. 첫째, 기술에 대한 기본적인 이해를 갖추게 한다. 둘째, 아동 및 청소년들과 함께 온라인에 접속한다. 셋째, 학교 내의 컴퓨터 사용을 위해 설정된 기준들을 숙지하게 한다. 넷째, 자녀들과 함께 온라인에서의 행동 규칙을 제정한다.

정보 윤리의 확산을 위한 미국의 사이버 시민 파트너십의 활동은 우리나라에 적잖은 시사점을 주고 있다. 첫째, 정보 윤리의 확산을 위해서는 부모, 교사, 비영리 시민 단체, 정부, 기업 등이 동반자적인 관계 속에서 공동 노력을 기울여야 한다는 사실을 일깨워 주고 있다. 둘째, 정보 윤리가 무엇이고, 인터넷으로부터 아동 및 청소년을 보호하기 위해서는 구체적으로 어떤 노력을 기울여야 하는지를 부모와 교사들에게 적극적으로 홍보할 필요가 있음을 알려 주고 있다. 셋째, 웹사이트를 운영할 때 부모, 교사, 아동 및 청소년이 모두 이용할 수 있고, 한 번의 클릭으로 쉽게 정보를 구할 수 있도록 다양하고 심도 있는 콘텐츠를 제공해야 한다는 사실을 강조하고 있다.

그 외의 웹 사이트에 대해 알아보면, 다음과 같다. 먼저 E-man Creations(www.e-mancreations.com/index.htm)는 지난 2000년부터 컴퓨터 기술을 책임 있게 사용할 줄 아는 능력을 길러 주기 위한 교육을 실시하고 있는데, 이 프로그램의 목적은 다음과 같다. 첫째, 아이들에게 인터넷 안전 규칙을 가르친다. 둘째, 아이들에게 윤리적인 온라인 행동 원리를 가르친다. 셋째, 아이들에게 책임 있는 사이버 시민 정신을 가르친다. 넷째, 아이들에게 사이버 안전과 사이버 윤리의 원리를 가르치기 위한 교육 과정을 개발한다. 다섯째, 아이들에게 인터넷과 세계의 연관성에 대해 가르친다. 여섯째, 아이들에게 온라인에서의 행동을 관리하기 위한 도구를 제공한다. 이러한 교육 목표를 달성하기 위해 이 사이트에서는 학생, 학부모, 학교를 위한 구체적인 교육 프로그램들을 제시하면서, 사이버 윤리 교육이 가정과 학교에서 함께 이루어질 수 있도록 유도하고 있다.

이 사이트에서는 E-man을 기술 시대의 초영웅, 즉 기술을 책임 있게 사용할 줄 아는 사람으로 규정하고, 모든 학생들이 초영웅이 될 것을 독려하고 있다. 'E-man 사이버 안전 및 윤리 교육 과정'은 학생들에게 인터넷의 기본 원리, 사이버 안전, 사이버 윤리를 가르치도록 설계되어 있다. 즉, 이 교육 과정은 ① 인터넷에 대한 일반적인 이해를 갖게 하기, ② 기본적인 인터넷 서핑 기술을 익히고 기본적인 사이버 용어를 학습하기, ③ 온라인 프라이버시와 안전 문제를 인식하기, ④ 성공적인 온라인 여행을 보장하는 구체적인 행동을 학습하기, ⑤ 인터넷의 다양한 용도에 대한 이해를 향상하기, ⑥ 사이버 시민의 책임에 대해 학습하기, ⑦ 사이버 안전 및 윤리 강령을 학습하기, ⑧ E-man 인터넷 여권을 취득하기로 되어 있다.

E-man 교육 프로그램의 독특한 점은 사이버 윤리의 필요성을 아주 쉽게 설명하고 있다는 점이다. 이 프로그램은 우리가 해외여행을 할 때 여권을 필요로 하듯이, 인터넷 서핑을 하기 위해서는 인터넷 여권이 필요하다는 점을 강조하고 있다. 그런데 이 여권은 아무나 발급 받을 수 있는 것이 아니라, 책임감 있는 사이버 시민으로서 갖추어야 할 행동 요령을 숙지하고 있을 때에만 가능한 것이다. 즉, 사이버 윤리 의식이 없이는 인터넷을 통한 여행을 할 수 없다는 논리이다. 이러한 맥락에서 이 프로그램에서 강조하고 있는 것이 바로 'E-man 맹세'인데, 이것은 지구 공동체의 구성원으로서 사이버 안전과 사이버 윤리에 입각하여 행동할 것을 다짐하

는 맹세 형식으로 되어 있다. 그 구체적인 내용을 소개하면 다음과 같다. "나는 책임감 있는 사이버 시민입니다. 지구 공동체의 한 구성원으로서 나는 사이버 안전과 윤리 강령을 준수할 것을 맹세합니다. 사이버 공간에 있을 때, ① 나는 타인을 존중하고 정중하게 의사소통할 것입니다. ② 모든 저작권 법률을 지킬 것입니다. ③ 나는 부모님과 선생님이 설정해 놓은 모든 규칙들을 준수할 것입니다. ④ 나는 낯선 사람에게 나의 이름, 주소, 전화번호를 알려 주지 않을 것입니다. ⑤ 나는 대화방에서 만났던 어떤 사람과도 현실 공간에서 만날 약속을 하지 않을 것입니다. ⑥ 나는 어른들과 상의하지 않은 채 낯선 사람이 보낸 이메일이나 첨부 파일을 함부로 열어보지 않을 것입니다. ⑦ 나는 온라인에서 찾아낸 정보를 이용하여 타인에게 해를 주는 행동을 하지 않을 것입니다. ⑧ 나는 인터넷이 전 세계 모든 사람들에 의해 공유되는 것임을 결코 잊지 않을 것입니다."

한편, America Links Up(www.netparents.org)은 미국의 모든 아이들이 사이버 공간에서 안전하고, 교육적이며, 보람 있는 경험을 가질 수 있도록 하기 위한 인식 제고에 초점을 맞추고 있다. 이 사이트는 학부모와 아이들을 대상으로 사이버 공간에서 안전한 여행을 하는 방법을 구체적으로 소개하고 있다. 이 사이트는 먼저 학부모와 아이들에게 인터넷에 대한 기본 지식을 전달하고 있다. 인터넷이란 무엇이고, 어떻게 작동하는 것인지, 그리고 인터넷을 통해 무엇을 할 수 있는지 등을 학부모용과 학생용으로 구별하여 아주 쉽게 제시하고 있다. 또한, 아이들에게 교육적으로 유용한 여러 사이트들을 소개하고 있으며, 인터넷 관련 용어들을 쉽게 풀이해 줌으로써 인터넷에 대한 기본 지식을 심화시켜 주고 있다. 동시에 이 사이트에서는 사이버 공간에서 안전하게 여행할 수 있는 학부모 지침 및 학생 지침을 구체적으로 제시하고 있다.

먼저 학부모를 위한 지침의 내용은 다음과 같다. ① 아이와 함께 인터넷 여행을 해야 한다. 자녀가 온라인에서 무엇을 하고 있는지 그리고 자녀의 관심사가 무엇인지 확인할 시간을 가져야 한다. ② 인터넷상의 대화방이나 게시판 같은 공적 장소에서 만난 사람들에게 함부로 개인 정보를 누설하지 않도록 아이들을 가르쳐야 한다. ③ 온라인에서 만난 사람과 1대 1로 현실 공간에서 절대 만나지 않도록 지도해야 한다. ④ 외설적이거나 위험한 내용의 이메일을 받거나 대화를 요청받았을 때에는 절대 반응하지 않도록 가르쳐야 한다. ⑤ 아이의 인터넷 사용에 대한 분명한 기준을 설정해 두어야 한다. 차단 소프트웨어의 사용 여부를 결정해야 한다. ⑥ 가급적 컴퓨터를 거실이나 공개된 장소에 설치하고, 온가족이 컴퓨터를 공유할 수 있게 한다.

한편, 학생을 위한 지침의 내용은 다음과 같다. ① 나는 부모님의 동의 없이는 나 자신 및 우리 가족에 대한 정보를 함부로 공개하지 않을 것이다. ② 온라인에서 나를 불편하게 만드는 무엇인가를 받았을 때에는 절대 반응하지 않을 것이다. 나는 바로 그 자리를 떠나 부모님에게 사실을 알릴 것이다. ③ 나는 부모님의 동의 없이는 온라인에서 만난 사람들과 현실 공간에서 절대 어울리지 않을 것이다. ④ 나는 내가 알지 못하거나 믿지 못하는 사람들로부터 온 이메일, 첨부 파일, 링크 등 그 어떤 것도 함부로 열어 보지 않을 것이다. ⑤ 나는 부모님을 제외하고는 그 어느 누구에게도 나의 비밀 번호를 알려 주지 않을 것이다.

한편, 불법 사이트 문제와는 별도로 지난 10년간 어린 학생들을 포함한 수많은 해커들이 공공기관 혹은 사기업 사이트들을 대상으로 해킹을 가하여 수조 달러의 손실을 입혀 왔다. 그러나 크리스털, 가이드, 샐피터(Crystal, Geide, & Salpeter. 2000)는 2000년 47,235명의 초·중등학생들을 대상으로 한 설문 조사에서 48%의 학생들이 해킹을 범죄의 일종으로 여기지 않고 있다는 것을 밝혀

내었다. 그래서 미국에서는 사이버 윤리학 관련 커리큘럼을 개발·적용하려는 다양한 시도를 하고 있다. 미국에서는 정보를 처음 접하는 유·초등학생 때부터 윤리적 의사 결정 능력을 길러 주어야 불법 복제 또는 남의 글 도용과 같은 정보 범죄와 비윤리적 행위를 억제시킬 수 있다는 주장이 설득력을 갖고 있다. 그러나 어떻게 가르칠 것인가에 대해서는 많은 논란이 존재하고 있다. 도덕 교육과 정서 교육에 사용되었던 가치 명료화 방법을 비롯한 일부 교수 모델과 전략들은 경험적 연구들에 의해 비효과적인 교수·학습 방법이라는 것이 증명되어 왔다. 특정 규칙이나 윤리 내용에 대해 강의 혹은 설교 식의 수업 방식도 역시 비효율적인 교수 방법으로 드러났음에도 불구하고 여전히 폭넓게 사용되고 있다. 불행히도 많은 교재와 교육 과정은 이러한 주입식 교수법을 채택하고 있다.

이에 반해 도덕 토론에 있어서 소크라테스 식의 대화법과 사회적 관점 채택 기법 같은 방식은 많은 연구들에 의해 그 효율성이 뒷받침되고 있다. 베어(Bear, 1986) 교수는 도덕 딜레마 토론 모형, 법리적 모형jurisprudential model, 가치 분석 모형 등이 문제 해결 학습과 관련해 컴퓨터 윤리 교육에 적합한 모형들로 추천하고 있다. 이러한 모형들을 통해 학생들은 능동적인 학습자로서 학교와 학급의 컴퓨터 사용에 대한 규칙들을 스스로 제정하고 지키도록 학습받고 있다.

한편, 미국의 정보 윤리 교육은 주로 대학 교육 수준에서 아주 활발하게 이루어지고 있다. 예를 들어, 델라웨어 대학교의 베어(Bear, 1986) 교수는 「컴퓨터 윤리학 교수법Teaching computer ethics: why, what, who, when and how」이라는 논문에서 그 당시 미국 내의 컴퓨터 윤리 교육의 부재를 지적하면서 나름대로 컴퓨터 관련 정보 윤리 교육 방안을 제시하려고 하였다. 그가 제시하고 있는 컴퓨터 윤리 교육은 초·중·고등학교 학생들을 대상으로 하면서 다음과 같은 내용을 포함하고 있었다: 저작권법과 문제들, 프라이버시, 컴퓨터 범죄와 남용, 정보의 자유와 프라이버시의 대립, 해킹, 공정하고 동등한 분배와 컴퓨터의 사용, 하이테크/하이터치, 프로그래머와 사용자의 책임, 파괴주의, 표절, 정부의 정보 통제, 컴퓨터와 군대, 컴퓨터와 실직, 교실에서의 컴퓨터 이용 규칙, 컴퓨터 공포증, 비디오 게임, 개인 컴퓨터와 공공 컴퓨터, 컴퓨터 에러, 정보화 시대, 비현금화 시대, 전자 별장, 슈퍼컴퓨터, 인공지능, 로봇 공학(p. 116).

컴퓨터 윤리를 가르치는 방법에 대하여 베어 교수는, 위에서 밝힌 바와 같이, 도덕 딜레마 토론 모델, 법리학적 모델, 가치 분석 모델을 추천하고 있다. 예를 들어, 친구를 위해 비싼 디스켓을 복제해 줄 것인가 아니면 친구를 잃을 것인가라는 딜레마가 제시되었을 때, 학급의 학생들은 다양한 행동을 포함하는 대안들을 제시하고 각 대안의 근거가 되는 이유들을 제시할 수 있다. 베어 교수는 또한 위의 학습 모델에서 사용하는 자료로 신문, 잡지, TV 프로그램, 실제 경험들을 제시하고 있다. 이러한 토론 중심의 학습 효과를 더욱 배가시키기 위하여 학생들로 하여금 학교 혹은 교실에서의 컴퓨터 사용 규칙들을 자신들이 직접 참여하여 제정하도록 해야 한다고 그는 주장하였다. 또한 컴퓨터 사용과 관련된 각 교과목에서 학생들로 하여금 소집단 활동을 통해 설문 조사, 인터뷰, 컴퓨터 정보 사냥, 현장 학습 같은 다양한 방식으로 컴퓨터 관련 윤리적 문제들과 사회적 이슈들에 접근할 것을 추천하고 있다.

현재 미국의 로체스터 대학교에서도 컴퓨터 윤리학을 철학과 강좌 중의 하나로 채택하고 있다. 이 강좌의 소개 글을 보면 다음과 같다: "컴퓨터는 20년 전과는 비교도 할 수 없을 정도로 사람들의 생활에 많은 영향을 끼치고 있다. 컴퓨터를 통하여 범죄를 저지르고, 타인의 삶에 영향을 끼치고, 타인의 것을 도둑질하는 새로운 방식들이 등장하게 되었다. 소프트웨어의 저작권 침해, 컴퓨터 해킹, 전산화된 각종 기록의 누설 같은 문제들이 컴퓨터를 사용하는 많은 사람들에게 중요한 이슈들이 되고 있다. 본 컴퓨터 윤리학 강좌를 통해 컴퓨터가 사회에 어떻게 영향을 미치며, 나아가 미래에 미칠 영향까지도 살펴볼 것이다. 이러한 문제들은 저작권 침해, 해킹, 바이러스, 소프트웨어를 사용하는 데 있어서의 책임과 의무, 가상 포르노, 개인에 대한 침해, 직장에서의 사적인 컴퓨터 사용, 마지막으로 인공지능과 전문가 체제의 활용 등의 문제들을 포함하고 있다. 본 강좌는 또한 컴퓨터를 사용하는 사람들이 부딪치게 되는 도덕적이고 전문적인 문제들을 다룬다."[1] 미국의 미시건 대학교에서는 사범대생을 대상으로 하는 정보 공학 강좌가 있는데, 이 가운데 '윤리학과 정보 공학'에 대해서 다루는 시간이 있다. 이 강좌는 인공지능이 사회에 미치는 영향, 저작권 문제, 온라인 자료에 대한 불법적인 접근, 컴퓨터가 바이러스에 전염되는 방식을 다룬다. 이러한 컴퓨터 관련 윤리적 이슈들과 더불어 현대 의학의 발달에 뒤따르는 결과에 대해서도 다루고 있다.

사범대생들에게 실제적인 교수 자료를 제공하기 위하여 브라운 교수(Brown, 1997)는 학생들과 함께 정보 윤리와 관련된 문제들을 탐색하는 데 중점을 둔 네 가지 학습 활동들을 개발하였다. 이 활동들은 학생들의 사고, 토론 능력, 그리고 의사 결정 능력을 발달시키기 위해 고안되었다. 활동들 대부분은 의도적으로 확실한 답변을 요구하지 않는 개방된 질문들로 구성되었다. 즉, 학생들은 다양한 관점들을 통하여 정보 윤리와 관련된 문제들에 접근하도록 요구된다. 이러한 활동들의 목적으로는 학생들로 하여금 다른 사람이 어떻게 생각하는가를 알게 하고, 가능한 결론을 고려해 보며,

---

1) http://www.ling.rochester.edu/~duniho/ph1117/index.html

나아가 학생들 자신의 가치들을 보다 더 잘 파악하도록 하는 데 있다. 브라운 교수는 이러한 활동들이 학년 수준에 맞게 사용되어야 한다고 주장한다. 그러면 활동의 구체안을 살펴보도록 하자.

첫째, '저작권 침해'에 대한 활동으로서, 이것은 초등학교 5학년부터 중학교 2학년 학생들에게 적당하다.

교사를 위한 지침

본 활동을 시작하기 전에 학생들에게 소프트웨어 복제가 불법임을 알게 할 필요가 있다. 학생들은 또한 타인의 컴퓨터 안에 들어 있는 파일을 복제하는 것이 잘못된 일임을 알고 있어야 한다. 즉, 교사는 이 활동을 시작하기 전에 이러한 사항에 대해 잠시 학생들과 토론해야 한다. 본 활동은 전체 학생들을 단위로 이루어질 수도 있고, 소집단 활동을 통하여 이루어질 수도 있다. 또 다른 대안으로는 학생들과 함께 저작권 침해의 불법성을 토론한 다음 학생들에게 아래의 상황을 과제로 내주는 방식도 가능하다.

학습지 '저작권 침해'

아래 상황을 읽고 각 상황에서 여러분은 어떻게 행동할 것인지에 대해 기술하시오.

상황 1

캐시와 마가렛은 가장 친한 친구 사이이다. 그들은 현재 중학교 2학년이며 초등학교 1학년 때부터 친구로 지내왔다. 작년에 캐시의 부모님께서 캐시에게 컴퓨터를 한 대 사주셨고, 동시에 상당히 많은 소프트웨어도 사주셨다. 하지만 마가렛의 부모님은 마가렛에게 단지 컴퓨터만 사주셨고 소프트웨어는 아직 사

주시지 않았다. 마가렛은 캐시가 가지고 있는 모든 소프트웨어
는 빌려달라고 한다. 캐시는 소프트웨어 복제가 불법인 것을
알고 있지만, 마가렛과는 절친한 친구 사이이다.

여러분이 캐시라면 어떻게 하겠는가? 그렇게 생각한 이유
는 무엇인가?

상황 2

매트는 6학년이다. 그의 선생님은 학급 학생들 전체에게 보고
서 숙제를 내주었다. 선생님은 보고서의 주제는 상관없이 제출
하는 페이지의 양을 세 장으로 제한하였다. 매트는 자신의 보
고서를 학교 컴퓨터실에서 작성하기로 마음먹었다. 매트가 컴
퓨터의 전원을 켰을 때 하드디스크에 10개의 문서 파일이 있는
것을 발견하였다. 10개의 문서 모두 세 장짜리 보고서였다. 문
서를 작성한 날짜는 3년 전이었고, 표지를 보니 현재 더 이상
학교에 근무하지 않는 선생님이 담당했던 수업시간의 과제들
이었다. 매트는 그것을 출력해서 이번 과제를 대신할 수 있다.
자신 이외에는 아무도 알지 못할 것이며, 과제를 작성하는 수
고 대신 운동장에 나가 야구를 할 수 있다.

여러분이 매트라면 어떻게 하겠는가? 그렇게 생각한 이유
는 무엇인가?

활동 후기

브라운 교수는 위 활동 후 모은 학생들의 소감을 다음과 같이 제시
하고 있다.

"소프트웨어 복제가 불법임을 알았습니다."
"사람들은 타인이 자신의 하드디스크에 접근하지 못하도록 주

의해야 합니다."

"위의 두 상황을 통하여 불법 복제에 뒤따르는 결과를 두 가지 관점에서 바라볼 수 있었습니다. 첫째는 불법 복제가 저작자에게 얼마나 해를 끼치는가와, 둘째로는 불법 복제가 복제자의 인격에 얼마나 해가 되는지에 관해서이다(p. 39).

둘째, '네트워크 보안' 활동으로서, 이것은 중학교 1학년으로로부터 고등학교 3학년 학생들을 대상으로 한 것이다.

교사를 위한 지침

활동과 기록지에 대한 설명을 마친 후 4명씩으로 소집단을 구성한다. 본 활동의 주요 목적은 학생들로 하여금 다양한 해결책을 탐색하고, 모든 대안들을 고려하는 것이다.

이 활동 역시 개방된 토론으로 이끈다. 학생들에게 최종 해결책을 결정하도록 하지 말고, 대신 모든 각도에서 주어진 상황을 바라보도록 하는 것이 중요하다.

'네트워크 보안'

각 집단에서 아래의 상황을 큰 소리로 읽는 사람을 결정한다. 각 집단별로 나누어준 활동지에 실려 있는 질문들에 각각 답변한다. 가능한 해결책을 고려하는 데 20분의 시간을 갖는다. 20분 후에 전체 토론 시간을 갖는다. 토론하는 동안 각 집단은 가능한 해결안을 한 가지씩 제시한다.

상황

머피 선생님은 종종 컴퓨터실을 열고 학생들이 사인하고 컴퓨터 작업을 시작할 때까지 기다렸다가 복사하러 가거나, 회의 참석차 혹은 학생들을 상담하거나 학생들의 보고서를 평가하기 위해 자리를 잠시 비운다. 그녀는 30분마다 컴퓨터실로 돌아와 모든 것이 잘 진행되는지 확인한다. 머피 선생님은 다음과 같은 컴퓨터실 이용 규칙을 벽에 붙여 놓았다.

1. 음식이나 음료를 반입하지 말 것.
2. 소프트웨어 복제를 하지 말 것.
3. 자신의 온라인 특권들을 남용하지 말 것.
4. 주변을 처음 상태로 정리정돈할 것.

이번 학기에는 역사과 수업과 관계된 보고서 작성이 있는 관계로 컴퓨터실이 아주 붐빈다. 보고서 준비를 위하여 학생들은 온라인 자료에 접속하는 방법과 문서 작성법을 배웠다. 화요일 오후, 4명의 학생이 우연히 온라인 검색을 하던 중, 학교에서 관리하는 주 컴퓨터 시스템에 접속하는 코드를 발견하였다. 그들은 자신들이 교육청 산하 모든 학생들의 전산 기록이 담긴 학생 관리 자료에 접속할 수 있음을 알았다. 위 네 학생들은 온라인 기록들, 즉 다른 친구들의 성적과 수년에 걸친 교사들의 학생들에 대한 평정들을 보는 데 한 시간 이상을 보냈다. 학생회 대표인 메리가 그들 옆에 앉아 있었으며, 그들이 하고 있는 것을 알아챘다. 그러나 그중 한 학생은 그녀의 가장 친한 친구인 제인이었다. 네 명의 학생들은 컴퓨터를 껐다. 그리고 그중 한 학생이 제인에게 "오늘 기하학 점수처럼 다음번에는 내 생물 점수 C를 A로 바꿀 거야. 제인, 너도 바꾸고 싶지?"라고 말했다. 제인은 웃음으로 대답하고 걸어 나갔다.

메리는 머피 선생님이 이 사실을 안다면 교장 선생님께 알리고 제인을 포함한 네 명의 학생들에게 제재를 내릴 것임을 알고 있다. 그녀 역시 그들이 행한 것은 불법이며, 만약 붙잡힌다면 법에 의해 상당한 처벌을 받으리라고 생각했다.

질문

1. 메리는 어떻게 해야 하는가?
2. 각 집단에서 메리가 할 수 있는 가능한 방안들을 제시하시오.

각 해결책들을 접한 후에 자신의 집단에서 제시한 각 해결안을 다음과 같은 방식으로 만드시오.

a. 해결 방안을 다음과 같이 진술하라.

"우리가 제안하는 해결 방안은 __________이다."

b. 위의 해결책을 제시하게 된 이유를 기술하라.

"우리는 메리가 __________한 이유로 그렇게 해야 한다고 생각한다. 우리는 이 계획안이 __________하기 때문에 성공하리라고 본다.

c. 위 해결책이 윤리적인가?

"우리는 위 해결책이 _____때문에 윤리적__________라고 본다.

d. 메리가 위의 해결책대로 행동했다면 그녀의 친구들과 학급 동료들이 어떻게 반응할지에 대해 설명하라.

"만약 메리의 친구들이 그녀가 이러한 해결 방안대로 행동한 것을 안다면 그들은 __________할 것이다."

당신의 생각을 적고 다른 사람들과 토론할 준비를 하시오. 당신이 적은 것은 토론 후에 수합될 것입니다.

활동 후기

브라운 교수는 위의 활동 후에 학생들로부터 다음과 같은 의견들을
수합했다.

> "저는 각 집단에서 나온 서로 다른 해결안을 매우 흥미롭게 들었
> 습니다. 어떤 안은 우리가 내린 해결 방안과 매우 유사하였고, 다
> 른 안들은 다른 관점들을 가지고 있었습니다."
> "이런 경험을 통하여 우리는 어떤 행동이나 결정 뒤에 뒤따르는
> 결과를 생각해 볼 수 있었습니다."
> "저는 이 활동 시간에 우리의 생각을 표현해야 한다는 점을 높이
> 평가하고 싶습니다."
> "사람들이 서로 어떻게 다르게 바라보는지를 아는 것은 매우 흥
> 미로운 일입니다."
> "위 문제는 실제 생활과 관련되어 있고, 학생들은 메리의 관점에
> 서 그 문제를 바라볼 수 있었습니다."
> "이 활동을 통하여 저는 합법적인 일과 불법적인 일을 구분하게
> 되었습니다."(p. 40)

한편, 아이오와 주립 대학교는 소프트웨어와 지적 재산권에 대
하여 다음과 같은 내부 규정을 만들었다. 실제로 아이오와 대학교
는 이 규정들을 학내법의 716A항에 성문화하였다.

첫째, 제한된 데이터베이스에 허가 없이 접속하는 일은 비윤리적
　　　행위이다.
둘째, 개인이 컴퓨터 시설을 사용할 때는 소유인이나 관리자로부
　　　터 허가를 받아야 한다. 타인의 비밀 번호를 바꾸는 행위는
　　　비윤리적 행위이다.

셋째, 사용자는 컴퓨터 하드웨어, 계정, 사용자 번호를 이용함에 있어 책임을 진다.

넷째, 사용자는 허가 없이 개인 파일에 접속, 검색, 복사 혹은 변경하는 일을 해서는 안 된다.

다섯째, 대학 내 컴퓨터 시설은 대학의 귀중한 재산이므로 소중히 여겨야 한다.

여섯째, 대학 시설물에 대한 적합한 사용 정책과 윤리 행위는 모든 형태의 전자 통신에 적용된다.

일곱째, 하드웨어, 소프트웨어, 사용 설명서, 관련 물품은 허가 없이 컴퓨터실 밖으로 반출해서는 안 된다.

여덟째, 어떤 종류의 컴퓨터 하드웨어 혹은 소프트웨어에 대한 남용 혹은 오용은 불법적 · 비윤리적 행위로 간주된다.[1]

지금까지 살펴본 바와 같이, 미국의 정보 윤리 교육에 있어서 가장 큰 시사점은 바로 정부 기관과 학계, 민간 단체의 유기적 협력 체제 속에서 정보 윤리 교육이 실행되고 있다는 점이다. 또한, 미국의 정보 윤리 교육 현황 분석을 통해 우리가 주목해야 할 또 다른 사항으로 정보 윤리 교육의 방법론에 대한 미국 학계의 관심과 노력을 들 수 있다. 우리나라에서는 정보 윤리 교육의 목표와 내용만 강조할 뿐 정보 윤리를 가르치기 위한 구체적인 교육 방법에 대한 학계의 연구와 실천은 매우 미진한 편이다. 미국의 정보 윤리 교육 방법론에 관한 연구 결과에 의하면, 정보 윤리 교육은 학습자의 능동적인 참여를 근간으로 하는 가운데 사례를 위주로 한 토의식 수업이 효율적이라고 한다.

---

1) http://www.cc.iastate.edu/olc_answers/information/policy/ethics.html

14. 인터넷 중독 예방 교육

30-40명씩 집단을 이루며 사냥과 채집에 의존하며 살았던 최초의 인류는 약 2만 년 전부터 가축을 사육하고 일정한 지역에 정착하여 토지를 경작하였다. 이러한 농경과 목축 사회를 거쳐 인간은 기원전 6천 년 경 이래로 왕이나 황제의 통치하에 발전된 도시 문명을 가진 전통 국가를 형성하여 살았다. 18세기에 시작된 산업화와 20세기 후반의 정보화를 거치면서 이제 인류는 현실 사회만이 아닌 사이버 사회를 형성하며 살고 있다. 시간과 공간의 제약으로부터 비교적 자유로운 사이버 사회의 출현은 인류 역사상 그 어느 것과도 비교할 수 없는 가히 혁명적인 사건이라고 할 수 있다. 그리고 지금 우리는 이러한 혁명적 변화를 주도하고 있는 인터넷 강국의 구성원으로서 살고 있다.

현재 우리 국민 중 인터넷 사용자는 3천만 명을 넘어섰으며, 전체 국가 중에서 여섯 번째로 많은 인터넷 사용자를 보유하고 있다. 1995년도 말에 36만 6천 명에 불과하던 인터넷 사용 인구가 불과 몇 년 사이에 급증한 것이다. 현재 초등학생의 88.4%, 중학생의 99.8%, 고등학생의 99.9%가 인터넷을 이용하고 있으며, 세대별로 볼 때에는 아동 및 10대의 93.3%, 20대의 84.6%, 30대의 61.6%, 40대의 35.6%, 50대 이상의 8.7%가 인터넷을 이용하고 있다(한국전산원, 2002). 전체적으로 볼 때, 전체 인구 10명 당 6명이 인터넷을 사용하고 있고, 전체 가구의 70%가 초고속 인터넷에 가입해 있으며, 하루 평균 2시간 29분을 인터넷에 매달려 보내고 있다. 그러나 동시에 인터넷의 과도한 사용으로 인한 폐해가 점차 커지고 있다. 그 결과, 인터넷 중독이라는 용어가 이제 일상적인 용어로 자리를 잡고 있을 정도이다.

인터넷 중독은 인터넷 사용이 지나쳐서 이용자의 일상생활에 심각한 정신적·경제적·직업적·사회적 기능 손상을 초래하는 상태를 의미한다. 인터넷 중독이라는 용어는 1996년 미국의 심리학자인 골드버그Goldberg에 의해 처음 사용되었고, 같은 해 심리학자 영Young이 미국심리학회APA에서 인터넷 중독 척도를 발표함으로써 공식화되었다. 최근 국내에서 조사된 바에 의하면, 적게는 10%에서부터 많게는 30%의 아동 및 청소년들이 인터넷 중독 징후를 보이고 있다고 한다(청소년보호위원회, 2000; 황상민, 2001). 특히 인터넷 중독 징후를 보이는 아동 및 청소년들은 우울증, 높은 사회 불안, 낮은 자아 존중감, 빈약한 문제 해결 능력, 왜곡된 인지적 특성 같은 성격 특성의 결함을 나타내고 있다고 한다(한국정보문화센터, 2002).

게임 중독, 채팅 중독, 음란물 중독 등과 같은 인터넷 중독은 약물 중독과 마찬가지로 의존성, 내성, 금단 증상을 야기한다. 인터넷 중독은 인터넷 이용자로 하여금 한시라도 사이버 공간을 떠나서는 살 수 없는 존재가 되게 만들고, 폭력이나 음란물에 무차별적으로 노출됨으로써 현실과 사이버 공간을 구별하지 못하고 무감각하게 폭력을 자행하거나 무절제한 행동에 빠지게 만들기도 한다. 나아가 가상 이미지가 동일시의 대상이 되어 자기 정체성을 상실하거나 심지어는 모방 범죄를 자행하도록 만들기도 한다. 이처럼 인터넷 중독이 파생시키는 문제들은 성장기에 있는 아동 및 청소년에게는 매우 치명적인 것이기에, 이의 예방을 위한 적극적인 교육적 개입 및 치료가 요구되고 있다.

그러나 인터넷 중독에 대한 교육적 처방 노력은 매우 저조한 상태이다. 교육인적자원부는 7차 교육 과정에 의거한 '초 · 중등학교 정보 통신 기술 교육 운영 지침'을 2000년에 제시한 바 있다. 이것에 의하면, 정보 통신 기술 소양 교육은 "정보의 이해와 윤리," "컴퓨터 기초," "소프트웨어의 활용," "컴퓨터 통신," "종합 활동"의 5개 영역으로 구분된다. 또한, 정보 통신 기술 소양 교육은 5단계(1단계: 초등 1 · 2학년, 2단계: 초등 3 · 4학년, 3단계: 초등 5 · 6학년, 4단계: 중학교 1 · 2 · 3학년, 5단계: 고등학교 1학년)로 나뉘어 실행되게 된다. 교육인적자원부는 정보 통신 기술 교육이 각 학교의 실정, 학생의 능력과 수준을 고려하여 융통성 있게 이루어지도록 권장한 바 있으나, 인터넷 중독은 이 지침에 포함되어 있지 않다.

그 결과, 현재 학교 현장에서 인터넷 중독을 예방 혹은 치료하기 위한 교육적 시도가 제대로 이루어지지 못하고 있다. 한국정보문화진흥원을 비롯한 일부 연구 기관에서 교사들을 대상으로 하는 인터넷 중독 상담 전략에 관한 연수를 실시하고 있기는 하지만, 그 수혜자가 극소수에 이르기 때문에, 대부분의 교사들은 아동 및 청소년의 인터넷 중독에 대해 속수무책인 상태이다. 또한, 도덕과에서 정보 윤리 교육의 일환으로 부분적으로 실시되고 있는 인터넷 중독에 관한 교육의 경우, 인터넷을 계획적으로 사용할 줄 알아야 한다는 당위적인 명령을 학생들에게 제시하는 데 그치고 있다. 인터넷 중독은 몰입과 집중이라는 성격이 강하므로, 인터넷 중독 예방 교육을 실시할 때에는 인터넷을 사용하지 못하게 하거나 사용

시간을 줄이는 식의 강제적이고 명령적인 방법보다는 인터넷을 사용하고 있는 학생들의 자기 통제력 및 자기 효능감을 높여 주고, 그들의 관심과 집중을 자연스럽게 옮길 수 있는 능력을 길러주는 것이 바람직하다.

1. 인터넷 중독의 개념

일반적으로 중독이란 특정한 기호, 습관 또는 행동에 스스로 빠지거나 자신을 내맡기는 상태를 의미하며, 기분을 변화시키기 위해 특정 물질에 의존하는 물질 중독과 특정한 활동이나 사건에 의존하는 과정 중독으로 구분할 수 있다(이인혜, 1999). 일반적으로 알려져 있는 물질 중독으로는 니코틴 중독, 알코올 중독 및 다양한 불법적 약물 중독 등을 들 수 있다. 과정 중독은 행위 중독이라고도 하며, 도박 중독, 섹스 중독, 일중독, 운동 중독, 쇼핑 중독 및 TV 중독 등이 포함된다. 이러한 중독의 공통적인 특징은 중독된 행위를 통해 기분 변화를 추구한다는 점이며, 또한 그 결과로 당사자들의 건전한 정상 생활을 상당히 방해하게 된다는 점이다. 최근에 들어서 새롭게 등장하고 있는 행위 중독의 형태로 인터넷 중독을 들 수 있다. 인터넷을 사용하고 있는 다수의 사람들은 정상 생활이 방해받는 중독 상태에 빠지지는 않지만, 일부의 사람들은 합리적인 기대를 넘어서 인터넷에 몰입하게 되고, 나아가 중독 상태인 인터넷 중독 장애를 겪고 있는 것으로 보고되고 있다(양돈규, 2000).

중독 현상의 생물학적 기제는 뇌신경 전달 물질인 도파민Dopamine 가설과 세로토닌Serotonin 가설로 설명되고 있다. 도파민과 세로토닌은 대표적인 신경 전달 물질로서 대뇌 전반에 걸쳐서 신경 해부학적 세포군을 형성하고 있다. 도파민 가설은 학습과 행동 강화에 대한 동물 실험의 결과에 근거한 것이다. 도파민 신경원은 개체 행동의 동기 유발과 관련된 신경 해부학적 구조로 알려져 있다. 실험 결과에 의하면, 알코올, 필로폰, LSD 등의 많은 중독 물질이 강력한 도파민계 신경 세포 자극 효과를 보이고 있으며, 도파민계 신경 세포의 자극은 중독의 생리 현상과 유사한 고도의 행동 강화 효과를 유발한다고 한다. 예를 들어, 실험용 흰쥐 대뇌의 도파민 신경원에 연결된 전극과 이를 자극하도록 설계된 페달을 설치해 놓을 경우, 우연히 그 페달을 밟아서 자신의 도파민계가 자극되는 것을 학습하게 된 흰쥐는 자극 횟수를 늘리기 위해 점점 더 페달을 밟는 횟수를 늘려가며(내성), 결국에는 먹이를 먹는 것도 잊고 페달에서 잠시도 떨어지지 않은 채 밟기만을 계속하다가(금단), 결국은 지쳐서 사망하게 된다.

세로토닌 가설은 정신 약물학적 연구 결과에 근거를 두고 있다. 최근에 개발된 세로토닌 차단 약물들은 우울증과 다양한 강박증 관련 장애에 신뢰할 만한 치료 효과를 보이고 있으며, 병적 도박 같은 몇 가지 중독성 행동의 완화에도 도움을 주고 있다. 세로토닌 신경원은 대뇌 전반에 걸쳐 억제 능력을 가진 것으로 알려지고 있다. 따라서 선택적 세로토닌 재흡수 차단제의 사용은 이러한 억제 능력을 향상시켜 강박 사고 및 강박 행동과 충동적 행동을 완화시키는 데 효과적이다(김주한, 2001).

골드버그Goldberg는 1996년에 '인터넷 심리학Psychology of the Internet'이라는 이메일 그룹에게 보낸 메시지에서 인터넷 중독을 질병으로 규정하고 이를 병적인 컴퓨터 이용pathological computer use으로 명명한 바 있다. 즉, 오랜 시간 동안의 컴퓨터 이용으로 인해 불안, 직업적 · 학업적 · 사회적 · 가족적 · 경제적 · 심리적 · 육체적 역할 또는 기능들의 축소를 유발할 때 이를 인터넷 중독으로 정의한다. 골드버그가 정의한 인터넷 중독은 임상적으로 중요한 장애나 고통을 유발하는 비적응적 인터넷 사용 행태를 말하며, 1년 이내에 다음에 기술하는 증상 중 세 가지 이상을 나타낼 때 이를 인터넷 중독 질병으로 간주한다는 것이다: ① 내성: 만족에 도달하는 인터넷 사용 시간이 두드러지게 증가하거나 또는 전과 동일한 시간을 이용했을 때의 효과가 두드러지게 줄어드는 경우. ② 금단 현상: 인터넷 사용을 중단했을 때 정신적 동요, 걱정, 인터넷에서 벌어지는 일에 대한 집착적 사고, 인터넷에 대한 꿈 또는 환상, 의식적 또는 무의식적으로 손가락으로 타이핑하는 움직임을 보이는 현상들이 나타날 때. ③ 의도한 것보다 더 종종 그리고 많은 시간 동안 인터넷을 이용할 때. ④ 인터넷 사용 시간을 줄이거나 또는 조절하려는 지속적인 시도가 있거나 또는 그러한 시도들이 실패할 때. ⑤ 인터넷 이용과 관련된 다양한 행위들에 매우 많은 시간들을 사용하는 경우로, 인터넷 관련 책을 구입하거나 새로운 브라우저를 시도해 보거나 인터넷 업체들을 조사하거나 또는 다운로드 된 파일들을 정리하는 행위들이 이에 해당한다. ⑥ 인터넷 이용으로 인해 중요한 사회적, 직업적 또는 여가 활동들을 포기하거나 줄이는 경우. ⑦ 인터넷 사용으로 생기거나 또는 악화될 수 있는 육체적·사회적·직업적 혹은 심리적 문제점들(예: 수면 결핍, 부부 생활 이상, 아침 지각, 업무 태만 등)이 지속적으로 또는 반복적으로 생길 수 있음을 알면서도 인터넷 사용을 계속하는 경우.

현재까지는 인터넷 중독에 대한 심리학적인, 정신과적인 공식적 진단 준거는 나와 있지 않은 실정이며, DSM-IV에도 명시되어 있지 않은 실정이다. 그러나 많은 학자들은 이러한 중독 현상이 다른 물질 중독과 마찬가지로 실제적인 질병이라고 주장하고 있다. 영(Young, 1996)은 인터넷 중독 장애가 알코올 중독과 동일한 유형의 신체적 문제를 야기하지는 않지만, 다른 중독과 마찬가지로 통제 상실, 갈망과 내성 증상, 결혼 불화, 학업 실패, 과도한 재정적 부채, 실직 등 사회적인 문제를 야기할 수 있다고 경고하였다. 또한, 스타인(Stein, 1997)은 인터넷에서 과도한 시간을 보내거나 진정한 실제 관계를 피상적인 가상 관계로 대치시키는 인터넷 중독은 심각한 심리적 고통이나 기능적 손상을 동반한다고 했다.

2. 인터넷 중독의 원인

그렇다면, 우리는 왜 인터넷에 빠져들게 되는 것일까? 인터넷의 어떤 매력적 요인이 인간의 내면세계를 유혹하고 있는 것일까? 일반적으로, 학자들 사이에서 인터넷 중독의 원인으로 지적되고 있는 것은 인터넷 자체의 속성과 이를 통해서 강화되는 인간의 욕구 두 가지로 나누어 볼 수 있다. 중독되게 하는 인터넷 자체의 속성으로는 접근 가능성, 시 · 공간적 한계를 극복할 수 있다는 점, 그리고 문자에 기반을 둔 의사소통을 들 수가 있겠고, 이들 속성에 의하여 사람들은 자신이 현실에서 충족하지 못했던 다양한 욕구를 충족시켜 나간다고 할 수 있다. 시공간의 한계를 극복할 수 있는 온라인의 특성은 사람들로 하여금 대인 관계 욕구를 채울 수 있게 하였다. 온라인을 통하여 사람들은 이전에 알고 지내던 사람뿐 아니라, 자신이 모르는 사람들과도 만날 수 있게 되었으며, 의사소통 방식이 문자라는 것에서 현실의 잣대인 성별, 연령, 나이 등 인구 통계학적 변인이 사라지게 되어 평등한 사회, 더 나아가서는 자신을 위조할 수 있는 사회가 형성된 것이다. 그 결과 개인은 현실에서는 만족시킬 수 없었던 자신의 욕구를 표현하고 획득하게 됨으로써 현실과의 경계를 허물어뜨리게 되고, 시간 가는 줄 모르고 병리적으로 인터넷에 집착하게 되는 것으로 보인다. 인터넷 중독에 이르게 하는 인터넷 자체의 속성에 대해 보다 자세하게 살펴보면 다음과 같다.

첫째, 인터넷은 높은 수준의 흥분high stimulation을 제공해 준다. 인터넷은 엄청날 정도로 흥미 있고, 독특하며, 자극적인 정보를 담고 있다. 인터넷에는 그 동안 인간의 마음을 사로잡아 온 모든 유희적 요소들이 산재해 있다. 섹스를 비롯하여 우리가 상상할 수 있는 모든 오락과 유희에 관한 정보들이 마우스를 클릭하는 간단한 동작을 통해 우리 눈앞에 쉽게 펼쳐진다. 오늘날처럼 인터넷이 나선형적 성장을 하게 된 데에는 섹스와 관련된 웹 사이트의 영향이 크다. 그러나 인터넷의 흥분 효과가 단지 섹스와 관련된 자료 때문만은 아니다. 그린필드(Greenfield, 1999)의 연구 결과에 의하면, 많은 사람들에게는 정보의 세계에 접속하는 행위 자체가 사람을 도취하게 만드는 속성이 있다고 한다. 그러한 사람들에게 있어서 인터넷 접속을 통해 경험하는 흥분은 성적 흥분이나 카지노에서 경험하는 흥분과 거의 동일한 강도를 갖고 있다.

둘째, 인터넷은 24시간 접속 가능성을 제공해 준다. 사람들은 접속 가능성, 즉 그들이 원하는 때에 접속할 수 있는 것을 좋아한다. 인터넷의 유혹 요인 가운데 하나는 사람들이 하루 24시간, 1주일에 7일, 1년 365일 어느 때나 그들이 원하는 정보에 쉽게 접속할 수 있다는 점이다. 인터넷은 누구나 사용할 수 있고 누구나 부릴 수 있는 기술이다. 인터넷은 정보 시대에 전자적 편리함의 보고이며, 정보에 목말라 있을 때 우리가 언제든지 찾아갈 수 있는 장소이다. 인터넷은 무한하면서도 다양한 선택을 할 수 있게 해주는 가상의 정보 슈퍼마켓이다. 풍부한 정보에 쉽게 그리고 즉각적으로 접근할 수 있는 능력은 매우 자극적인 것이 될 수 있다. 정보에 대한 접근의 용이함은 이전의 기술 체계에서는 찾아볼 수 없었던 유능감과 성취감을 만들어 내고 있다.

셋째, 인터넷은 유능감, 흥분, 강렬함을 만들어 낸다. 사람들은 종종 버튼을 누르는 것만으로 커다란 체계에 접속해 들어갈 수 있는 능력을 가지고 있을 때 흥분과 자극을 느낀다. 단순히 몇 번의 손동작으로 대학의 데이터베이스에 접속할 수 있고, 세계를 여행할 수 있으며, 섹스를 할 수도 있고, 뉴스나 스포츠 혹은 오락을 즐길 수도 있다. 때로는 필요한 의학 정보를 얻을 수도 있고, 쇼핑을 할 수도 있으며, 은행 업무를 볼 수도 있다. 그러나 이러한 온라인 행동들은 현실적인 인간적 접촉이 결여된 가운데 사회적으로 고립되고 고독한 방식으로 이루어지게 된다. 컴퓨터를 개별적으로 오랜 기간 홀로 사용하게 될 때, 우리들 가운데 일부는 사이버 생활을 통한 감정적 욕구를 충족시키기 위해 컴퓨터를 이용한 모종의 관계를 갖고자 시도하게 된다. 미국의 경우, 인터넷 이용자의 20%는 온라인에서 대화를 나누었던 사람들과 현실 공간에서 접촉을 하거나 만나고 있다고 한다. 그러나 인터넷 중독자들의 경우에는 약 50%가 현실 공간에서 모종의 접촉을 하고 있다고 한다. 그리고 인터넷 중독자 가운데 31%는 온라인에서 만난 사람들과 섹스를 하고 있다고 한다(Greenfield, 1999). 컴퓨터를 이용하여 가질 수 있는 모종의 관계성이 강렬한 대인 관계적 경험을 유발하고 있다.

넷째, 대부분의 인터넷 중독자들은 시간 왜곡을 경험하고 있다. 몇 시간을 컴퓨터 앞에 앉아 있었음에도 불구하고 불과 몇 분 혹은 몇 십 분밖에 지나지 않은 것으로 착각하게 된다. 이러한 시간 초월의 경험은 우리가 도박을 할 때 느끼는 시간의 경과와 아주 유사하다. 온라인에는 시간을 지시해 주는 것이 없다. 온라인에 접속해 있는 대부분의 사람들은 언제 시간이 그렇게 많이 경과되었느냐고 말하기 일쑤이다. 인터넷을 서핑하는 것은 시간과 공간을 초월한 듯한 느낌을 갖게 해준다. 인터넷에 접속해 있는 많은 사람들은 그들 주변 환경이나 다른 관계에 대한 지각을 거의 하지 못하는 가운데 몇 시간이 흘러간다고 말하고 있다. 이것은 네트의 힘을 나타내는 가장 중요한 지표 가운데 하나이다. 우리가 누구이고, 우리가 어디에 있는지를 잊어버릴 수 있게 하는 경험 그리고 이렇듯 변화된 의식 상태를 만들어 내는 경험은 아주 강력한 것이다. 물론 이것이 반드시 부정적인 것만은 아니다. 영화를 보러 가는 것도 유사한 결과를 만들어 낼 수 있다. 그러나 영화는 일시적이다. 인터넷 중독자들은 한두 시간만 인터넷에 접속해 있는 것이 아니라는 데 문제의 심각성이 있다. 중독성이 있는 약물과 마찬가지로 인터넷은 세계와의 감정적 접점을 변화시킬 수 있는 힘을 가지고 있다.

이러한 시간 초월 현상을 심리학에서는 분열dissociation이라고 부르고 있다. 분열은 우리가 자극적이고 고통스러우며 잠재적으로 중독성이 있는 행동을 하게 될 때 일반적으로 경험하는 심리기제이다. 인터넷에서 경험하는 이러한 분열 현상은 카지노 도박자들의 경험과 별반 다를 바 없다. 카지노는 애초부터 분열 경험을 높이도록 설계된 것이다. 시간 초월감이 클수록 더 많은 시간과 돈을 소비하게 된다. 예를 들어, 도박장에는 시간을 알 수 있게 하는 시계나 창이 없다. 도박을 할 때에는 바깥 세계에 대한 정보와 거의 차단되어 있는 상태가 된다. 대부분의 도박장이 술과 음식, 잠자리를 제공해 주는 것도 마찬가지 이유에서이다. 그러므로 카지노 안에서 우리는 마치 하나의 상자 속에 있는 것과 같다. 이 모든 것들은 도박을 하는 사람들이 그것을 계속하게 만들어 주는 것이다.

그런데 인터넷에도 이와 유사한 것들이 있다. 끝없는 링크와 배너들은 우리를 인터넷에 조금이라도 더 오래 붙들어 두고자 유혹하는 것들이다. 링크와 배너는 다른 웹사이트를 광고하는 가상의 광고 게시판이다. 우리는 링크와 배너를 클릭함으로써 우리가 가고 싶은 다른 곳으로 이동할 수 있다. 인터넷에서 링크와 배너는 일종의 광고 형태가 되고 있으며, 기업들은 잠재적인 고객과 연결되기 위한 수단으로서 접속 빈도가 많은 사이트에 자신들의 광고물을 게시하고 있다. 도박장과 마찬가지로, 온라인에 있는 동안에는 시간의 경과를 나타내 주는 지표들이 거의 없다. 컴퓨터의 모니터를 응시하고 있는 동안에는 바깥 세계에 대한 지각력이 현저하게 떨어진다. 우리의 시각과 초점은 점점 좁아지게 된다. 우리는 우리가 접속해 있는 세계의 일원이 되며, 우리는 그 세계를 완벽하게 지배하고 통제할 수 있다는 환상을 갖게 된다. 우리 자신과 컴퓨터만이 존재할 뿐 바깥 세계는 뒷전으로 물러나게 되는 것이다.

다섯째, 인터넷은 익명성의 최종 형태이다. 인터넷에서의 의사소통, 특히 채팅방, 머드 게임, 섹스 사이트에서의 의사소통은 완벽하게 익명성과 환상을 갖게 해준다. 아무도 우리가 실제로 누구인지를 알 수 없으며, 우리는 우리가 원하는 형태의 그 어떤 사람도 될 수 있다. 미국에서 조사된 바에 의하면, 인터넷 이용자 가운데 33-50%는 자신의 실체에 대해 거짓말을 하고 있다고 한다. 어떤 사람들은 남성임에도 불구하고 여성인 것처럼 행세하기도 한다. 그런가 하면 결혼 여부를 속이는 행위, 자신의 재정 상태를 속이는 행위, 자신의 성격을 실제보다 더 근사하게 나타내는 행위 등이 아주 쉽게 이루어진다. 사람들은 온라인에 접속해 있는 동안 자신의 가장 깊은 내면에 있는 환상들을 다른 사람들에게 표현할 수 있도록 허락받은 배우가 되는 셈이다. 온라인에서는 상대방의 정보를 확인할 수 있는 것이 너무 적다. 사실 가용한 정보들은 입증하기가 어려운 것이다. 오늘날 인터넷만큼 현실과 분리된 별도의 정체성을 만들 수 있도록 허용해 주고, 사실상 현실과는 상당히 다른 삶을 살도록 해주는 장소는 존재하지 않는다. 이러한 익명성은 인터넷의 힘이자 재미이며 저주이다. 그러므로 발신자 확인 시스템이 우리가 전화 거는 방식을 바꾸었듯이, 웹도 궁극적으로는 그 접속자의 신원을 보다 쉽게 확인할 수 있는 수단을 가지게 될 것으로 보인다.

물론 네트의 익명성은 신분 확인을 바람직하지 않은 것으로 여기는 온라인 지지 집단의 경우에서처럼 긍정적인 것도 될 수 있다. 그러나 네트의 프라이버시는 도박, 성인, 쇼핑 사이트를 포함한 잠재적으로 부정적인 많은 사이트의 대중화에 기여할 수도 있다. 폭탄을 제조하거나 혐오 범죄를 옹호하는 것과 같은 불법적이고 반사회적인 행동마저도 보호하는 경우처럼, 인터넷의 익명성에는 어두운 면이 더 많은 셈이다.

여섯째, 인터넷 경험에 독특한 현상의 또 다른 예로 탈억제 disinhibition를 들 수 있다. 탈억제는 우리가 정상적으로 할 수 없는 방식들로 우리 자신을 표현할 수 있는 능력과 관계되어 있다. 인터넷에서 경험하는 접속 가능성과 익명성 때문에, 미국의 경우 인터넷 중독자의 80%가 탈억제를 경험하고 있으며, 전체 인터넷 사용자의 45%가 온라인에 있을 때에는 탈억제를 느낀다고 보고된 바 있다. 사람들은 현실 세계에서와 같은 정상적인 자기 통제와 여과가 온라인에서는 부재하기 때문에 고양된 자유감을 느낀다고 보고하고 있다. 자기 통제와 여과는 우리로 하여금 아주 새로운 방식으로 우리 자신을 표현할 수 있는 흥미진진한 개방성으로 대체된다. 행동하는 것과 유사하게, 우리는 심지어 배우자와도 공유하지 않는 자신의 삶의 여러 측면들을 온라인에서는 남에게 드러낼 수 있다. 그것은 가상적인 지지 집단, 즉 우리의 내면 가장 깊숙한 곳에 있는 사고와 감정들을 표현할 수 있는 안전한 장소를 갖게 되는 것과 마찬가지이다. 그리고 그러한 장소에서는 판단하지도 않고 책임을 지지도 않으면서 자신에 관한 것들을 드러낼 수 있게 된다. 이러한 탈억제는 재미와 흥분으로 경험되며, 인터넷을 정보뿐만 아니라 새로운 관계를 추구하는 장소로 만들어 주고 있다.

일곱째, 인터넷 접속자 가운데 40%는 촉진된 친밀감을 경험하고 있다. 우리는 인터넷에서 정상적인 속도보다 훨씬 빠르게 친밀감과 사회적 관계감을 경험할 수 있다. 인터넷 중독자들 가운데 75%는 이러한 촉진된 친밀감을 경험하였다고 한다. 온라인에서 사람들은 문서화된 메시지를 통해 의사소통을 하기 때문에, 더욱 개방적이고 직설적인 방식으로 자신을 드러내게 된다. 일반적으로 다른 의사소통 방식들에 비하여 문서화된 의사소통은 더 큰 신뢰감과 지각된 정직성을 특징으로 한다. 익명성과 탈억제와 결합될 때, 문서화된 메시지는 강렬한 친밀감을 불러일으킬 수 있다. 우리가 연애편지의 경우에서 볼 수 있는 바와 같이 문서화된 메시지는 더 큰 친밀감을 불러일으키는데, 그 이유는 그것이 우리의 두뇌 속에서 다양한 투입 채널을 통하여 기호화되어 있기 때문이다. 우리는 그것을 볼 수 있고, 우리가 소리 내어 읽으면서 들을 수 있고, 텍스트와 상호 작용하거나 접촉할 수 있다. 또한, 우리는 사이버 공간에서 보다 압축된 방식으로 의사소통을 하게 된다. 우리가 현실 공간에서 친구나 연인들과 보내는 시간만큼을 네트에서 만나는 사람들과 보내기는 어렵기 때문에, 네트에서의 의사소통은 현실 공간에 비해 더욱 강렬하고 압축된 형태로 이루어지게 된다. 그리고 이러한 압축된 의사소통은 촉진된 친밀감을 불러일으키게 된다.

여덟째, 인터넷은 끝없는 과정을 만들어 낸다. 클릭해야 할 링크나 하이퍼텍스트가 항상 존재하는 한, 우리는 사실상 무언가를 마쳤다는 완성감을 느낄 수 없다. 이렇듯 끝없는 과정을 느끼는 것 자체가 하나의 자극제가 될 수 있다. 끝없는 과정을 지각하는 것은 심리학에서 말하는 불완전한 형태의 원리principle of incomplete Gestalt를 낳게 된다. 우리는 불완전하거나 완성하지 못한 것들을 기억하거나 다시 하려는 경향이 있다. 우리의 정신은 불완전한 과제에 주의를 기울이려는 자연적인 열망을 가지고 있다. 그러므로 우리의 잠재의식적인 정신은 정보를 완전하게 처리하고 지배하려는 의도 속에서 그것이 완결될 때까지 심리적으로 그 상황을 다시 방문하게 된다. 네트를 서핑하는 것은 우리의 자연적 종결 과정을 변질시키는 경향이 있다. 무한한 경계와 끝없는 기회로 이루어진 네트의 속성 때문에 우리는 네트에서 자연적인 종결감을 얻을 수 없음에도 불구하고 우리의 잠재의식은 그것을 추구하게 만든다. 인터넷 중독자들은 대개 이러한 망상에 사로잡혀 있다. 그들은 끝이 없는 어떤 것을 지배하는 것은 불가능한 것임에도 불구하고, 그 상황을 지배하기 위해 더 많은 시간을 네트에서 보내게 된다.

아홉째, 인터넷의 상호 작용적 본질 자체가 우리를 계속 인터넷에 남아 있게 만든다. TV와는 달리 인터넷은 사용자로 하여금 이야기의 부분이 될 수 있는 기회를 부여한다. 모든 인터넷 사용자들이 사실상 서로 상호 작용하는 역동적이고 호혜적 과정을 만들어 냄으로써 우리는 네트에서 참가자인 동시에 관찰자가 된다. 인터넷은 우리가 매우 적은 신체적 · 심리적 노력을 통해 자극적인 사회적 · 지적 상호 작용을 할 수 있는 기회를 부여해 준다. 인터넷은 일종의 사회적 패스트푸드 같은 역할을 하고 있다. 인터넷에서는 아주 쉽게 그리고 안전하게 자신의 세계를 빠르면서도 익명적으로 변경할 수 있다. 우리는 인터넷에서 암호를 입력하고 우정을 내려 받기 할 수 있다.

또한, 컴퓨터의 모니터를 들여다보는 것은 최면적인 무아지경 상태를 유발할 수 있다. 모니터를 통해 보는 우리의 시각적인 장은 아주 작아지기 때문에 우리는 주의력과 관심을 작은 모니터에 더욱 집중하게 된다. 그러므로 우리는 온라인에 있는 동안 무아지경과 같은 상태에 빠지게 된다. 스테레오 사운드, 비디오, 화려한 색깔, 빠른 모뎀 속도 등 멀티미디어 기제의 상호 조합은 인터넷을 합법적인 환각 경험에 가까운 것으로 만들어 준다. 이러한 멀티미디어의 상호 작용성은 인터넷이 TV 대신 우리의 거실 오락 체제로 자리 잡도록 만들어 주고 있다.

한편, 인터넷 중독에 영향을 미치는 심리 사회적 변인에 대하여 살펴보면 다음과 같다.

첫째, 인터넷 중독 문제의 이해 및 치료에 중요한 심리적 요인 중 하나는 인터넷 이용 결과에 대한 기대(인터넷 기대)이다. 인터넷을 이용할 때 어떤 결과가 나타나리라고 기대하는지가 인터넷을 이용하는 행동에 영향을 미치게 된다. 이인숙(2003)에 의하면, 인터넷 기대와 인터넷 중독 간에는 정적 상관관계가 있다고 한다. 인터넷에 대한 기대도가 높을수록, 인터넷을 통해 이익을 얻고자 하는 마음이 클수록 인터넷의 사용 빈도 또한 높은 것으로 나타났다.

둘째, 청소년의 감각 추구 성향이 높을수록 인터넷 중독 경향도 높은 것으로 나타나고 있다(양돈규, 2000). 이러한 결과는 인터넷이 다양하고 진기하며 복잡하고 강렬한 감각이나 경험을 추구하려는 욕구를 가진 감각 추구 성향 수준이 높은 사람들에게 매우 다양한 정보와 흥미롭고 새로운 많은 자극들을 제공해 주는 매우 좋은 욕구 충족 수단이 되기 때문인 것으로 해석할 수 있다. 특히 청소년들이 다양한 심리적인 욕구를 해소하고 에너지를 발산할 수 있는 문화 공간 및 문화 활동의 기회가 제한되어 있는 우리나라의 상황에서, 인터넷은 높은 감각 추구 성향을 가진 청소년들에게 매우 매력적인 세계로 지각될 수 있으며, 이에 따라 인터넷에 몰입하게 될 가능성이 많을 것으로 생각된다.

셋째, 자존감이 낮을수록, 자기 통제력이 낮을수록, 현실 공간에서의 자기 효능감이 낮을수록, 충동성이 높을수록, 우울 수준이 높을수록 인터넷 중독 성향이 높다(윤재희, 1998; 송원영, 1998; 안석, 2000; 김진희 · 김경신, 2003). 실생활의 대인관계에 적응을 못하고 자존감이 낮은 사람들의 경우, 실제 자신의 모습을 숨기고 이상적인 모습을 취할 수 있다는 점에서 인터넷은 자신의 낮은 자존감을 극복하기 위한 매력적인 수단이 될 수 있다. 또한, 인터넷에 중독된 것처럼 빠져드는 사람들은 현실 생활, 특히 대인관계에서 제대로 대처해 나갈 자신감이 없는 사람들, 즉 자기 효능감이 부족한 사람들로서 자신들이 효능감을 가질 수 있는 다른 대안을 찾는 사람들이라고 볼 수 있다. 그리고 충동적인 사람일수록 인터넷을 더 장시간 사용하게 되어 중독 정도가 심해지며, 개인의 우울한 성향을 인터넷에서 채우려고 하기에 인터넷 중독 성향이 높게 나타난다. 나아가, 자기 통제 수준이 낮은 사람일수록 인터넷 사용 시간이 많고 중독적 사용 경향을 보인다.

넷째, 가족은 하나의 체계로서 가족 내부에서 발생하는 발달 과업이나 생활 주기를 통해 가족 구성원의 변화를 유발하며, 청소년들에게 중요한 정서적 지지와 사회화를 제공한다. 영(Young, 1998)은 사람들이 가족 사이에서 고립감을 느낀다면, 인터넷상에서 자신의 억압된 감정을 표출하고 감추어져 있는 면을 나타낼 수 있기 때문에 인터넷 중독에 빠질 수 있다고 하였다. 인터넷 중독과 관련된 국내 연구에 의하면, 가족 특성이 자녀의 인터넷 중독과 밀접한 관련성이 있음을 보여 주고 있다. 인터넷 중독에 관한 국내 연구에 의하면(안석, 2000; 박구연, 2001; 남영옥·이상준, 2002), 부정적인 가족 특성이 자녀의 인터넷 중독을 더욱 심화시킨다고 한다. 즉, 가족 성원들이 상호 간에 지지적이지 못하고 냉담하고 응집성이 낮을수록, 부모가 자녀를 많이 통제할수록 청소년들이 인터넷 중독에 쉽게 빠져들고 있음을 선행 연구들을 통해 알 수 있다.

그러나 우리나라의 경우에는 이러한 요인 못지않게 국가의 잘못된 정보화 정책이 인터넷 중독을 유발하는 사회적 요인이 되고 있음을 지적할 수 있다. 지금까지 정부가 추진해 온 국가 정보화 사업과 인터넷 교육 등은 인터넷 보급과 이용의 양적 확산과 정보 및 오락물 또는 상업 거래의 소비적인 측면만을 일방적으로 강조하여 왔다. 무조건적인 이용과 소비만이 강조된 편향적인 국가 정보화 정책이 온 국민을 인터넷 중독이란 질병에 무감각하게 만들거나 또는 매우 관용적으로 만들었을 가능성이 매우 높다. 술이나 담배의 지나친 이용이 가져다주는 해악 못지않게 지나친 인터넷 사용이 심신에 미치는 영향력이 매우 크며, 그 부작용 또한 기타 질병과 유사할 수 있다는 것에 대한 사회적 인식이 제대로 자리를 잡지 못하고 있다. 따라서 인터넷의 양적 확산과 팽창이 곧 국익이며 절대적 선이라는 맹목적인 정당성 논리에 기초한 정보화 정책은 인터넷 중독을 야기하는 원인을 제공하여 주었다고 볼 수 있다.

3. 인터넷 중독의 유형

인터넷 중독은 다양하고 광범위한 개념이므로 이에 대한 하위 유형을 분류하는 것은 인터넷 중독을 구체적으로 이해하는 데 도움을 준다. 영Young은 인터넷 중독을 다섯 가지 세부 유형으로 분류한 바 있다. 첫째는 사이버 섹스나 사이버 포르노 등을 다루는 성인 웹사이트에 대한 중독으로, 사이버 성 중독Cybersexual addiction이다. 둘째는 온라인 관계에 대한 과대한 몰입으로, 사이버 관계 중독Cyber-relationship addiction이다. 셋째는 강박 관념에 사로잡힌 온라인 도박, 쇼핑, 또는 증권 거래 등으로 넷 강박 충동Net compulsions이다. 넷째는 강박적인 웹서핑이나 데이터베이스 탐색으로, 정보 과부하information overload이다. 다섯째는 강박 관념을 가지고 컴퓨터 게임에 몰두하는 컴퓨터 중독computer addiction으로 분류된다. 한국여성민우회(2000)에서는 영(Young, 1996)의 인터넷 중독 척도 20문항을 가지고 요인 분석을 실시하여 가상현실 지향, 절제 실패, 피해 경험의 3가지 유형으로 중독 유형을 분류하였다. 그리고 한국정보문화센터(2002)에서는 인터넷 중독의 하위 유형으로서 사이버 게임 중독, 사이버 채팅 중독, 사이버 섹스 중독, 사이버 거래 중독, 정보 검색 중독을 들고 있다. 이 가운데 우리나라 청소년에게서 지배적으로 나타나고 있는 것은 음란물 중독(사이버 섹스 중독), 채팅 중독(사이버 관계 중독), 게임 중독이라고 할 수 있다.

채팅 중독은 채팅 활동을 함으로써 인터넷을 현실로부터 도피하는 수단으로 이용하는 경우이다. 청소년들은 심리적 안정감과 익명성을 보장받으면서 새로운 상대를 만난다는 기대감으로 인해 중독에 빠져들게 된다. 특히, 여학생이 남학생보다 채팅을 더 선호하는 것으로 나타나고 있다. 게임 중독은 롤 플레이, 시뮬레이션이나 네트워크 등을 이용한 다양한 게임에 중독되는 경우가 많으며, 최근에는 청소년들뿐 아니라 성인들도 게임에 빠져드는 사례가 많이 조사되고 있다. 음란물 중독은 인터넷의 음란 사이트를 통해 음란 사진, 동영상, 소설 등을 습관적으로 보게 되는 행동을 말한다. 어린 나이에 부모의 통제를 피하면서, 쉽게, 고화질의 음란물을 많이 구할 수 있다는 것이 큰 문제로 지적된다(어기준, 1999).

4. 인터넷 중독 예방 프로그램의 필요성

인터넷 중독이 심각한 사회 문제가 됨에 따라 인터넷 중독을 치료하기 위한 치료 프로그램들이 개발되었다. 영과 슐러(Young & Suler, 1998)는 온라인 중독 센터를 찾은 병리적인 인터넷 사용자에 대한 실험적 자문을 실행하여 인터넷 중독에 유용한 치료적 개입 방안을 다음과 같이 제시한 바 있다: ① 반대로 실행하기, ② 외적 지지자의 활용, ③ 컴퓨터 사용에 대한 목표 세우기, ④ 특정 프로그램의 사용 중지, ⑤ 득과 실을 상기시키는 메모 카드의 사용, ⑥ 소홀히 한 활동에 대한 목록 만들기, ⑦ 개인 치료 또는 지지 그룹 참여.

국내에서도 신현명(2000), 이형초(2001), 권희경·권정혜(2002) 등에 의하여 인터넷 중독 치료 프로그램들이 개발되었다. 그러나 연구자들은 자신들이 선호하는 특정 상담 기법이 인터넷 중독 치료에 효과적일 것이라는 가정에서 출발하여 치료 프로그램을 개발하였으나, 그러한 특정 상담 기법 중심의 치료법이 인터넷 중독 치료에도 효과적이라고 단언하기는 어렵다. 또한, 치료 프로그램의 효과 검증에서는 대부분 통제 집단이 없거나, 사례 수가 매우 적거나, 극소수의 치료자에 의해 집단이 운영되고 있어 치료 효과를 일반화하는 데 한계점을 보여 주고 있다. 장재홍 외 4인(2002)은 인터넷 중독 예방 프로그램을 개발하였으며, 장재홍과 신효정(2003)은 동 프로그램의 효과를 검증한 바 있다. 그러나 이 프로그램은 매주 1회 1시간씩 총 4회의 예방 프로그램으로 구성되어 정규 교과 시간에 활용하기는 매우 어려운 형태로 되어 있다.

한편, 오원옥(2004)은 중학생 450명을 대상으로 인터넷 중독 관련 교육 요구 사항을 조사한 바 있다. 이 연구에 의하면, 중학생들은 인터넷 중독과 관련해 인터넷 중독 영향(39.3%), 인터넷 중독 예방(12.9%), 인터넷 중독 진단(12.4%), 인터넷 중독 대처(10.3%), 인터넷 중독 원인(7.0%), 인터넷 상식(5.0%), 인터넷 중독 실태(4.8%), 인터넷 중독 과정(4.2%), 인터넷 중독 정의(4.0%) 등의 교육 내용을 요구하였다고 한다. 또한 이 연구에 의하면, 중학생들은 인터넷 중독 전반에 걸친 포괄적인 영역에 대해 높은 교육적 요구를 갖고 있으나, 상대적으로 실제 교육 수혜 경험은 거의 전무한 것으로 나타났다. 전체 대상자 중 94.7%가 인터넷 중독 관련 교육 수혜 경험이 전혀 없는 것으로 나타났으며, 74.9%가 추후 인터넷 중독 관련 교육에 참가할 의사가 있는 것으로 나타났다. 또한, 중학생들은 인터넷 중독 관련 교육 방법과 관련하여 학교에서(74.4%), 계획된 교육 프로그램(46.2%)을 통해 교육받고 싶어하는 것으로 밝혀졌다. 이러한 사실에 비추어 볼 때, 학교에서 체계적인 프로그램을 통하여 학생들에게 인터넷 중독을 예방할 수 있는 성격 특성을 길러주는 것이 절대적으로 필요함을 알 수 있다.

5. 인터넷 중독 예방과 덕 교육의 중요성

인터넷 중독 예방을 위한 교육 프로그램을 구안하는 데 있어 가장 중요한 문제는 어떤 이론적 관점에서 교육 프로그램을 구안하는가의 문제이다. 인터넷 중독 예방과 관련한 도덕 교육 이론이 별도로 개발되어 있지 못한 현 상황에서 이 문제를 해결하기란 그리 쉽지 않다. 그러나 인터넷 중독에 영향을 미치는 개인의 심리적 특성을 고려하여 볼 때, 우리는 그러한 심리적 특성에 부합하는 도덕 교육 이론을 모색할 수 있으며, 덕 교육이 바로 이에 해당한다고 볼 수 있다.

도덕 교육에 대한 다른 접근법들과 마찬가지로, 덕 교육은 도덕적 삶과 행위에 대한 철학적 설명에 근거를 두고 있다. 이른바 덕 교육은 덕 윤리학에 철학적 근거를 두고 있다. 일반적으로 덕 윤리학이란 외적 행위들의 옳고 그름 혹은 행위의 결과들에 대한 판단보다는 개인의 내적 활동들(특성, 동기, 성향, 인격)에 대한 판단이 가장 커다란 도덕적 중요성을 갖는다고 주장하는 윤리학의 한 이론이다. 덕 윤리학은 아리스토텔레스의 윤리론에 뿌리를 두고 그것을 재음미하는 모습으로 출발한 것으로서, 그 요체는 '나는 무엇을 해야 하는가?' 이전에 '나는 어떠한 존재가 되어야 하는가' 를 윤리의 근본으로 보고자 하는 입장이다. 말하자면, 그것은 도덕 적으로 권유할 만한 행위를 하는 사람의 고정적 성향, 자질 또는 습관 등의 특성을 중시하는 것으로서, 구체적으로는 연민, 양심적 임, 진실 같은 사람의 도덕적 품성 형성에 제일차적인 강조점을 두 는 윤리인 것이다. 그러므로 덕 교육은 덕의 함양을 강조함과 동시 에 덕에 대한 논리 정연하고 체계적인 설명을 시도하려는 강한 덕 윤리학에 바탕을 둔 도덕 교육 접근법이라고 할 수 있다.

따라서 인터넷 중독 예방을 위한 교육 프로그램을 덕 교육적 방법에 근거한다는 것은 인터넷 중독 예방에 기여할 수 있는 행위 자의 덕성을 함양시켜 주는 것을 의미한다. 그렇다면, 우리가 어떠 한 덕목을 가르칠 때 청소년의 인터넷 중독 예방에 효과적인가? 인 터넷 중독과 관련된 성격 특성에 대한 기존의 연구들은 자기 존중 감, 자기 효능감, 자아 통제력이 인터넷 중독과 밀접한 관련이 있는 성격 특성임을 보여 주고 있다. 세 가지 성격 특성과 인터넷 중독 간의 관계에 대해 보다 자세하게 살펴보면 다음과 같다.

1. 자기 존중감

자기 존중self-esteem은 자기 자신의 가치에 대한 개인의 판단과 감정을 의미한다. 자기 존중감이 높은 사람은 자기 자신에 대하여 우호적이며 긍정적으로 판단한다. 반대로 자기 존중감이 낮은 사 람은 자기 자신에 대하여 부정적이며 부적절하게 판단한다. 자기 존중감의 원천은 무엇인가? 부모가 자녀에 대해 애정이 깊을수록 그리고 자녀들에게 깊이 연루될수록 아동은 자기 자신을 긍정적으 로 바라보는 경향이 높다(Lord, Eccles, & McCarthy, 1994). 가족이 사 이좋게 지낼수록, 그리고 부모가 자녀를 양육할수록 아동은 높은 자기 존중감을 가질 수 있다(Scott, Scott, & McCabe, 1991). 일례로 아버지가 정기적으로 딸을 안아 주며, 그 딸이 속해 있는 인라인 스케이트 팀을 친절하게 지도해 줄 때, 그 아버지는 딸에게 "너는 나에게 있어 아주 소중한 사람이다"라는 것을 말해 주고 있는 것이다. 아동들이 그들의 부모로부터 이러한 메시지를 정기적으로 들을 때, 그들은 그 메시지를 명확하게 내면화하여 그들 자신을 긍정적으로 보게 된다.

부모의 훈육 또한 자기 존중과 깊은 관계가 있다. 규칙을 제정하는 것을 꺼려하지 않으며, 그 규칙과 훈육에 대해 자녀와 함께 논의하는 부모를 둔 아동일수록 자기 존중감이 높은 것으로 나타났다(Coopersmith, 1967). 규칙을 제정하는 데 실패한 부모들은 사실상 자녀에게 그들이 자녀를 잘 보살펴주지 않는다는 것을 말해 주고 있는 것이나 다를 바 없다. 즉, 자신들이 규칙을 손수 제정하여 자녀에게 부과하는 어려움을 겪을 정도로 그들을 가치 있게 여기지 않음을 말해 주는 것이다. 마찬가지로, 규칙과 훈육에 대해 자녀들과 논의하는 것을 거부하는 부모들은 "네 의견은 내게 중요하지 않다"는 것을 말해 주는 것이나 다를 바 없다. 아동들이 이러한 메시지를 내면화할 때, 그들의 자기 존중감은 낮아지게 되는 것이다.

아동의 자기 존중감은 부분적으로 자신이 주위의 타인들에게 어떻게 보이는가에 달려 있다. 타인들이 그를 긍정적으로 바라볼 때, 아동의 자기 존중감은 높다. 반대로 타인들이 그를 부정적으로 바라볼 때, 아동의 자기 존중감은 낮다(Hoge, Smith, & Hanson, 1990).

일반적으로 자기 존중과 인터넷 중독증은 부적인 상관관계를 가지고 있는 것으로 밝혀지고 있다(정기선, 2000; 김혜원, 2001). 인터넷 중독 집단은 비중독 집단에 비해 자존감이 낮고, 가족으로부터 지지를 덜 받고 있는 것으로 나타나고 있다. 따라서 아동 및 청소년의 인터넷 사용 지도에 있어서 자기 존중감을 고양할 수 있는 노력이 병행되어야 함을 알 수 있다.

2. 자기 효능감

자기 효능감은 자기 자신이 설정한 목적을 달성하기 위해 특정한 행동을 취할 수 있다는 일종의 신념(김은애 외 2인, 2003)이다. 따라서 학생의 본분인 학업을 위해 학교에 즐겁게 다니는 것, 학업을 향상시키기 위해 과외 학습을 긍정적으로 받아들이는 것, 친한 친구가 있다는 것, 자신의 또래들과 원만한 교우 관계를 형성하고 그들과 친밀한 관계를 유지할 수 있다는 것은 자기 효능감과 밀접한 관계가 있다(이인숙, 2003). 왜냐하면 자기 효능감이라는 것은 그 자체만으로 바람직한 행위를 산출하기 어렵고, 자신을 둘러싼 타인의 지지와 격려를 받는 상황 하에서 보다 증진될 수 있기 때문이다. 행위 선택에 중요한 결정 요인이 될 수 있는 부모님과의 잦은 대화나 친한 친구의 존재, 원만한 교우 관계의 형성 및 그들로부터의 지지는 자신이 취할 행동에 대한 확신을 더함으로써 자기 효능감을 향상시키는 데 도움이 될 수 있기 때문이다.

인터넷 중독의 원인과 관련하여 영(Young, 1998)은 현실 생활에서 이해받지 못하고 외로운 사람들이 충족되지 않은 사회적 욕구를 사이버 공간을 통해 채우려는 것이라고 보고 있다. 그리고 건Gunn은 우울함, 내성적임 등의 성격 특성이 인터넷 중독과 유의미한 상관관계를 보인다고 보고한 바 있다(송원영 · 오경자, 1999). 이러한 연구들의 공통점은 인터넷에 중독적으로 빠져드는 사람들은 현실 생활, 특히 대인 관계에서 제대로 대처해 나갈 자신감이 없는 사람들, 즉 자기 효능감이 부족한 사람들로서 자신들이 효능감을 가질 수 있는 다른 대안을 찾는 사람들이라고 볼 수 있다.

이인숙(2003)에 의하면, 인터넷 중독과 자기 효능감 간에는 부적 상관관계가 있다고 한다. 이정연과 최영선(2002)에 의하면, 부모의 통제가 증가할수록, 긍정적 가족 정서가 감소할수록, 자기 효능감이 낮을수록 인터넷 중독이 증가하는 경향을 보인다고 한다. 송원영과 오경자(1999)에 의하면, 10대 이하의 인터넷 중독 집단에서는 현실 세계에서의 대인 관계 효능감이 인터넷 중독 원인을 설명하는 가장 중요한 변인이라고 한다.

이계원(2000)의 연구에서도 사이버 공간에서의 자기 효능감은 인터넷 중독과 정적인 상관이 있어서 인터넷 중독 집단에 속한 청소년들은 비중독 집단 청소년들에 비해 사이버 공간에서의 효능감이 높다고 보고하고 있다.

3. 자기 통제력

일반적으로 자기 통제라는 개념은 자신이 자신의 인지나 정서, 행동을 원하는 대로 조절할 수 있음을 의미한다. 패터슨과 미셸(Patterson & Mischel, 1975)은 자기 통제를 반복적인 작업에서 주의를 분산하지 않고 지속하는 것으로 정의했으며, 새비지(Savage, 1991)는 자신이 선택한 신념이나 목표에 따라 일관성 있게 행동하는 것으로 정의한 바 있다. 김남성(1995)은 목표 달성을 위해 일사적인 충동에 의하거나 즉각적인 만족을 주는 행동을 제지하고 인내할 수 있는 능력으로 정의한 바 있다.

자기 통제의 실패는 여러 가지 부정적 결과를 가져오는데, 이는 특히 충동 조절의 장애 또는 중독적인 형태로 나타나기 쉽다. 자기 통제력이 부족한 경우 낮은 학업 성취, 충동적이고 공격적인 대인 관계, 사회 적응 능력의 미숙과 문제 해결 능력의 부족으로 어려움을 겪게 되고(김현숙, 1999), 충동적인 범죄 행위뿐만 아니라 흡연, 음주, 약물 남용 등과 같은 다양한 행위들을 하게 되는 원인이 되기도 한다(김두성·민수홍, 1996).

영(Young, 1998)은 인터넷 중독을 보이는 사람들이 자신의 인터넷 사용을 통제하거나 조절할 수 없는 것은 병적 도박과 같은 성질을 지니며, 이러한 통제의 실패가 알코올 중독이나 병적 도박과 비슷한 성질을 가지는 것으로 보아 충동 조절 장애라고 주장하였다. 충동 조절 장애의 필수적인 증상은 개인이나 다른 사람에게 해가 될 수 있는 행위를 수행하려는 충동·욕구·유혹에 저항하지 못하는 것이다. 이선경(2001)은 자기 통제력의 수준이 낮은 사람일수록 인터넷 사용 시간이 많고 중독적 사용 경향을 보인다고 보고한 바 있다.

6. 인터넷 중독 예방을 위한 덕 교육 프로그램

1) 진짜 나는 누구?

● 대상: 중·고등학생
● 학습 목표
① 게임 속의 나의 모습과 현실의 나의 모습을 구분할 수 있다.
② 현실의 나의 모습을 바르게 인식하고 존중하는 자세를 갖는다.
● 활동 개요: 게임에 중독되어 있는 학생들은 실제 현실의 자신의 모습과 게임 속의 자신의 모습을 혼동하거나 또는 게임 속의 가상현실에서의 자신의 모습에 더 매력을 느끼고 이끌리는 경향이 있다. 이럴 경우, 학생들은 게임에 더 깊이 빠져들게 되고 현실에서 점차 멀어지게 되며, 마치 가상현실 속에서 살아가는 듯한 착각을 하기도 한다. 따라서 본 프로그램은 게임 속의 가상의 캐릭터와 현실 속에서의 나를 구분하고, 현실 속의 나의 모습을 인정하고 받아들이게 하는 데 초점을 맞추었다.

● 준비물: 활동지, 필기도구

● 활동 과정

① 나의 게임 속 캐릭터의 모습과 현실의 나의 모습을 비교해 본다.
 외모, 역할 및 위치, 인간관계, 주로 하고 있는 일, 해야 하는 일
 등을 세심하게 생각해 보게 한다.

② 위의 질문들에 답하면서 게임 속의 나와 현실 속의 나의 장단점
 을 비교해 보게 한다.

③ 앞에 적은 내용들을 바탕으로 모둠별로 이야기를 나눈다.

◆ 게임 속의 나의 모습과 현실 속의 나의 모습을 비교해 봅시다.

	게임 속의 나	현실 속의 나
외모	아바타를 그려본다.	실제 나의 모습을 그려본다.
역할 및 위치		
성격		
인간 관계		
주로 하는 일		
꼭 해야 하는 일		

◈ 다음의 질문들에 답하면서 나의 모습을 제대로 알아봅시다.

1. '게임 속의 나' 와 '현실의 나' 는 어떤 점이 같고 어떤 점이 다른
   가요?

같은 점	
다른 점	

2. '게임 속의 나' 의 좋은 점과 나쁜 점은 무엇이고 그 이유는 무엇
   인가요?

좋은 점	좋은 점 이 유
나쁜 점	나쁜 점 이 유

3. '현실의 나'의 좋은 점과 좋지 않은 점은 무엇이고 그 이유는 무
   엇인가요?

좋은 점	좋은 점 이 유
나쁜 점	나쁜 점 이 유

4. '게임 속의 나'와 '현실의 나' 중에서 어떤 것이 진짜 나일까요?
   진짜 나를 더 멋있게 만들기 위한 방법에는 어떤 것이 있을지 생
   각해 보세요.

진짜 나는 누구?	
진짜 나를 더 멋있게 만들기 위한 방법	운동을 열심히 한다. 독서를 많이 한다. 친구들과의 우정을 쌓는다.

2) 삶에서 소중한 것

● 대상: 중·고등학생

● 학습 목표

① 게임으로 인해 달라진 나의 생활 모습을 찾아낼 수 있다.

② 삶에서 지켜 나가야 하는 소중한 것들을 발견할 수 있다.

● 활동 개요: 게임을 하는 데 많은 시간을 보내고 게임에 점점 더 깊이 빠져드는 청소년들의 대부분은 현실 생활에서 만족을 주는 것들을 발견하지 못하거나 현실에서 삶의 의욕을 느끼지 못하는 경우가 많다. 따라서 자신을 적절하게 통제하기 위해서는 우선 현실에서의 삶의 소중함을 깨닫고 그 안에서 만족을 느끼도록 하는 것이 필요하다고 본다. 그러기 위해서 본 활동에서는 현실에서 자신의 생활이 어떻게 변화되었는지를 생각해 보고, 자신이 원하는 삶을 살기 위해서 변해서는 안 되는 것들에 어떤 것들이 있는지 찾아보도록 한다.

● 준비물: 활동지, 필기도구

● 활동 과정

① 자신이 즐겨하는 게임을 소개하도록 하고, 특히 게임을 하게 된 계기와 그 게임을 주로 언제 하는지에 초점을 맞추어 발표하게 한다.

② 게임을 하기 전과 게임을 하고 있는 현재 나의 생활의 우선순위를 체크해 보게 하고, 구체적으로 어떤 변화가 있었는지 써보도록 한다.

③ 살아가면서 잃어서는 안 되는 소중한 것들을 찾아보고, 그것들을 지키기 위해서 위의 게임을 하고자 하는 욕구를 절제하는 방법을 찾아보게 한다.

● 유의점

① 활동지의 빈 칸에는 자신이 직접 항목을 생각해서 써 넣게 한다.

② 소중한 것과 절제 방법을 발표함으로써 함께 고민해 보는 시간을 반드시 가져보게 한다.

● 내가 좋아하는 컴퓨터 게임을 소개해 봅시다.

게임 이름	
캐 릭 터	캐릭터를 그려 봅시다.
내 용	
다른 게임과 다른 특징	
인기도, 소요 시간	
특히 이 게임을 좋아하는 이유	
이 게임을 하게 된 계기	
이 게임을 주로 하는 시간은?	

● 위에서 소개한 게임을 하기 전과 지금, 내 생활의 우선순위를 체크해 봅시다(빈 칸에는 위의 항목 이외의 중요한 활동 내용을 스스로 적어 봅시다).

활동 내용	게임을 하기 전 순위	게임을 하고 있는 지금의 순위
1. 잠자기		
2. 식사하기		
3. 숙제하기		
4. 공부하기		
5. 집안일 거들기		
6. 친구 만나기		
7. 교회(절) 가기		
8. 운동하기		
9. 문화생활(영화, 공연, 음악회, 콘서트 등)		
10. 가족들과 대화하기		
11. 음악 듣기		
12. 독서하기		
13. 인터넷 게임		
14.		
15.		
16.		

● 위에서 소개한 게임을 하면서 달라진 생활 모습을 구체적으로 적어 보세요.

1. 가정생활	
2. 학교생활	
3. 친구 관계	
4. 학업	
5. 기타	

● 위의 내용을 바탕으로 게임에 빠져들면서 잃어버린 소중한 것, 또는 잃어버려서는 안 되는 소중한 것에는 무엇이 있는지 적어 봅시다.

소중한 것 하나	건강
소중한 것 둘	꿈
소중한 것 셋	가족과의 대화
소중한 것 넷	
소중한 것 다섯	

● 위의 소중한 것들을 지키기 위해서 게임 이용을 절제하는 방법
을 찾아봅시다.

절제 방법 하나	정해진 시간에만 게임을 한다.
절제 방법 둘	식사와 취침은 제시간에 한다.
절제 방법 셋	
절제 방법 넷	
절제 방법 다섯	

3) 음란물의 문제 알기, 난 소중하니까

● 대상: 중·고등학생
● 학습 목표
① 음란물을 접했을 때, 생길 수 있는 문제를 이해할 수 있다.
② 음란물을 차단하여 자신을 존중하려는 의지를 다짐할 수 있다.
● 활동 개요: 청소년들이 인터넷 음란물의 특징과 문제를 이해하고, 그것이 자신에게도 큰 해악이 될 수 있음을 이해하는 것이 중요하다. 그리고 교사가 일방적으로 문제점을 지적하기보다 게임을 통해 자연스럽게 체득하고, 자신을 존중할 것을 다짐하는 것이 더욱 효과적이라고 할 수 있다. 이 활동은 모둠별 게임 방식으로 인터넷 음란물의 문제를 이해하고, 음란물 차단의 의지를 높이기 위한 것이다.
● 준비물: 주제 메모지, 조별 정리판, 관련 동영상(정리 단계 제시)
● 활동 과정
① 교사는 주제에 대해 간단히 설명하고, 음란물의 범위와 인터넷 음란물의 특징 등을 간단히 설명한다. 그 과정에서 학생들이 음란물의 문제점, 특히 인터넷 음란물의 문제점을 떠올릴 수 있도록 유도한다.
② 교사는 활동 내용과 방법을 설명한다. 학생들은 모둠을 나누어, 모둠별로 1열로 선 다음, 모둠별로 나누어 준 주제가 적힌 '주제 전달지'를 받는다. 학생들에게 문장을 완성할 수 있는 시간을 잠시 준 다음, 문장을 완성하면 게임을 시작한다.
③ 게임은 학생들이 각자 문장을 완성하여, 모둠별로 이어나가는 방식이다. 첫 번째 학생은 자신이 준비한 문장을 말하고, 두 번째 학생부터는 앞 사람의 문장을 한 번 외우고, 자기 문장을 말하는 것이다. 뒤로 갈수록 학생들은 앞 사람의 문장을 모두 외

우면서 자기 문장을 말해야 되므로 중간에서 더 이상 진행이 안 될 수 있다. 한 모둠씩 진행하면서, 가운데서 멈춘 학생에게 특별한 표시를 해두고, 이것으로 모둠별 승패를 결정한다. 단, 5, 6 모둠이 문장을 완성하면, 전원이 "난 소중하니까"를 말하도록 한다.

④ 게임을 마친 후, 가장 진행이 안 된 모둠은 인터넷 음란물의 문제를 알리는 퍼포먼스를 3분 정도로 간단하게 짜서, 다음 차시 시작 무렵에 발표하도록 한다. 그리고 모둠별로 완성된 문장을 정리해서 게시물을 만들고, 교실이나 복도에 게시한다.

⑤ 마지막으로 음란물의 문제를 교사가 정리하여 주고, 3-5분 내외의 관련 동영상 자료 등을 제시하여 준다. 활동을 통해 새롭게 알게 된 점, 느낀 점, 앞으로 각자 해야 할 일 등을 개별적으로 정리할 수 있는 시간을 마련한다.

● 모둠별 주제 전달지

1 모둠	음란물은 (　　　) 때문에 나에게 (　　) 영향을 줄 것이다.
2 모둠	인터넷 음란물은 특히 (　　　) 때문에 나에게 (　　)영향을 줄 것이다.
3 모둠	나는 인터넷 음란물이 (　　　) 같다고 생각한다.

| 4 모둠 | 인터넷 음란물을 계속 접하면, 나는 (   ) 될 지도 모른다. |

| 5 모둠 | 나는 인터넷 음란물을 (   )할 것이다. 난 소중하니까. |

| 6 모둠 | 인터넷 음란물에 우연히 접속할 경우, 나는 (   ) 할 것이다. 난 소중하니까. |

● 나는 이번 활동을 통해 이런 것들을 얻게 되었다.

● 이 게임을 하면서, 새롭게 알게 된 것은~~

음란물이
(

) 문제가 있다는 것이다.

인터넷 음란물이
(

) 문제가 있다는 것이다.

• 이 게임을 하면서, 새롭게 느끼게 된 것은~~

인터넷 음란물이 나에게
(

　　　　　　　　　　　　　　　　　　　　　　) 영향을 줄 수 있다는 것이다.

나는 인터넷 음란물을
(

　　　　　　　　　　　　　　　　　　　　　) 대해야 한다는 것이다.

• 이 활동을 하고 나서, 나는 인터넷 음란물에 대해 앞으로 ~하게
행동할 것이다.

4) 인터넷 음란물 피하기

● 대상: 중 · 고등학생
● 학습 목표
① 인터넷에서 음란물에 접속하도록 유도하는 메일이나 정보를 구
별해 낼 수 있다.
② 인터넷 음란물을 클릭하지 않는 방법과 차단할 수 있는 방법을

실천할 수 있다.

● 활동 개요: 인터넷 공간에서 청소년에게 유해 정보에 접속하도록 유도하는 경우가 늘고 있다. 그러므로 이처럼 유해 정보에 접속하도록 유도하는 스팸 메일, 홈페이지, 음란 광고 등을 청소년 스스로 구별해 내는 방법을 익히는 것이 중요하다. 또한 인터넷 음란물을 차단하는 프로그램이나 구체적 방법을 익힘으로써 음란물을 막으려는 적극적인 자세를 갖도록 한다.

● 준비물

  교사: 인터넷 검색 사이트 화면, 모둠별 활동지.

● 활동 과정

① 교사는 의도하지 않았지만 음란 사이트에 접속하게 되는 경우가 있음을 설명하고, 이에 대한 서로의 경험을 공유할 수 있도록 한다.

② 인터넷 공간에서 유해 정보를 구별해 내는 것이 중요함을 강조하고, 준비한 인터넷 검색 사이트 화면을 모두에게 제시한다. 학생들이 활동지를 통해 유해 정보를 구별해 낼 수 있도록 한다.

③ 인터넷 음란물을 차단할 수 있는 방법에 대해 모둠별로 주제를 나누어 토의하고, 그것을 정리하여 발표한다. 이때, 각 모둠은 공동의 문제를 해결하는 공동체로서 최선의 방법을 찾기 위해 협의한다.

④ 교사는 인터넷 음란물 등의 유해 정보를 차단하는 데 청소년 스스로가 적극적이어야 함을 강조하고, 학생들이 스스로의 대처 자세를 다짐할 수 있는 시간을 마련한다.

● 인터넷 음란 정보 구별해 내기

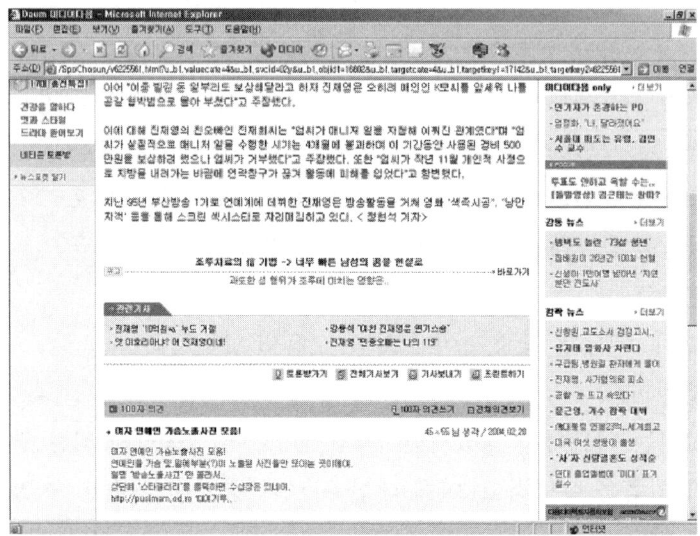

• 위 사이트에서 음란물과 관련한 정보를 찾아 봅시다.

• 인터넷 메일이나 음란 광고를 통해 음란물에 접속했던 경우가 있었나요?

• 우리는 어떤 제목의 이메일이나 광고를 피해야 할까요?

● 음란물을 차단할 수 있는 방법 모둠별로 토의하고 발표하기

<table>
<tr><td>1,2
모
둠</td><td>음란물 차단 프로그램에 대해서</td></tr>
</table>

<table>
<tr><td>3,4
모
둠</td><td>음란물 신고 사이트에 대해서</td></tr>
</table>

<table>
<tr><td>5,6
모
둠</td><td>그 외, 내가 할 수 있는 방법들</td></tr>
</table>

● 다른 모둠에서 발표한 차단 방법에 대해 점검하기

내가 실천해 본 방법

-
-
-

새롭게 알게 된 방법

-
-
-

내가 쉽게 실천할 수 있을 것 같은 방법

-
-
-

발표되지 않았지만, 다른 친구들에게 소개해 주고 싶은 방법

-
-
-

5) 건전한 채팅 문화 만들기

● 대상: 중·고등학생

● 학습 목표

① 채팅에서 나타나는 문제점을 지적할 수 있다.

② 건전한 채팅 문화를 만들기 위해 노력할 수 있다.

● 활동 개요: 채팅으로 모르는 상대와 이야기를 나누는 것은 청소년들에게 즐거운 일이고, 특히 청소년들은 이성과의 대화에 시간 가는 줄 모르고 집중하게 된다. 이와 관련하여 채팅에서는 언어 파괴, 음란화, 사이버 성폭력, 원조 교제, 채팅 중독을 비롯한 문제들이 발생하고 있다. 따라서 본 프로그램에서는 건전한 채팅 문화를 만들어 깨끗한 채팅 환경에서 청소년들이 스스로 절제하도록 해야 하는 필요성을 제기하고자 한다.

● 준비물: 과제, 활동지, 필기도구

● 활동 과정

① 학생들에게 미리 청소년 채팅 사이트를 모니터하게 한다.

② 모니터한 과제를 바탕으로 학습지를 작성하고 발표하게 한다.

● 유의점

① 모니터 과제를 빠짐없이 해오도록 한다.

◈ 모니터 과제 학습지

모니터한 사이트	
모니터한 시간	
모니터한 사이트 의 채팅 주제들	1. 2. 3. 4.
채팅 내용의 예	
채팅 내용에 대한 느낌	

◆ 청소년들이 채팅을 하는 이유는 무엇인지 생각해 봅시다.

이성을 쉽게 만난다.

심리적 위안을 받는다.

◆ 채팅의 장단점을 찾아봅시다.

장점	단점

◆ 건전한 채팅 문화를 만들기 위해 우리는 어떤 노력을 해야 할까
요?

6) 채팅을 통해 긍정적 활동하기

● 대상: 중 · 고등학생
● 학습 목표
① 채팅의 긍정적인 기능을 이해하고, 그 중요성을 이해할 수 있다.
② 채팅의 긍정적인 기능을 활용할 수 있도록 스스로를 통제할 수 있다.
● 활동 개요: 인터넷 공간에서의 채팅이 문제가 될 경우도 있지만, 사회적 가치의 합의, 서로의 다양성 존중, 건전한 의견 교환 등의 긍정적 기능을 수행할 수도 있다. 어떤 방식의 채팅이 긍정적 기능을 수행하는 것인지 청소년들이 스스로 판단해 보고, 그런 기능을 수행하도록 자신을 통제함으로써 인터넷 공간에서 자신이 긍정적 참여자로 활동할 수 있다는 자긍심을 심어줄 수 있게 된다.
● 준비물: 인터넷 채팅의 다양한 사례, 활동지
● 활동 과정
① 교사는 메신저를 포함한 채팅이 개인적 · 사회적 문제가 될 수 있는 사례를 제시하고, 반대로 개인과 사회에 대해 긍정적 기능을 할 수 있는 사례를 제시한다. 이때, 교사는 여러 사례를 섞어서 단지 제시하기만 하고, 사례별 판단은 학생들이 활동지를 통해 스스로 할 수 있도록 한다.
② 학생들은 활동지를 통해 사례를 분석하면서, 채팅의 긍정적 기능을 이해할 수 있도록 한다.
③ 이와 더불어 학생들이 그 동안의 자기 경험을 떠올려 볼 수 있도록 한다. 이 활동을 통해 학생들이 스스로의 채팅 문화에 대해 반성하고, 채팅을 통해 긍정적 활동을 할 수 있도록 스스로를 통제할 의지를 갖도록 한다.

④ 정리 단계에서의 활동을 통해 각자 생각하고, 느낀 점들을 발표해 본다. 공익적 홍보, 다양성 존중, 건전한 의견 교환이 될 수 있도록 기여한다.

● 다음에 제시된 채팅 사례를 분석해 봅시다.

● 개인적으로 문제가 되는 채팅 사례 -사례: - 이유:	● 사회적으로 문제가 되는 채팅 사례 -사례: -이유:
● 개인적으로 도움이 되는 채팅 사례 -사례: -이유:	● 사회적으로 도움이 되는 채팅 사례 -사례: - 이유:

● 채팅을 통해서 우리에게 도움이 되는 일들을 할 수 있을까요?

- 학생회장 선거에 입후보한 후보들에 대해 의견을 나누고, 투표에 대한 관심을 높인다.

  관련 자료:

- 친구들과 고민을 나누며, 같이 해결해 보려고 노력한다.

  관련 자료:

-

  관련 자료:

-

  관련 자료:

-

  관련 자료:

참고 문헌

강상현(1996),『정보통신혁명과 한국사회』, 서울: 한나래.

강승구 외 2인 공저(1998),『미디어 비평과 미디어 윤리』, 서울: 한나래.

강정인(1995),「정보사회와 원격민주주의」,『계간 사상』, 서울: 사회과학원.

공성진 · 김왕배(1996),「정보 사회의 특성」,『포럼 21』, 제16호.

권기헌(1997),『정보 사회의 논리』, 서울: 나남.

권태환 · 조형제(1997),『정보 사회의 이해』, 서울: 미래 미디어.

권희경 · 권정혜(2002),「인터넷 사용 조절 프로그램 개발의 효과 검증을 위한
　　　연구」,『한국심리학회지: 임상』, 21(3), 503-514.

김경동 외 3인(2000),『인터넷 환경이 청소년의 사회화에 미치는 영향』, 서울:
　　　청소년보호위원회.

김두성 · 민수홍(1996),『개인의 자기통제력이 범죄 억제에 미치는 영향』, 서
　　　울: 형사정책연구원.

김미숙 외 6인(1992),『현대 사회학』, 서울: 을유문화사.

김성기(1996),「0과 1이 만드는 새로운 세상」,『중등 우리교육』, 통권 78호.

김수경 역(2000),『인터넷 무법지대에서 살아남기』, 서울: 한국학술정보.

김수철(1987),『현대인을 위한 도덕과 윤리』, 서울: 교문사.

김영석(1995),「정보화사회와 뉴미디어」, 최정호 외,『정보화사회와 우리』, 서
　　　울: 소화.

김영진 역(1985),『윤리학의 기본 원리』, 서울: 서광사.

김왕수(1992),「정보화사회의 특성과 사회변화」,『도시사회』, 제5호.

김용정(1995), 「기술정보화 시대에 있어서의 인간의 의미」, 『정신문화연구』, 18(4), 통권 61호.

김유정(1998), 『컴퓨터 매개 커뮤니케이션』, 서울: 커뮤니케이션북스.

김유정(1999), 「인터넷: 확장의 시대에서 통제의 시대로」, 『정보 통신 윤리 의 식 확산을 위한 세미나 자료집』, 서울: 정보통신윤리위원회.

김은애 · 정연강 · 김기숙(2000), 「청소년의 건강 증진 행위와 자기효능감과 의 관계」, 『한국보건간호학회지』, 13(2), 241-260.

김재서 역(1999), 『사이버 공간의 유혹에서 우리 아이 지키기』, 서울: 예영커 뮤니케이션.

김종길(1998), 「정보 통신 기술의 발전과 환경 문제」, 『정보화시대의 미디어 와 문화』, 서울: 세계사.

김종범(1999), 「인터넷 중독 하위집단의 특성 연구: 자존감, 우울, 외로움, 공 격성을 중심으로」, 연세대학교 대학원 석사학위 청구논문.

김준호, 김순형(1995), 『가정환경과 청소년비행』, 서울: 한국형사정책연구원.

김준호, 김은경(1995), 『여자청소년의 비행실태에 관한 연구』, 서울: 한국형 사정책연구원.

김진숙 외(2000), 『청소년의 컴퓨터 활용 실태. 청소년의 PC중독』, 서울: 한 국청소년상담원.

김현수 역(2000), 『인터넷 중독증』, 서울: 나눔의 집.

김현숙(1998), 「청소년의 건강 행위와 비행의 영향 요인에 관한 모형 구축」, 서울대학교 대학원 박사학위논문.

김형철(1996), 「정보 사회의 윤리」, 『철학과 현실』, 통권 30호.

김혜원(2001), 「청소년들의 인터넷 중독 현상: 인터넷 중독의 현황 파악과 관 련 변인 분석」, 『청소년학연구』, 8(2), 91-117.

남영옥 · 이상준(2002), 「청소년의 사이버 섹스 중독과 사이버 음란물 접촉 및 성행동과의 관계」, 『청소년학연구』, 9(3), 185-212.

남현미(1999), 「가족의 심리적 환경과 청소년의 자기통제력 및 친구특성이 문 제행동에 미치는 영향」, 서울대학교 대학원 박사학위청구논문.

노봉남 · 장옥배(1993), 『정보통신사회 그 변화와 전망』, 서울: 생능.

라도삼(1999), 『비트의 문명 네트의 사회』, 서울: 커뮤니케이션북스.

문용린 역(2000), 『도덕심리학』, 서울: 중앙적성출판사.

문화체육부(1995), 『정보화사회에서의 건전 청소년문화 육성 방안』, 서울: 문화체육부.

박구연(2001), 「가족 기능과 자아개념이 고등학생의 컴퓨터 게임 중독에 미치는 영향」, 서울여자대학교 대학원 석사학위논문.

박길성 외 9인 공저(1996), 『현대 사회의 구조와 변동』, 서울: 사회비평사.

박병기 · 추병완(1996), 『윤리학과 도덕 교육1』, 서울: 인간사랑.

박성규(1995), 「정보화시대의 기업」, 『계간 사상』, 서울: 사회과학원.

박윤주(1997), 「정보화사회에서의 책임의 윤리에 관한 연구」, 한국교원대학교 석사학위논문.

박재두 역(1985), 『탈산업 사회의 새 조류』, 서울: 법문사.

박정순(1997), 「정보 통신 문화와 도덕의 정체성 문제」, 『월간 정보화사회』, 통권 116-117호.

박진우(1997), 「정보기술론」, 전석호 외, 『정보정책론』, 서울: 나남.

박찬구(2001), 「인간 욕망의 분출구에도 지켜야 할 법과 질서가 있다」, 『정보통신윤리』, 통권 20호.

박창호(2001), 『사이버 공간의 사회학』, 서울: 정림사.

박형준(1997), 「정보화사회론의 쟁점들」, 『동향과 전망』, 통권 33호.

방석현(1989), 『행정정보체계론』, 서울: 법문사.

변재옥(1998), 『정보화사회의 프라이버시와 표현의 자유』, 서울: 커뮤니케이션북스.

서울대학교 사회과학연구소(1986), 『정보화사회: 도전과 대응』, 서울: 서울대학교 출판부.

서정욱(1996), 「정보 기술의 현재와 미래」, 『과학사상』, 제18호.

설헌영 외 9인 공저(2003), 『지식정보사회와 윤리』, 광주: 조선대학교 출판부.

손봉호(1995), 「정보와 윤리」, 『월간 정보화사회』, 통권 91호.

송원영(1998), 「자기효능감과 자기통제력이 인터넷의 중독적 사용에 미치는 영향」, 연세대학교 대학원 석사학위 청구논문.

송원영 · 오경자(1999), 「자기효능감과 자기통제력이 인터넷의 중독적 사용에 미치는 영향」, 1999년 하계 임상심리학회 연차대회 발표논문집, 127-132.

신윤식 외(1992), 『정보 사회론』, 서울: 데이콤 출판부.

신현명(2000), 「고교생의 인터넷 게임 중독 치료를 위한 현실요법 프로그램의 효과」, 한국외국어대학교 석사학위논문.

심영희(2001), 『사이버 성폭력의 실태와 대책에 관한 연구』, 서울: 한국성폭력상담소.

안석(2000), 「인터넷의 중독적 사용에 관한 연구」, 연세대학교 대학원 석사학위논문.

안영섭(1995), 『컴퓨터 사회의 무서운 함정』, 서울: 민영사.

안희원(1997), 「텔리데모크라시의 가능성과 한계」, 『동향과 전망』, 통권 33호.

양돈규(2000), 「청소년의 감각 추구 성향과 인터넷 중독 경향 및 인터넷 관련 비행간의 상관성」, 『청소년학연구』, 7(2), 117-136.

어기준(1999). 『컴퓨터와 야한 아이들 그리고 순진한 부모』. 서울: 아세아 미디어.

오원옥(2004), 「중학교 청소년의 인터넷 중독 관련 교육 요구」, 『아동간호학회지』, 10(1), 48-58.

원우현(1995), 「정보화사회와 문화」, 최정호 외, 『정보화사회와 우리』, 서울: 소화.

유지한(2004), 「기존윤리학의 한계와 거시윤리학의 요청」, 한국정신문화연구원 거시윤리학 워크숍 발표 논문.

윤영민(2000), 『인터넷 시대에 있어 청소년 문제와 대책』, 서울: 청소년보호위원회.

윤재희(1998), 「인터넷 중독과 우울, 충동성, 감각추구경향 및 대인관계의 연관성」, 고려대학교 대학원 석사학위 청구논문.

이근무(1996), 「정보 통신혁명의 사회학적 함의」, 『한국사회학』, 제30집.

이명숙 역(1997), 『가상현실의 철학적 의미』, 서울: 책세상.

이무웅 · 우영제(1994), 『정보화사회와 인간관계론』, 서울: 백산출판사.

이상준(2003), 「인터넷 섹스 중독 청소년의 사회심리적 특성과 정신건강 연구」, 『한국사회복지학』, 55집, 341-364.

이선경(2001), 「청소년의 인터넷 사용 현황과 우울 및 자기통제력과의 관계」, 서강대학교 대학원 석사학위논문.

이어령(1996), 「한국인과 정보 문화」, 『포럼 21』, 제16호.

이영휘(1995), 「자기효능 이론의 고찰」, 『간호학탐구』, 4(1), 143-161.

이인숙(2003), 「초등학생들의 인터넷 중독과 인터넷 기대 및 자기효능감」, 『아동간호학회지』, 9(4), 376-383.

이인혜(1999), 『현대인의 정신건강』, 서울: 대왕사.

이재현(2000), 『인터넷과 사이버 사회』, 서울: 커뮤니케이션북스.

이정연 · 최영선(2002), 「청소년기 자녀의 인터넷 중독에 영향을 미치는 관련 변인」, 『한국생활과학회지』, 11(4), 1-12.

이진우 역(1994), 『책임의 원칙』, 서울: 서광사.

이태건 · 노병철 공역(2001), 『사이버윤리』, 서울: 인간사랑.

이형초(2001), 「인터넷 게임 중독의 진단 척도 개발과 인지행동 치료」, 고려대학교 대학원 박사학위논문.

임희섭(1995), 「정보화사회의 사회구조」, 최정호 외, 『정보화사회와 우리』, 서울: 소화.

장재홍 외 4인(2002), 『청소년 인터넷 과다 사용 예방 프로그램 개발』, 서울: 한국청소년상담원.

장재홍 · 신효정(2003), 「청소년 인터넷 중독 예방 프로그램의 효과」, 『한국심리학회지: 상담 및 심리치료』, 15(4), 651-672.

전길남(1996), 「인터넷의 기원과 전망」, 『과학사상』, 제18호.

전길남(1997), 「인터넷의 과거, 현재, 미래」, 『정보화저널』, 4(1).

전석호(1993), 『정보 사회론: 커뮤니케이션 혁명과 뉴미디어』, 서울: 나남.

정경수(1995), 「정보통신윤리 정립에 대한 이론적 고찰」, 『월간 정보화사회』, 통권 91호.

정기선(2000), 「청소년의 인터넷 사용의 사회심리적 영향」, 『인터넷과 청소년』, 한국정보사회학회 · 청소년보호위원회 학술심포지엄 발표 논문.

정명희(1987), 「부모자녀간의 개방적 의사소통에 관한 연구」, 가톨릭대학교 대학원 석사학위청구논문.

정보사회학회 편(1998), 『정보 사회의 이해』, 서울: 나남.

정성희(2001.3), 「인터넷 실명제는 선택이 아닌 필수」, 『정보 통신 윤리』, 정보 통신윤리위원회.

조동기(1996), 「정보 사회에서의 개인의 정체성과 프라이버시의 문제」, 서울 대 사회발전연구소 심포지엄 발표 논문.

진교훈(1987), 「과학기술의 발전과 윤리」, 『정신문화연구』, 통권 33호.

진교훈(1996), 「정보화 사회의 윤리 문제」, 『과학사상』, 제18호.

진교훈(1997), 「정보화 사회와 윤리학의 과제」, 진교훈 외 공저, 『윤리학과 윤 리 교육』, 서울: 경문사.

최영(1998), 『뉴미디어 시대의 네트워크 커뮤니케이션』, 서울: 커뮤니케이션 북스.

최영준(1996), 「정보 통신 혁명이 여는 새로운 세상」, 『중등 우리교육』, 통권 81호.

최정호(1995), 「서론: 정보 · 미디어 · 인간」, 최정호 외, 『정보화 사회와 우 리』, 서울: 소화.

최진석(1997), 『한국정보사회론』, 서울: 기한재.

추병완 외 공역(1997), 『컴퓨터 윤리학』, 서울: 한울.

추병완(1997), 「컴퓨터 윤리 교육의 과제」, 『한국교육』, 24(1).

추병완(1997), 『정보통신윤리』, 서울: 정보통신윤리위원회.

추병완(1999), 『도덕 교육의 이해』, 서울: 백의.

추병완(2000a), 『열린 도덕과 교육론』, 서울: 하우.

추병완(2000b), 「청소년을 위한 네티켓 교육의 방향」, 『초등도덕 교육』, 6호.

추병완(2001a), 「청소년을 위한 정보 윤리 교육의 체계화 방안」, 『도덕윤리과 교육』, 13호.

추병완(2001b), 「정보 윤리 교육의 내용 구성」, 『도덕과교육론』, 서울: 교육과 학사.

추병완(2001c), 『정보윤리교육론』, 서울: 울력.

추병완(2002), 『정보사회와 윤리』, 서울: 울력.

추병완(2003), 「정보윤리의 개념과 접근법」, 『2003 정보통신윤리백서』, 서울: 정보통신윤리위원회.

추병완(2004), 「도덕 주체와 객체의 범위」, 한국정신문화연구원 거시윤리학 워크숍 발표 논문.

추병완 · 류지한 공역(2000), 『정보 윤리학의 기본 원리』, 서울: 철학과현실사.

한국사회과학연구소 편(1983), 『현대의 사회사상가』, 서울: 민음사.

한국여성민우회(2000), 『청소년의 인터넷 중독증후군 및 음란물 접촉행위에 관한 연구』, 서울: 한국여성민우회 미디어운동본부.

한국전산원(2002), 『2002 한국인터넷백서』, 용인: 한국전산원.

한국정보문화센터(2002), 『인터넷 중독 상담 전략』.

한복희 · 기민호(1993), 『정보 사회론』, 서울: 충남대학교 출판부.

한세억 · 최두진(1995). 『정보 사회의 규범과 윤리 정착 방안에 관한 연구』, 한국정보문화센터 연구 보고 95-01.

홍성태(2000), 『사이버사회의 문화와 정치』, 서울: 문화과학사.

홍성태(2001.3), 「인터넷 실명제는 반사회적 구상이다」, 『정보 통신 윤리』, 정보통신윤리위원회.

홍수원 역(1998), 『네티즌을 위한 12계명』, 서울: 한국경제신문사.

홍윤선(2000), 『클릭 네티켓』, 서울: 중앙 M&B.

황상민 · 한규석 편저(1999), 『사이버 공간의 심리』, 서울: 박영사.

Baird, R. M., & et. al.(Eds.)(2000), *Cyberethics*, New York: Prometheus Books.

Bear, G. G. (1986), "Teaching computer ethics: Why, what, who, when, and how," *Computers in schools*, 3(2), 113-118.

Berleur, J.(1996), "International federation for information processing's framework for computer ethics," *Science and Engineering Ethics*, 2(2).

Bowyer, K. W.(1996), *Ethics and computing: Living responsibility in a computerized world.* Los Alamitos, CA: IEEE Computer Society Press.

Brown, J. M.(1997), "Technology ethics," *Learning and leading with technology.* Vol. 24(6), 38-41.

Buber, M. (1965), *Between man and man,* New York: Macmillan.

Bynum, T. W., & Rogerson, S.(1996), "Global information ethics," *Science and Engineering Ethics.* 2(2).

Connolly, F. W.(1996), "A call for a statement of expectations for the global information structure," *Science and Engineering Ethics,* 2(2).

Coopersmith, S.(1967), *The antecedents of self-esteem,* San Francisco: Freeman.

Crystal, J., Geide, C. A., & Salpeter. J.(2000), "The concerned educator's guideto safety and cyber-ethics." *Technology & Leraning.* Vol. 21(4), 24-31.

Drozdek, A.(1992), *Moral dimension of man in the age of computers.* Lanham: University Press of America.

Durkheim, E. (1961), *Moral education,* New York: Free Press.

Fodor, J. L.(1996), "Human values in the computer revolution," In Joseph M. Kizza(Ed.). *Social and ethical effects of the computer revolution,* Jefferson, NC: McFarland.

Forester, T. & Morrison, P.(1990), *Computer ethics,* Cambridge: MIT Press.

Forester, T., & Morrison, P.(1992), *Computer ethics: Cautionary tales and ethical dilemmas in computing,* Cambridge, MA: The MIT Press.

Giddens, A.(1989), *Sociology,* London: Polity Press.

Gorniak-Kocikowska, K.(1996), "The computer revolution and the problem of ethics," *Science and Engineering Ethics,* 2(2).

Gould, C. C.(1989), "Network ethics: Access, consent, and the informed community," In Carol C. Gould. (Ed.). *The information web: Ethical and social implications of computer networking.* Boulder, CO: Westview Press.

Greenfield, D. N.(1999), *Virtual addiction,* Oakland: New Harbinger

Publications.

Griffiths, M.(1998), "Internet addiction: Does it really exist?," In J. Gackenbach (Ed.). *Psychology and internet*, San Diego: Academic Press, 61-75.

Griffiths, M. D.(1996), "Internet 'addiction': An issue for clinical psychology," *Clinical Psychology Forum*, 97, 32-36.

Halbert, T., & Ingulli(2002), *Cyberethics*, Mason: Thomas learning.

Hoge, D. D., Smith, E. K., & Hanson, S. L.(1990), "School experiences predicting changes in self-esteem of sixth- and seventh-grade students," *Journal of Educational Psychology*, 82, 117-127.

http://www.ling.rochester.edu/~duniho/ph1117/index.html

Hughes, D. R.(1998), *Kids Online*, Grand Rapids: Baker Book.

Ingall, C.(1999), *Transmission & transformation*, New York: Jewish Theological Seminary of America.

Johnson, D. G.(1994), *Computer ethics.* 2nd ed. Upper Saddle, NJ: Prentice Hall.

Johnson, D. G.(Eds.), *Computers, ethics & social values.* Englewood Cliffs, NJ: Prentice Hall.

Johnson, D. W.(1984), *Computer ethics: A guide for a new age.* Elgin, IL: The Brethren Press.

Kirschenbaum, H.(1995), *100 ways to enhance values and morality in schools and youth settings*, Boston: Allyn and Bacon.

Ladd, J.(1989), "Computers and moral responsibility: A framework for an ethical analysis," In Carol C. Gould.(Ed.). *The information web: Ethical and social implications of computer networking*, Boulder, CO: Westview Press.

Lord, S. E., Eccles, J. S., & McCarthy, K. A.(1994), "Surviving the junior high transition: family processes and self-perception as protective and risk factors," *Journal of Early Adolescence*, 14, 162-199.

Maner, W.(1996), "Unique ethical problems in information technology," *Science and Engineering Ethics*, 2(2).

Martin, W.(1988), *The information society*, London: Aslib.

Mason, R. O.(1986), "Four ethical issues of the information age," *MIS Quarterly*, 10(1).

Moor, J.(1985), "What is computer ethics?," *Metaphilophy*, 16(4).

Moor, J.(1991), "Computing and the ring of invisibility," *Ethics: Easier saidthan done, 11*.

Naisbitt, J.(1982), *Megatrends*. New York: Warner Books.

Rogers, E. M.(1986), *Communication Technology: The New Media in Society*, New York: The Free Press.

Rogerson, S. & Bynum, T. W.(1996), "Information ethics: The second generation," available at www.ccsr.cms.dmu.ac.uk./pubs/papers/ie sec gen.html.

Rogerson, S.(1996), "The ethics of computing," available at www.ccsr.cms.dmu.ac.uk./pubs/misc/ebenrogar.html.

Rubin, R.(1996), "Moral distancing and the use of information technologies: The seven temptations," In Joseph M. Kizza(Ed.), *Social and ethical effects of the computer revolution*, Jefferson, NC: McFarland.

Ryan, K. & Bohlin, K.(1999), *Building character in schools*, San Francisco: Jossey-Bass Publishers.

Scott, W. A., Scott, R., & McCabe, M.(1991), "Family relationships and children's personality: A cross-cultural, cross-source comparison," *British Journal of Social Psychology*, 30, 1-20.2000), No. 4, 16-20.

Spinello, R.(1997), *Case studies in information and computer ethics*, Upper Saddle River: Prentice Hall.

Stein, D. J.(1997), "Internet addiction, internet psychotherapy," *American Journal of Psychiatry*, 54(6).

Suler, J.(1996), "Computer and cyberspace addiction," available at www.rider.edu/users/suler/psycyber/cybaddict.html.

Suler, J.(1999), "The psychology of cyberspace," available at www.rider.edu/users/suler/psycyber/overview.html

Suler, J.(2002), "The online disinhibition effect," available at www.rider.edu/users/suler/psycyber

Turkle, S. (1995), *Life on the screen: Identity in the age of the internet.* New York: Simon & Schuster.

Webster, F.(1995), *Theories of information society.* London: Routledge.

Willard, N.(1997), *The cyberethics reader,* New York: McGraw-Hill.

Young, K. S.(1996), "The relationship between depression and pathological internet use," Paper presented at the annual meeting of the American Psychological Society, Washington, D.C.

Young, K. S.(1998), *Caught in the net,* New York: John Wiley & Sons.

Young, K.(1999), "Cyber-disorder: The mental health concern for the new millennium," Paper presented at 107th APA Convention, August 20.

부록

부록 1
'정보통신윤리위원회'의 정보 통신 윤리 강령

정보 시대가 다가오고 있다. 정보 통신 기술의 발달로 시간과 공간의 장벽이 무너지고 세계가 하나 되는 시대를 맞고 있다. 우리 모두는 정보 시대의 주인이 되어 유익한 정보를 서로 나누고 인류의 행복과 높은 이상이 실현되는 사회를 만들어야 할 책임이 있다.

모든 정보는 정확하고 성실하게 활용되어야 하며 인간의 존엄성을 지키고 삶의 품위를 높이는 데 이용되어야 한다.

개인의 창의력과 조직의 능률을 향상시키며 나라의 발전과 민족 문화의 창조적 계승을 도모하고 세계가 더불어 번영하는 데 이바지하도록 정보 문화를 가꾸어 나가야 한다.

우리는 정보의 제공과 활용에 있어 서로의 인권을 존중하고 나라의 법질서를 준수하며 국민 정서에 맞는 미풍양속을 바로 세우는 시민 의식 형성에 앞장선다.

바른 언어를 사용하고 공중도덕을 지킴으로써 정보 질서를 확립하고 국가의 기밀이나 개인의 사생활과 지적 재산권은 보호하되 유용한 정보는 함께 나누는 마음가짐이 새로운 가치관으로 뿌리내리도록 노력한다.

아울러 우리는 모든 개인과 지역에 정보의 공개와 활용의 혜택이 골고루 돌아가도록 힘씀으로써 밝고 정의로운 복지 사회를 이룩하는 데 최선을 다한다.

우리는 정보 시대를 살아가는 민주 시민으로서 건전한 윤리가 정보 사회의 기반을 이루어야 한다는 데 뜻을 모으고 이 뜻이 실현되도록 성실하게 노력할 것을 다짐한다.

부록 2
정보 통신 사업자 윤리 실천 강령

우리는 미래의 정보 사회를 이끌어갈 정보 통신 사업자로서 건전한 정보 통신 문화 창달의 책임과 의무를 성실히 수행할 것을 다짐하며 그 구체적인 실천 강령을 다음과 같이 선포한다.

— 우리는 정보 통신 사업자로서 보람과 긍지를 가지고 올바른 정보를 제공하여 국가 사회 발전에 이바지한다.
— 우리는 사회적 도덕성에 입각하여 건전한 정보가 유통될 수 있는 환경을 구축한다.
— 우리는 양질의 정보를 제공함으로써 삶의 질을 높이는 데 최선을 다한다.
— 우리는 불건전 정보가 유통되지 않도록 스스로 자제하여 사회 공익이 우선될 수 있는 풍토를 조성한다.
— 우리는 인권과 사생활을 존중하고 저작권을 보호함으로써 정보 사회의 질서를 확립한다.
— 우리는 비판적 시각을 중시하고 상호 협력을 통하여 자율적인 정보 통신 문화 정착에 앞장선다.
— 우리는 정보 통신 윤리 강령에 따라 관련 법령과 규정을 준수하여 정보 통신인으로서 책임과 의무를 다한다.

부록 3
한국정보처리전문가협회 윤리 강령

(1) 윤리 강령

나는
— 한국정보처리전문가협회 회원으로서 긍지와 보람을 느끼며 정보 시스템 활용자, 동료, 단체 및 국가 나아가 인류 사회에 대하여 철저한 책임 의식을 가진다.
— 활용자에 대하여 그 편익을 증진시키는 데 최선을 다한다.
— 동료에 대해서 도의와 성실과 지식을 바탕으로 서로 우애하고 경애한다.
— 단체와 국가에 대해서 그 정책 수행의 효율을 높이도록 최대의 협조를 다한다.
— 인류 사회에 대해서 정보 시스템이 인간 삶의 질을 향상시키는 데 이용되도록 최선의 노력을 경주한다.

(2) 행동 지침

윤리 강령의 각 조항을 실천하기 위하여 그 행동 지침을 규정한다. 이 지침은 전문가로서 지켜야 할 최소한의 실천 사항이다.

나는 정보 시스템 활용자로서의 책임을 완수하기 위하여

— 자기 혁신을 게을리 하지 않고 새로운 지식을 탐구하며 필요시 적절한 전문 지식을 제공한다.

— 정보와 지식을 서로 나누며 진실하고 객관적인 정보를 정보 시스템 활용자에게 제공하도록 노력한다.

— 내가 맡은 일에 대하여 전적인 책임을 진다.

— 나에게 부여된 권리를 남용하지 않는다.

— 정보 기술과 정보 시스템에 대한 잘못된 정보를 전파하거나 아집을 갖지 않는다.

— 활용자의 지식이나 경험 부족을 악용하지 않는다.

나는 동료에 대한 책임을 완수하기 위하여

— 직업상의 모든 관계에서 도덕성을 바탕으로 삼는다.

— 주변의 불법 또는 부도덕한 행위는 진실성과 합리적인 근거에 입각하여 개인의 이익을 초월해서 적절한 조치를 취한다.

— 지식과 경험 부족으로 주변의 동료가 역경에 처해 있을 때에는 힘을 나누도록 최선을 다한다.

— 항상 상대방의 입장에서 생각하고 동료의 무지와 무경험을 이용하지 않는다.

나는 단체와 국가에 대한 책임을 완수하기 위하여

— 단체와 국가의 발전을 위한 새로운 정보를 탐구하도록 노력하며 필요시 적절한 정보를 제공한다.

— 집단 이기주의는 물론 개인적 이기주의를 배척하며 이해가 상충될 때에는 공동의 선을 기준으로 행동한다.

— 단체와 국가의 정당한 이익을 보호하며 공정하고 정직하며 객관적인 관점을 유지한다.

— 구득한 정보의 비밀성 및 은밀성을 보호한다.

— 역사에 책임을 지고 진화의 흐름에 상반되는 정보를 제공하거
나 고집하지 않는다.

— 정당한 승인 없이 개인의 이익이나 그 밖의 목적을 위해 단체나
국가의 자원을 이용하지 않는다.

— 정보 시스템의 취약점을 악용하지 않으며, 보완 및 개선에 앞장
선다.

나는 인류 사회에 대한 책임을 완수하기 위하여

— 습득한 정보의 비밀을 유지하고 프라이버시를 침해하지 않는
다.

— 주변의 모든 사람에게 나의 기술과 지식을 나눔에 힘쓴다.

— 내 업적이 인류 사회에 유용하게 쓰이도록 노력한다.

— 인간 삶의 질을 향상시키기 위한 목적으로 정보 기술이 활용되
도록 힘쓴다.

부록 4
가정에서 자녀에게 말해 주어야 할 인터넷 수칙 10가지

1. 인터넷상에서 절대로 설문지를 작성하면 안 된다. 특히 이름, 나이, 주소, 전화번호, 학교 이름, 사는 지방, 일정 비밀 번호 등 개인 신상에 관한 정보는 부모의 허락 없이 절대로 노출시키지 말아야 한다.
2. 부모의 허락 없이 사이버 공간에서 만나는 사람들과 직접 만나면 안 된다.
3. 부모의 허락 없이 함부로 대화방에 들어가면 안 된다. 대화방에서 만난 다른 청소년들 가운데는 실제로 나이가 많은 어른인 경우도 있다. 이들은 대개 무언가 불순한 목적을 가지고 접근하는 사람들이다.
4. 인터넷을 통해서 만나는 사람들에게 자신의 계획이나 행선지 그리고 현재의 소재지 등을 알려 주어서는 안 된다.
5. 생소한 사람과 이메일을 주고받아서는 안 된다.
6. 부모의 허락 없이 부가 요금을 내야 하는 정보나 사이트에 접근해서는 안 된다.
7. 인터넷을 통해서 자주 만나서 상당히 친해진 사람이라고 해도 자신의 사진을 이메일을 통해서 보내서는 안 된다
8. 인터넷을 통해서 부모의 허락 없이 물건을 주문하거나 특히 신용 카드 번호를 알려 주어서는 안 된다.

9. 폭력적인 내용의 이메일이나 의심스러운 제의 등에 대해서는 일체 답장하지 말라. 이런 메시지를 받게 되면 반드시 부모에게 알려라.

10. 고의로 본 것이든 우연히 접한 것이든 불건전한 내용의 사이트나 그림이 있다면 부모에게 알려라. 비밀스럽고 어두운 기억을 마음속에 감추고 혼자 떠올리는 것보다 믿을 만한 사람들에게 터놓고 대화를 나누는 것이 아이들의 정신 건강에 더 이롭다.

부록 5
건전한 인터넷 사용을 위한 가정 서약

1. 나는 인터넷에 상당한 위험 요소가 있음을 알고 있다. 우리의 일상에서 범죄자들이 길거리를 배회하듯이, 그들은 인터넷의 가상공간을 배회하고 있음을 알고 있다.
2. 나는 인터넷에서 활동하는 사람들 가운데 상당수가 자신을 위장하고 있음을 알고 있다. 그들은 사진의 성별, 나이, 취미, 성격, 직업 등 많은 것들을 위장하고 있음을 알고 있다.
3. 그들은 부모와 떨어져 혼자 인터넷에 접속한 아이들에게 친근하게 접근하고 있음을 알고 있다.
4. 나는 인터넷을 통해서 다른 사람들에게 나와 가족들에 대한 사적인 이야기를 해서는 안 된다는 사실을 알고 있다. 대신, 부모를 포함하여 내가 신뢰할 수 있는 어른들에게 인터넷에서 만난 사람들에 대하여 말하겠다.
5. 나는 부모님이 내가 인터넷을 사용하는 내역을 틈틈이 검색하고 검토하고 있음을 알고 있으며, 이를 받아들인다. 부모님이 그렇게 하는 이유는 나를 불신하여 감시하는 것이 아니라 내가 인터넷을 좀 더 안전하고 유익하게 사용하도록 하기 위해서이다.
6. 나는 인터넷에서 만난 사람들에게 나의 이름을 공개하지 않을 것이다.
7. 나는 인터넷에서 만난 사람들에게 주소를 공개하지 않을 것이

다.

8. 나는 인터넷에서 만난 사람들에게 나의 전화번호를 공개하지 않을 것이다.

9. 나는 인터넷에서 만난 사람들에게 내가 다니는 학교의 이름과 소재지를 공개하지 않을 것이다.

10. 나는 인터넷을 통해서 알게 된 사람을 혼자 만나지 않을 것이다.

11. 그를 정말 만나고 싶다면, 부모님의 허락을 먼저 받을 것이다. 그를 사람이 많이 모이는 공공장소에서 만날 것이다. 부모님의 입회하에 만나거나, 만나는 장소에 여러 친구들을 데리고 나갈 것이다.

12. 나는 만일 인터넷을 통해서 음란한 내용의 이메일이나 메시지 이미지 파일 등을 받았을 경우 부모에게 알리겠다.

부록 6
네티즌 윤리 강령

정보 통신 환경의 변화에 따라 사이버 공간의 이용이 급증하고 있다. 네티즌은 사이버 공간에서 유익한 정보를 서로 나누고 건전한 인간관계를 형성하며, 다양한 경험을 쌓는다. 또한 사이버 공간을 통해 정보 사회의 성숙한 인간으로 성장하며, 인류 사회 발전에 기여한다.

사이버 공간의 주체는 네티즌이다. 네티즌은 사이버 공간에서 표현의 자유와 권리를 가지고 있으며, 동시에 의무와 책임도 지니고 있다. 이러한 권리가 존중되지 않고 의무가 이행되지 않을 때, 사이버 공간은 무질서와 타락으로 붕괴되고 말 것이다.

이에 사이버 공간을 모두의 행복과 자유, 평등이 실현되는 공간으로 발전시킬 수 있도록 '네티즌 윤리 강령'을 제정하고 이를 실천할 것을 다짐한다.

네티즌 기본 정신
— 사이버 공간의 주체는 인간이다.
— 사이버 공간은 공동체의 공간이다.
— 사이버 공간은 누구에게나 평등하며 열린 공간이다.
— 사이버 공간은 네티즌 스스로 건전하게 가꾸어 나간다.

행동 강령

1. 우리는 타인의 인권과 사생활을 존중하고 보호한다.
2. 우리는 건전한 정보를 제공하고 올바르게 사용한다.
3. 우리는 불건전한 정보를 배격하며 유포하지 않는다.
4. 우리는 타인의 정보를 보호하며, 자신의 정보도 철저히 관리한다.
5. 우리는 비·속어나 욕설 사용을 자제하고, 바른 언어를 사용한다.
6. 우리는 실명으로 활동하며, 자신의 ID로 행한 행동에 책임을 진다.
7. 우리는 바이러스 유포나 해킹 등 불법적인 행동을 하지 않는다.
8. 우리는 타인의 지적 재산권을 보호하고 존중한다.
9. 우리는 사이버 공간에 대한 자율적 감시와 비판 활동에 적극 참여한다.
10. 우리는 네티즌 윤리 강령의 실천을 통해 건전한 네티즌 문화를 조성한다.

부록 7
정보 윤리의 자율 규제를 위한 열린 가정의 이미지

1. 가족의 구성원들이 디지털 매체에 대한 경험을 공유한다. 아이들이 좋아하는 웹사이트를 함께 여행하기도 하고, 아이들이 갖고 있는 궁금증을 함께 토론한다.
2. 열린 가정이 가능하기 위해서는 무엇보다 부모가 새로운 미디어의 잠재력을 이해하고 아이들의 문화를 수용해야 한다.
3. 열린 가정의 토대는 아이들의 호기심을 부모가 공유하는 것이다.
4. 열린 가정은 상호 작용 모형을 본받는다. 일방적인 의사소통에서 양방향적인 의사소통을 즐기며, 이것이 가능하기 위해서는 무엇보다 상대방의 견해에 귀를 기울여야 한다.
5. 열린 가정은 음란물 같은 것에 대해 토론할 수 있고, 서로가 이해할 수 있는 방식으로 그 문제를 처리한다.
6. 열린 가정은 미디어에 대해 비판적인 자세를 취한다. 해당 정보의 진실성에 대해 토론하고, 기본 가정에 의문을 제기한다.
7. 열린 가정은 언제나 네트워크를 통해 서로 연결되어 있다. 가정이나 일터 혹은 학교에서 이메일을 주고받으며 필요한 메시지를 교환한다.
8. 열린 가정의 구성원들은 언제나 상대방의 문화를 존중한다.
9. 열린 가정은 언제나 무엇인가를 함께 배워 나간다. 배움을 통해

가정은 변화하는 환경에 신속하게 적응할 수 있다.

10. 열린 가정의 구성원들은 공동의 이해관계를 가지고 있지만 동시에 추구하는 목표는 서로 다를 수 있다는 것을 인정한다.

부록 8
정보 통신 관련 주요 용어 해설

가상공간virtual space: 일반적으로 사이버스페이스라는 말과 같은 뜻으로 사용되기도 하지만, 일차적으로는 실재하는 공간과 대립되는 시뮬레이션 공간을 지칭한다. 가상공간의 특징은 지각에 의존한다는 점에서 현상적이라는 것이다. 인간 정신이 집합적인 경험을 인식해 공간적 실체로 인식하는 것과 마찬가지 방식으로 감각 기관을 자극하게 되면 현상적으로 존재하는 것으로 지각하게 된다는 것이다. 실제 공간과 가상공간의 차이는 경험의 시간성에 있다. 실제 세계의 데카르트적 공간이 특정한 시간 틀 내에 존재하는 반면, 가상공간은 시간적 불완전성의 정도가 매우 높다. 이런 의미에서 가상공간은 시간적 시뮬레이션이다.

가상 시장 Cyber Market: 인터넷상의 가상공간에 형성되는 시장을 말한다. 즉, 인터넷에 설치된 홈페이지를 통하여 거래되는 시장을 의미한다. 이러한 가상 시장은 보통 두 가지 형태로 개설된다. 하나는 인터넷 서비스 업체나 광고 회사 또는 유통 업체 등이 가상 시장을 개설한 후, 여러 공급 업체들로부터 유망 상품을 엄선하여 진열하는 형태이다. 다른 하나는 제조 또는 서비스 업체들이 스스로 가상 시장을 개설하여 자사 및 협력 업체의 제품을 진열하는 형태이다.

가상현실virtual reality: 컴퓨터에 의해 만들어진 시각 · 청각 · 촉각의 멀티미디어 경험으로, 여기서 헤드폰, 아이폰, 데이터 글로브, 데이터 슈트 같은 다양한 생체 기구들이 감각 기관들을 에워싸고 인공적으로 만들어진 시각·청각·촉각 자료를 제공하게 된다. 사이버스페이스와 혼용되기도 하지만, 가상현실은 육체의 감각 기관을 생체 기구들을 이용해 기술적으로 통제하는 것에 국한하여 사용되는 경우가 많다. 가상현실을 정의할 때 다음과 같은 요소들이 강조된다. 인공 현실(사용자의 온몸 행동이 컴퓨터로 생성된 의미들과 결합하여 단일 현전을 날조해 낼 때), 상호 작용성(사용자가 스크린 위의 마우스를 이리저리 움직여 건물 속으로 들어갈 때), 몰입(사용자가 3차원으로 애니메이트된 세계를 볼 수 있게 하는 투구형 디스플레이를 썼을 때), 망으로 연결된 환경(여러 사람이 동시에 하나의 가상 세계에 들어갈 수 있는 환경), 그리고 원격 현전(로봇이 실재 세계 속에서 거리상 멀리 떨어져 있는 사용자의 대리인에게 영향을 미치는 동안, 사용자는 가상 세계 내에 현전하고 있다고 느끼는 공간) 등이다.

개인 휴대 통신 Personal Communication Service: 셀룰러 폰과는 다른 주파수 대역을 사용하는 통신으로서 장소에 구애받지 않고 데이터와 영상 정보를 주고받을 수 있는 이동 전화로 휴대하기에 간편한 초소형 단말기를 사용하면서 요금 또한 저렴한 보편적 서비스이다.

광통신Light Communications: 영상·음성·데이터 등의 전기 신호를 레이저 광선의 강약으로 전환시켜 전송하는 통신 방식. 광자 공학의 한 분야로 전기 신호를 광신호로 변환하는 발광 다이오드, 전송된 광신호를 원래의 전기 신호로 바꾸는 광전 다이오드 등으로 구성된다.

근거리 통신망LAN: Local Area Network: 한정된 지역 내에 있는 공장이나 사무소 등의 기업 내 종합 정보 통신망을 뜻한다. 컴퓨터나 단말장치를 동축 케이블이나 광섬유 등으로 연결하여 네트워크화 한다. 기업 안에 분산 설치된 대형 컴퓨터를 비롯하여 각종 전화·단말기·퍼스컴·팩시밀리 등을 단독으로 사용하지 않고 광섬유를 이용, 상호 연결하여 지역 내의 정보를 공동으로 관리·이용하는 시스템이다.

글로벌 네트워크 Global Network: 정보 고속도로의 기초로서 통신 설비에 의해 연결된 컴퓨터 네트워크를 의미한다. 하나의 네트워크는 소수의 컴퓨터나 프린터, 기타 장치에만 연결된 소규모일 수도 있고, 또 광대한 범위에 걸쳐 분산되어 있는 많은 소형 및 대형 컴퓨터를 연결한 대규모일 수도 있다. 소규모이든 대규모이든 컴퓨터 네트워크는 컴퓨터 사용자들에게 전자식 통화 수단과 정보 전송 수단을 제공한다.

네티즌netizen: 네트워크network와 시민citizen의 합성어로 통신 사용자들을 네트워크가 만들어낸 가상 사회의 시민에 비유한 것이다. 단순히 통신 사용자라는 표현에 비해 컴퓨터 네트워크의 고유한 문화를 공유한 사람들이라는 의미가 강조된다.

대역폭bandwidth: 단위 시간에 전달되는 정보의 양을 말한다. 일반적으로 대역폭이 넓은 통신망은 전송 속도가 빠르다. 커뮤니케이션 매체에 따라 대역폭은 다르다. 일반적으로 가장 대역폭이 넓은 매체는 면대면 커뮤니케이션으로서, 말·제스처·얼굴 표정 등이 동시에 전달된다. 이와 반대로, 텍스트형 회의 시스템은 스크린에 표시되는 텍스트에 국한된다는 점에서 가장 대역폭이 좁다. 일반적으로 테크놀로지에 의해 매개되지 않은 현실은 매개된 그 어떤 환경보다 대역폭이 넓다. 대역폭이 넓어지면 제공되는 환경에서의 현전감이 강해진다.

모뎀modem: 변조기modulator와 복조기demodulator의 합성어로서 변복조 장치라고도 한다. 디지털을 아날로그로 바꾸는 장치를 변조기라고 하고 그 반대로 바꾸는 장치를 복조기라고 한다. 모뎀이 처음으로 사용된 것은 1950년대에 전화선을 이용한 컴퓨터 간의 통신에서였다. 모뎀은 컴퓨터가 사용하는 디지털 데이터를 전화선이 사용하는 아날로그 신호로 변환하고, 또다시 전화선의 아날로그 신호를 디지털 신호로 바꾸어 컴퓨터가 인식할 수 있도록 하는 작업을 수행한다.

벌레worms: 프로그램 소거와 유사한 이 수법은 벌레 프로그램을 이용하여 마치 벌레가 무엇을 갉아 먹듯이 컴퓨터 기억 장치 가운데 특정 부분을 지워버림으로써 정보 상실의 허점을 만들거나 한 시스템의 운용 체계를 변경시키기도 하고 완전히 폐쇄시키기도 한다.

보편적 서비스universal service: 전화 서비스를 언제든지 누구에게나 적당한 가격에 제공할 수 있어야 한다는 원칙을 의미한다.

부가 가치 통신망VAN: Value Added Network: 정보의 축적 · 제공 · 통신 속도 및 형식의 변환 · 통신 경로의 선택 등 여러 경우의 정보 서비스가 부가된 통신망이다. 컴퓨터를 통신망에 편입시킴에 따라 기존에 단순히 신호를 보내는 일반 공중 통신망에 비하여 월등히 발전한 것이며, 이를 통해 다양한 서비스를 제공할 수 있다.

사이버스페이스Cyberspace: 컴퓨터가 만든 가상 환경을 의미하는 것이며, 공상 과학 소설가인 윌리엄 깁슨William Gibson이 그의 소설 『뉴로맨서 *Neuromancer*』에서 처음으로 사용하기 시작한 용어이다. 이 소설에서 깁슨은 모든 컴퓨터가 하나의 네트워크로 연결된 미래 세계와 그 사회의 정경을 묘사하고 있는데, 오늘날의 온라인 서비스나 월드와이드웹, 인터넷 등이 바로 사이버스페이스라고 할 수 있다.

사이버 펑크 Cyberpunk: 사이버네틱스cybernetics와 펑크punk가 합쳐진 말로서, 컴퓨터에 대한 전문 지식을 가지고 일반 관습이나 기존 질서에 대항하는 사람들을 일컫는 말이다. 최근에는 컴퓨터 관련 신기술을 도락처럼 즐기는 사람들을 사이버 펑크라고 부르는 경우가 많아졌다. 해커는 컴퓨터의 기술적인 측면에만 관심을 가지고 열심히 파고드는 사람이지만, 사이버 펑크는 컴퓨터 신기술을 이용하는 측면에 관심을 가지고 즐기는 사람이다.

소호Small Office Home Office: 간단한 장치로 소규모 사무실이나 집에서 사무실을 꾸미는 것을 의미한다. 소형 라우터, 스위치, LAN 카드 등의 LAN 장비와 WAN을 지원하는 간단한 원격지 접속 장비만으로 구성이 가능한 소호는 컴퓨터와 각종 텔레커뮤니케이션 기술의 발달로 급성장하고 있다.

스마일리Smiley: 통신상에서 감정 상태를 나타내기 위해 사용하는 부호로서 일명 이모티콘emoticon이라고도 한다. 컴퓨터 통신을 통한 텍스트 중심 커뮤니케이션에서는 구어적, 시각적 단서가 결여되어 있기 때문에 자칫하면 농담이나 악의 없는 논평이 오해나 갈등을 일으킬 수 있다. 이를 방지하기 위해 주로 사용하는 것이 스마일리(이모티콘)이다. 스마일리는 작은 얼굴 모양으로 키보드의 부호를 조합하여 만들어지며, 옆으로 비스듬히 보아야 그 의미가 드러난다. 몇 가지 예를 들면 다음과 같다.
:-) 웃는 얼굴(농담, 폭소, 친근감 등)
:-(찡그린 얼굴(슬픔, 분노, 증오 등)
;-) 윙크하는 얼굴

아바타avatar: 사이버스페이스에서 일정한 정체성을 유지하고 있는 일종의 가상 육체를 말한다. 아바타가 존재한다는 것은 사이버스페이스의 자원을 이용하여 자신을 표현하고 있고, 나타낸다는 것을 인식하고 있다는 것을 뜻한다. 아바타는 온라인 글쓰기의 스타일, 이름, 자신에 대한 설명 등에 따라 그 모습이 달라지고, 하나 이상 여러 개의 아바타가 만들어지기도 한다는 점에서, 정체성과 온라인 삶의 관계는 매우 복잡하게 전개된다.

원거리 통신망 Wide Area Network: 수백 킬로미터까지의 원거리 통신 네트워크를 일컫는 개념이다. 대개의 경우 모뎀이나 전화 스위칭 시스템을 이용하여 원거리 상의 커뮤니케이션이 이루어지도록 한다. LAN이 동일 구내, 동일 건물 내의 네트워크로 기업이나 학교 등 하나의 조직체를 대상으로 한다면, WAN은 기업 등 각각의 조직체를 포함한 불특정 다수의 대중을 대상으로 하고 있다.

영상 회의 Video Conference System: 각각 다른 두 장소에서 회의를 하면서 TV 화면을 통하여 음성과 화상을 동시에 전송받아 한 사무실에서 회의를 하는 것처럼 효과를 내는 장치를 의미한다. 화면을 통한 회의 진행은 물론 팩시밀리 등의 사무 자동화 기기 등을 통해 문서 작성 및 계약도 할 수 있다.

인공 지능AI: Artificial Intelligence: 학습 · 추론 · 판단 등 인간의 지능이 갖는 기능을 갖춘 컴퓨터 시스템이다. 이것을 응용한 것으로서 자연 언어의 이해 · 기계어 번역 · 전문가 시스템 등이 있다.

인터페이스interface: 일반적으로 두 시스템 사이의 커뮤니케이션 접점을 뜻한다. 하드웨어나 소프트웨어 혹은 둘의 결합물에 적용된다. 예를 들어, 그래픽 인터페이스는 휴지통, 그림붓 또는 야드지를 가지고 데스크톱 은유나 집 은유를 이용하는 것이다. 한편, 인터페이스라 하면 인간-컴퓨터 인터페이스를 지칭하는 경우가 많다. 컴퓨터의 입출력 장치는 그 자체로 인터페이스이다. 인터페이스로서 키보드와 마우스의 차이는, 전자가 인간의 움직임을 추상적인 기호로 전환하여 컴퓨터 세계에 전달하는 것이라면, 마우스는 인간의 움직임 그 자체를 컴퓨터 세계에 전달하는 것이다.

전자 게시판BBS: Bulletin Board System: 게시판의 기능을 본따 이를 전자적으로 구현한 것으로, 여러 사람의 전자 문서들을 관리하는 데이터베이스 시스템을 의미한다. 사용자들은 전자 게시판을 통해 다른 사람들에게 알리고자 하는 메시지를 남기거나 연락을 취할 수 있다. 메시지의 길이에 제한이 없고, 필요한 자료를 복사할 수 있으며, 검색 기능을 활용할 수도 있는 특성을 지니고 있다.

전자 우편 Electronic mail: 지리적으로 멀리 떨어져 있는 사람들이 서로 빠르고 자유롭게 정보를 교환하기 위해 만들어진 서비스로서, 흔히 이메일이라고 부른다. 이메일 서비스는 일반적인 편지에서 보고서, 그래픽, 화상 정보는 물론이고 프로그램 실행 파일까지도 수초 내에 송신할 수 있는 장점이 있다.

정보 제공업자IP: Information Provider: 각종 정보를 데이터베이스로 만들어 PC 통신에 올리고 정보 사용료를 받는 사업자를 의미한다.

재택근무: 자택에 개인용 컴퓨터 · 팩시밀리 · TV · 전화 등의 컴퓨터 정보 단말기기를 설치하고, 본사나 각종 컴퓨터 베이스와 통신 회선으로 연결하여 업무를 처리하는 형태를 의미한다. 지금까지 집에서 하는 회사 사무 처리와는 내용이 전혀 다르며, 재택근무는 원격지에 있으면서 통근할 필요가 비교적 적은 직종에 알맞다. 그러나 고용 본연의 의의나 비즈니스 상의 인간관계 · 가정환경 등의 문제점도 고려될 수 있다.

종합 정보 통신망ISDN: Integrated Services Digital Network: 다양한 정보를 하나의 통신망을 통하여 고속으로 전송하는 새로운 형태의 통신망이다. 종합 정보 통신망은 하나의 통신망에서 음성 정보, 영상 정보, 디지털 정보 등과 같은 여러 종류의 정보를 고속으로 전달할 수 있다. 또한 전화, 텔렉스, 비디오텍스, 팩시밀리, 데이터 통신 등도 하나의 통신망 안에서 동시에 이루어질 수 있다.

주문형 비디오VOD: Video on Demand: 비디오 서버video server 속에 있는 프로그램이나 영화 및 정보를 수용자가 선택하여 볼 수 있는 것이 바로 주문형 비디오이다. 다른 사람이 빌려 갔을까봐 조바심 낼 필요도 없이 최신 비디오를 볼 수도 있고, 쇼핑 정보를 얻을 수도 있으며, 시간에 구애받지 않고 드라마나 뉴스를 볼 수 있다. 지금까지 가장 대중화된 매체인 전화의 기존 선로를 이용한다는 점이 주문형 비디오의 강점이라고 할 수 있다.

컴퓨터 윤리 10계명the Ten Commandments of computer ethics: 미국 컴퓨터 윤리 연구소에서 컴퓨터 사용자들을 위한 윤리 규범으로 제시한 것으로 10계명을 본따 만든 것이다: ① 다른 사람에게 해가 되는 일에는 컴퓨터를 사용하지 말라. ② 다른 사람의 작업에 방해가 되지 않도록 하라. ③ 타인의 컴퓨터 파일을 몰래 훔쳐보지 말라. ④ 도둑질을 하기 위하여 컴퓨터를 사용하지 말라. ⑤ 거짓된 사실을 퍼뜨리기 위하여 컴퓨터를 사용하지 말라. ⑥ 정당한 대가를 지불하지 않은 소프트웨어는 사용하지도 복제하지도 말라. ⑦ 타인의 허락이나 적절한 보상 없이 남의 컴퓨터 자원을 함부로 사용하지 말라. ⑧ 다른 사람의 지적인 산출물을 자신의 것처럼 하지 말라. ⑨ 자신이 제작 또는 구상 중인 프로그램이 사회에 어떤 영향을 미칠 것인지를 항상 생각하라. ⑩ 동료와 이웃을 고려하여 존중하면서 컴퓨터를 사용하라.

통신 품위법 Communication Decency Act: 미 민주당의 제임스 엑슨 의원이 1995년 7월 컴퓨터 통신망을 통해 유통되는 외설물이나 음란물을 규제하기 위해 이 통신 윤리 법안을 연방 의회에 상정하면서 법정 싸움으로 비화했다. CDA는 인터넷 등 온라인상의 외설, 폭력물 등 이른바 불건전한 정보를 불법으로 간주하여 관련 자료를 올린 사람들에게 25만 달러의 벌금이나 최고 2년의 징역에 처할 수 있도록 한 규정이다. CDA는 자신의 통신 시설을 다음의 네 가지 행위에 이용되도록 한 자는 미 연방 형법에서 정한 벌금(25만 달러)에 처하거나 2년 이하의 징역 또는 양형 모두에 처할 수 있도록 규정하고 있다: ① 상대방을 괴롭히거나 욕설, 위협하거나 당황하게 할 목적으로 음란하고 상스럽고 외설적이고 점잖지 못한 코멘트, 요구, 제의 제안, 의도, 기타 이와 유사한 행위를 한 경우. ② 통신의 상대방이 18세 미만인 것을 알고 음란 또는 외설적인 코멘트를 요구, 제안, 의도하거나 기타 이와 유사한 행위를 한 경우. ③ 자신의 신분을 밝히지 않고 상대방을 괴롭히거나 욕설, 위협하거나 당황하게 만들기 위해 전화를 하거나 통신을 한 경우. ④ 상대방을 당황하게 할 목적으로 반복적, 계속적으로 전화를 걸기만 하거나, 반복적으로 전화 통화를 하거나 통신을 한 경우. 하지만 미 대법원의 최종 판결 요지는 새로운 통신 매체로 등장한 인터넷에서의 언론 자유는 책이나 신문 같은 활자 매체의 경우와 마찬가지로 보호되어야 한다는 것이었다.

파일 전송 규약FTP: File Transfer Protocol: 인터넷의 사용자가 네트워크상의 다른 호스트에 파일을 전송할 때 사용하는 규약 혹은 이를 위한 프로그램을 뜻한다. FTP는 파일을 한 컴퓨터에서 다른 컴퓨터로 보내는 데 사용된다. 대부분의 경우 원격지 호스트에서 파일을 복사해 올 때 FTP를 사용하며, 이 과정을 다운로드download라고 한다. 반대로 자신의 컴퓨터에서 원격지 호스트로 파일을 전송하는 것을 업로드upload라고 한다.

프로토콜Protocol: 원래는 국가 사이의 국제적인 약정 의정서를 지칭하는 말이다. 통신에서는 데이터의 송 · 수신을 하는 데 필요한 약속을 뜻하며, 통신 규약이라고도 한다.

플레임flame: 뉴스 그룹이나 게시판 등에서 공적으로 행해지는 공격적인 반응이나 모욕적인 메시지를 지칭하는데, 이것은 상대방의 감정을 자극하여 플레임 전쟁falme war을 야기하기도 한다.

하이퍼hyper: '연장된' 이라는 의미를 갖는 접두사이다. 하이퍼스페이스는 3차원 너머로 연장되는 공간이며, 하이퍼시스템은 비선형적으로 연결된 시스템이다. 하나의 연결점은 전혀 다른 평면이나 차원 위에 있는 또 다른 연결점에 직접 연결된다. 하이퍼미디어는 텍스트, 그래픽, 오디오 혹은 비디오 안에 있는 정보를 서로 연결시켜 준다.

홈페이지Home Page: 월드와이드웹을 사용하여 웹 사이트에 접속했을 때 처음 보여 주는 페이지를 말한다. 이용자가 특정 사이트에 접속했을 때 제일 처음 만나는 사이트의 얼굴이므로 사이트의 특성에 맞게 디자인한다.